Vermögensverwaltung in Vormundschafts- und Nachlaßsachen

von

Rechtsanwalt Dr. Oskar Möhring

München

6., neubearbeitete Auflage 1981

Verlagsgesellschaft Recht und Wirtschaft mbH

Heidelberg

CIP-Kurztitelaufnahme der Deutschen Bibliothek

Möhring, Oskar:

Vermögensverwaltung in Vormundschafts- und Nachlaßsachen / von Oskar Möhring. — 6., neubearb. Aufl. — Heidelberg : Verlagsgesellschaft Recht u. Wirtschaft, 1981.
(Bücher des Betriebs-Beraters)
ISBN 3-8005-6131-X

ISBN 3-8005-6131-X

Lichtsatz: M. Glaese, 6944 Hemsbach

Offsetdruck: Druckerei Schmich KG, 6901 Dossenheim über Heidelberg

Buchbinderische Verarbeitung: W. Fischer, 6900 Heidelberg

Printed in Germany

Vorwort

Die 1. Auflage dieses Buches erschien im Jahre 1939. Die folgende Zeit hat der Verfasser mit praktischer Arbeit ausgefüllt und seinen Erfahrungsbereich durch Nutzung und Studium der einschlägigen Literatur und Praxis erweitert.

Die jetzt vorliegende 6. Auflage macht es sich zum Ziel, dem Leser in Theorie und Praxis behilflich zu sein. Sie soll im eigentlichen Sinne Bankiers, Trustees, Vermögensverwaltern, Rechtsanwälten, Notaren, Wirtschaftsprüfern, Steuerberatern und Steuerhelfern u.a. zur Verfügung stehen. Die Auswertung von über 600 Entscheidungen wird ergänzt durch den Index, der auf die einzelnen Entscheidungen und Tatbestände und die Beantwortung aller denkbaren Fragen einzugehen versucht. In diesem Zusammenhang wird auch Arbeitsmaterial für die Vergütung von Testamentsvollstreckern angeboten. Es handelt sich also um ein besonderes praxisnahes Handbuch, wie man es sonst nur auf technischem Gebiet findet.

Mitarbeiter zu nennen, wäre müßig, denn dieses Buch ist das Ergebnis von Anregungen, die ich von all den Kollegen erhielt, welche einmal mit mir zusammengearbeitet haben, und deren Anregungen finden hier ihren Niederschlag. Besonders hinweisen möchte ich dabei auf Herrn Rechtsanwalt Bernd F. Seebrecht, der mir bei der Vorbereitung und Durchführung dieses Buches geholfen hat und dem ich Dank sage.

München, im Frühjahr 1981

Oskar Möhring

Inhaltsverzeichnis

B.
Vermögenssorge des Vormunds bei der Verwaltung des Mündelvermögens

C.
Die vormundschaftsgerichtliche Genehmigung

D.
Nachlaßpflegschaften

E.
Nachlaßverwaltung

F.
Pflegschaften des Familienrechts

G.
Grundsätzliches zum Recht der Testamentsvollstreckung

H.
Vergütung des Vermögensverwalters

Abkürzungsverzeichnis

a.a.O.	am angegebenen Ort
AcP	Archiv für die civilistische Praxis
AktG	Aktiengesetz v. 6. 9. 1965
ALLGO	Allgemeine Gebührenordnung für die wirtschaftsprüfenden sowie wirtschafts- und steuerberatenden Berufe
ALR	Allgemeines Landrecht für die preußischen Staaten v. 1794 (auch PrALR)
AnfG	Gesetz betr. die Anfechtung von Rechtshandlungen außerhalb des Konkursverfahrens v. 20. 5. 1898
AnwBl	Anwaltsblatt
AO	Abgabenordnung v. 16. 3. 1976
BayerNachlO	Bayerische Nachlaßordnung
BayObLG	Bayerisches Oberstes Landesgericht
BayObLGZ	Entscheidungen des Bayerischen Obersten Landesgerichts in Zivilsachen
BayVerf	Verfassung des Freistaates Bayern
BB	Betriebs-Berater
BBauG	Bundesbaugesetz v. 18. 8. 1976
Beschl	Beschluß
BGB	Bürgerliches Gesetzbuch v. 18. 8. 1896
BGBl	Bundesgesetzblatt
BGH	Bundesgerichtshof
BGHZ	Entscheidungen des Bundesgerichtshofes in Zivilsachen
BRAGebO	Bundesrechtsanwaltsgebührenordnung
BRAO	Bundesrechtsanwaltsordnung
BT	Bundestag
BStBl	Bundessteuerblatt
BVerfG	Bundesverfassungsgericht
BVerfGE	Entscheidungen des Bundesverfassungsgerichts
BWNotZ	Mitteilungen aus der Praxis, Zeitschrift für das Notariat in Baden-Württemberg
DB	Der Betrieb
DFG	Deutsche Freiwillige Gerichtsbarkeit
DJZ	Deutsche Juristen-Zeitung
DNotZ	Zeitschrift des Deutschen Notarvereins, Halle
DRiZ	Deutsche Richterzeitung
EGBGB	Einführungsgesetz zum Bürgerlichen Gesetzbuch v. 18. 8. 1896
EGStGB	Einführungsgesetz zum Strafgesetzbuch v. 2. 3. 1974
EheRG	1. Gesetz zur Reform des Ehe- und Familienrechts v. 14. 6. 1976

ErbStDV	Erbschaftsteuer-Durchführungsverordnung v. 19. 1. 1962
ErbStG	Erbschaftsteuer- und Schenkungsteuergesetz v. 17. 4. 1974
EStG	Einkommensteuergesetz v. 15. 8. 1974
EStG 1977	Einkommensteuergesetz v. 5. 12. 1977
EWGV	Vertrag zur Gründung der Europäischen Wirtschaftsgemeinschaft v. 25. 3. 1957
FamRZ	Zeitschrift für das gesamte Familienrecht Ehe und Familie im privaten und öffentlichen Recht
FGG	Gesetz über die Angelegenheiten der freiwilligen Gerichtsbarkeit v. 17. 5. 1898
GBO	Grundbuchordnung v. 5. 8. 1935
GG	Grundgesetz v. 23. 5. 1949
GKG	Gerichtskostengesetz v. 26. 7. 1957
GmbH	Gesellschaft mit beschränkter Haftung
GWB	Gesetz gegen Wettbewerbsbeschränkungen (Kartellgesetz) v. 3. 1. 1966
HGB	Handelgesetzbuch v. 10. 5. 1897
HRR	Höchstrichterliche Rechtsprechung
JFG	Jahrbuch für Entscheidungen in Angelegenheiten der freiwilligen Gerichtsbarkeit und des Grundbuchrechts, herausgegeben von Viktor Ring
JMBl	Justizministerialblatt
JurBüro	Das juristische Büro
JW	Juristische Wochenschrift
JWG	Jugendwohlfahrtsgesetz v. 6. 8. 1970
KG	Kammergericht
KGJ	Jahrbuch für Entscheidungen des Kammergerichts in Sachen der freiwilligen Gerichtsbarkeit, in Kosten-, Stempel- und Strafsachen, herausgegeben v. Reinhold Johow u. Viktor Ring
KO	Konkursordnung v. 20. 5. 1898
KostO	Kostenordnung v. 26. 7. 1957
KStG	Körperschaftsteuergesetz v. 24. 5. 1965
KTS	Konkurs-, Treuhand- und Schiedsgerichtswesen
LG	Landgericht
LM	Lindenmaier/Möhring, Nachschlagwerk des Bundesgerichtshofes
LZ	Leipziger Zeitschrift, München-Berlin-Leipzig
MDR	Monatsschrift für Deutsches Recht
MilReg	Militärregierung
Mot	Motive zum BGB
MSA	Minderjährigenschutzabkommen v. 5. 10. 1961
mwN	mit weiteren Nachweisen
MünchKomm	Münchner Kommentar
NdsRpfl	Niedersächsische Rechtspflege ab 1. 7. 1947

NeG, NEhelG	Nichtehelichengesetz v. 19. 8. 1969
NiemeyerZ	Zeitschrift für internationales Privat- und Strafrecht mit besonderer Berücksichtigung der Rechtshilfe, herausgegeben von Böhm und Niemeyer
NJW	Neue Juristische Wochenschrift
OGDDR	Oberstes Gericht der Deutschen Demokratischen Republik
OGH	Oberster Gerichtshof für die britische Zone
OGHZ	Entscheidungen des Obersten Gerichtshofes für die britische Zone in Zivilsachen
OHG	Offene Handelsgesellschaft
OLG	Oberlandesgericht
OLGZ	Entscheidungen des Oberlandesgerichts in Zivilsachen
OVG	Oberverwaltungsgericht
PatG	Patentgesetz v. 2. 1. 1968
PrALR	Preußisches Allgemeines Landrecht v. 1794
Prot.	Protokolle der Kommission für die II. Lesung des Entwurfs des BGB
RAO	Reichsabgabenordnung v. 22. 5. 1931
RdL	Recht der Landwirtschaft
Recht	Das Recht, Zeitschrift für den deutschen Juristenstand, Berlin
RFH	Reichsfinanzhof
RG	Reichsgericht
RGBl	Reichsgesetzblatt
RGRK	Reichsgerichtsräte-Kommentar zum BGB
RGZ	Entscheidungen des Reichsgerichts in Zivilsachen
RJA	Reichsjustizamt
RNotO	Reichsnotarordnung v. 13. 2. 1937
Rpfleger	Der deutsche Rechtspfleger
RPflG	Rechtspflegergesetz v. 15. 11. 1969
Rspr	Rechtsprechung
RStBl	Reichssteuerblatt
Seuff.Archiv	Archiv für die Entscheidungen der obersten Gerichte in den deutschen Staaten
SJZ	Süddeutsche Juristenzeitung
StGB	Strafgesetzbuch v. 2. 1. 1975
UrhG	Gesetz über Urheberrecht und verwandte Schutzrechte v. 9. 9. 1965
UStG	Umsatzsteuergesetz v. 29. 5. 1967
UStEK	Umsatzsteuer-Erlasse in Karteiform von Felix, Günther, Loseblattausgabe Köln
VerglO	Vergleichsordnung v. 26. 2. 1935
VerschG	Verschollenheitsgesetz v. 15. 1. 1951
VersR	Versicherungsrecht Juristische Rundschau für die Individualversicherung

VStG	Vermögensteuergesetz v. 17. 4. 1974
VVG	Versicherungsvertragsgesetz v. 30. 5. 1908
VwVfG	Bundesverwaltungsverfahrensgesetz v. 25. 5. 1976
WarnRspr	Rechtsprechung des Reichsgerichts auf dem Gebiete des Zivilrechts, herausgegeben von Dr. Otto Warneyer
WM	Wertpapier-Mitteilungen
WP-Handbuch	Der Wirtschaftsprüfer
WuW	Wirtschaft und Wettbewerb (Entscheidungssammlung zum Kartellrecht)
ZAkDR	Zeitschrift der Akademie für Deutsches Recht
ZBlFG	Zentralblatt für die Freiwillige Gerichtsbarkeit und Notariat
ZGR	Zeitschrift für Unternehmens- und Gesellschaftsrecht
ZHR	Zentralblatt für Handelsrecht
ZPO	Zivilprozeßordnung v. 12. 9. 1950
ZS	Zivilsenat
ZSEG, ZuSEG,	Zeugen- und Sachverständigenentschädigungsgesetz
ZuSEntschG	Gesetz über die Entschädigung von Zeugen und Sachverständigen vom 1. 10. 1969
ZustErgGes	Zuständigkeitsergänzungsgesetz v. 7. 8. 1952
ZustVO	Zustellungsverordnung
ZustVOBl	Zustellungsverordnungsblatt
ZVG	Zwangsversteigerungsgesetz v. 24. 3. 1897

Literaturverzeichnis

Bücher:

Baumbach/Duden	HGB-Kommentar, 23. Aufl. 1978
Beitzke	Familienrecht, 21. Aufl. 1980
Bley-Mohrbutter	Vergleichsordnung, Großkommentar, 4. Aufl. Berlin-New York 1978
Böhle-Stamschröder/ Kilger	Anfechtungsgesetz, 5. Aufl. München 1979; Konkursordnung, 13. Aufl. 1981
Brand/Kleeff/Finke	Die Nachlaßsachen in der gerichtlichen Praxis, 2. Aufl. Berlin-Göttingen 1961
Brox	Erbrecht, 5. Aufl. Köln 1977
Bumiller/Winkler	Freiwillige Gerichtsbarkeit, Kommentar, 2. Aufl. München 1977
Dölle	Familienrecht, Band I 1964, Band II 1965, Karlsruhe
Dürkes	Wertsicherungsklauseln, 8. Aufl. Heidelberg 1972
Erman/Hefermehl/ Westermann	Handkommentar zum Bürgerlichen Gesetzbuch, 6. Aufl. mit Nachtrag Familienrecht
Firsching	Familienrecht, 4. Aufl. München 1979, Handbuch der Rechtspraxis Band 5; Nachlaßrecht, 5. Aufl. München 1980, Handbuch der Rechtspraxis Band 6
von Gadow/Barz u.a.	Aktiengesetz, Großkommentar, 3. Aufl. Berlin 1973 bis 1975
Gernhuber	Lehrbuch des Familienrechts, 3. Aufl. München 1980
Gerold/Schmidt	Bundesgebührenordnung für Rechtsanwälte, Kommentar, 5. Aufl., 6. Aufl. München 1977
von Godin/Wilhelmi	Aktiengesetz vom 6. 9. 1965, 4. Aufl. Berlin, New York 1971
Grunsky	Grundlagen des Verfahrensrechts, 2. Aufl. Bielefeld 1974
Haberstumpf/ Barthelmeß/Schäler (Bearbeiter Firsching)	Nachlaßwesen in Bayern, 4. Aufl. München 1952
Haegele/Schöner/ Stöber	Grundbuchrecht, 6. Aufl. München 1979, Handbuch der Rechtspraxis Bd. 4
Haegele	Nachlaßpflegschaft und Nachlaßverwaltung, Regensburg 1955; Der Testamentsvollstrecker nach bürgerlichem und steuerlichem Recht, 6. Aufl. Regensburg 1979
Heckel	Abfindungsklauseln in Gesellschaftsverträgen, München 1973

Hueck	Das Recht der OHG, 4. Aufl. Berlin, New York
Jaeger	Kommentar zur Konkursordnung, 8. Aufl. Berlin 1973
Jansen	Freiwillige Gerichtsbarkeit, Handkommentar, 2. Aufl. Berlin 1969 bis 1971
Kapp/Ebeling	Handbuch der Erbengemeinschaft, Köln-Marienburg (Loseblatt-Sammlung)
Keidel/Kuntze/ Winkler	Freiwillige Gerichtsbarkeit, Teil A, Handausgabe des Gesetzes über die Angelegenheiten der freiwilligen Gerichtsbarkeit mit Erläuterungen, 11. Aufl. München 1978; Teil B, Handausgabe des Beurkundungsgesetzes mit Erläuterungen, 11. Aufl. München 1978
Keidel/Schmatz/ Stöber	Registerrecht, 3. Aufl. München 1976, Handbuch der Rechtspraxis Bd. 7
Kipp/Coing	Lehrbuch des Bürgerlichen Rechts, Bd. 5, Erbrecht, 13. Bearbeitung Tübingen 1978
Klauss/Ose	Kommentar zum Gesetz betreffend die Abzahlungsgeschäfte, Herne, Berlin 1979
Lange/Kuchinke	Lehrbuch des Erbrechts, 2. Aufl. München 1978
Larenz	Lehrbuch des Schuldrechts, 11. Aufl. München, Bd. 1 Allgemeiner Teil 1976; Bd. 2 Besonderer Teil 1977; Allgemeiner Teil des Deutschen Bürgerlichen Rechts, 4. Aufl. München 1977; Methodenlehre der Rechtswissenschaft, 3. Aufl. Berlin 1975
Lewald	Das Deutsche Internationale Privatrecht auf der Grundlage der Rechtsprechung, Darmstadt 1963
Lindenmaier/ Möhring	Nachschlagewerk des Bundesgerichtshofs in Zivilsachen, München-Berlin (Loseblatt-Sammlung)
Maunz/Dürig	Grundgesetz-Kommentar, München (Loseblatt-Sammlung)
Mayer/Höver	Gesetz über die Entschädigung von Zeugen und Sachverständigen, bearb. v. Albert Höver, 14. Aufl. Köln 1977
Möhring	Vermögensverwaltung in Vormundschafts- und Nachlaßsachen, 5. Aufl. Heidelberg 1963
Münchner Kommentar zum BGB	München 1978 (Beck-Verlag)
Neumann	Die Preußische Vormundschaftsordnung, 2. Aufl. Berlin 1880
Nußbaum	Grundzüge des Internationalen Privatrechts, München-Berlin 1952
Ostler	Bayerische Justizgesetze, 3. Aufl. München 1978

Palandt	BGB-Kommentar, 39. Aufl. 1980
Planck	Kommentar zum BGB, Erbrecht, Bd. V, 4. Aufl. Berlin 1930
Plückebaum/ Malitzky	Kommentar zum Umsatzsteuergesetz, 9. Aufl. Köln-Berlin 1965 (Loseblatt-Sammlung)
Reichsgerichtsräte-Kommentar zum BGB	Das Bürgerliche Gesetzbuch, Kommentar, herausgegeben von Reichsgerichtsräten und Bundesrichtern, 11. Aufl. 1959 bis 1970, 12. Aufl. 1974
Rieper	Testamentsvollstreckung über Einzelunternehmung und bei Personalgesellschaften, Diss. Kiel 1968
Schlegelberger/ Geßler	HGB-Kommentar, 4. Aufl.
Soergel	Kommentar zum Bürgerlichen Gesetzbuch, 10. Aufl. Stuttgart 1971 bis 1974
Schumann/Geißinger	Bundesgebührenordnung für Rechtsanwälte (BRAGebO), 2. Aufl. Berlin 1974
Staudinger	Kommentar zum Bürgerlichen Gesetzbuch, 10./11. Aufl. 1967, 12. Aufl. Berlin 1978
Weissler	Das Nachlaßverfahren, Berlin 1920
Westermann	Handbuch der Personengesellschaften, Köln 1979 (Loseblatt-Ausg.)
Wiedemann	Die Übertragung von Mitgliedschaften bei Handelsgesellschaften, München-Berlin 1965
Wolff/Bachof	Verwaltungsrecht I, 9. Aufl. München 1974
Wolff/Bachof	Verwaltungsrecht III, 4. Aufl. 1978; Das Internationale Privatrecht Deutschlands, Enzyklopädie der Rechts- und Staatswissenschaften, Bd. 15, 3. Aufl. Berlin 1954

Aufsätze:

Arnold	Nachlaß oder Abwesenheitspflegschaft?, MDR 1949 S. 600, 602; NJW 1949 S. 248.
Beitzke	Festschrift für Kurt Ballerstedt; Festschrift f. H. Jansen
Benthien	Treuhand-Gesellschaftsanteile, ZGR 1974 S. 26f.
Birkenfeld	Rechnungslegung und Rechnungsprüfung in Vormundschafts- und Nachlaßsachen, FamRZ 1976 S. 197f.
Börner	Die unbewältigte Erbenhaftung, AcP 166 S. 453.
Bötticher	Erbe und Gemeinschuldner als gewillkürte Prozeßstandschafter des Nachlaß- und des Konkursverwalters.

Fischer	Grenzen für die Anerkennung der faktischen Gesellschaft, NJW 1958 S. 972.
Flume	Festschrift für Schilling, 1973 S. 25.
Genius	Die Risikohaftung des Geschäftsherrn, AcP 173 D. 481, S. 526.
Gernhuber	Der Senior und sein Zwangsvermögenspfleger, FamRZ 1976 S. 189 (197).
Glaser	Die Vergütung des Testamentsvollstreckers, NJW 1962 S. 1998; BB 1979 S. 877.
Greiser	Über einige Fragen aus dem Recht des Testamentsvollstreckers, DFG 1936 S. 245 (248).
Hörle	Die Nachlaßpflegschaft nach §§ 1960, 1961, BGB, ZBlFG 9 S. 711.
Höver	Die Nachlaßpflegschaft, DFG 1937 S. 29; Aufgaben der freiwilligen Gerichtsbarkeit im Erbrecht, DFG 1936 S. 112f.; DFG 1937 S. 29 bis 34.
Holthöfer	Abwesenheitspflegschaft für einen Vermißten zwecks Vermeidung der Todeserklärung, NJW 1951 S. 909.
Johannsen	Die Rechtsprechung des Bundesgerichtshofes auf dem Gebiet des Erbrechts, WM 1969 S. 12222, 1314, 1402; WM 1970 S. 2, 110, 134, 570, 573, 738; WM 1971 S. 402, 918; WM 1972 S. 62, 642, 866, 914; WM 1977 S. 270, 302; WM 1979 S. 598, 630; WM 1979 S. 602.
Jonas	Darstellung der wirtschaftlichen Lage und Entwicklung mit Hilfe der Finanzbewegungsrechnung, DB 1976 S. 2361 bis 2367.
Klien	Nachlaßverwaltung und Nachlaßvergleich, JW 1936 S. 1196f.
Knöpfel	Zur Neuordnung des elterlichen Sorgerechts, FamRZ 1977 S. 600 bis 609.
Kraetzer	Die Vergütung des Nachlaßverwalters, JW 1916 S. 1576f.
Kruse	Festschrift für Laufke, S. 179, 184.
Liebisch	ZHR 116 S. 134.
Maurer	Das privatrechtliche Unterbringungsrecht und Artikel 4 des Grundgesetzes, FamRZ 1960 S. 468 bis 474.
Möhring/Seebrecht	Aufwendungsersatzansprüche des vermeintlichen Testamentsvollstreckers, JurBüro 1978 S. 145; Steuerrechtliche Fragen zu den Vergütungen für Testamentsvollstrecker und Vormund, BB 1977 S. 1561 bis 1566.
Roth	Die Vertretung des Vermißten, NJW 1950 S. 341.

Sachs	Pflegschaft über kriegsverschollene Miterben, NJW 1947/48 S. 367.
Schwoerer	Kann die personensorgeberechtigte Mutter ihr Kind im Unterhaltsprozeß gegen den Vater vertreten?, NJW 1955 S. 534f.
Siebert	Die Nachfolge von Todes wegen in die Mitgliedschaft des Gesellschafters einer Offenen Handelsgesellschaft, NJW 1955 S. 809f.
Stöber	Der minderjährige Gesellschafter einer offenen Handelsgesellschaft oder Kommanditgesellschaft, Rpfleger 1968 S. 2 bis 13.
Tiedau	Gesellschaftsrechtliche Nachfolge im Verhältnis zum Erbrecht und zum neuen ehelichen Güterrecht, MDR 1957 S. 641
Tribian	Zulässigkeit der Abwesenheitspflegschaft, MDR 1952 S. 88.
Tschischgale	Die Vergütung des Testamentsvollstreckers, JurBüro 1965 S. 90f.
Ulmer	Festschrift für Philipp Möhring zum 65. Geburtstag, München 1965, S. 79ff., S. 103; Gesellschafternachfolge und Erbrecht, ZGR 1972 S. 195, S. 338; Gesellschafternachfolge im Todesfall, WM 1977 S. 680; BB 1977 S. 805.
Wegemer	Die Umsatzbesteuerung der Anwaltspraxis nach dem neuen Umsatzsteuergesetz (Mehrwertsteuer), AnwBl 1967 S. 387 bis 396.
Westermann	Haftung für Nachlaßschulden bei Beerbung eines Personengesellschafters durch eine Erbengemeinschaft, AcP 173 S. 24f.; Auswahl des Nachfolgegesellschafters, Festschrift für Philipp Möhring zum 65. Geburtstag, München 1965 S. 183.
Winkler	Die Genehmigung des Vormundschaftsgerichts zu gesellschaftsrechtlichen Akten bei Beteiligung Minderjähriger, ZGR 1973 S. 177.
Wuppermann	Zum Haager Minderjährigenschutzabkommen, FamRZ 1974 S. 414 bis 421.
Zimmermann	Verbot der ratio in peius in der FGG, Rpfleger 1959 S. 251; Wann ist die Bestellung von Abwesenheitspflegern für Kriegsverschollene zulässig?, JR 1950 S. 751.

A.
Grundsätze des Vormundschaftsrechts

I. Die Stellung des Vormunds und Pflegers innerhalb des Systems der öffentlichen Fürsorge

1. „Doppelgleisigkeit" des vormundschaftlichen Amtes

Vormund und Pfleger werden als gesetzliche Vertreter der ihnen anvertrauten Personen und der ihnen zur Verwaltung überlassenen Vermögen im Rahmen der öffentlichen Fürsorge tätig. Obwohl die öffentliche Fürsorge und damit öffentlich-rechtliche Elemente das gesamte Vormundschafts- und Pflegschaftsrecht bestimmen, zeigt die gesetzliche Regelung des Vormundschafts- und Pflegschaftsrechts im Bürgerlichen Gesetzbuch, daß die „Ämter" von Vormund und Pfleger privatrechtlicher Natur sind. Diese Vermögensverwalter handeln trotz der Überlagerung ihrer Ämter durch eine öffentliche Verwaltungsaufgabe privatrechtlich[1]. Zwischen dem Vermögensträger und seinem Verwalter besteht ein durch besondere Schutz- und Obhutspflichten gekennzeichnetes Schuldverhältnis. Wegen der zugleich öffentlich-rechtlichen Prägung der zivilrechtlich geregelten Ämter kann im Vormundschafts- und Pflegschaftsrecht von einer Verschränkung von öffentlichem und privatem Recht gesprochen werden[2]. Die Stellung von Vormund und Pfleger mit dem Recht und der Pflicht, als Privatmann im öffentlichen Interesse für die Person und das Vermögen des Mündels (vgl. § 1793) zu sorgen, kann nach dem Bundesverfassungsgericht als „doppelgleisig" betrachtet werden[3]. Vormund und Pfleger bekleiden die ihnen anvertrauten Ämter

---

1 So z.B. auch *Erman/Hefermehl*, Handkommentar zum Bürgerlichen Gesetzbuch, 6. Aufl. 1975, Vorbem. 9 vor § 1773. Paragraphen ohne folgende Bezeichnung sind stets die des Bürgerlichen Gesetzbuchs.

2 Vgl. *BVerfG*, 10. 2. 1960, BVerfGE 10 S. 302, 326 = NJW 1960 S. 811, 812f. Mit dieser Entscheidung des *BVerfG* ist die Entscheidung des *BGH*, 30. 3. 1955, BGHZ 17 S. 108 – 116, gegenstandslos geworden. Vgl. dazu auch *Maurer*, Das privatrechtliche Unterbringungsrecht und Art. 104 des Grundgesetzes, FamRZ 1960 S. 468ff.

3 *BVerfG*, 10. 2. 1960, a.a.O.; *Beitzke*, Familienrecht, 21. Aufl. 1980, § 35 II 3 S. 264, vergleicht die Tätigkeit des Vormundschaftsgerichts mit der einer Verwaltungsbehörde.

(vgl. §§ 1885, 1886, 1890, 1893 Abs. 2) trotz des starken öffentlich-rechtlichen Einschlags nicht in Ausübung öffentlicher Gewalt (sie können auch nicht als sogenannte „beliehene Unternehmer bzw. Privatpersonen" angesehen werden), sondern sie führen die Ämter auf privatrechtlicher Grundlage[4].

Bei der Vermögensverwaltung kann eine Kollision zwischen den Grundsätzen öffentlich-rechtlicher Haushaltsführung (Erhaltung des bestehenden Vermögens und Risikovermeidung) und privatwirtschaftlichen Prinzipien einer „wirtschaftlichen Vermögensverwaltung" — so § 1811 Satz 2 —, d.h. Vermehrung des bestehenden Vermögens unter Übernahme eines Risikos eintreten.

2. Der Grundsatz der Selbständigkeit bei Ausübung des Amtes von Vormund und Pfleger

Vormund und Pfleger üben ihre Tätigkeit selbständig und in eigener Verantwortung aus. Gleichwohl kann der Staat mit Hilfe des Vormundschaftsgerichts oder der Bestellung eines Gegenvormunds (§ 1792) oder eines Gegenpflegers kontrollierend und beratend auf den Vormund und Pfleger zugewiesenen Aufgabenkreis einwirken[5]. So bedarf z.B. jede, die Freiheit entziehende Unterbringung des Mündels der vorherigen Genehmigung durch das Vormundschaftsgericht, um jedem Mündel den Schutz von Art. 104 Abs. 2 Satz 1 GG zu sichern, §§ 1800, 1631 b BGB[5a].

---

4 *RG*, 31. 3. 1931, RGZ 133 S. 257, 259.

5 Vgl. § 51 der Preußischen Vormundschaftsordnung, dazu *Carl-Neumann*, Die Preußische Vormundschaftsordnung, 2. Aufl. Berlin 1880. Das *BVerfG*, 10. 2. 1960, a.a.O. S. 311 f., weist zu Recht auf die gegenüber der Preußischen Vormundschaftsordnung gegensätzliche Regelung des Preußischen Allgemeinen Landrechts hin (ALR Teil II, Tit. 18, § 236), das die Obervormundschaft des Staates als bloße Verwaltungsaufgabe ausgestaltete und „dem Vormund nahezu jede Selbständigkeit entzog". — Die autonome Stellung des Vormunds hat ihre historischen Wurzeln in der Preußischen Vormundschaftsordnung vom 5. 7. 1875, die dem individualistisch und liberal geprägten 19. Jahrhundert entstammt, in der dem Vormund eine selbständige und eigenverantwotliche Stellung zugewiesen wurde.

5a Der *BGH* hat bereits in seiner Entscheidung vom 30. 3. 1955, BGHZ 17 S. 108, betont, daß der bestellte Vormund keine öffentliche Gewalt ausübt und daraus gefolgert, daß es zur Einweisung eines Mündels in eine geschlossene Anstalt einer richterlichen Anordnung nach Art. 104 Abs. 2 Satz 1 GG bedarf. In einem Grundlagenbeschluß vom 10. 2. 1960, BVerfGE 10 S. 302, hat dann das *BVerfG* eine richterliche Entscheidung nach Art. 104 Abs. 2 Satz 1 GG auch dann für erforderlich erklärt, wenn der Vormund in Ausübung seines Aufenthaltsbestimmungsrechts den volljährigen Entmündigten in

In der Praxis geschieht es häufig, daß der Vormund bei schwierigen Entscheidungen, sei es, daß er sich durch die Entscheidung des Vormundschaftsgerichts von einer etwaigen Haftung freistellen will, sei es, daß er nicht die genügende Sach- und Rechtskenntnis besitzt, um die Entscheidung des Vormundschaftsgerichts bittet. Dies widerspricht der vom Gesetz gewollten Rollenverteilung von Vormundschaftsgericht und Vormund. Das Vormundschaftsgericht darf zwar den Vormund auf Rechtsfolgen aufmerksam machen, ihm zweckmäßige Maßnahmen empfehlen, es ist aber gehindert, ihm bindende Anweisungen zu erteilen und ihn damit von der ihm kraft Gesetzes zugewiesenen Entscheidungsverantwortung zu entlasten. Innerhalb seines Aufgaben- und Pflichtenkreises muß der Vormund (Pfleger) seine Entscheidungen stets selbst treffen und die Verantwortung dafür auch allein tragen. Das Aufsichtsrecht des Vormundschaftsgerichts gemäß § 1837 erschöpft sich in der Kontrolle der Rechtmäßigkeit des vormundschaftlichen Handelns; keinesfalls ist das Vormundschaftsgericht befugt, dem Vormund bei Ermessensfragen bindende Anweisungen zu erteilen (keine Zweckmäßigkeitskontrolle)[6]. Der Vormund muß also Weisungen des Vormundschaftsgerichts nicht befolgen, wenn seine Entscheidung über Vornahme oder Unterlassung einer Maßnahme noch zweckmäßig und nicht pflichtwidrig ist[7]. Wegen der weitgehenden und einschneidenden Rechtsfolgen für den Mündel — das nichteheliche Kind ist mit seinem Vater verwandt (§ 1589) und hat gegen diesen einen Erbersatzanspruch (§§ 1934 a, 1934 d) — muß von einer Pflichtwidrigkeit des Vormunds (§ 1837 Abs. 1) gesprochen werden, wenn er den Vaterschaftsfeststellungsprozess nicht durchführt. Nur bei willkürlicher, rechtlich nicht haltbarer Erfüllungsverweigerung

---

einer geschlossenen Anstalt unterbringen will. Dies wurde dann auch auf minderjährige Mündel ausgedehnt, weil man keineswegs die Minderjährigen schlechter behandelt wissen wollte als die Volljährigen (*OLG Hamm*, 26. 8. 1960, NJW 1960 S. 2239; *BayObLG*, 17. 8. 1960, BayObLGZ 60 S. 357; *LG Kiel*, 14. 11. 1960, MDR 1961 S. 241 — alle Zitate in RGRK-BGB 10./11. Aufl., Anm. 5 zu § 1800). Später hat dann das Familienrechtsänderungsgesetz vom 11. 8. 1961 das Ergebnis der Rechtsprechung in § 1800 Abs. 2 übernommen (*Elisabeth Schwarzhaupt*, FamRZ 1962 S. 50). Das Gesetz zur Neuregelung des Rechts der elterlichen Sorge vom 18. 7. 1979 (BGBl. I S. 1061), in Kraft getreten am 1. 1. 1980, hat diese Bestimmung zwar aufgehoben, durch § 1631 b BGB aber die Eltern für verpflichtet erklärt, im Falle der Unterbringung ihres Kindes die vormundschaftliche Genehmigung einzuholen. Durch die Verweisung auf § 1631 b BGB in § 1800 BGB ist sichergestellt, daß dies auch für den Vormund gilt.

6 So auch *Staudinger/Göppinger*, Familienrecht, 10./11. Aufl. 1969, § 1837 Anm. 6. Bezüglich der Aufsicht des Vormundschaftsgerichts wird hier auf die „zu weit gehende bayerische Praxis" hingewiesen.

7 Vgl. *BGH*, 30. 3. 1955, BGHZ 17 S. 108, 116.

kann das Vormundschaftsgericht, um die Belastung des Mündelvermögens mit Prozesskosten zu vermeiden, einschreiten[8].

Der Grundsatz der Selbständigkeit und Eigenverantwortung sollte aber bei der Frage der Amtshaftung für die Tätigkeit des Vormundschaftsgerichts (Rechtspflegers) — (wobei das Spruchrichterprivileg gemäß § 839 Abs. 2 keine Anwendung findet) — nicht überbetont werden, nur um die staatlichen Organe zu exkulpieren und im bloßen fiskalischen Interesse Kosten von der Staatskasse abzuwälzen[9,10].

II. Arten der Vormundschaft; ihre Bedeutung für die Vermögensverwaltung

1. Alleinvormund und Mitvormund

Das Gesetz geht, wie aus einem Umkehrschluß aus § 1775 zu entnehmen ist, vom Regelfall der Einzelvormundschaft aus[11]. Andere Formen

---

8 Vgl. etwa *BayObLG*, 26. 1. 1917, BayObLGZ 18 S. 12–16: „. . . Erkennt der Pfleger den geltend gemachten Anspruch an oder lehnt er ihn ab, so ist damit die Sache erledigt, das Vormundschaftsgericht hat weder eine Entscheidung zu treffen, noch ist es berechtigt, die von dem Pfleger getroffene Entscheidung zu genehmigen oder nicht zu genehmigen, es kann, wenn es anderer Ansicht als der Pfleger ist, seiner abweichenden Anschauung nur durch Entlassung desselben Geltung verschaffen, sofern die Voraussetzungen des § 1886 BGB vorliegen, . . .
(Es ist) ausschließlich die Sache des Pflegers, zu entscheiden, ob der . . . gegen die Pfleglinge erhobene Anspruch anzuerkennen oder abzulehnen ist, dem Vormundschaftsgericht steht es weder zu, selbst eine Entscheidung zu treffen, noch kann es durch die Genehmigung oder Nichtgenehmigung der Entscheidung des Klägers auf den Gang der Dinge einwirken; der Pfleger entscheidet aus eigener Machtvollkommenheit und unter eigener Verantwortlichkeit. Aus dieser Stellung des Vormundschaftsgerichts als bloßes Aufsichtsorgan ergibt sich, daß es auch nicht seine Sache ist, den Verkehr zwischen dem Dritten, der Ansprüche gegen die Pfleglinge erhebt, und dem Pfleger zu vermitteln und jenem zu einer für ihn günstigen Entscheidung zu verhelfen.
Allerdings wird sich das Vormundschaftsgericht in sehr vielen Fällen aus Zweckmäßigkeitsgründen im Interesse einer gedeihlichen Führung der Vormundschaft oder Pflegschaft einer derartigen Vermittlertätigkeit nicht entschlagen können."

9 So aber *RG*, 14. 3. 1911, RGZ 75 S. 230–234 in einem Fall, in dem nach Auffassung des Vormundschaftsgerichts ein Mündel in die Lehre zurückgeführt werden sollte: „. . . erforderte das Wohl des Mündels seine Zurückführung in die Lehre, so war es Sache des Vormunds, sie zu veranlassen; der Vormundschaftsrichter durfte ihm seine unterstützende Tätigkeit angedeihen lassen, aber nur unter Voraussetzungen, die eine Belastung der Staatskasse mit den Kosten ausschlossen."

10 *RG*, 15. 1. 1918, LZ 1918 S. 692–694.

der Vormundschaft, wie Amts- und Vereinsvormundschaft (vgl. §§ 1791 a, 1791 b, 1791 c BGB, 37 JWG) sind der Einzelvormundschaft gegenüber subsidiär. Selbst wenn die Eltern von ihrem Benennungsrecht (§ 1776) — einem Ausfluß des elterlichen Sorgerechts — Gebrauch gemacht haben und mehrere Personen zum Vormund berufen haben, steht es im freien Ermessen des Vormundschaftsgerichts, wieviele der Berufenen zum Vormund bestellt werden[12]. Die Vorteile einer Einzelvormundschaft liegen in der eindeutigen Verantwortung eines Vormunds für die Person und das Vermögen des Mündels und darin, daß Entscheidungen schneller getroffen werden können. Sind mehrere Vormünder bestellt, besteht die Gefahr von Meinungsverschiedenheiten und sonstigen Kollisionen zwischen den Berufenen bei der Personen- und Vermögenssorge. Deshalb müssen besondere Umstände vorliegen, damit nach pflichtgemäßem Ermessen mehrere Vormünder (sogenannte Mitvormünder) für einen Mündel bestellt werden können.

Beispiele für eine notwendige Mitvormundschaft (Sondervormundschaft):
a) Die Bestellung eines Mitvormunds kann geboten sein, wenn das deutsche Mündel Auslandsvermögen besitzt, das der deutsche Inlandsvormund wegen großer Entfernung vom zu verwaltenden Vermögen oder wegen mangelnder Sachkenntnis (insbesondere des ausländischen Rechts) nicht verwalten kann. Ebenso ist die Bestellung eines ausländischen Mitvormunds erforderlich, wenn Unterhaltsansprüche des Mündels gegen seinen im Ausland lebenden Vater durchgesetzt werden sollen. In diesem Fall sollte ein Sondervormund mit klar abgegrenztem Tätigkeitsbereich bestellt werden[13]. Auch wenn die Gefahr einer Kolli-

---

11 Vgl. BayObLGZ 4 S. 618–620; ebenso *Gernhuber*, Lehrbuch des Familienrechts, 3. Aufl. 1980, § 64 II 1.

12 *Staudinger/Engler*, Familienrecht, 10./11. Aufl. 1969, § 1775 Anm. 3 mit weiteren Nachweisen.

13 „Neben einem im Inland für ein deutsches Kind bestellten Vormund ... kann von einem deutschen Vormundschaftsgericht auch ein im Ausland tätiger Sondervormund bestellt werden, wenn die Verwaltung ausländischen Mündelvermögens und die Wahrnehmung der Interessen des Mündels eine solche Bestellung rechtfertigt und Bedenken gegen die Person des ausländischen Vormunds nicht bestehen. ... Eine Kollision von Maßnahmen des einen oder anderen Vormunds ist ... in der Regel nicht zu befürchten, inbesondere dann nicht, wenn in der Bestallung des Sondervormunds das ihm vorbehaltene Tätigkeitsgebiet ausdrücklich und abgrenzend vermerkt wird. Das innerdeutsche Recht schweigt über diese Art der für Auslandszwecke vorzunehmenden Bestellung eines Sondervormunds. Die §§ 1775, 1797 Abs. 2 BGB lassen die Bestellung eines Mitvormunds für Inlandszwecke zu ... Aufgabe des Richters auf dem Gebiete des unvollständig geregelten zwischenstaatlichen Vormundschaftsrechts

sion aufgrund der klar abgegrenzten Tätigkeitsgebiete bei Bestellung eines Sondervormunds gering ist, sollte die Bestellung eines (ausländischen) Mitvormunds die Ausnahme bleiben, da der nach deutschem Recht bestellte Auslandsvormund nicht den notwendigen persönlichen Kontakt zum Mündel hat. Auch kann seine Rechtsstellung in einem fremden Rechtskreis mit der eines Inlandsvormunds nicht verglichen werden[14,15]. In diesem Zusammenhang ist das Übereinkommen über die Zuständigkeit der Behörden und das anzuwendende Recht auf dem Gebiet des Schutzes von Minderjährigen von besonderer Bedeutung. Dieses Abkommen ist für die Bundesrepublik Deutschland am 17. 9. 1971 in Kraft getreten (BGBl. II, 1971 S. 1150). Es gilt seit 4. 2. 1969 für die Schweiz, Portugal, Luxemburg, seit 18. 9. 1971 auch für die Niederlande und die niederländischen Antillen sowie für Frankreich und Österreich (gegenüber einigen Staaten mit gewissen Vorbehalten). Auf die einzelnen Bestimmungen des Gesetzes darf verwiesen werden.

Das Gesetz schließt eine früher vorhandene Lücke und bestätigt, daß der Umfang der vormundschaftlichen Verwaltung sich auf die Person und das gesamte Vermögen des Minderjährigen erstreckt, gleichviel, an welchem Ort sich die Vermögensgegenstände befinden. Das deutsche Vormundschaftsgericht kann danach auch einen ausländischen Sondervormund für die Verwaltung ausländischen Mündelvermögens einsetzen[16].

---

ist es gerade, die bestehende Lücke auszufüllen und seinerseits eine Regelung zu finden, die in Überbrückung der Gesetzeslücke der im Augenblick gegebenen Sachlage ... gerecht wird.“ (*LG Berlin*, 26. 1. 1934, JW 1934 S. 1295f.)

In einer Anmerkung weist *Keidel*, JZ 1955 S. 382, zum Urteil des OLG Braunschweig vom 9. 2. 1954 darauf hin, daß in der Bestellung eines Mitvormunds, der für ein bestimmtes Auslandsvermögen des Mündels tätig wird, lediglich die Bestellung eines Mitvormunds „mit einem besonderen Wirkungskreis im Sinne des § 1797 Abs. 2 Satz 1 BGB, die auch neben einer Amtsvormundschaft zulässig ist“, zu sehen sei.

14 Die Rechtsbeziehungen zwischen Mündel und Vormund unterliegen dem Personalstatut des betroffenen Mündels, so daß zum Beispiel die Frage der Schadensersatzpflicht des Vormunds nach deutschem Recht zu beurteilen ist.

15 RGBl. 1904 S. 240.

16 Heute ist bei Vormundschaftsfällen mit Auslandsberührung das Haager Übereinkommen vom 5. 10. 1961 über die Zuständigkeit von Behörden und das anzuwendende Recht auf dem Gebiete des Schutzes von Minderjährigen = MSA (vgl. BGBl. II 1971, S. 217f., 219ff., 1150) zu beachten.

Artikel 6 MSA: „Die Behörden des Staates, dem der Minderjährige angehört, können im Einvernehmen mit den Behörden des Staates, in dem er seinen gewöhnlichen Aufenthalt oder Vermögen besitzt, diesem (Staat) die Durchführung der getroffenen Maßnahme übertragen.

b) Für den umgekehrten Fall, daß ein deutscher Vormund neben einem bereits im Ausland bestellten Vormund für einen deutschen beziehungsweise ausländischen Mündel mit Wohnsitz in Deutschland bestellt werden soll, wurde aus einer analogen Anwendung des § 47 FGG die Befugnis für das deutsche Vormundschaftsgericht abgeleitet, einen inländischen „Sondervormund" zu bestellen[17]. In entsprechender Anwendung des § 47 FGG wird gefolgert, daß die Bestellung eines inländischen Sondervormunds n e b e n dem bereits berufenen Vormund erfolgen kann, um „unter Umständen die Interessen des Mündels auch g e g e n den ausländischen Vormund durchsetzen zu können"[18].

Die vom deutschen Gesetz gewollte Allzuständigkeit des Einzelvormunds — auch des ausländischen — kann nicht durch Zuweisung sich überschneidender oder gar deckender Aufgabenkreise an mehrere Vormünder ausgehöhlt werden. Sofern Maßnahmen eines ausländischen oder in der DDR bestellten Vormunds deutschen Behörden mißfallen, kann daher für den Mündel nicht gegen den Willen des ausländischen Vormunds ein Mit-(besser: Gegen-)Vormund eingesetzt werden. § 47 FGG ist eine Verfahrensnorm, die lediglich die Zuständigkeit des Gerichts begründet, die aber keine materiellen Wirkungen entfaltet. Sinn und Zweck des § 47 FGG ist es, zum einen das für den im Ausland lebenden Mündel geltende Gesetz zu respektieren („lex fori") und zum anderen dem deutschen Mündel nur im Konfliktfall nicht den Schutz eines deutschen Mitvormunds vorzuenthalten. Somit kann ein deutsches Vormundschaftsgericht nur dann einen inländischen Mitvormund bestellen, wenn zwingende Gründe ein Einschreiten im Interesse des Mündels gebieten, zum Beispiel bei einem Verstoß gegen den deutschen „ordre public" (Art. 16 MSA), wenn eine Anerkennung ausländischer Ho-

---

Die gleiche Befugnis haben die Behörden des Staates, in dem der Minderjährige seinen gewöhnlichen Aufenthalt hat, gegenüber den Behörden des Staates, in dem der Minderjährige Vermögen besitzt." — Vgl. zum Ganzen *Wuppermann*, Zum Haager Minderjährigkeitsschutzabkommen — Einige Grundprobleme aus der Sicht der Rechtsentwicklung, FamRZ 1974 S. 414–421.

17 *OLG Braunschweig*, 9. 2. 1954, JZ 1955 S. 382 mit Anmerkung *Keidel*: Ein in der DDR bestellter Vormund klagt auf Herausgabe des in der Bundesrepublik Deutschland lebenden Mündels. Die Entscheidung ist — auch vor dem Hintergrund politischer Zweckmäßigkeitserwägungen — bedenklich, weil sie die damals gegebene Rechtseinheit zwischen den beiden Staaten deutscher Nation — nunmehr bestehen zwischen ihnen aufgrund des Grundlagenvertrages vom 21. 12. 1977 besonders geartete „Interessen-Beziehungen" — nicht berücksichtigt, so *BVerfG*, 31. 7. 1973 („Deutschlandvertrag"), BVerfGE 36 S. 1, 16f., 23f.

18 *OLG Braunschweig*, a.a.O.

heitsakte nicht geboten ist. Verlagert der Mündel seinen Wohnsitz oder ständigen Aufenthaltsort in das Hoheitsgebiet der Bundesrepublik Deutschland, so muß die im Ausland angeordnete Vormundschaft als weiterbestehend angesehen werden (vgl. Art. 7 MSA). Eine Ausschaltung des ausländischen Vormunds durch Bestellung eines deutschen Mitvormunds ist bei Konfliktfällen nur denkbar, wenn man die bereits bestehende Auslandsvormundschaft übergeht. Zudem besteht die Gefahr, wenn beide Vormünder mit gleicher Kompetenz ausgestattet sind, daß widersprechende Entscheidungen zu einem „liberum veto" (= dem Unterbleiben der Maßnahme) führen. Dies widerspricht aber dem wohlverstandenen Interesse des Mündels. Daher ist die Bestellung von Mitvormündern, insbesondere bei der Vermögensverwaltung, auf Ausnahmefälle zu begrenzen, bei denen eine klare und eindeutige Kompetenzverteilung möglich ist.

2. Das Vormundschaftsrecht nach dem Sorgerechtsgesetz vom 18. 7. 1979

In Bezug auf das Vormundschaftsrecht innerhalb des Familienrahmens — also dann, wenn Vater und Mutter oder ein Elternteil die Pflicht haben, für ein minderjähriges Kind zu sorgen (elterliche Sorge) — wird man im Grundsätzlichen umdenken müssen. Der Gesetzgeber hat sein Aufgabengebiet erweitert und die Sorge für die Person oder das Vermögen des Kindes mit immer stärkerer und wachsender Bedeutung des Kindes im Familienverband und mit Rücksicht auf die Weiterbildung und Erweiterung des Lebens- und Geschäftskreises näher an den Staat herangerückt. Das Gesetz, das am 1. 1. 1980 in Kraft trat[18a], konnte weniger auf praktische Erfahrung aufbauen, als vielmehr aus den Grundsätzen moderner Jugendpsychologie unter besonderer Berücksichtigung des Schutzes der Menschenwürde entwickelt werden. Das neue Recht der elterlichen Sorge will nicht an der Entwicklung und an den berechtigten Ansprüchen des Kindes vorbeigehen und führt deshalb zu institutionellen Änderungen des Familienlebens überhaupt.

Wenn die Eltern sich in einer einzelnen Angelegenheit oder in einer bestimmten Art von Angelegenheiten der elterlichen Sorge nicht zu einigen vermögen, hat der Vormundschaftsrichter auf Antrag eines Elternteils die Entscheidung einem Elternteil zu übertragen, sofern dies dem Wohle des Kindes entspricht. Daß der Richter dabei Auflagen oder Beschrän-

18a Gesetz zur Neuregelung des Rechts der elterlichen Sorge vom 18. 7. 1979 (BGBl. I S. 1061).

kungen aussprechen darf und muß, ergibt sich von selbst. Der Vormundschaftsrichter wird immer bemüht sein, nicht in das Familienleben oder Familienglück einzugreifen. Deshalb sieht § 1628 Abs. 2 vor, daß auch der Vormundschaftsrichter darauf dringen sollte, daß die Eltern sich auf eine dem Wohle des Kindes entsprechende Regelung einigen. Die Neufassung von § 1629 bestimmt folgerichtig, daß eine Willenserklärung, die gegenüber dem Kind abzugeben ist, gegenüber einem Elternteil abgegeben werden darf und muß. Der Elternteil, demgegenüber die Erklärung erfolgt, kann dann entscheiden, wenn ihm die elterliche Sorge allein zusteht oder nach § 1628 Abs. 1 übertragen worden ist. Ob diese Regeln praktikabel sind, muß sich erst noch erweisen, das gilt auch für die bemerkenswerte Vorschrift des § 1630 Abs. 3:

„Geben die Eltern das Kind für längere Zeit in Familienpflege, so kann auf ihren Antrag das Vormundschaftsgericht Angelegenheiten der elterlichen Sorge auf die Pflegeperson übertragen. Soweit das Vormundschaftsgericht eine Übertragung vornimmt, hat die Pflegeperson die Rechte und Pflichten eines Pflegers.“

Es ist auch zweifelhaft, wann, in welcher Form und auf welche Weise die neu statuierte Vermögenssorge in das Familienleben eingreift. Der Vormundschaftsrichter wird wohl nie in der Lage sein, die vermögensrechtliche Seite von der elterlichen Sorge für die Person zu trennen. Dies sei an Hand der Entscheidung für eine bestimmte Ausbildung des Kindes erläutert. Bei dieser Frage haben die Eltern insbesondere auf Eignung und Neigung des Kindes Rücksicht zu nehmen. Dabei darf niemals vergessen werden, daß die Wahl des Ausbildungsweges auf einem Erfahrungsbesitz beruht, den nicht alle Eltern haben. Nach dem neuen Recht sollen in diesem Fall ein Lehrer oder andere geeignete Personen befragt werden. Schon die Bezeichnung der zu befragenden Person ist zu sehr vereinfacht und begrenzt, denn es sollten auch die zuständigen Erfahrungsträger gefragt werden, die eigenes Wissen dort besitzen, wo für das Kind Lehrzeiten in Aussicht genommen sind. Mit Rücksicht auf die immer komplizierteren und vielgestaltigen Ausbildungsmöglichkeiten sollten hierzu nicht nur Berufsorganisationen, sondern auch Ausbildungsstellen und Institute befragt werden dürfen. Den Eltern ist wohl bewußt, daß die Berufswahl heute nach dem Grad des Risikos, nicht beschäftigt zu werden, vorzunehmen ist. Diese Fragen der Personensorge, können nicht gelöst werden, wenn nicht die Vermögenssorge beachtet wird. Denn jegliche Ausbildung kostet Geld, verlangt unter Umständen Ortsveränderungen, Erziehung im Ausland und klare Ausrichtung auf das erstrebte Lebensziel.

Der Gesetzgeber geht davon aus, daß das 14-jährige Kind oder Mündel häufig schon entschlossen ist, einen bestimmten Beruf oder eine bestimmte Berufsart zu ergreifen. Das im Hinblick auf technisches Gerät der Neuzeit und neue Berechnungsmethoden, Datenverarbeitung und alle Möglichkeiten chemischer, elektronischer, mechanischer Betätigung und Wartung mit 14 Jahren häufig schon besser als die Eltern informierte Kind wird in der Regel genaue Vorstellungen und Wünsche haben. Zunächst muß aber für eine bestimmte begehrte Ausbildung die vermögensmäßige Grundlage und Absicherung geschaffen sein.

Das tiefe Eindringen in den Lebenskreis der Familie und der Kinder könnte vom Gesetzgeber nicht erfolgen, wenn er nicht gleichzeitig bestimmte, daß das Kindesvermögen durch den Sorgeberechtigten nicht zu eigenem Nutzen verbraucht oder zum Nutzen Dritter verwendet und geschmälert werden darf. Dadurch soll ausgeschlossen werden, daß das Kindesvermögen — wie das in früheren Zeiten häufig der Fall war — in den Strudel von Fehldispositionen des Sorgeberechtigten gerät.

Das Sorgerechtsgesetz trifft hiergegen Vorsorge, indem es zunächst Anzeigepflichten auferlegt. Die Eltern haben ein ihrer Verwaltung unterliegendes Vermögen, welches das Kind von Todes wegen erwirbt, zu verzeichnen, das Verzeichnis mit der Versicherung der Richtigkeit und Vollständigkeit zu versehen und dem Vormundschaftsgericht einzureichen. Das Gleiche gilt für Vermögen, welches das Kind anläßlich eines Sterbefalles erwirbt, sowie für Abfindungen, die anstelle von Unterhalt gewährt werden, und für unentgeltliche Zuwendungen, § 1640 BGB.

Die Vorschrift gilt nicht, wenn der Wert eines Vermögenserwerbes 10000,— DM nicht übersteigt oder soweit der Erblasser durch letztwillige Verfügung oder der Zuwendende bei der Zuwendung eine abweichende Anordnung getroffen hat.

In diesem Zusammenhang hat die Praxis gezeigt, daß Vermögensverzeichnisse häufig unvollständig, unübersichtlich und in Bezug auf die Bewertung unrichtig sind. Erhält das Nachlaßgericht Kenntnis davon, daß das Kind Vermögen von Todes wegen erworben hat, das nach § 1640 Abs. 1 Satz 2 zu verzeichnen ist, so teilt das Nachlaßgericht dem Vormundschaftsgericht den Vermögenserwerb mit. Der Vormundschaftsrichter seinerseits wird dann die Sorgeberechtigten anhören und Hilfestellungen geben, die dem Wohl des Kindes dienen, etwa in der Weise, daß er mit dem 14jährigen Kind eine über dessen Erkenntnisfähigkeit hinausgehende Zuwendung bespricht.

Besondere Vorsicht ist natürlich nur dann geboten, wenn die Vermögenssorge Personen zusteht, die entweder nicht das genügende Verständnis haben oder die eifersüchtig eingestellt sind. Schwierigkeiten werden auftreten, bei einem Mißbrauch in der Ausübung der elterlichen Sorge, bei Vernachlässigungen des Kindes und in Fällen, in denen es der Vormundschaftsrichter nicht nur mit den Eltern sondern auch mit Dritten zu tun hat, die das geistige und seelische Wohl des Kindes zum Nachteil beeinflussen.

§ 1666 ist eine wohlmeinende Grundlinie, aber eine Risikoerhöhung in einer Zeit, in der Kinder erhöhten Suchtgefahren und nicht selten körperlichen Mißhandlungen oder zumindest schlechter seelischer Behandlung ausgesetzt sind.

3. Vermögensverfall des oder der Sorgeberechtigten und Schutz des Kindes

Die §§ 1667 bis 1671 sollen Gefahren entgegenwirken; so spricht § 1667 davon, daß der Vater oder die Mutter, welche die mit der Vermögenssorge verbundenen Pflichten verletzen oder zu verletzen drohen oder in Vermögensverfall geraten, notwendigerweise das Vormundschaftsgericht in Bewegung setzen. Der Richter kann anordnen, daß die Eltern ein Verzeichnis des Vermögens des Kindes einreichen und über die Verwaltung Rechnung legen. Dieses Verzeichnis muß mit der Versicherung der Richtigkeit und Vollständigkeit versehen werden und zu seiner Aufnahme kann ein Beamter ebenso wie ein Notar bestimmt werden. Das Vormundschaftsgericht kann anordnen, daß das Geld des Kindes in bestimmter Weise angelegt wird und daß zur Abhebung seine Genehmigung erforderlich ist. Gehören Wertpapiere, Kostbarkeiten oder Buchforderungen gegen den Bund oder ein Land zum Vermögen des Kindes, so kann das Vormundschaftsgericht dem Elternteil, der das Kind vertritt, die gleichen Verpflichtungen auferlegen, die nach §§ 1814 bis 1816, 1818 einem Vormund obliegen. Die §§ 1819, 1820 sind entsprechend anzuwenden.

4. Anlegung von Kindesvermögen nach dem Sorgerechtsgesetz

Beschäftigt man sich mit der Frage, wie Elternteile Kindesvermögen anzulegen haben, so wird die große wirtschaftliche Bedeutung des Gesetzes zur Neuregelung des Rechts der elterlichen Sorge vom Juli 1979 klar.

Nach § 1642 haben die Eltern das ihrer Verwaltung unterliegende Geld des Kindes nach den Grundsätzen einer wirtschaftlichen Vermögensverwaltung anzulegen, soweit es nicht zur Bestreitung von Ausgaben bereitzuhalten ist. Damit eröffnet das neue Recht weitere Anlagemöglichkeiten für die Eltern, die das Geld des Kindes nicht mehr nur mündelsicher, sondern zum Beispiel in Aktien, Kuxen, Anteilen usw. anlegen dürfen.

Weiterhin der Genehmigung des Vormundschaftsgerichts bedürfen die Eltern zu Rechtsgeschäften für das Kind „in den Fällen, in denen nach § 1821 und nach § 1822 Nr. 1, 3, 5, 8 bis 11 ein Vormund der Genehmigung bedarf", § 1643 Abs. 1. Das neue Recht verzichtet also nicht auf die Genehmigungspflicht bei der Verfügung über ein Grundstück oder über ein Recht an einem Grundstück, bei der Verfügung über Forderungen über ein eingetragenes Schiff usw. Es verzichtet nicht auf die Verpflichtung zur Genehmigung einer solchen Verfügung und auch nicht auf die Genehmigungspflicht für einen Vertrag, der den entgeltlichen Erwerb eines eingetragenen Schiffes, Schiffbauwerkes oder eines Rechtes an einem Grundstück umfaßt. Insoweit gilt also altes Recht. Die Genehmigungspflicht für die Ausschlagung einer Erbschaft oder eines Vermächtnisses sowie für den Verzicht auf den Pflichtteil ergibt sich aus § 1643 Abs. 2. Der Pachtvertrag über ein Landgut oder über einen gewerblichen Betrieb ist nicht genehmigungspflichtig, ebensowenig der Lehrvertrag oder die Eingehung eines Dienst- oder Arbeitsverhältnisses mit längerer Dauer als ein Jahr, § 1822 Nrn. 4 u. 6. Auch die Nummern 12 und 13 des § 1822 sind obsolet geworden.

In §§ 1643 Abs. 1, 1822 Nr. 8 wird ausgesprochen, daß die Aufnahme von Geld auf den Kredit des Kindes eine vormundschaftsgerichtliche Genehmigung erfordert. Dies bedeutet, daß die Verleihung von Geld des Kindes generell unstatthaft ist, es sei denn, daß dies im Rahmen einer wirtschaftlichen Vermögensverwaltung nützlich erscheint. Auch ist als durchaus sinnvoll anzusehen, daß die Ausstellung von Schuldverschreibungen und die Übernahme fremder Verbindlichkeiten ebenso wie die Eingehung einer Bürgschaft zu Lasten des Kindes genehmigungspflichtig sind, §§ 1643 Abs. 1, 1822 Nr. 9. 10.

Durch die Aufhebung der §§ 1881 ist der Familienrat als Einrichtung vormundschaftsgerichtlichen Tätigwerdens verschwunden; dagegen wurde das Institut der Beistandschaft mit weiteren Rechtsvorschriften ausgestaltet.

Das Familiengericht hat dem Elternteil, dem die elterliche Sorge, die Personen- oder Vermögenssorge allein zusteht, auf seinen Antrag einen Beistand zu stellen. Der neugefaßte § 1685 Abs. 1 geht von einer Entscheidungs- oder Kollisionsschwäche eines Elternteils aus und stellt in der Person des Beistandes eine Unterstützung zur Verfügung, die vielleicht besser oder hilfreicher dem Wohl des Kindes zu dienen vermag. Im Zuge der verfassungsmäßigen Gleichberechtigungsbestimmungen muß sich der Gesetzgeber von der generellen Disqualifizierung eines Elternteils zurückhalten. Das Beleben der Bereitschaft zeigt, daß der Gesetzgeber sich sehr zaghaft an den eingangs erwähnten Dualismus zwischen Kindes- und Elternvermögen herantastet und Auseinandersetzungen mit einem Elternteil, der wieder heiraten will, mit großer Vorsicht behandelt. Das Feld, das der Gesetzgeber hier zu bearbeiten versucht, enthält zahllose Risiken.

Für die Elternteile besteht die Gefahr, daß ihnen die Vermögenssorge entzogen werden kann, wenn der Vormundschaftsrichter das für richtig hält. Der Elternteil muß also jederzeit einen gerichtlichen Eingriff fürchten.

In allen Bestimmungen des Sorgerechtsgesetzes steht das Wohl des Kindes im Vordergrund. Es werden rechtliche Gestaltungsmöglichkeiten für die sich verändernden Lebensentscheidungen angeboten. Der Gesetzgeber gestattet in § 1698a den Eltern, die mit der Person und der Vermögenssorge für das Kind verbundenen Geschäfte durchzuführen, bis sie von der Beendigung der elterlichen Sorge Kenntnis erhalten oder sie kennen müssen. Dies soll auch dann gelten, wenn die elterliche Sorge nur ruht. Das Gesetz will das Kind nicht in ein Vakuum entlassen, es läßt den Elternteilen noch vorübergehend Handlungsfreiheit.

5. Gefährdung des Kindesvermögens

Wird das Vermögen des Kindes dadurch gefährdet, daß der Vater oder die Mutter die mit der Vermögenssorge verbundenen Pflichten verletzt oder zu verletzen droht oder in Vermögensverfall gerät, so hat das Vormundschaftsgericht die zur Abwendung der Gefahr erforderlichen Maßnahmen zu treffen (§ 1667).

Dieser einleitende Absatz der Bestimmung soll vor Gefahren schützen, die noch nicht sichtbar sind. Die Vorschrift ist vor dem Hintergrund der Bemühungen des Gesetzgebers zu sehen, die Vermögensinteressen des Kindes möglichst rechtzeitig und umfassend zu wahren. Bestehen solche Gefahren oder sind sie künftig zu befürchten, so kann das Vormundschaftsgericht anordnen, daß die Eltern ein Verzeichnis des Vermögens des Kindes einreichen und über die Verwaltung Rechnung legen.

Die Eltern haben das Verzeichnis mit der Versicherung der Richtigkeit und Vollständigkeit zu versehen. Ist das eingereichte Verzeichnis ungenügend, so kann das Vormundschaftsgericht anordnen, daß das Verzeichnis durch eine zuständige Behörde oder einen zuständigen Beamten oder Notar aufgenommen wird.

Es ist zu befürchten, daß der Bestimmung des § 1667 keine große praktische Bedeutung zukommen wird, denn es mag im Einzelfall fraglich erscheinen, wie und auf welche Weise das Vormundschaftsgericht Kenntnis bekommen und in Bewegung gesetzt werden soll.

Wenn das Vormundschaftsgericht aber handelt, so kann es dem Elternteil, der das Vermögen des Kindes gefährdet, Sicherheitsleistung für das seiner Verwaltung unterliegende Vermögen auferlegen. Die Art und den Umfang der Sicherheitsleistung bestimmt das Vormundschaftsgericht nach seinem Ermessen. Bei der Bestellung und Aufhebung der Sicherheit wird die Mitwirkung des Kindes durch die Anordnung des Vormundschaftsgerichts ersetzt. Die Sicherheitsleistung darf nur durch Maßnahmen erzwungen werden, die § 1667 Abs. 5 umgrenzt. Danach kann dem Elternteil, der das Vermögen des Kindes gefährdet, die Vermögenssorge ganz oder teilweise entzogen werden, wenn dies erforderlich ist, um eine Gefährdung des Kindesvermögens durch diesen Elternteil abzuwenden. Die Kosten dieser angeordneten Maßnahmen trägt der Elternteil, der sie veranlaßt hat (§ 1667 Abs. 6).

Diese Bestimmungen kann man getrost für eine rein theoretische Vorsorge halten, denn man muß sich wohl die Frage stellen, welcher Elternteil noch Sicherheit leisten kann, wenn er bereits das Vermögen des Kindes gefährdet hat, nachdem er zuvor in den meisten Fällen eigenes Vermögen bereits devastiert oder geschmälert haben dürfte.

6. Auswirkungen der Änderung des Gesetzes über die Angelegenheiten der freiwilligen Gerichtsbarkeit

Mit Rücksicht darauf, daß nicht nur das Wohl des Kindes vom neuen Recht in den Vordergrund gestellt ist, sondern daß dem Kind, sobald es das 14. Lebensjahr vollendet hat, ein Mitspracherecht gegeben ist, mußte auch eine Änderung des Gesetzes über die Angelegenheiten der freiwilligen Gerichtsbarkeit erfolgen, und dem Richter der freiwilligen Gerichtsbarkeit werden neue Aufgaben zugewiesen. Nach § 50b des Gesetzes über die freiwillige Gerichtsbarkeit in der Fassung des Sorgerechtsgesetzes vom 18. 7. 79[18a] heißt es, daß das 14jährige Kind in vermögensrechtlichen Angelegenheiten angehört werden soll, wenn dies nach der Art der Angelegenheit angezeigt erscheint. Bei der Anhörung sollte das Kind, wenn nicht Nachteile für die Entwicklung oder Erziehung des Kindes zu befürchten sind, über den Gegenstand des Verfahrens in geeigneter Weise unterrichtet werden. Dem Kind ist Gelegenheit zur Äußerung zu geben. Handelt es sich um einen schwerwiegenden Fall, bei dem die Anhörung allein wegen Gefahr im Verzuge nicht vor der Entscheidung möglich ist, so ist sie unverzüglich nachzuholen. § 50b des Gesetzes bestimmt dann noch, daß das Gleiche, was für das Kind statuiert ist, auch für den Mündel entsprechend gelte.

7. Die Kontrolle des Vormunds durch den Gegenvormund

Als weitere Form einer „mehrgleisigen" Vormundschaft kennt das Gesetz neben dem Mitvormund (Mitvormundschaft mehrerer gleichrangiger Vormünder) den Gegenvormund (Mitvormundschaft mit unterschiedlichen Aufgaben der Vormünder). Während die Bestellung mehrerer Vormünder (Mitvormünder) nur beim Vorliegen besonderer Gründe, also als Ausnahme, vorgesehen ist (§ 1775), soll ein Gegenvormund in der Regel (nicht bei Amts- und Mitvormundschaft) immer dann bestellt werden, wenn mit der Vormundschaft eine umfangreiche Vermögensverwaltung verbunden ist (§ 1792). Der Gegenvormund ist nicht Stellvertreter des Vormunds, sondern nur Kontrollorgan (§ 1799), weil es zu seinen gesetzlichen Pflichten gehört, Mängel einer vormundschaftlichen Verwaltung dem Gericht anzuzeigen. Er trägt zugleich eigene Verantwortung für die rechnungsmäßige Behandlung von Vormundschaftssachen beim Bestandsverzeichnis, bei der jährlichen Abrechnung und bei der Schlußrechnung (§§ 1802 Abs. 1, 1842, 1892 Abs. 1). Seine Innengenehmigung ist unter anderem in den Fällen des § 1810 (Anlegung von Mündelgeld), seine Außengenehmigung bei der Verfügung über dem Mündel zustehende Leistungsansprüche (§§ 1809, 1812, 1813 Abs. 2) erforderlich. Zudem ist seine Genehmigung bei der Überlassung von Gegenständen an den Mündel gem. § 1824 erforderlich.

Im übrigen gelten für den Gegenvormund für seine Stellung im Vormundschaftswesen im wesentlichen die gleichen Vorschriften wie für den Vormund (zum Beispiel seine Verantwortung gegenüber dem Mündel, seine Bestellung und Entlassung usw.).

Besonders zu erwähnen ist der Unterschied der Pflichten von Gegenvormund und Vormund bei der Rechenschaftspflicht gegenüber dem Vormundschaftsgericht. Die periodische Abrechnung gem. § 1840 hat der Vormund vor ihrer Einreichung beim Vormundschaftsgericht mit einem Nachweis des Vermögensbestandes dem Gegenvormund vorzulegen (§ 1842). Die Schlußrechnung bei Beendigung der Vormundschaft, die der Vormund dem Gegenvormund gemäß § 1891 vorlegen muß, muß kein Bestandsverzeichnis enthalten. Die Pflicht des Vormunds, die Schlußrechnung einschließlich eines Vermögensverzeichnisses vorzulegen, besteht insoweit nur dem Mündel gegenüber. Der Mündel hat bei Beendigung der Vormundschaft in der Regel seine volle Geschäftsfähigkeit (wieder-)erlangt und kann nunmehr selbst das ihm ausgehändigte Vermögen betrachten und die Schlußrechnung nachprüfen. Zu diesem Zeitpunkt ist eine Gegenkontrolle durch den Gegenvormund nicht mehr vonnöten[19]. Ob zum Schutz des Mündelvermögens neben dem Vormundschaftsgericht noch ein Gegenvormund als weiteres Kontrollorgan fungieren soll, ist danach zu entscheiden, ob die Vermögensverwaltung erheblich ist. Dazu muß die Verwaltung, nicht unbedingt auch das zu verwaltende Vermögen selbst, erheblich sein. Eine erhebliche Vermögensverwaltung, die die Bestellung eines Gegenvormundes erfordert, ist dann anzunehmen, wenn fortlaufende Einnahmen und Ausgaben für den Mündel erfolgen und der Vormund nicht die genügende Erfahrung, Kenntnis oder Zeit besitzt, die laufenden Geschäfte zu überwachen und zu verbuchen und eine prüfungsfähige Abrechnung zu erstellen. Allerdings kann auch bei großen Vermögen die Verwaltung selbst einfach sein[20]. In der Praxis wird eine Gegenvormundschaft nur selten angeordnet. In der Mehrzahl der Fälle von Vormundschaft ist die Verwaltung nicht erheblich und die Aufgabe, geeignete Persönlichkeiten als Gegenvormund zu finden, schwierig.

---

19 Die unterschiedliche Rechtsstellung und der eingeschränkte Pflichtenkreis des Gegenvormunds lassen sich wie folgt charakterisieren: „Der Pflichtenkreis des Gegenvormundes ist jedoch von dem des eigentlichen Vormundes verschieden ... (Dem Gegenvormund obliegt es nur,) den Vormund in seiner Tätigkeit zu überwachen, er hat darauf zu achten, daß der Vormund die Vormundschaft pflichtgemäß führt. Ihm steht weder das Recht noch die Pflicht zu, Vermögen anstelle des Vormundes oder neben ihm zu verwalten oder das Mündel zu vertreten. Das ist ausschließlich Aufgabe des Vormundes." (*BGH*, 14. 3. 1956, NJW 1956 S. 789f.). „Die dem Gegenvormund obliegende Aufsicht über die Vermögensverwaltung des Vormundes umfaßt die Verpflichtung, daß er sich möglichst bald nach seiner Bestellung über das vorhandene Mündelvermögen und über die sichere Anlegung der dazugehörigen Wertpapiere Kenntnis verschafft." (*RG*, 15. 1. 1912, RGZ 79 S. 9–16).

20 „Die Größe des Mündelvermögens allein genügt auch dann nicht zur Aufstellung eines Gegenvormunds, wenn der Vormund auf langdauernde Reise geht... Im vorliegenden Fall ist das Vermögen des Mündels ziemlich erheblich. Hierauf allein kommt es indessen nicht an. Maßgebend ist vielmehr, ob die Verwaltung des Vermögens erheblich ist... Abgesehen davon ist nicht ersichtlich, inwiefern die Bestellung eines Gegenvormundes geeignet wäre, ... denn der Gegenvormund ist nicht gesetzlicher Vertreter des Vormundes." (*BayObLG*, 4. 4. 1913, Recht 1913 Nr. 1960)

8. Vormundschaft über Volljährige

a) Endgültige Vormundschaft

Während der Minderjährige bis zur Erreichung des 18. Lebensjahres nicht voll geschäftsfähig ist und durch das elterliche Sorgerecht oder von Amts wegen geschützt wird, muß der Volljährige, um unter Vormundschaft gestellt zu werden und damit in seiner Geschäftsfähigkeit beschränkt zu sein (vgl. § 114 — im Fall einer Entmündigung wegen Geisteskrankheit ist der Entmündigte geschäftsunfähig — vgl. § 104 Nr. 3), entmündigt werden. Die für die Vormundschaft über Minderjährige geltenden Vorschriften der §§ 1773 bis 1895 gelten, soweit sich nicht aus den §§ 1898 bis 1908 oder aus dem Wesen der Vormundschaft über Volljährige etwas anderes ergibt, auch für die Vormundschaft über Volljährige. Für den Umfang der Vormundschaft ist es von Bedeutung, aus welchem Grund der Volljährige entmündigt wurde[21].

Bei einer Vormundschaft über Volljährige ist das Genehmigungserfordernis gem. § 1902 besonders zu beachten. Eine Ausstattung — Legaldefinition in § 1624[22] — aus dem Vermögen des Mündels für ein eheli-

---

21 Zu beachten ist, daß auch Minderjährige entmündigt werden können (arg. § 146 Abs. 1 Satz 2 ZPO); vgl. dazu *Soergel/Germer*, Kommentar zum BGB, 10. Aufl., Bd. 5 ,,Familienrecht, 1971, § 1896 Anm. 1; *Staudinger/Engler*, a.a.O., § 1896 Anm. 4.
,,Die Rechtsstellung des Vormundes ist eine engere, wenn der Volljährige nur wegen Verschwendung entmündigt ist (§§ 1897, 1901, 114, 107 bis 113 BGB), sie ist eine erweiterte, wenn er wegen Geistesschwäche (§§ 1901, 104, 107 bis 113 BGB) oder wegen Geisteskrankheit (§ 1901, 104 Nr. 3 BGB) entmündigt ist ...
Wird ein Volljähriger, sei es gleichzeitig oder nacheinander, aus verschiedenen Gründen entmündigt, so entsteht nicht eine Mehrheit von Vormundschaften je nach der Zahl der Rechtsgründe, die zu der Anordnung führen könnten; es kann nur eine einheitliche Vormundschaft, getragen von mehreren Rechtsgründen, zur Entstehung gelangen, die ihren jeweiligen Inhalt, wenn auch wechselnd, aus dem am weitesten reichenden Zwecke der Vormundschaft (§ 1901 BGB) empfängt und erst endigt, wenn sämtliche Rechtsgründe weggefallen, die sämtlichen Entmündigungen rechtskräftig aufgehoben sind ... Ein ähnliches Verhältnis ergibt sich, wenn ein Minderjähriger entmündigt wird, der unter Altersvormundschaft oder elterlicher Gewalt steht ...
So lange die Altersvormundschaft oder die elterliche Gewalt dauert, kann aufgrund der Entmündigung keine Vormundschaft oder weitere Vormundschaft angeordnet werden. Wird der Minderjährige wegen Geisteskrankheit entmündigt, so erweitert sich nur der Inhalt der Vormundschaft oder der elterlichen Gewalt, da der Minderjährige geschäftsunfähig wird. Für eine Pflegschaft nach § 1909 ist neben den beiden Raum, wenn ein Bedürfnis sie erheischt.'' (*BayObLG*, 25. 2. 1928, BayObLGZ 28 S. 193 – 199).

22 Gegenstand der Ausstattung können sein: Geld, Wertpapiere, bewegliche Sachen, wie z.B. Wohnungs-, Praxiseinrichtung, Rechte wie wiederkehrende Zuschüsse, Kraftfahrzeuge, Überlassung von Wohnungs- oder Geschäftsräumen; vgl. auch *Erman/Ronke*, Kommentar zum BGB, § 1624 Anm. 4.

ches oder nichteheliches Kind des Mündels kann nur mit Genehmigung des Vormundschaftsgerichts versprochen oder gewährt werden. Wenn die gewährte Ausstattung die Vermögensverhältnisse des Mündels übersteigt oder gar einer anderen Person als einem Kind des Mündels gewährt wird, handelt es sich um eine Schenkung und ist auch im Falle der Genehmigung des Vormundschaftsgerichts gemäß §§ 134, 1804 nichtig[23]. Alle Pachtverträge über ein Landgut oder einen gewerblichen Betrieb (vgl. § 1822 Nr. 4) als auch Mietverträge mit einer Laufzeit von über 4 Jahren[24] bedürfen der Genehmigung des Vormundschaftsgerichts (§ 1902 Abs. 2). Das gleiche gilt für langfristige Verträge, aufgrund derer wiederkehrende Leistungen aus dem Mündelvermögen zu erbringen sind, wie zum Beispiel Lebensversicherungsverträge für den Erlebens- und Todesfall mit laufender Prämienzahlungspflicht[25]. Bei

---

23 Vgl. auch *Palandt/Diederichsen*, Bürgerliches Gesetzbuch, 38. Aufl. 1979, § 1902 Anm. 1; *Staudinger/Engler*, a.a.O., Anm. 2a mit weiteren Nachweisen auf Mot. 4 S. 1239.

24 Die Zeitberechnung gemäß § 1822 Nr. 5 ist beim volljährigen Mündel nicht möglich.

25 „...Es fragt sich nur, ob etwa Lebensversicherungsverträge von dieser Regelung deshalb ausgenommen werden können, weil bei ihnen der Versicherungsnehmer nach § 165 VVG die Möglichkeit hat, sie jederzeit zum Schluß eines jeden Versicherungsjahres zu kündigen...
(Dieser Auffassung) ... steht das Bedenken entgegen, daß es zu einer vorzeitigen Lösung des Vertrages durch Kündigung jeweils einer besonderen Willenserklärung bedarf und daß dieser Rechtsbehelf nach der Lebenserfahrung vom Berechtigten häufig übersehen wird, so daß hierbei der Schutz des Mündels schwächer ist als in den Fällen, in denen seine vertragliche Bindung von vornherein nicht über den gesetzlich festgelegten Zeitpunkt hinausgeht...
Während ... sonst regelmäßig der Mündel die Gegenleistungen für seine bis zur vorzeitigen Beendigung des Vertrages erbrachten Leistungen bereits in vollem Umfang erhalten hat und auch bei der Kündigung des Vertrages ungeschmälert behält, ist dies bei der vorzeitigen Kündigung einer Erlebens- und Todesfallversicherung nicht der Fall, weil bei ihr die bis zur vorzeitigen Auflösung des Vertrages zu zahlenden Prämien nicht nur das Entgelt für das vom Versicherten bis dahin zu tragende Risiko, sondern zum Teil auch schon ein Entgelt für die vom Versicherer bei vertragsmäßigem Ablauf erst später zu erbringenden Leistungen darstellen...
Da das Gesetz Verträge mit der Verpflichtung zu wiederkehrenden Leistungen, die die angegebene Vertragsdauer überschreiten, schlechthin und ohne Einschränkungen für genehmigungsbedürftig erklärt, könnte eine Genehmigungsfreiheit solcher Verträge nur dann angenommen werden, wenn die frühere Lösbarkeit mit dem Nichtfortbestehen der vertraglichen Bindung gleichgesetzt werden könnte. Dies ist aber keineswegs dann möglich, wenn der Mündel (selbst oder sein Vormund) nicht kündigen kann, ohne einen Vermögensverlust zu erleiden; denn dann ist er durch die Kündigungsmöglichkeit nicht in gleicher Weise geschützt wie bei einem Vertrag, bei dem er von vornherein nicht über den gesetzlichen programmierten Zeitpunkt hinaus gebunden ist." (*BGH*, 30. 6. 1958, BGHZ 28 S. 78–84).

den in § 1902 (ebenso bei den in § 1822 Nr. 5) erwähnten langfristigen Verträgen genügt es zur Genehmigungsfreiheit nicht, daß der Mündel jederzeit sich durch Kündigung lösen kann, sofern mit der Kündigung Vermögensverluste verbunden sind. In diesem Fall ist immer die Kontrolle durch das Vormundschaftsgericht erforderlich.

b) Vorläufige Vormundschaft

Die vorläufige Vormundschaft als Unterart der Vormundschaft will der Gefahr vorbeugen, daß der ,,Volljährige, dessen Entmündigung beantragt ist, während der Zeit, welche die Durchführung des Verfahrens erfordert, Rechtshandlungen vornimmt, die erhebliche Nachteile für seine Person oder sein Vermögen mit sich bringen"[26]. Mit Rücksicht auf die große Tragweite der Anordnung einer vorläufigen Vormundschaft hat das Vormundschaftsgericht mit besonderer Vorsicht zu verfahren (§ 1908 Abs. 3)[27]. Ihre Anordnung setzt eine gegenwärtige erhebliche Gefährdung der Person oder des Vermögens der zu entmündigenden Person voraus. Die bloße Möglichkeit einer Schädigung genügt dafür nicht[28]. Als erhebliche Gefährdung des Vermögens wird zum Beispiel das ungehemmte Schuldenmachen angesehen[29]. Daß der vorläufig zu Entmündigende kein Aktivvermögen besitzt, hindert nicht, von einer Gefährdung seines Vermögens zu sprechen. Da das Vermögen des Volljährigen auch künftige Erwerbschancen umfaßt, stellen die auflaufenden Schulden bereits eine Gefährdung des gegenwärtigen Vermögens dar und könnten dem Mündel jede Existenzgrundlage nehmen.

Wegen des vorläufigen Charakters darf der Vormund keine langfristigen oder gar unwiderruflichen Entscheidungen für die Person oder das Vermögen des Mündels treffen. Allerdings zeigt sich in der Praxis, daß die Entmündigungsverfahren eine lange Verfahrensdauer haben, so daß die vorläufige Vormundschaft oftmals mehrere Jahre dauert. Das Vormundschaftsgericht hat von Amts wegen stets zu prüfen, ob der Mündel des vorläufigen vormundschaftlichen Schutzes noch bedarf oder nicht und gegebenenfalls die vorläufige Vormundschaft schon vor Beendigung des Entmündigungsverfahrens aufzuheben (vgl. § 1908 Abs. 3).

Der Entmündigungsbeschluß läßt keine Beschwerde zu[30]. Nur die Möglichkeit der Anfechtungsklage wird in § 664 Abs. 1 ZPO eröffnet für

26 *BayObLG*, OLGRspr. 24 (1912) S. 49f.
27 Vgl. Hinweis bei *Staudinger/Engler*, a.a.O. § 1906 Anm. 9.
28 So zu Recht *OLG Schleswig*, 23. 5. 1961, FamRZ 1962 S. 209f.
29 Vgl. *Gernhuber*, FamRecht, § 69 I 4, S. 1075 mit weiteren Nachweisen.
30 JW 1935 S. 3491.

den vorläufig wie endgültig Entmündigten. Der Mündel ist (nach § 664 Abs. 2 ZPO) partiell prozeßfähig für die zu erhebende Anfechtungsklage, er ist demgemäß auch insoweit geschäftsfähig (vgl. § 51 ZPO)[31], um einen Anwaltsvertrag zu schließen[32].

---

31 ,,Soweit ein Geschäftsunfähiger sein Beschwerderecht gegen die Anordnung einer Maßnahme (hier die der vorläufigen Vormundschaft) selbst ausüben kann, ist der Geschäftsunfähige grundsätzlich auch befugt, das Beschwerderecht gegen einen die Aufhebung dieser Maßnahme ablehnenden oder die Fortdauer anordnenden Beschluß selbst auszuüben (Abweichung von BayObLGZ 1963 S. 35/43).
Dagegen ist der geschäftsunfähige, unter vorläufiger Vormundschaft stehende Mündel nicht nur Ausübung des Beschwerderechts befugt, soweit es sich um Auswahl oder Entlassung des Vormunds handelt (Anschluß an *KG*, FamRZ 1966 S. 320).''
Aus den Gründen: ,,Es ist ein allgemeiner Grundsatz unserer Rechtsordnung, daß auch Entmündigte und Geisteskranke für Verfahren, in denen über die wegen ihres Geisteszustands zu treffenden Maßnahmen entschieden wird, zur Wahrung ihrer Rechte als prozessfähig gelten (BVerfGE 10, 302/304).
Die vorstehende Rechtsprechung beruht darauf, daß es das Grundrecht der Unverletzlichkeit der menschlichen Würde verbietet, einen Menschen ohne ein Mindestmaß eigener Initiative im Sinne des Rechtsangriffs oder der Rechtsverteidigung zum Gegenstand eines Verfahrens zu machen, das rechtlich auf einen Eingriff in seinen Lebensbereich abzielt (BGHZ 35, 1/9)...
Einen Eingriff von solcher Schwere, daß auch dem geschäftsunfähigen Mündel die selbständige Ausübung des Beschwerderechts zugebilligt werden muß, stellt zwar die Anordnung der Vorläufigen Vormundschaft dar (BayObLGZ 1967, 210/211).
Dies trifft jedoch nicht zu für Maßnahmen, die im Rahmen einer angeordneten vorläufigen Vormundschaft erforderlich werden; hierunter fällt auch die Entlassung des bisherigen und die Bestellung eines neuen vorläufigen Vormunds (ebenso für den Fall des Pflegers *KG* MDR 1966, 676). Solche Maßnahmen greifen nicht mehr in die Rechte des Mündels ein.''

32 ,,Denn mit ... (§ 664 Abs. 2 ZPO) ... hat das Gesetz dem Entmündigten einen starken und wirksamen Schutz gegen eine etwa unberechtigte Entmündigung verleihen und demgemäß sicherstellen wollen, daß sich der Entmündigte selbst und ohne Zustimmung eines Dritten gegen diese Maßnahmen wehren kann...
Darüber hinaus hat der Entmündigte ein eigenes schutzwürdiges und unmittelbares Interesse an der Wirksamkeit des Anwaltsvertrages. Denn nur unter dieser Voraussetzung erlangt er seinerseits einen Anspruch gegen den Rechtsanwalt und auch nur unter dieser Voraussetzung kann er diesen zur Verantwortung ziehen, wenn er etwa die Berufungsfrist schuldhaft versäumt oder in anderer Weise seine ,,Pflichten'' aus dem Vertrag verletzt hat.
(Es können... auch keine Bedenken aus dem Schutzzweck der §§ 104ff. BGB hergeleitet werden. Die Gefahr, daß der Entmündigte etwa dadurch sein Vermögen verprozessiert, daß er mit Hilfe eines Rechtsanwalts, an den er Honorare zahlen muß, ständig neue Rechtsbehelfe gegen die Entmündigung ergreift, besteht nicht. Denn nur für die Anfechtungsklage ist der Entmündigte prozeß- und geschäftsfähig, und diese kann nur einmal und nur innerhalb einer Frist erhoben werden (§ 664 Abs. 1 ZPO). Für andere Rechtsbehelfe, etwa die Aufhebungsklage, gilt diese Regelung nicht (§ 679 ZPO); der dort beizuordnende Anwalt ist gesetzlicher Vertreter.'' *(OLG Hamburg*, 16. 10. 1970, NJW 1971 S. 199f.).

c) Der Volljährige als Mündel und die Zwangspflegschaft als Ersatzform für eine Vormundschaft

Die mitunter im Alter auftretenden körperlichen wie geistigen Gebrechen machen den älteren Menschen in zunehmendem Maße unfähig, „vernünftige" Entscheidungen bezüglich seiner Person (z.B. Wohnungssache, Heilbehandlung) als auch seines Vermögens (z.B. Wahl der Kapitalanlage, Ausübung von Gesellschafterrechten, Steuerfragen) zu treffen. Der ältere Mensch wird in einer leistungsbezogenen, mit hoher Komplexität ausgestatteten Industriegesellschaft häufig als unfähig angesehen, im Sinne der Nachgeborenen und ihrer Vernunftwelt zu handeln. Zeigt der alte Mensch von der allgemeinen Norm abweichende Verhaltensweisen, regt sich bei Angehörigen bald der Gedanke, mit Hilfe des staatlichen Vormunds eine Kontrolle über Verhalten und Vermögen des gebrechlichen „Seniors" zu gewinnen. Stets ist besonders sorgfältig zu prüfen, welche Maßnahme erforderlich ist.

Eine Abstufung aufgrund der Reichweite und Schwere des Eingriffs ergibt folgende Reihung:

1. Entmündigung wegen Geisteskrankheiten gem. § 6 Abs. 1 Ziff. 1
   Rechtsfolge:
   Bestellung eines Vormunds und Verlust der Geschäftsfähigkeit gem. § 104 Ziff. 1
2. Entmündigung wegen Geistesschwäche, Verschwendung, Trunksucht oder Rauschgiftsucht gem. § 6 Abs. 1 Ziff. 1, Alternative bis Ziff. 3
   Rechtsfolge:
   Bestellung eines Vormunds und beschränkte Geschäftsfähigkeit gem. § 114.
3. Pflegschaft wegen körperlicher Gebrechen gem. § 1910 Abs. 1
   Rechtsfolge:
   Bestellung eines Pflegers für Personen- und Vermögenssorge (Totalpflegschaft) und Verbleiben der vollen Geschäftsfähigkeit
4. Bestellung eines Pflegers wegen geistiger und körperlicher Gebrechen gem. § 1910 Abs. 2
   Rechtsfolge:
   Bestellung eines Pflegers für einzelne Angelegenheiten, wobei in der Regel Pflegling weiterhin geschäftsfähig, aber auch denkbar, daß Pflegling geschäftsunfähig.

Diese Stufenleiter zeigt, daß eine Entmündigung nur dann vorgenommen werden sollte, wenn eine Pflegschaft — auch in Form einer Zwangspflegschaft — dem aktuellen Fürsorgebedürfnis nicht gerecht wird[33].

Die Vormundschaft stellt sich somit als äußerstes Mittel dar, wenn alle anderen rechtlichen Ausprägungen einer staatlichen Fürsorge versagen. Bedauerlicherweise wird über die Anordnung einer Vormundschaft und einer Pflegschaft aufgrund verschiedener Verfahrensordnungen entschieden: Während über die Entmündigung nach den Regeln der ZPO (§§ 645 bis 687 ZPO) in einem Statusprozeß entschieden wird, wird über eine Pflegschaft aufgrund der Vorschriften des FGG (§§ 37ff. FGG) entschieden. Gleichwohl muß derzeit (auch) die Anordnung einer (Zwangs-)pflegschaft nach dem FGG als verfassungsmäßig angesehen werden[34]. So lange der Gebrechliche überhaupt einer „zweckhaften

---

33 „Nicht die geistige Anomalie führt notwendig zugleich zur Verneinung der Geschäftsfähigkeit. Die Entmündigung ist nur zu rechtfertigen, wenn die Geisteskrankheit in solcher Schwere auftritt, daß der Kranke dadurch nach Art eines Kindes unter sieben Jahren an der Besorgung aller seiner Angelegenheiten gehindert scheint. Ist dem Erkrankten die Fähigkeit zu überlegtem und verständigem Handeln nicht vollständig genommen, ist er durch sein geistiges Gebrechen vielmehr nur bei Wahrnehmung einzelner seiner Angelegenheiten oder eines bestimmten Kreises seiner Angelegenheiten behindert, so kann dies zwar nach Befinden des Kranken zur Einleitung einer Pflegschaft Anlaß bieten (§ 1910 Abs. 2), niemals aber zur Anordnung der Entmündigung. Diese erfordert vielmehr die Unfähigkeit des Kranken zur Besorgung seiner Angelegenheiten im Allgemeinen und ihrer Gesamtheit (*OGH*, MDR 1950, 668 m.w.N.).“ *(LG Düsseldorf*, 17. 9. 1976, Rpfleger 1976 S. 166).

34 „(Die)... von der Rechtsprechung vorgenommene Ausweitung des Anwendungsbereichs der Pflegschaft (gemeint ist die Zwangspflegschaft — Anmerkung des Verfassers) ist in sich sachgerecht und durch den Schutzzweck der gesetzlichen Regelung gerechtfertigt. Die Entmündigung wegen Geisteskrankheit oder Geistesschwäche hat eine wesentlich einschneidendere Bedeutung und Auswirkung auf die rechtliche und wohl auch soziale Stellung des davon Betroffenen als die Gebrechlichkeitspflegschaft. Sie beseitigt oder beschränkt die Geschäftsfähigkeit, während die Gebrechlichkeitspflegschaft als eine der jeweiligen Persönlichkeit angepasste weniger eingreifende Maßnahme dem begrenzten Fürsorgebedürfnis Rechnung trägt und die Geschäftsfähigkeit unberührt läßt. Deshalb ist es durchaus vertretbar, wenn das Pflegschaftsverfahren nicht in demselben Ausmaß wie das Entmündigungsverfahren die Wahrnehmung der Rechte des Gebrechlichen ermöglichen sollte, ohne daß in seiner Durchführung anstelle einer an sich möglichen Entmündigung eine Umgehung der Schutzvorschriften über das Entmündigungsverfahren und damit eine Verletzung des Artikel 2 Abs. 1 GG zu sehen wäre.
Zudem bietet das Pflegschaftsverfahren bei ordnungsgemäßer Durchführung durch die Gerichte, bei der das Hineinwirken des Grundrechts auf freie Entfaltung der Persönlichkeit in das einfache Recht zu berücksichtigen ist, im Ganzen gesehen gleich wirksame rechtsstaatliche Garantien wie das Entmündigungsverfahren. Beide Verfah-

Willensbildung“ fähig ist, muß den Wünschen des Pfleglings nach Barmitteln weitgehend entsprochen werden, um nicht von einer verkappten Entmündigung sprechen zu müssen[35].

Es besteht damit eine gesteigerte Pflicht des Vormundschaftsgerichts, bei der Zwangspflegschaft über die Tätigkeit des Pflegers zu wachen und durch geeignete Gebote und Verbote einzuschreiten (§§ 1837 Abs. 1, 1915 Abs. 1).

III. Die Auswahl des Vormunds

1. Reihenfolge bei der Auswahl

(Im folgenden ist die Rede nur vom Vormund, nicht vom Pfleger, zumal die gleichen Vorschriften bis auf wenige Ausnahmen für den einen oder anderen gesetzlichen Vertreter gelten). Das Vormundschaftsrecht des BGB beruht auf dem Bestallungsgrundsatz[36], nach dem die Vormundschaft nicht unmittelbar kraft Gesetzes, sondern nur aufgrund gerichtlicher Anordnung eintritt (vgl. aber Ausnahme § 1791 c).

Das Vormundschaftsgericht soll eine Person auswählen, die nach ihren persönlichen Verhältnissen und ihrer Vermögenslage[37] sowie nach den sonstigen Umständen zur Führung der Vormundschaft geeignet ist

---

ren werden von dem Untersuchungsgrundsatz beherrscht (§ 653 ZPO, § 12 FGG). Wie im Entmündigungsverfahren (§ 655 ZPO) wird das Gericht bei der Bestellung eines Pflegers für einen geistig Gebrechlichen... einen Sachverständigen über den Geisteszustand des Betroffenen hören müssen, um feststellen zu können, ob und in welchem Umfang ein konkretes Fürsorgebedürfnis besteht. Sofern Anhaltspunkte für eine krankhafte Störung der Geistestätigkeit vorliegen, ergibt sich die Notwendigkeit hierzu schon wegen der erforderlichen Feststellung, ob die Einwilligung des Betroffenen nach § 1910 Abs. 3 BGB erforderlich ist. Wie der Bundesgerichtshof entschieden hat, muß der geisteskranke Volljährige vor Anordnung einer Pflegschaft nach § 1910 Abs. 2, 3 BGB zu allen für diese Maßnahme wesentlichen Umständen und Voraussetzungen richterlich gehört werden (BGHZ 35, 1, 9f.).“ (*BVerfG*, 29. 6. 1965, BVerfGE 19 S. 93, 98f.).

35 Vgl. *Gernhuber*, Familienrecht, § 70 VI 2:
„Die Gefahren... sind evident: Die Zwangspflegschaft vertritt die Entmündigung ohne ein dieser Funktion entsprechendes Verfahren.“

36 Vgl. *Staudinger/Engler*, Familienrecht, Bd. IV, 10./11. Aufl. 1969, Vorbem. vor § 1773.

37 *Dölle*, Familienrecht, Bd. II, 1965, weist darauf hin, daß in der DDR das Gebot, die Vermögenslage des auszuwählenden Vormunds zu beachten, für verfassungswidrig gehalten wird, § 120 IV Anm. 35, S. 670.

(§ 1779 Abs. 2). Eine Fehlentscheidung bei der Auswahl des „richtigen" Vormunds kann zu schwerwiegenden, nicht zu korrigierenden Schäden führen. Die Güte der Personen- und Vermögenssorge ist nicht von der Person des Vormunds zu trennen. Das Auswahlermessen des Vormundschaftsgerichts bei der Berufung des Vormunds ist in verschiedenen Stufungen eingeschränkt. Zunächst der Wille der Eltern, die Meinung des Kindes, die Interessen des Staates und der Kirche und endlich die Unfähigkeit und Untauglichkeit einer Person als Vormund begrenzen die Auswahlfreiheit des Vormundschaftsgerichts[38].

a) Ermessens- und Beurteilungsspielraum bei der Auswahl des Vormunds

Da die Bestellung des Vormunds öffentlichen Charakter trägt[39], sind auf sie die allgemeinen Grundsätze des Verfassungs- und Verwaltungsrechts anzuwenden, „zumal Entscheidungen auf dem Gebiet der freiwilligen Gerichtsbarkeit ... materiell zum Bereich der Verwaltung gehören[40].

Bei der Auswahl des geeigneten Vormunds ist zwischen der Beurteilung einer Person nach dem Tatbestandsmerkmal „Geeignetsein" und der Rechtsfolge dieser Prüfung der eigentlichen Auswahl zu unterscheiden. Die Geeignetheit des Vormunds stellt einen unbestimmten, gerichtlich auch im Beschwerdeweg nach § 27 FGG voll überprüfbaren Rechtsbegriff dar. Dem auswählenden Vormundschaftsgericht steht dabei ein entsprechender „Beurteilungsspielraum" zu[41], um die Eignung festzustellen.

Hat das Vormundschaftsgericht eine nach § 1779 Abs. 2 geeignete Person gefunden, wobei sein Beurteilungsspielraum vom Gesetz durch die Rücksichtnahme auf Religion und Verwandschaft des Mündels (§ 1779

---

38 Die Auswahl und Bestellung des Vormunds obliegen auch nach dem Inkrafttreten des 1. Eherechtsgesetzes im Falle des § 1671 Abs. 5 BGB dem Vormundschaftsgericht und Rechtspfleger und nicht dem Familiengericht, lediglich die Anordnung der Vormundschaft selbst obliegt dem Familiengericht (so *BayObLG*, 20. 9. 1977, NJW 1978 S. 55f. = FamRZ 1977 S. 823f., wo dieses Auseinanderfallen als grotesk bezeichnet wird.)

39 Vgl. z.B. *Scheffler*, RGRK-BGB IV. Bd., 2. Teil, 10. und 11. Aufl., § 1789 Anm. 3; *BayObLG*, 28. 10. 1958, FamRZ 1959 S. 373f. *Gernhuber*, Familienrecht, § 65 I.

40 So *LG Würzburg*, 22. 7. 1971, FamRZ 1972 S. 391, 393.

41 Vgl. zu diesem Begriff *Wolff/Bachof*, Verwaltungsrecht, 9. Aufl. 1974, § 31 IB, S. 190f., wo zu Recht betont wird, daß den (Verwaltungs-) Gerichten mehr und mehr eine „originär rechtszuteilende Funktion" zukommt und die eigentliche Aufgabe der Rechtskontrolle bei Überprüfung von Ermessensentscheidungen zurückgedrängt wird.

Abs. 2 Satz 2 und Satz 3) konturiert wird, „soll" diese auch zum Vormund ausgewählt werden. Damit kommt zum Ausdruck, daß das Vormundschaftsgericht bei der eigentlichen Auswahl an seine zuvor gebundene Feststellung, eine geeignete Person gefunden zu haben, gebunden ist. Es kann aber, sofern besondere Umstände vorliegen, auch von der Bestellung des ausgewählten Vormunds absehen, insbesondere wenn das Interesse des Mündels gefährdet wurde (sogenanntes „gebundenes Ermessen" bei der Rechtsfolge)[42]. Zwischen mehreren geeigneten Personen kann das Vormundschaftsgericht die Auswahl treffen, wobei auch solche Gründe berücksichtigt werden können, die selbst nicht im Gesetz niedergelegt sind[43]. Das Vormundschaftsgericht muß angeben, warum es von mehreren geeigneten Personen bestimmte Personen ausgeschieden hat und welche sachlichen Erwägungen für die Auswahl des Vormunds und Pflegers ausschlaggebend waren. Insoweit sind auch der Auswahl selbst gewisse Schranken gesetzt.

Daß der in der Verwaltungsrechtswissenschaft erarbeitete Erkennungsunterschied zwischen „Tatbestands- und Rechtsfolgeermessen" auch von der zivilrechtlichen Judikatur beachtet wird, zeigen verschiedene Entscheidungen, die teils von „pflichtgemäßem" oder „eingeschränktem" Ermessen sprechen[44].

b) Der berufene Vormund

Gemäß § 1776 Abs. 1 ist als Vormund berufen, wer von den Eltern des Mündels benannt ist. Nach älteren Auffassungen stellt dieses Benennungsrecht der Eltern einen Ausfluß der elterlichen Sorge dar (Art. 6 Abs. 2 GG)[45]. Das elterliche Recht besteht nicht, wenn der Mündel von

---

42 Vgl. dazu *Wolff/Bachof*, a.a.O.

43 Das Gericht kann auch, „wenn einer der gesetzlichen Befreiungsgründe nicht vorliegt, berechtigt sein..., eine Person aus erheblichen Gründen von der Übernahme einer Vormundschaft... zu entbinden; ein Bedürfnis, diesem Gesetz besonders auszusprechen, sei allerdings nicht vorhanden, da dem Vormundschaftsgericht bei der Auswahl keine beengenden Schranken gezogen seien". (*LG Würzburg*, 22. 7. 1971, FamRZ 1972 S. 391–394 mit Hinweis auf Materialien 4 S. 1073)

44 *BayObLG*, 22. 11. 1974, RPfleger 1975 S. 91f. mit Hinweis auf BGHZ 18 S. 143, 148; *BayObLGZ* 1969 S. 200, 204; *Keidel/Winkler*, FGG, Rdnr. 27; *Jansen*, FGG, Rdnr. 23, je zu § 277 *BayObLG*, 11. 10. 1957, BayObLGZ 1957 S. 315–317; *BayObLG*, 16. 2. 1965, BayObLGZ 1965 S. 50–53, FamRZ 1965 S. 283.

45 Vgl. auch BVerfGE 4 S. 52, S. 57:
„Artikel 6 Abs. 2 GG gewährt — neben seiner Bedeutung als Richtlinie — jedenfalls zugleich ein Abwehrrecht gegen unzulässige Eingriffe des Staates in das elterliche Erziehungsrecht ... Doch unterwirft Artikel 6 Abs. 2 die Betätigung der elterlichen Gewalt ausdrücklich der Wacht durch die staatliche Gemeinschaft."

einer anderen Person als seinem Vater oder seiner Mutter oder deren Ehegatten als Kind angenommen ist.

§ 1778 Abs. 1 ist mit der Maßgabe anzuwenden, daß der Mündel der Bestellung eines Elternteils zum Vormund nicht widersprechen kann. Auch in Zukunft hat der Vormund für die Person des Mündels zu sorgen. Wenn der Mündel verheiratet ist, so gelten die in § 1633 bestimmten Beschränkungen nicht. Mit anderen Worten: Die Personensorge beschränkt sich ausschließlich und allein auf die Verfügung in den persönlichen Angelegenheiten des Mündels.

Neben § 1778 Abs. 1 wurde durch Art. 5 des Gesetzes zur Neuregelung des Rechts der elterlichen Sorge[46] u. a. das Gesetz über die Angelegenheiten der freiwilligen Gerichtsbarkeit ergänzt. Aus diesen Gesetzesänderungen ergibt sich vor allem, daß das Kind mehr als bisher angehört werden soll und daß es hineingehört in die Kette der zu befragenden und zu beachtenden Personen.

2. Verwandtenprivileg und Uneigennützigkeit der Verwandten und Verschwägerten bei der Vermögensverwaltung

Aus dem § 1779 hat die Neufassung des Gesetzes die Bestimmungen des Abs. 3 Satz 3 gestrichen. Es handelt sich dabei um die Pflicht zur Anhörung von Verwandten oder Verschwägerten bei der Auswahl des Vormundes. Die Entscheidung wird erweitert. Das Vormundschaftsgericht darf den Vormund nach Anhörung des Jugendamtes auswählen, wobei berücksichtigt wird, daß die ausgewählte Person in ihren persönlichen Verhältnissen und ihrer Vermögenslage sowie nach den sonstigen Umständen zum Vormund geeignet ist. § 1779 Abs. 2 spricht vom nichtehelichen Kind in der Absicht, dessen Verwandte und deren Ehegatten zu berücksichtigen.

Häufig fehlt die Bereitschaft von Verwandten und Verschwägerten, allein aufgrund altruistischer Erwägungen für die Person und das Vermögen des Mündels/Pfleglings zu sorgen, so daß das gesetzgeberische Motiv in § 1779 Abs. 2 leerläuft. Bei der Auswahl von Verwandten und Verschwägerten für den älteren Menschen ist darauf zu achten, daß der Pflegebedürftige durch die Auswahl und Bestellung naher Angehöriger keine psychischen Schäden erleidet[47]. Die Gefahr von Interessengegen-

46 Vom 18. 7. 1979 (Band. I S. 1061ff., 1067).
47 So *Gernhuber*, Der Senior und sein Zwangsvermögenspfleger, FamRZ 1976 S. 189f.

sätzen zwischen erbberechtigten Verwandten, die in der Vermögenssorge eine Art vorweggenommener Erfolge erblicken können, und dem älteren Mündel muß vermieden werden[48].

In der Regel wird es dem Wohl des Mündels entsprechen, zumindest den Bereich der Vermögenssorge einem familienfremden, sachkundigen Dritten zu übertragen, um eine möglichst objektive Führung der Vermögensverwaltung zu gewährleisten. Die damit einhergehende Versachlichung bürokratisiert zwar die Betreuung des Mündelvermögens, hindert aber die Gefahr von emotional gefärbten und von familiären Vorgegebenheiten bei bestimmten Entscheidungen. Die Distanz eines Dritten zur Familie und zu den in ihr angelegten Gegensätzen läßt das Wohl des Mündels als alleinige Richtlinie stärker hervortreten. Verwandte oder Verschwägerte haben kein subjektives Recht auf Bestellung, sie können lediglich verlangen, daß das Vormundschaftsgericht einen fehlerfreien Ermessensgebrauch ausübt[49]. Falls Verwandte bei der Auswahl des Vormunds/Pflegers übergangen werden, können sie keine Beschwerde aus eigenem Recht gem. § 20 Abs. 1 FGG einlegen[50]. Allerdings kann sich eine Beschwerdebefugnis aus § 57 Abs. 1 Nr. 9 FGG ergeben, sofern der Beschwerdeführer ein objektiv berechtigtes Interesse daran hat, sich um das Wohl des Mündels zu kümmern[51]. Dementsprechend mußte auch § 59 FGG neu gefaßt werden.

3. Religiöses Bekenntnis, Zugehörigkeit zu einer politischen Gruppe und gesellschaftliche Stellung des Vormunds

Bei der Auswahl des Vormunds ist auch auf das religiöse Bekenntnis des Mündels Rücksicht zu nehmen. Dabei soll möglichst ein dem

---

48 Vgl. z.B. *BayObLG*, 10. 2. 1958, BayObLGZ 1958 S. 373, 375, wo aus der Notwendigkeit, auf das Wohl des Pfleglings zu achten, eine möglichst objektive Führung der Pflegschaft gefordert wird, so daß eine gerade mit dem Pfleger nicht verwandte oder verschwägerte Person auszuwählen sei.
Ebenso *BayObLG*, 10. 2. 1905, BayObLGZ 1905 S. 84, 90, wonach es im Interesse des Mündels liegen kann, keinen Vormund zu bestellen, der mit dem Mündel in vermögensrechtlichen Beziehungen steht, die alsbald die Bestellung eines Pflegers erforderlich machen; ebenfalls *BayObLG*, 13. 11. 1973, FamRZ 1974 S. 219, 221, wonach der Vormund deshalb ungeeignet sei, weil er Pflichtteilsansprüche gegenüber dem Mündel habe.

49 *KG*, 20. 1. 1939, JFG 19 S. 93.

50 *LG Mannheim*, 26. 10. 1962, MDR 1963 S. 596, unter Hinweis auf RGZ 64 S. 288.

51 *LG Mannheim*, a.a.O.; vgl. auch *BayObLG*, 22. 11. 1974, RPfleger 1975 S. 91f. für die Entlassung des verwandten Vormunds mit weiteren Nachweisen.

Mündel konfessionsgleicher Vormund bestellt werden[52]. Fraglich ist, inwieweit das weltliche Bekenntnis und/oder das Auftreten und das Ansehen des als Vormund Auszuwählenden in der Gesellschaft bei der Auswahl berücksichtigt werden müssen. Wenn auch in einem Einzelfall[53] die Bestellung eines Pflegers aufgrund parteipolitischer Erwägungen abgelehnt wurde, so hat die politische Einstellung in der Regel außer Betracht zu bleiben. Sobald aber das politische Bekenntnis gegen eine weltliche Religion ausgerichtet ist, kann eine Person übergangen werden, da der Mündel, dessen wohlverstandenes Interesse allein maßgebend ist, nicht politischen Indoktrinationen ausgesetzt sein soll.

Ebenso kann die gesellschaftliche Stellung einer Person für die Auswahl als Vormund ausschlaggebend sein. Alter, Familienstand, gesellschaftliche Stellung sowie Privatvermögen sollen der Persönlichkeit und den Vermögensverhältnissen des Mündels entsprechen, um eine sachgerechte Führung der Vormundschaft zu gewährleisten.

4. Betreuung von größeren Vermögensmassen, insbesondere von Industrie- und Handelsunternehmen

Besondere Anforderungen an die Persönlichkeit des Vormunds sind zu stellen, wenn ein größeres Vermögen, zu dem Handels- oder Industriebetriebe gehören, zu verwalten ist. Neben Vertrauenswürdigkeit und Erfahrung muß der einzusetzende Vermögensverwalter ausreichende Geschäftskenntnisse besitzen, um die Mündelinteressen nicht zu gefährden.

Das Vormundschaftsgericht ist notfalls gehalten, Auskünfte über die Person des auszuwählenden Vormunds einzuholen. Als mögliche Aus-

---

52 *KG*, 27. 12. 1912, KGJ 43 A S. 41.
„Die Bestimmung des § 1779 Abs. 2 Satz 2 BGB ist in ihrer Weitergeltung durch Art. 3 Abs. 3 GG (siehe auch Art. 107 BayVerf) nicht berührt, denn sie enthält weder die Benachteiligung noch die Bevorzugung eines bestimmten Glaubensbekenntnisses." (*BayObLG*, 4. 6. 1954, BayObLGZ 1954 S. 132, 135).
Nach einer Entscheidung des KG vom 25. 11. 1938 sind Verwandte oder Verschwägerte des Mündels, die geeignete Vormünder wären, auszuwählen, auch wenn sie nicht das gleiche Bekenntnis wie der Mündel haben (*KG*, JFG 18, S. 1896).

53 *BayObLG*, 4. 7. 1924, BayObLGZ 24. S. 225: „Man kann z. B. dem Strenggläubigen und demgemäß auch politisch eingestellten Vater, der zu einer zweiten Ehe schreiten will, nicht zumuten, daß für das Kind gegen den Willen des Vaters ein ganz links orientierter Pfleger aufgestellt wird.
Der § 1779 Abs. 2 spricht davon, daß die auszuwählende Person nach ihren persönlichen Verhältnissen geeignet sein muß. Damit ist die ausnahmsweise Berücksichtigung der politischen Parteirichtung ermöglicht."

kunftsstellen kommen hierbei vor allem die Industrie- und Handelskammern, Banken, die Anwaltskammer, Industrie-, Handels- und Berufsverbände in Betracht. Darüber hinaus sollte sich das auswählende Vormundschaftsgericht in einem Auswahlgespräch ein persönliches Bild vom Sachverhalt verschaffen.

5. Ausschlußgründe bei der Auswahl des Vermögensverwalters

Entsprechend den aufgezeigten Auswahlgrundsätzen können begrifflich drei verschiedene Fallgruppen von Ausschlußgründen von Vermögensverwaltern unterschieden werden:

a) Die Vorteile für die Person und das Vermögen gehen einher mit psychischen Schäden beim Pflegebedürftigen (sogenanntes Kriterium des psychischen Schadensminimums bei Schäden für die Person des Mündels).

b) Zwischen Vormund und Mündel bestehen in vermögensrechtlicher Hinsicht dauernde Interessengegensätze (Kriterium der Interessenpolarität bei möglichen Schäden für das Vermögen des Mündels).

c) Der Vormund ist aufgrund mangelnder Fähigkeiten nicht geeignet, den ihm übertragenen Aufgaben nachzukommen und die Interessen des Mündels zu wahren (Kriterium der Unfähigkeit des Vormunds mit Gefahr für Person und Vermögen des Mündels).

Zu a) Die Gefahr psychischer Schäden ist gerade bei der Bestellung von nahen Angehörigen zum Vormund besonders groß. Gerade der erwachsene Mündel empfindet die Bevormundung durch einen Angehörigen als herabwürdigend und sieht angstvoll, wie er zum hilflosen Patienten wird. Aber auch bei der Auswahl familienfremder Vermögenspfleger muß sorgfältig darauf geachtet werden, daß eine Schädigung des seelischen Wohles des Mündels auf das geringstmögliche Maß beschränkt wird.

Zu b): Ein dauernder Interessenkonflikt besteht zwischen Mündel und Vormund, wenn der Vermögensverwalter Erbschafts- oder Pflichtteilsansprüche gegen den Mündel geltend machen kann. Auch sonstige bereits bestehende vermögensrechtliche Ansprüche lassen den Vormund in der Regel als nicht geeignet erscheinen, für das Vermögen interessengerecht zu sorgen.

Zu c): Daß der Vormund zur Führung der Vermögensverwaltung persönlich geeignet sein muß, ist sicher. Doch gerade der Bereich einer Vermögensverwaltung erfordert nach Art und Umfang des zu verwaltenden

Vermögens besondere fachliche Fähigkeiten, um ökonomisch sinnvoll im Interesse des Mündels liegende Entscheidungen treffen zu können. Der Vermögensverwalter ist aber kein besserer Buchhalter, der losgelöst von der Sorge für die Person des Mündels nur „objektive" Entscheidungen zu treffen hat. Die Sorge für das Vermögen kann eben nicht von der Sorge für die Person des Vermögensinhabers getrennt werden[54].

6. Abweichende Auswahlgrundsätze für besondere Pflegschaften

Bei der Pflegschaft für unbekannte Beteiligte (§ 1913) sowie bei der einzigen Sachpflegschaft für Sammelvermögen gem. § 1914 können die Auswahlgrundsätze des § 1779 Abs. 2 naturgemäß nicht gelten. Im übrigen gelten für die Pfleger die gleichen Überlegungen wie bei der Auswahl des Vormunds. Das gilt auch für den Ergänzungspfleger[55].

7. Ablehnung einer Vormundschaft

Gemäß § 1785 besteht für jeden Deutschen die Pflicht, die ihm angetragene Vormundschaft auch zu übernehmen. Mit Recht wird darauf hingewiesen, daß ohne diese Pflicht die Einzelvormundschaft angesichts der aufzuwendenden Mühe als auch dem Grundsatz der Unentgeltlichkeit dieses „Ehrenamtes mit Aufwandsentschädigung" die Einzelvormundschaft preisgegeben werden müßte[56]. Die öffentlich-rechtliche Verpflichtung, die Vormundschaft zu übernehmen, trifft nur deutsche Staatsangehörige[57], ein Ausländer kann die Übernahme der Vormundschaft ablehnen.

---

54 Vgl. zum Ganzen *Gernhuber*, Der Senior und sein Zwangsvermögenspfleger, FamRZ 1976 S. 189–197.

55 „Nach § 1916 BGB gelten zwar für eine nach § 1909 BGB angeordnete Pflegschaft die Vorschrift über die Berufung zur Vormundschaft nicht. Dadurch wird jedoch die Anwendbarkeit der Vorschriften über die Auswahl des Vormunds (§ 1779 BGB) nicht ausgeschlossen... (Einer erweiternden Auslegung), daß das Gericht auch anderen, dem Pflegling und seiner Familie besonders nahestehenden Personen bei der Auswahl den Vorrang einzuräumen habe,... kann nicht beigetreten werden, weil es sich bei der genannten Vorschrift um eine tatbestandlich eng umgrenzte Ausnahmenorm handelt. Zu der vom Beschwerdeführer gewünschten Auslegung besteht umso weniger Veranlassung, als für die Pflegerauswahl anerkannt ist, daß hier sogar der Vorrang der Verwandten und Verschwägerten entsprechend dem Zweck der Pflegschaftsanordnung häufig hinter die vom Wohl des Pfleglings geforderte Notwendigkeit zurücktreten muß, zur Gewährleistung einer möglichst objektiven Führung der Pflegschaft gerade eine mit dem Pflegling nicht verwandte oder verschwägerte Person auszuwählen." (*BayObLG*, 16. 12. 1958, FamRZ 1959 S. 125f.)

56 Vgl. *Gernhuber*, Familienrecht, § 64 IV 9.

57 Vgl. Reichs- und Staatsangehörigkeitsgesetz, das durch Art. 116 Abs. 1 GG ergänzt wird.

Um der Pflicht zur Übernahme der Vormundschaft Nachdruck zu verleihen, kann das Vormundschaftsgericht insgesamt nach vorheriger Androhung insgesamt drei Ordnungsstrafen verhängen (§ 33 FGG in Verbindung mit § 1788 BGB), und zwar jeweils bis zum Höchstsatz von 1000 DM. Diese Regelung ist nicht mehr zeitgemäß, das Zwangsgeld ist zu niedrig und es wäre zu prüfen, ob man nicht auf andere Weise wirksamer vorgehen kann.

Auch eine Frau, ,,welche zwei oder mehr Kinder hat oder glaubhaft macht, daß ihr die obliegende Fürsorge für ihre Familie die Ausübung des Amtes besonders erschwert'', hat ein Ablehnungsrecht (§ 1786 Abs. 1 Nr. 1).

Daß auch einem Mann aus gleichem Grund ein Ablehnungsrecht zugebilligt werden muß, ergibt sich aus der Neufassung des § 1360, wo nicht mehr von der Frau die Rede ist, die den Haushalt führt und damit ihrer Unterhaltspflicht nachkommt, sondern nur noch vom dem Ehegatten. Damit hat der Gesetzgeber seinen Willen bekundet, zwischen Mann und Frau in jeder Beziehung, soweit sachlich gerechtfertigt, Rechte und Pflichten gleich aufzuteilen. Dies muß auch für das Ablehnungsrecht gem. § 1786 Abs. 1 Nr. 1 gelten.

Lehnt der ausgewählte Vormund die Übernahme ab, so ist er, sofern ihm ein Verschulden (§ 276) zur Last fällt, dem Mündel für den Verzögerungsschaden verantwortlich (§ 1787). Den ausgewählten Vormund trifft nicht nur eine öffentlich-rechtliche Pflicht gegenüber der staatlichen Gemeinschaft (§ 1785), sein Amt zu übernehmen, sondern auch eine privatrechtliche Pflicht zur vorläufigen Übernahme des Amtes aufgrund eines bereits mit der Auswahl entstehenden gesetzlichen Schuldverhältnisses zum Mündel[58].

Ist eine Beschwerde im Verfahren der freiwilligen Gerichtsbarkeit zurückgewiesen worden und werden in einem neuen Verfahren die Gerichte mit derselben Sache befaßt, dann ist auch das Beschwerdegericht und das Gericht der weiteren Beschwerde an die früher ergangene Beschwerdeentscheidung gebunden. Diese strikte Bindung entfällt nur

---

58 *Erman/Hefermehl*, Handkommentar zum BGB, Bd. II, 6. Aufl. 1975, § 1787 Anm. 2; *Scheffler*, RGRK-BGB, 11. Aufl. 1959 bis 1970, § 1787 Anm. 1; *Soergel/Germer*, Bürgerliches Gesetzbuch mit Einführungsgesetz und Nebengesetzen, 10. Aufl. 1967ff., § 1787 Anm. 1; *Staudinger/Engler*, Kommentar zum BGB, 10./11. Aufl., § 1787 Anm. 8, jeweils ohne Begründung.

dann, wenn neue Tatsachen oder Beweismittel vorliegen, die eine abweichende Entscheidung von der des Erstgerichts gestatten[59,60].

IV. Das Verhältnis von Vormund und Mündel bei der Vermögensverwaltung

1. Das Interesse des Mündels

Durch die Bestellung zum Vormund entsteht zwischen Vormund und Mündel ein auf Dauer angelegtes gesetzliches Schuldverhältnis, das eine Geschäftsbesorgung (vgl. § 675) zum Gegenstand hat[61]. Das Interesse des Mündels ist im Rahmen der Geschäftsbesorgung das entscheidende inhaltliche Kriterium für das Handeln des Vormunds. Allerdings ist der Begriff des Interesses aufgrund seines weiten, begriffslogischen Spielraums nicht eindeutig und damit einer am Einzelfall orientierten Auslegung zugänglich.

Zunächst sind die Mündelwünsche anzuhören, zu beachten und zu respektieren. Man muß also das Interesse allein vom Standpunkt und der Person des Mündels herleiten. Diese Ansicht allein wird dem Achtungsanspruch des Mündels und seiner menschlichen Würde (Art. 2 GG) gerecht, denn der Mündel selbst ist und bleibt Inhaber seiner unveräußerlichen Rechte; diese werden lediglich mit Hilfe des Vormunds gewahrt und geltend gemacht. Das Amt des Vormunds ist fremdnützig. Der Vormund ist nicht dazu berufen, die fehlende Selbstbestimmung des Mündels zu ersetzen. Ziel der Vormundschaft ist es auch nicht, den Mündel in seiner Unmündigkeit zu belassen oder niederzuhalten. Die Vormundschaft ist vielmehr ein seiner Natur nach nicht auf Dauer angelegtes Amt. Das Interesse des Mündels geht dahin, die weitgehenden rechtlichen wie tatsächlichen Einschränkungen abzustreifen.

Während die Vormundschaft bei Minderjährigen durch Erreichung der Volljährigkeit kraft Gesetzes endet, ist der Volljährige, sofern er entmündigt wird, auf die Hilfe anderer, insbesondere des Gerichts, angewiesen, um aus dem um ihn gezogenen Kreis der Entmündigung wieder herauszutreten. Vormundschaft schützt daher nicht nur, sondern kann und muß helfen, den Ausgang aus der verschuldeten oder unverschulde-

59 Vgl. *OLG Hamm*, 26. 5. 1970, OLGZ 71 S. 84 mit weiteren Nachweisen.
60 Vgl. auch *Grunsky*, Grundlagen des Verfahrensrechts, 2. Aufl. 1974, § 49.
61 Vgl. *Beitzke*, Familienrecht, 21. Aufl. 1980, § 38 II, S. 285.

ten Unmündigkeit zu finden. Das Wiedererlangen des Selbstbestimmungsrechts ist daher das primäre Interesse des Mündels und muß das Ziel jeder Vormundschaft sein.

2. Abschaff ung des Familienrates

Der moderne Gesetzgeber wünscht nicht mehr die Einrichtung des Familienrates und beginnt bereits in § 1849 mit der Steichung dieses Begriffes und der Ergänzung durch die Worte „Vormund" oder „Gegenvormund"; die §§ 1858 bis 1881 wurden aufgehoben. Nach der Praxis der letzten Jahre dürfte diese Entscheidung des Gesetzgebers richtig sein.

3. Die Haftung des Mündels für den Vormund gem. § 278

Für die Schäden, die der Vormund als gesetzlicher Vertreter (§ 1793) einem Dritten zufügt, haftet der Mündel mit seinem Vermögen nach § 278 Satz 1. Voraussetzung dafür ist, daß ein Schuldverhältnis entweder kraft Rechtsgeschäfts oder kraft Gesetzes zwischen dem Geschädigten und dem Mündel besteht. Darüber hinaus wird die verschuldensunabhängige Garantiehaftung des Mündels für den Vormund gem. § 278 bereits dann bejaht, wenn zwischen dem geschädigten Dritten und dem Mündel eine sogenannte Sonderverbindung besteht, kraft derer eine besondere Rücksichtnahme und Loyalität hinsichtlich der Interessen des Dritten geboten ist. Eine solche Sonderverbindung ohne Bestehen von besonderen Rechten und Pflichten kann sich zum Beispiel aus einer laufenden Geschäftsbeziehung oder aus Vertragspflichten der Vertragsparteien nach Abwicklung eines Vertrages (culpa post pactum finitum) ergeben.

4. Weitere durch das Sorgerechtsgesetz aufgehobene und geänderte Vorschriften

Wenn ein Jugendamt oder ein Verein als Vormund entlassen werden sollen, ist künftig die Anhörung der Eltern nicht mehr erforderlich. Das Vormundschaftsgericht hat nur noch vor seiner Entscheidung auch das Jugendamt oder den Verein zu hören (§ 1887 Abs. 3).

Notwendigerweise wird in § 1899 ein dritter Absatz hinzugefügt, der besagt, daß der Mündel der Bestellung eines Elternteils zum Vormund nicht widersprechen kann.

In der Neufassung von § 1901 wird dafür gesagt, daß der verheiratete Mündel durch die Vorschrift des § 1633 nicht mehr beschränkt wird.

Notwendigerweise muß § 1905 entfallen, weil die Einrichtung des Familienrates in Wegfall gekommen ist und diese Einrichtung demgemäß aufzuheben war.

5. Einstehenmüssen des Mündels für den Vormund gem. § 254

Umstritten ist, inwieweit ein Schadenersatzanspruch des Mündels gegen einen Dritten gemäß § 254 Abs. 2 Satz 2 wegen eines mitwirkenden Verschuldens des Vormunds als dem gesetzlichen Vertreter zu kürzen ist. Vorauszuschicken ist, daß § 254 Abs. 2 Satz 2 als Absatz 3 von § 254 zu lesen ist. Nach der Rechtsprechung[62] stellt die Verweisung des § 254 Abs. 2 Satz 2 auf § 278 eine Rechtsgrundverweisung dar, so daß zwischen dem Mündel und dem Schädiger bereits eine Sonderverbindung bestehen muß, um ein anrechenbares Mitverschulden des Vormunds bei der Schadenshöhe berücksichtigen zu können. Dagegen erblickt die Literatur[63] in § 254 Abs. 2 Satz 2 lediglich eine Rechtsfolgeverweisung, so daß die einzelnen Tatbestandsmerkmale des § 278, insbesondere eine bereits bestehende Sonderverbindung, für die Anwendbarkeit des § 254 Abs. 2 Satz 2 nicht mehr zu prüfen sind. Ob eine Rechtsgrund- (und damit eine Haftungsprivilegierung des Mündels) oder eine Rechtsfolgeverweisung (damit Haftungsverschärfung für den Mündel) vorliegt, kann methodisch nicht von der verweisenden Norm selbst her bestimmt werden, sondern kann nur mit Hilfe von Wertungen, die sich jeweils an den verschiedenen Ergebnissen orientieren, entschieden werden: Sieht man in § 254 Abs. 2 Satz 2 lediglich eine Rechtsfolgeverweisung, so müssen Kinder und Entmündigte immer für das Fehlverhalten ihrer Eltern oder ihres Vormundes als den gesetzlichen Vertretern einstehen. Dies widerspricht dem Gedanken, daß die Garantiehaftung des § 278 nur dann gerechtfertigt ist, sofern ein Einfluß auf das Tätigwerden des Erfüllungsgehilfen oder des Vertreters ausgeübt werden kann.

Diese Einflußnahme entfällt aber bei gesetzlichen Zwangsvertretern, bei deren Auswahl nicht wie bei anderen gesetzlichen Vertretern der Vertretene durch Vertrag oder Wahl mitwirken kann. Andererseits dient die Garantiehaftung des § 278 dem Schutz des Rechtsverkehrs: Die Vorteile, die jemand aus dem arbeitsteiligen Zusammenwirken mit seinem Erfüllungsgehilfen oder aus der Repräsentation durch den gesetzlichen

---

62 *BGH*, 31. 3. 1960, BGHZ 33 S. 136 – 144 = JZ 1972 S. 283 mit Anmerkung von *Zeiss*, S. 285 f. mit weiteren Nachweisen, ebenso Referentenentwurf eines Gesetzes zur Änderung und Ergänzung schadensersatzrechtlicher Vorschriften vom Januar 1967.

63 Vgl. z. B. *Larenz*, Lehrbuch des Schuldrechts, Bd. I, § 31 I mit weiteren Nachweisen.

Vertreter zieht, erfordern ein unbedingtes und damit verschuldenloses Einstehenmüssen für den gesetzlichen Vertreter.

Bei der Abwägung zwischen dem Individualinteresse des Mündels und dem allgemeinen Verkehrsinteresse ist maßgebend, daß Haftungsbeschränkung und Haftungsbegründung nicht von verschiedenen Voraussetzungen abhängig sein können. Der Mündel haftet für ein schuldhaftes Verhalten des Vormunds nur dann gemäß § 278, wenn bereits eine Sonderverbindung besteht. Deshalb ist es geboten, den Schadenersatzanspruch des Mündels gemäß § 254 Abs. 2 Satz 2 nur dann wegen eines schuldhaften Verhaltens des Vormunds zu kürzen, wenn bereits eine Sonderverbindung zwischen Schädiger und Mündel besteht[64]. § 254 Abs. 2 Satz 2 ist somit als Rechtsgrundverweisung zu verstehen.

Schädigt der Vormund als gesetzlicher Vertreter vorsätzlich die Mündelinteressen, handelt er bei Gelegenheit seiner Pflichterfüllung, braucht sich der Vertretene in diesem Fall ein Verschulden des Vormunds nicht als Mitverschulden anrechnen zu lassen: Veruntreut der Vormund eingehende Mündelgelder und fordert der Mündel wegen mangelnder Aufsicht des Vormundschaftsgerichts gegenüber dem untreuen Vormund Schadenersatz vom Fiskus, so braucht sich der Mündel diesen Anspruch nicht wegen des strafbaren Verhaltens seines Vormunds als gesetzlichem Vertreter nach §§ 254 Abs. 2 Satz 2, 278 kürzen zu lassen[65]. Dagegen muß sich der Mündel seinen Schadenersatzanspruch gegenüber dem Vormundschaftsgericht wegen eines mitwirkenden Verschuldens seines gesetzlichen Vertreters mindern lassen, wenn der Vormund die ihm neben dem Vormundschaftsgericht obliegende Überwachungspflicht schuldhaft vernachlässigt: Verabsäumt es das Vormundschaftsgericht, das Ausscheiden des Mündels als Gesellschafter aus einem Handelsunternehmen im Handelsregister eintragen zu lassen und macht der Mündel nunmehr einen Schadenersatzanspruch gegenüber dem Staat wegen der diesen treffenden Vertrauenshaftung gemäß § 15 Abs. 1 HGB[66] geltend, so muß sich der Mündel das pflichtwidrige Unterlassen des Vormunds gem. §§ 254 Abs. 2 Satz 2, 278 anrechnen lassen[67]. Den Vor-

64 Ebenso *Palandt/Heinrichs*, Bürgerliches Gesetzbuch, 38. Aufl. 1979, § 254 Anm. 5.

65 So *BGH*, 31. 1. 1960. BGHZ 33 S. 136 – 144 = JZ 1962 S. 283ff. mit Anmerkung von *Zeiss*, S. 285f.; vgl. auch Anmerkung von *Boehmer*, MDR 1962 S. 632.

66 Sogenannte negative Publizität des Handelsregisters, ebenso im Fall der positiven Publizität gemäß § 15 Abs. 3 HGB.

67 „Dagegen stellt die Abwendung oder Minderung eines aus bereits begangener unerlaubter Handlung drohenden Schadens — wobei es unerheblich bleibt, ob die unerlaubte Handlung durch positives Tun oder durch Unterlassen begangen ist — eine Ver-

mund trifft neben dem Vormundschaftsgericht eine Pflicht, von sich aus zu prüfen, ob die eintragungspflichtigen Tatsachen im Handelsregister vermerkt wurden[68]. Das gleiche gilt, wenn bei einem Grundstückskauf des Mündels der Auflassungsanspruch aus dem Kaufvertrag (§ 433 Abs. 1) nicht auf Betreiben des Vormunds durch eine Auflassungsvormerkung (§§ 883 ff.) abgesichert wird[69] oder der Vormund es unterläßt, rechtzeitig, durch Inflation entwertete Anleihen durch Anmeldung bei der zuständigen Behörde aufwerten zu lassen[70]. In allen diesen Fällen besteht eine aus dem Amt des Vormunds fließende besondere Schutz- und Kontrollpflicht, für den Mündel tätig zu werden. Wenn ein Vormund eingesetzt ist, darf der Rechtsverkehr darauf vertrauen, daß nicht nur der Mündel selbst vor Schaden bewahrt wird, sondern auch, daß der Vormund darüber wacht, daß eigene Schadenersatzansprüche des Mündels sowohl bei ihrer Entstehung als auch bei ihrer Abwicklung als ein Gebot des eigenen Interesses verhindert oder in ihrem Umfang begrenzt werden. Dem Mündel bleibt es unbenommen, sich im Innenverhältnis zum Vormund wegen einer positiven Pflichtverletzung des zwischen ihm und dem Vormund bestehenden gesetzlichen Schuldverhältnisses schadlos zu halten. Um die bestehenden Rückgriffsansprüche des Mündels nicht an einer möglichen Insolvenz des Vormunds scheitern zu lassen, wäre de lege ferenda zu wünschen, daß der Vormund gesetzlich ver-

---

pflichtung des Bedrohten gegenüber dem Schädiger dar, die die entsprechende Anwendung des § 278 BGB auch ohne ein Hinzutreten des besonderen Schuldverhältnisses rechtfertigt. Ist der Entstehungsgrund des Schadens gelegt, so soll nach § 254 Abs. 2 BGB der Geschädigte, soweit seine Abwendungs- oder Minderungspflicht in Rede steht, den durch zurechenbares eigenes Verhalten verursachten Teil des Schadens selbst tragen ...

Die Haftung des Mündels für ein Verschulden seines gesetzlichen Vertreters läßt sich nun aber nicht mit der Überlegung ausschließen, die Vorschrift des § 178 BGB diene dem Schutz des Rechtsverkehrs, eines solchen Schutzes bedürfe der Vormundschaftsrichter jedoch nicht, da es ja gerade zu seinem Pflichtenkreis gehöre, ein Schaden mitveranlassendes Verhalten des gesetzlichen Vertreters des Mündels zu verhindern.

... Ein Mündel hat daher auch ein Verschulden seines Vormundes oder Pflegers als seines gesetzlichen Vertreters — wenn die übrigen Voraussetzungen des § 254 BGB vorliegen und § 278 BGB sinngemäß anzuwenden ist — wie eigenes Verschulden zu vertreten. Etwas anderes gilt auch nicht in den Fällen, in denen die Schadensersatzansprüche auf eine Verletzung der Aufsichtspflicht des Vormundschaftsrichters gegenüber dem Vormund beruhen. Das Gesetz macht keine Ausnahme für alle Schäden, die aus Verletzung der im Interesse des Mündels liegenden Aufsichtspflicht des Vormundschaftsrichters entstehen." (*BGH*, 24. 6. 1965, FamRZ 1965 S. 505 f. = MDR 1965 S. 892 f.; vgl. auch *BGH*, 29. 4. 1953, BGHZ 9 S. 316, 320).

68 So *RG*, 12. 7. 1933, RGZ 41 S. 353, 355.

69 *RG*, 10. 7. 1935, JW 1935 S. 3530.

70 *RG*, 7. 11. 1938, JW 1939 S. 155.

pflichtet wird, insbesondere wenn er eine Vermögensverwaltung für den Mündel führt, eine ausreichende Haftpflichtversicherung für Vermögensschäden abzuschließen[71].

V. Vormund und Vormundschaftsgericht

1. Vormundschaftsrichter und Rechtspfleger

Besonderes Anliegen des neuen Rechts ist es, daß bei Pflege und Erziehung von Kindern die Eltern die wachsende Fähigkeit des Kindes zu selbständigem, verantwortungsbewußtem Handeln berücksichtigen und die Angelegenheiten der Ausbildung und des beruflichen Werdeganges je nach Eignung und Neigung des Kindes übernehmen müssen. Alles, was geschieht, soll dem Wohl des Kindes dienen. Bei der Prüfung der vormundschaftlichen Aufgabe hat sich die Rechtsprechung schon längst dafür entschieden, die Kompetenzen des eigentlichen Vormundschaftsrichters einzuengen und zu beschneiden, um ihn nicht zu überfordern und im Hinblick auf den Pflichtenkreis Aufgabenteilungen vorzunehmen. Dies geschieht durch das Rechtspflegergesetz, einem Teil der seit 1957 andauernden Justizreform[72]. Im Laufe der Jahre hat sich das Aufgabengebiet des Rechtspflegers, handelnd als Vormundschaftsgericht, ständig erweitert. Es sind dies vor allem Aufgaben, die von einem Fachmann zu erledigen sind, der einen Vorbereitungsdienst von drei Jahren und die Rechtspflegerprüfung bestanden hat. Nach § 3 RPflG handelt es sich um Vormundschaftssachen im Sinne des zweiten Abschnitts des Gesetzes über Angelegenheiten der freiwilligen Gerichtsbarkeit und Angelegenheiten, die im BGB dem Familiengericht übertragen sind. Im Rahmen seiner Befugnisse ist der Rechtspfleger selbständig; er kann jedoch ausgeschlossen und abgelehnt werden. Über seine Ablehnung entscheidet der Richter. Im einzelnen gehören zu seinen Aufgaben die nach den Vorschriften des FGG zu behandelnden Angelegenheiten (§§ 64a

71 Bei den bestehenden beruflichen Haftpflichtversicherungen für Rechtsanwälte, Notare, Steuerberater usw. erstreckt sich das versicherte Risiko auch auf die Tätigkeit des Anwalts als Vormund, Pfleger, Testamentsvollstrecker usw.

72 Rechtspflegergesetz vom 5. 11. 1969 (BGBl. I S. 2065) in der Fassung des Gesetzes zur Änderung des Rechtspflegergesetzes, des Beurkundungsgesetzes und zur Umwandlung des OE (27. 6. 1970, BGBl. I S. 911, 3281), zuletzt geändert durch Art. 6 des Gesetzes zur Neuregelung des Rechts der elterlichen Sorge vom 18. 7. 1979 (BGBl. I S. 1061 ff., 1069).

FGG, 621, 621a ZPO), Maßnahmen nach § 46 FGG, Entscheidungen nach § 3 IV des Bundeskindergeldgesetzes, also die durch das erste Eherechtsgesetz mit Wirkung vom 1. 7. 1977 in die Vorschriften einbezogenen Fragen der Zahlung der Ausgleichsforderung und Übertragung von Gegenständen, Versorgungsausgleich, Regelung der elterlichen Gewalt. Angelegenheiten der Vermögensfürsorge obliegen dem Rechtspfleger, während die wichtigen personenrechtlichen Entscheidungen, zum Beispiel Übertragung der elterlichen Gewalt und die Verkehrsregelung beim Richter verbleiben. Der Richter (und nicht der Rechtspfleger) hat über die Fragen der Anfechtung, der Anerkennung der Vaterschaft für die Anfechtung einer nach früherem Recht festgestellten Vaterschaft usw. zu befinden. Über den Versorgungsausgleich entscheidet der Richter wegen des Verjährungsverbundes mit der Scheidungssache. Der Rechtspfleger entscheidet über die Bewilligung einer Vergütung an den Vormund, über Maßnahmen der Vermögenssorge und über die Übertragung der elterlichen Gewalt auf die Mutter eines nichtehelichen Kindes. Eingeschränkt wurden die dem Richter vorbehaltenen Sachen der Ehelichkeitsanfechtung, bei der Anordnung einer Vormundschaft, bei den vormundschaftsgerichtlichen Genehmigungen, bei der Aufhebung von Vormundschaften und Pflegschaften und bei der Regelung von Fragen der elterlichen Gewalt.

Anhand des Gesetzes ist jeweils im Einzelfall genau zu prüfen, wofür der Richter und wofür der Rechtspfleger zuständig ist.

Zu § 14 RPflG findet sich ein Katalog derjenigen Maßnahmen, die allein dem Richter vorbehalten sind. Ob der Weg in die Diversifikation der verschiedenen Aufgaben von Richter und Rechtspfleger richtig ist, muß in der Praxis erst abgewartet werden.

2. Bestellung des Vormunds

Die Bestellung zum Vormund ist eine mit Hilfe des Privatrechts gestaltete Regelung der Justizverwaltung, da aufgrund der Bestellung zugleich ein nach privatrechtlichen Grundsätzen zu beurteilendes gesetzliches Schuldverhältnis zwischen Vormund und Mündel entsteht. Um die Bestandskraft dieses Justizverwaltungsaktes nicht zu gefährden, ist die Anfechtung der Erklärung des Vormunds, sein Amt annehmen zu wollen, wegen Irrtums ausgeschlossen[73]. Dies entspricht dem Grundsatz,

---

73 Vgl. *BayObLG*, 16. 10. 1959, BayObLGZ 1959 S. 370, 374 unter Hinweis auf Prot. 4 S. 829.

daß Verfahrenshandlungen, gleich welcher Art, nicht den Regeln über privatrechtliche Willenserklärungen gem. §§ 104ff. unterliegen.

Während die Erklärungshandlung des Vormunds auch in einem schlüssigen Verhalten liegen kann, reicht ein konkludentes Verhalten auf Seiten des Rechtspflegers nicht aus, um von einem wirksamen Bestellungsakt sprechen zu können[74]. Falls sich jemand mit Duldung des Vormundschaftsgerichts als Vormund geriert, kommt das bloße Dulden keiner Bestellung gleich. Die Bestellung soll mittels Handschlag an Eides Statt erfolgen und soll eine Belehrung über den Pflichtenkreis des Vormunds enthalten. Mit der Bestellung erlischt das Ablehnungsrecht des Vormunds gem. § 1786 Abs. 2, zudem endigt eine etwa bisher bestehende vorläufige Vormundschaft (§ 1908 Abs. 2); darüber hinaus wird gemäß § 661 Abs. 1 ZPO ein Entmündigungsbeschluß wegen Geisteskrankheit spätestens mit der Bestellung des Vormunds wirksam.

a) Bestellung zum Vormund unter Vorbehalt gem. § 1790

Während die Benennung des Vormunds durch die Eltern gem. § 1786 von einem zukünftigen ungewissen Ereignis abhängig gemacht werden darf oder diese nur innerhalb eines bestimmten Zeitraums erfolgen darf, kann das Amt des Vormunds selbst nicht bedingt oder befristet sein, da der Vertrauensschutz außenstehender Dritter in den rechtlichen Bestand der Vormundschaft gewahrt werden muß[75]. Dagegen ist kraft ausdrücklicher Anordnung in § 1790 die Möglichkeit gegeben, die Entlassung des Vormunds vorzubehalten, falls ein bestimmtes Ereignis eintritt oder nicht eintritt. Damit wird klargestellt, daß das Amt des Vormunds nicht automatisch von selbst endigt, sondern immer eines besonderen Verfahrensaktes als actus contrarius zur Bestellung selbst bedarf. Somit ist für jeden jederzeit erkennbar, ob das Amt des Vormunds noch besteht oder nicht.

b) Rechtliche Bedeutung der Bestallungsurkunde

Die Bestallungsurkunde gibt lediglich Zeugnis davon, daß der Vormund durch das Vormundschaftsgericht bestellt wurde. Für einen Geschäftspartner des für den Mündel handelnden Vormunds besitzt die Urkunde keinerlei Legitimationsfunktion; so kann die Bestallungsurkunde kei-

---

74 *OGH Köln*, 30. 9. 1948, OGHZ 1 S. 298 = NJW 1949 S. 64f.

75 Vgl. *Planck/Unzner*, Kommentar zum BGB mit Einführungsgesetz, Erbrecht, V. Bd., 4. Aufl. 1930, § 1790 Anm. 1; *Staudinger/Engler*, a.a.O., § 1790 Anm. 1 mit weiteren Nachweisen.

nesfalls als Rechtsscheinträger angesehen werden. Um sicherzugehen, daß die Vertretungsmacht des Vormunds besteht, muß derjenige, der Rechtsgeschäfte mit dem Vormund tätigt, Einsicht in die Vormundschaftsakten nehmen, wozu er, sofern er ein berechtigtes Interesse glaubhaft macht (§ 294 ZPO), gemäß § 34 FGG berechtigt ist. Somit scheidet ein gutgläubiger Erwerb Dritter, die aufgrund der Bestallungsurkunde an das Bestehen der gesetzlichen Vertretungsmacht des Vormunds glauben, aus. Auch der gute Glaube an die Verfügungsmacht wird durch die Bestallungsurkunde nicht geschützt. Somit trägt der außenstehende Dritte das Risiko, daß die Vertretungsmacht des Vormunds nicht besteht. Er hat allenfalls Ansprüche aus der Eigenhaftung des Vormunds als Vertreter ohne Vertretungsmacht (§ 179 Abs. 1 oder Abs. 2)[76]. Die Aushändigung der Bestallungsurkunde hat auch keine konstitutive Bedeutung, da das Amt des Vormunds bereits mit der Bestellung selbst beginnt. Sofern der Rechtspfleger schuldhaft falsche Angaben in der Bestallungsurkunde macht, zum Beispiel über den Wirkungskreis, haftet der in Vormundschaftssachen handelnde Rechtspfleger gem. § 839 Abs. 1 dem geschädigten Dritten auf Schadenersatz, wobei der Anspruch gegen den Staat, dem die Passivlegitimation gem. Art. 34 GG zugewiesen ist, zu richten ist. Angesichts der anderweitigen Ersatzmöglichkeiten — § 839 Abs. 1 Satz 2 — wozu insbesondere die Geltendmachung von Schadenersatzansprüchen gegen den Vormund selbst gehört sowie die mögliche Minderung des Schadenersatzanspruchs wegen eines Mitverschuldens gem. § 183 Abs. 3, 254 ist die Staatshaftung ein rechtlich schwach ausgeprägtes Surrogat.

3. Unterstützung und Beratung des Vormunds durch das Vormundschaftsgericht

Der Gesetzgeber hat das Amt des Vormunds als eigenständig und eigenverantwortlich ausgestaltet. Die Stellungnahme der Vormundschaftsgerichte in Bezug auf Kinder, bei denen die Personen- und Vermögenssorge einem oder beiden Elternteilen obliegt, könnte künftig dazu führen, daß die Vorschriften über die Führung einer Vormundschaft die Vermögensverwaltung beeinflussen und die Forderung nach der Wirtschaftlichkeit der Verwaltung soweit in den Vordergrund gedrängt wird, daß

76 So *RG*, 12. 10. 1910, RGZ 74 S. 263–268 unter Hinweis auf die Verschiedenheit der rechtlichen Natur der Vollmacht und der Bestallung sowie unter Hinweis auf die Protokolle. Hingegen ist die Vorschrift des § 174 auch nicht entsprechend auf den Vormund als gesetzlichen Vertreter anwendbar.

der Dualismus, der bei der Behandlung, Anlegung, Übernahme und Aushändigung von Mündelvermögen zwischen Vormund und Elternteilen besteht, in großem Umfang angeglichen wird.

Als der Gesetzgeber sich entschloß, die §§ 1837/1838 neu zu fassen, war er sich wohl bewußt, daß diese Novellierung die Streitfrage beseitigt, ob nur bei schuldhafter Pflichtwidrigkeit oder bereits bei objektiver Gefährdung des Kindeswohls ein Einschreiten des Vormundschaftsgerichts zulässig und geboten ist. Mit der Neufassung von § 1666 und den gesetzlichen Bestimmungen der folgenden Paragraphen wird allein das Gefährdungsprinzip statuiert. Wird also das körperliche, geistige und seelische Wohl des Kindes durch mißbräuchliche Ausübung der elterlichen Sorge, durch Vernachlässigung des Kindes, durch unverschuldetes Versagen der Eltern oder durch das Verhalten eines Dritten gefährdet, so muß das Vormundschaftsgericht in Aktion treten und Maßnahmen treffen. Diese Maßnahmen können auch mit Wirkung gegen einen Dritten angeordnet werden. Der Gesetzgeber hat dabei zugleich dem Beschluß des Bundesgerichtshofs[76a] vom 16. 10. 1958 und dem Beschluß des Bundesverfassungsgerichts[76b] vom 29. 7. 1968 Rechnung getragen und Rechnung tragen wollen. Soweit das Vormundschaftsgericht nicht durch eigene Maßnahmen in die geschützte, der Eigenverantwortung unterstellte Rechtsphäre des Vormunds eingreifen will, ist es aufgrund seiner Stellung als staatliches Aufsichtsorgan befugt, den Vormund in rechtlichen Fragen zu beraten und ihn gegebenfalls unter Hinweis auf die eigene Rechtsauffassung zu ermahnen.

4. Eingriffsrechte und -pflichten des Vormundschaftsgerichts

a) Eigene Vertretung des Mündels durch das Gericht

Soweit ein Eingriff in die Tätigkeit des Vormunds und in seine Rechtssphäre erfolgt, ist dieser (nicht aber außenstehende Dritte) berechtigt, gem. § 20 FGG Beschwerde gegen die Entscheidung des Vormundschaftsgerichts einzulegen, zum Beispiel weil das Vormundschaftsgericht ermessensfehlerhaft einen dringenden Fall bejaht hat. Soweit das Vormundschaftsgericht selbst als Vertreter des Mündels tätig wird, unterliegt es ebenso wie jeder andere Vertreter dem Verbot des Selbstkontrahierens gem. § 181[77].

76a *BGH*, 16. 10. 1958, BGHZ 3 S. 220, 229f.
76b *BVerfG*, 29. 7. 1968, BVerfGE 24 S. 119, 145.
77 So beim Handeln für mehrere Mündel; vgl. *RG*, 13. 5. 1909, RGZ 71 S. 162, 170.

b) Anordnung einer Sicherheitsleistung bei der Vermögensverwaltung

Im Falle der Eilbedürftigkeit kann das Vormundschaftsgericht gem. § 1844 Abs. 2 selbst in Vertretung des Mündels handeln und muß nicht den langwierigen Umweg der Bestellung eines Pflegers für den Mündel wählen. Allerdings fallen bei der Sicherheitsleistung alle entstehenden Kosten als Verwaltungskosten dem Mündelvermögen gem. § 1844 Abs. 3 zur Last. Falls der Vormund nicht bereit ist, Sicherheit zu leisten, kann die Sicherheitsleistung durch das Vormundschaftsgericht erzwungen werden (§ 1837 Abs. 2); notfalls ist der Vormund zu entlassen.

Das Vormundschaftsgericht trifft eine Amtspflicht, in jedem Stadium zu prüfen, ob Sicherheitsleistung zu verlangen ist. Bei Verletzung dieser Pflicht kann der Mündel einen Amtshaftungsanspruch gem. Art. 34 GG, § 839 geltend machen. Sofern neben dem Vormund andere Vermögensverwalter bestehen (wie zum Beispiel Pfleger, Nachlaßverwalter oder Testamentsvollstrecker), muß der Vormund nur für den Teil des Mündelvermögens Sicherheit leisten, der seiner Verwaltung unterliegt. Dies ergibt sich bereits aus dem Wortlaut des § 1844 Abs. 1. § 1837 Abs. 3 schließt die Sicherungsvorschriften und -möglichkeiten gem. §§ 1666a, 1667 Abs. 1,5 und 1890 ein, läßt also eine entsprechende Anwendung dieser der Sicherheit des Mündelvermögens dienenden Vorschriften ausdrücklich auch hier gelten.

c) Die Entlassung des Vormundes als Regelfall der Beendigung seines Amtes

Gemäß den §§ 1882 bis 1889 wird die Vormundschaft entweder kraft des Gesetzes oder durch einen besonderen Verfahrensakt des Vormundschaftsgerichts beendigt. Die Entlassung des Vormunds durch das Vormundschaftsgericht beendigt auch das Amt des Vormunds (vgl. § 1885 bis 1889). Die Entlassung des Vormunds ist der notwendige actus contrarius zu seiner Bestellung gem. § 1789 und teilt dessen Charakter als Justizverwaltungsakt. Das Amt des Vormunds kann nicht durch eine privatrechtliche Willenserklärung oder sonstige faktische Handlung des Vormunds selbst enden. Die §§ 1882 bis 1889 gelten unmittelbar nur für die Vormundschaft über Minderjährige, finden aber, soweit eine sinngemäße Anwendung möglich ist, auch für die Vormundschaft über Volljährige (§ 1997 Satz 1, den Gegenvormund (§ 1995) und auf den Pfleger (§ 1915 Abs. 1) entsprechende Anwendung. Als weitestgehende Eingriffsmöglichkeit besitzt das Vormundschaftsgericht als Aufsichtsorgan des Vormunds die Möglichkeit, den Vormund zu entlassen, wenn die

Fortführung des Amtes das Interesse des Mündels gefährden würde oder wenn sich im nachhinein die Untauglichkeit des Vormunds aufgrund der in § 1781 erwähnten Gründe herausstellt.

Keinesfalls kann die gesetzliche Eingriffsbefugnis des Vormundschaftsgerichts dazu führen, daß faktisch das Vormundschaftsgericht anstatt des Vormunds handelt[78].

Beispielhaft können folgende Gründe für eine Entlassung des Vormundes sprechen: dauernder Interessenwiderstreit zwischen Vormund und Mündel[79], Wegzug oder Erkrankung des Vormundes, Entfremdung zwischen Mündel und Vormund[80,81], Fehlen von Rechtskenntnissen und/oder kaufmännischen Erfahrungen, sofern eine umfangreiche Vermögensverwaltung gegeben ist[82].

---

78 „Ein Verschulden ... ist nicht Voraussetzung für die Entlassung; es genügt vielmehr die objektive Gefährdung der Interessen des Pfleglings (Mündels), die schon dann vorliegt, wenn eine Schädigung möglich oder mit einer gewissen Wahrscheinlichkeit zu erwarten ist... Wenn § 1886 BGB von einem pflichtwidrigen Verhalten spricht, so ist damit nur einer der möglichen Entlassungsgründe hervorgehoben... Da die Entlassung die äußerste Maßregel darstellt, ist von Amts wegen zu prüfen, ob es genügt, eine minderschwere Maßnahme gegen den Pfleger zu ergreifen, zum Beispiel ihm eine Weisung nach § 1837 Abs. 1 BGB zu erteilen... Reichen andere Mittel aber nicht und sind sonst die Voraussetzungen nach § 1886 BGB gegeben, so ist das Vormundschaftsgericht grundsätzlich zur Entlassung verpflichtet ..." (*BayObLG*, 26. 3. 1976, Rpfleger 1977 S. 254f.)

79 „... Mangelten dem Vormund die zur Prüfung (des Vermögensverzeichnisses) erforderlichen eigenen Kenntnisse, so hätte er sich aus eigenem Antriebe durch Zuziehung von sachverständigen Beratern die erforderlichen Hilfsmittel hierzu verschaffen müssen. Vermöchte er dies nicht, so ergibt sich hieraus, daß er dem Amte des Vormunds, das im vorliegenden Fall ein sehr schwieriges ist und besondere Rechts- und Geschäftskenntnisse, sowie eine besondere Geschäftsgewandtheit erfordert, nicht gewachsen ist." (*OLG Karlsruhe*, 26. 4. 1918, JW 1920 S. 502)

80 *BayObLG*, 16. 12. 1905, BayObLGZ 6 S. 735, 737. Bei eiem häufig auftretenden Interessenwiderstreit zwischen Mündel und Vormund, Pflegling und Pfleger ist bei der Frage der Entlassung eine sorgfältige Interessenabwägung vorzunehmen.

81 *BayObLG*, 5. 7. 1909, BayObLGZ 10 S. 311.

82 „Der Entlassung stand auch nicht entgegen, daß der Interessengegensatz nur bei einer einzigen Angelegenheit auftrat und nicht die gesamten Vermögensangelegenheiten des Pfleglings betraf. Allerdings wird in solchen Fällen vielfach von der Entlassung des Pflegers abgesehen werden können und wird es genügen, daß für die einzelne Vermögensangelegenheit, in der der Interessengegensatz auftrat, entsprechend BayObLGZ 18, 105 ein Unterpfleger bestellt wird. Im vorliegenden Fall aber betraf der Interessengegensatz eine Angelegenheit von ganz wesentlicher Bedeutung innerhalb der Vermögensangelegenheiten des Pfleglings" (*BayObLG*, 29. 8. 1958, BayObLGZ 1958 S. 244, 246).

5. Die Haftung des Vormundschaftsgerichts

Sofern das Vormundschaftsgericht die ihm obliegenden Amtspflichten gegenüber dem Mündel schuldhaft verletzt, kann der Mündel gegen den Staat einen Amtshaftungsanspruch gem. § 839 in Verbindung mit Artikel 34 GG geltend machen[83].

Bei der Prüfung des Amtshaftungsanspruchs gem. § 839 BGB, Artikel 34 GG muß zunächst festgestellt werden, ob das Vormundschaftsgericht eine Amtspflicht verletzt hat. Die Amtspflicht kann sich unmittelbar aus Gesetz (z.B. mangelnde oder unzureichende Überwachung des Vormunds, unzulässige Genehmigung eines genehmigungspflichtigen Geschäfts des Vormunds usw.), Verordnung, Gewohnheitsrecht oder den allgemein von der Rechtsprechung anerkannten, zum Teil mit Verfassungsrang ausgestalteten Rechtsgrundsätzen, wie zum Beispiel den Grundsätzen der Verhältnismäßigkeit, der Erforderlichkeit und Tauglichkeit der ausgewählten Mittel, ergeben[84]. Die in Frage stehende Amtspflicht muß gerade auch den Schutz des Mündels selbst bezwecken („Drittbezogenheit der Amtspflicht"); sie darf nicht nur im Interesse der Allgemeinheit bestehen und sich damit lediglich als begünstigender Reflex für den Mündel darstellen. Nimmt sich das Vormundschaftsgericht einer Sache an, obwohl es nicht tätig werden muß, kann eine Amtshaftung „kraft Autorität des Amtes" gegeben sein[85]. Sofern das Vormundschaftsgericht lediglich der Vorwurf eines fahrlässigen Verhaltens trifft, trägt der Mündel die Beweislast dafür, daß er keine anderweitige Ersatzmöglichkeit gemäß § 839 Abs. 1 Satz 2 hat, da diese Ersatzmöglichkeit eine negative Tatbestandsvoraussetzung des Amtshaftungsanspruchs darstellt (Fiskusprivileg). Als anderweitige Ersatzmöglichkeit kommt insbesondere ein Anspruch gegen den Vormund wegen positiver Forderungsverletzung des zwischen ihm und dem Mündel bestehenden gesetzlichen Schuldverhältnisses in Betracht. Grundsätzlich kann der Mündel gem. § 839 Abs. 1 Satz 2, der den Staat vor einer zu weit gehenden Inanspruchnahme schützen will, auf seinen Schadenersatzanspruch

---

83 Der durch Art. 1 Nr. 42 des 1. EheRG ersatzlos gestrichene § 1848, der die Haftung des Vormundschaftsrichters gegenüber dem Mündel anordnete, hatte lediglich deklaratorische Bedeutung. Die Haftung folgt seit 1. 7. 1977 unmittelbar aus § 839.

84 „ . . . Schlägt er bei seinen Anordnungen und Verfügungen einen Weg ein, der mit Gefahren für den Minderjährigen verbunden ist, während ein anderer zum gleichen Ziel führender, gefahrloser Weg vorhanden ist, so verletzt er seine Amtspflicht (RGZ 85, 416, 418, 421 . . .); er muß bei zweifelhafter Rechtslage den sicheren Weg gehen (RG, JW 1923, 828 Nr. 6)." (*BGH*, 19. 6. 961, FamRZ 1961 S. 473, 474)

85 *BGH*, 19. 6. 1961, FamRZ 1961 S. 473.

gegen den Vormund verwiesen werden. Wenn aber der Vormund nicht haftet, etwa mangels Verschuldens, ist eine anderweitige Ersatzmöglichkeit auch bei Pflichtwidrigkeit des Vormunds nicht gegeben. Auch braucht sich der Mündel nicht auf einen, wirtschaftlich gesehen, wertlosen Anspruch gegen einen zahlungsunfähigen Vormund verweisen zu lassen. Der Vormund übt ein Amt aus, das auch öffentlich-rechtlichen Charakter trägt, er wird auch im Interesse der staatlichen Gemeinschaft tätig[86].

Da eine allgemeine Amtspflicht des Vormundschaftsgerichts besteht, den Mündel sowohl vor Schädigungen durch staatliche Organe oder staatlich bestellte Helfer zu schützen, hat der Mündel gemäß dem Rechtsgedanken des Art. 34 GG oder auch bei Nichtdurchsetzbarkeit eines Schadenersatzanspruchs gegen den Vormund einen subsidiären Anspruch gegen den Staat[87].

Strittig ist, inwieweit sich der Mündel seinen Amtshaftungsanspruch, der sich gegen den Staat als Passivverpflichteten gem. Art. 34 GG richtet, gem. §§ 254, 839 Abs. 3, insbesondere wegen Nichtgebrauchmachens eines Rechtsmittels, kürzen lassen muß. Da in der Regel den Mündel selbst kein Verschulden trifft, kommt eine Schadenskürzung gem. § 254 nur wegen eines mitwirkenden Verschuldens des Vormunds als gesetzlichem Vertreter in Betracht[88].

VI. Der Vormund als Sorgeberechtigter und gesetzlicher Vertreter des Mündels

1. Der Inhalt des Sorgerechts sowie der Umfang der Vertretungsbefugnis

Gemäß § 1793 steht dem Vormund sowohl das Sorgerecht für die Person als auch für das Vermögen des Mündels zu. Die Sorge für die Person des Mündels ist in den §§ 1800, 1801 geregelt und entspricht weitge-

---

86 Vgl. *BVerfG*, 10. 2. 1960, BVerfGE 10 S. 302, 326.

87 Der *BGH*, 15. 11. 1973, VersR 1974 S. 358, 361, versucht unbillige Härten für den Mündel über § 242 BGB zu vermeiden, da § 254 BGB ein Anwendungsfall des Grundsatzes von Treu und Glauben sei; damit lassen sich jedoch die Fälle eines bestehenden, aber nicht durchsetzbaren Anspruchs gegenüber dem Vormund nicht lösen.

88 Vgl. dazu auch Kapitel über mitwirkendes Verschulden des Vormunds als gesetzlichem Vertreter (oben A IV 5) sowie ausführlich zum angeführten Meinungsstreit *Staudinger/Engler* a.a.O., § 1848, Anm. 13.

hend dem Verhältnis der Eltern gegenüber ihren minderjährigen Kindern. Weitaus umfangreicher und die Stellung des Vormunds als Vermögensverwalter betonend hat das BGB die Sorge für das Vermögen des Mündels in den §§ 1802 bis 1832 geregelt. Das Verhältnis des Mündels zum Vormund wurde durch das Gesetz über die Neuregelung des Rechts der elterlichen Sorge grundlegend, das heißt strukturell und inhaltlich geändert. Das neugestaltete familienrechtliche Verhältnis zwischen Vormund und Mündel oder Sorgeberechtigten und Kindern führt dazu, daß die Personensorge, Vermögenssorge und Vormundschaft im wesentlichen das gemeinsame Ziel vor Augen haben, für das Wohl des Kindes zu sorgen, also eine Pflicht zum Handeln auferlegen und nicht ein Recht auf Bevormundung einräumen. Die neuen Bestimmungen stellen hinreichend klar, daß der eigene Wille des Kindes bei allen Entscheidungen berücksichtigt werden muß, insbesondere wenn es das 14. Lebensjahr vollendet hat.

Das Sorgerecht des Vormunds für die Person und das Vermögen des Mündels umfaßt auch die gesetzliche Vertretung des Mündels. Die kraft Gesetzes bestehende Vertretungsmacht des Vormunds stellt sich als Ausfluß des allgemeinen Sorgerechts dar. Daraus folgt, daß die Vertretungsmacht nicht weitergehen kann, als dem Vormund die Sorge für die Person und das Vermögen des Mündels obliegt. Grundsätzlich ist die Vertretungsmacht des Vormunds unbeschränkt; jedoch erfährt dieser Grundsatz in mehrfacher Form Durchbrechungen. Die Vertretungsmacht des Vormunds unterliegt folgenden Beschränkungen:

a) Höchstpersönliche Rechtsgeschäfte des Mündels

Wie auch bei der gewillkürten Vertretungsmacht ist die gesetzliche Vertretung des Mündels bei höchstpersönlichen Rechtsgeschäften insbesondere im Rahmen des Familien- und Erbrechts (z. B. Eheschließung, Abschluß eines Ehevertrages, Errichtung eines Testaments usw.)[89] ausgeschlossen.

b) Erwerbsgeschäfte und Dienstverträge des Mündels

Soweit der Mündel gem. §§ 112, 113 partiell geschäftsfähig ist, sind seine Willenserklärungen wirksam und bedürfen nicht der Zustimmung des Vormunds (§§ 183, 184). Zu beachten ist, daß der Abschluß eines

89 Allerdings ist an § 2229 Abs. 1, 3 und 4 zu erinnern, wonach ein nach § 6 Entmündigter kein Testament errichten kann.

Ausbildungsvertrages für den Mündel als Auszubildenden (früher Lehrvertrag) nicht unter § 113 fällt, da der Ausbildungscharakter überwiegt und nicht primär den Austausch von Arbeitsleistungen zum Gegenstand hat.

c) Interessenkollision und Konfessionsverschiedenheit zwischen Mündel und Vormund

Soweit der Vormund aus tatsächlichen oder rechtlichen Gründen verhindert ist, den Mündel zu vertreten (vgl. § 1909 Abs. 1 Satz 1), handelt an seiner Stelle ein hierfür zu bestellender Pfleger (so § 1794). Die Vertretungsmacht des Vormunds kann teilweise gem. § 1796 wegen Interessenwiderstreit und gem. § 1801 wegen Konfessionsverschiedenheit zwischen Mündel und Vormund entzogen werden. In der Praxis wird häufig auf die Generalklausel des § 1796 zurückgegriffen, um die Vertretungsmacht des Vormunds bei erheblichen Interessengegensätzen zwischen Mündel und Vormund (§ 1796 Abs. 2) einzuschränken. Ein erheblicher Interessengegensatz ist dann gegeben, wenn die Förderung des einen Interesses nur auf Kosten des anderen möglich ist[90,91]. Ob ein erheblicher Interessengegensatz im Sinne von § 1796 Abs. 2 besteht, hat das Vormundschaftsgericht von Amts wegen zu ermitteln (§ 12 FGG). Ein Verschulden des Vormunds als gesetzlichen Vertreter an dem Entstehen des erheblichen Interessengegensatzes ist nicht erforderlich[92]. Ebenso wie bei der endgültigen Entlassung des Vormunds aus dem Amt

---

90 So *KG*, 24. 2. 1966, NJW 1966 S. 1320f. unter Hinweis auf KGJ 29 A 25; vgl. auch *KG*, 15. 12. 1916, OLGZ 34 S. 262: Möglicher Interessengegensatz wegen bestehender Pflichtteilsansprüche des Mündels gegen den gesetzlichen Vertreter; BayObLGZ 11 S. 64 – 68: Geplante Anstaltsunterbringung des Mündels unter Verfolgung eigener Interessen des Vormunds; vgl. auch *Schwoerer*, Kann die personensorgeberechtigte geschiedene Mutter ihr Kind im Unterhaltsprozeß gegen den Vater vertreten?, NJW 1955 S. 534f.; *OLG Hamm*, 8. 5. 1963, FamRZ 1963, S. 580.

91 „Eine Interessenkollision setzt eine Verschiedenheit der Interessen in der Art voraus, daß die Wahrnehmung des einen Interesses nur auf Kosten des anderen geschehen kann... [Der Vormund] ... muß also ein eigenes Interesse haben, so und nicht anders zu handeln, und dieses Interesse muß im Gegensatz zum Interesse des Kindes stehen. Ist ... [der Vormund] in der Lage, trotz des möglichen Interessenwiderstreits eine dem Wohle des Kindes gerecht werdende Entscheidung zu treffen, dann erübrigt sich ein Einschreiten gegen [ihn]. Es muß sich aber um eine erhebliche Unvereinbarkeit der beiderseitigen Interessen handeln ...
Wann eine Interessenkollision anzunehmen ist, hängt immer von den Umständen des einzelnen Falles ab. Ob das Vormundschaftsgericht aufgrund des ihm vorliegenden Sachverhaltes einen erheblichen Interessengegensatz als gegeben ansieht, hat es nach pflichtgemäßem Ermessen zu entscheiden ...“ [Es folgen Nachweise] — (*OLG Hamm*, 8. 5. 63, FamRZ 1963, S. 580)

stellt auch der teilweise Entzug der Vertretungsmacht immer einen schwerwiegenden Eingriff dar, der erst dann vorgenommen werden kann, wenn andere, weniger einschneidende Maßnahmen nicht möglich sind[92].

d) Schenkungen des Vormunds aus dem Mündelvermögen

Kraft Gesetzes ist es dem Vormund untersagt, das Mündelvermögen durch Schenkungen zu mindern (§ 1804). Diese gesetzliche Regel ist selbstverständlich und entspricht einem bei der Verwaltung fremden Vermögens stets geltenden Prinzip[93].

Sofern der Mündel gesamthänderisch gebundenes Vermögen besitzt, können die übrigen Gesamthänder in ihrer Mehrheit durch Schenkungen aus dem Gesamtgut den wirtschaftlichen Wert des Anteils schmälern. Innerhalb einer Vermögensgemeinschaft zur gesamten Hand genießt das Mündelvermögen aufgrund der wechselseitigen Bindungswirkung nicht den gleichen Bestandschutz wie bei einem ,,bindungslosen" Einzelvermögen. So gehen die Vertretungregeln des Gesellschaftsrechts den allgemeinen Vertretungsregeln des BGB vor, so daß zum Beispiel die Schenkung eines OHG-Anteils durch Mehrheitsbeschluß der Gesellschafter nicht gem. § 134 in Verbindung mit § 1904 unwirksam ist[94,95].

e) Erteilung von Vollmachten an Dritte durch den Vormund — Zulässigkeit einer Generalvollmacht für Dritte?

Der Vormund ist, insbesondere bei einer umfangreichen Vermögensverwaltung, genötigt, sich fremder, fachkundiger Hilfe (z.B. Rechts- und Steuerberatung, Information und Beratung auf technischen und kaufmännischen Gebieten) zu bedienen[96]. Wenn aber außenstehende Dritte Vertretungsmacht (= Vollmacht) mit Wirkungen für und gegen den Mündel erhalten, ist damit naturgemäß eine erhöhte Gefährdung des Mündelinteresses verbunden. Der Vormund muß daher, bevor er sich

---

92 Vgl. *OLG Hamburg*, 7. 5. 1923, OLGZ 43 S. 365f.; *OLG Hamm*, 8. 5. 1963, FamRZ 1963.

93 So *Dölle*, a.a.O., § 124 II, S. 699f.

94 Vgl. die eheliche Gütergemeinschaft gem. §§ 1415ff., die Erbengemeinschaft gem. §§ 2032ff. sowie die Gemeinschaft der Miturheber gem. § 8 UrhG.

95 So *RG*, 30. 9. 1929, RGZ 125 S. 380–384.

96 ,, . . . sofern es sich nicht um Rechtsgeschäfte handelt, die er kraft besonderer gesetzlicher Vorschrift oder der Natur der Sache nach persönlich vornehmen muß." (*OLG Hamm*, 16. 3. 1972, DB 1972 S. 915f.)

fremder Hilfe bedient, gewissenhaft prüfen, ob die Hilfe Dritter notwendig und dem Wohle des Mündels förderlich ist.

Mit dem Amt des Vormundes ist es unvereinbar, wenn der Vormund im Wege einer unbeschränkten Generalvollmacht sich seiner sämtlichen Rechte und Pflichten entäußert und damit sein Amt nur noch formal fortbesteht. Inhaltlich käme eine solche unbeschränkte Generalvollmacht der Übertragbarkeit des Amtes selbst gleich. Das auf Zeit verliehene Amt des Vormunds ist aber seinem Inhalt nach nicht durch den Amtsinhaber übertragbar[97,98,100]. Gleichwohl kann eine Generalvollmacht für einen bestimmten beschränkten Teilbereich der vormundschaftlichen Verwaltung zulässig und sogar geboten sein[96]. Eine Übertragung des Amtes des Vormunds liegt hierin nicht. Der Vormund hat die Erforderlichkeit einer derartigen Vollmacht sorgfältig zu prüfen. Bestellt der Vormund einen Vertreter ohne sachlichen Grund, so kann hierin eine zu Schadenersatz verpflichtende Handlung[99] liegen, die eine teilweise Entziehung der Vertretungsmacht gemäß § 1796 oder gar eine Entlassung gemäß § 1886 rechtfertigt.

Im Interesse des Rechtsverkehrs hängt die Wirksamkeit der dem Dritten erteilten Vollmacht nur davon ab, ob der Vormund sich noch in den Grenzen der ihm kraft Gesetzes erteilten Vertretungsmacht bewegt. Dies bedeutet, daß der Vormund immer dann einen Dritten wirksam bevollmächtigen kann, wenn er sich innerhalb der Grenzen seiner Vertretungsmacht bewegt und der Bevollmächtigte gegenüber Behörden, Gerichten oder Dritten auftritt, so daß seine Vertretungsmacht nicht in Frage gestellt werden kann, weil die Übertragung der Vollmacht pflichtwidrig ist[99]. Es ist allein Aufgabe des Vormundschaftsgerichts, als Aufsichtsor-

---

97 Vgl. die Entscheidungen FN 98 und 100.

98 „. . . Eine Übertragung des Amts des Vormunds ist hierin nicht enthalten, der Dritte handelt, wenn er aufgrund der Vollmacht tätig wird, nicht aus eigenem Rechte, sondern kraft der ihm vom Vormund erteilten Vertretungsmacht. Unter Umständen, insbesondere bei großem Umfange des Mündelvermögens, kann auch die Erteilung einer Generalvollmacht geboten erscheinen. Ob ein ausreichender Grund für die Erteilung einer solchen Vollmacht vorliegt oder nicht, hat der Grundbuchrichter nicht zu prüfen, weil die Vollmacht auch dann wirksam ist, wenn die Frage verneint werden muß. Rechtfertigen die Verhältnisse die Bestellung eines Generalbevollmächtigten nicht, so kann dies eine dem Vormund zur Last fallende Pflichtverletzung bedeuten und die Haftung des Vormunds für den aus der Erteilung der Vollmacht entstehenden Schaden begründen, an der rechtlichen Befugnis des Vormunds zur Erteilung der Vollmacht hingegen und damit an der Wirksamkeit der Vollmacht wird hierdurch etwas nicht geändert." (*OLG Dresden*, 9. 5. 1911, SeuffArch. 66 (NF. 36) Nr. 155 S. 306)

99 Vgl. *OLG Dresden*, 9. 5. 1911, Fußnote 98.

gan einzuschreiten und den Vormund gegebenenfalls zur Rücknahme der Vollmacht aufzufordern oder zu entlassen.

Soweit der Vormund einen Dritten zulässigerweise für die Vornahme bestimmter Rechtsgeschäfte bevollmächtigt (Gattungsvollmacht), ist zu fragen, ob nicht bereits die Bevollmächtigung selbst der Genehmigung des Vormundschaftsgerichts, insbesondere bei Rechtsgeschäften gemäß §§ 1821, 1822, bedarf: Das Kammergericht[100] lehnt eine Genehmigungspflicht ab. Nach Auffassung des Gerichts folge dies u.a. daraus, daß § 1822 Nr. 11 zur Erteilung einer Prokura Genehmigung fordere; daraus sei zu schließen, daß der Vormund andere Vollmachten ohne solche Genehmigung erteilen könne. Ferner lasse sich eine Vollmachtserteilung zu einem genehmigungsbedürftigen Geschäft nicht als das Geschäft selbst ansehen, da sie dieses nur vorbereitet und nicht unmittelbar auf eine Rechtsänderung abziele.

Wenn auch der Umkehrschluß zu § 1822 Nr. 11 nicht als zwingend angesehen werden kann[101], so stellt die Entscheidung des Kammergerichts dennoch klar, daß die Erteilung der Vollmacht selbst das spätere, genehmigungsbedürftige Rechtsgeschäft nur vorbereitet. Diese Ansicht zieht zwar den Schutzbereich des Mündelwohls und damit den Eingriffsbereich des Vormundschaftsgerichts enger, hat aber die größere Praktikabilität des Vorgehens auf ihrer Seite: Erst wenn das Geschäft abgeschlossen wurde und damit sein Inhalt feststeht, kann das Vormundschaftsgericht auf sicherer Grundlage beurteilen, ob es seine Genehmigung erteilen kann oder nicht. Eine Vorauseinwilligung würde das Mündelwohl nur unzureichend schützen. Die vom rechtsgeschäftlich bestellten Vertreter des Vormunds abgeschlossenen Rechtsgeschäfte müssen, soweit der Vormund selbst einer Genehmigung bedarf, vom Vormundschaftsgericht genehmigt werden[102].

---

100 „Der Vormund kann allerdings nicht seine ganze Vertretungsmacht und damit sein Amt auf einen anderen übertragen, wohl aber kann er ohne Genehmigung des Vormundschaftsgerichts zur Vornahme von einzelnen Rechtsgeschäften für den Mündel Vollmacht erteilen, sofern es sich nicht etwa um Rechtsgeschäfte handelt, die er kraft besonderer gesetzlicher Vorschrift oder nach der Natur der Sache persönlich vornehmen muß...“ (*KG*, 29. 9. 1902, OLGZ 5 S. 410f.)

101 Jedes „argumentum e contrario“ in der juristischen Argumentation kann durch einen logisch ebenso zulässigen Analogieschluß entkräftet werden: Der Gesetzgeber hat in § 1822 Nr. 11 BGB bei der Erteilung der Prokura nur beispielhaft einen besonders wichtigen Fall erwähnt, woraus zu schließen ist, daß bei jeder Art der Erteilung einer Vollmacht eine Genehmigung analog § 1822 Ziff. 11 BGB einzuholen ist.

102 „Es kann aber nicht bezweifelt werden, daß der Vormund auf seinen Vertreter nicht mehr Rechte übertragen kann als er selbst hat, und daß daher der Bevollmächtigte zu

f) Dauerwirkung von Vollmachten über das Ende der Vormundschaft hinaus

Fraglich ist, inwieweit vom Vormund erteilte Vollmachten über die Beendigung des Amtes des Vormunds hinaus wirksam sind[103]. Grundsätzlich gilt, daß ein Auftrag im Zweifel nicht durch den Tod und auch nicht durch den Eintritt der Geschäftsunfähigkeit des Vollmachtgebers erlischt. Das gleiche muß nach Auffassung des Kammergerichts gelten beim Wegfall des gesetzlichen Vertreters des Vollmachtgebers. Von diesem Grundsatz der Weitergeltung der Vollmacht über das Ende des Amtes des Vormunds hinaus macht die Rechtsprechung, den Schutz des Mündelvermögens betonend, eine wichtige Ausnahme[104]. Das Reichsgericht hat hierzu ausgeführt:

„Die Verwaltungsbefugnisse des Vormundes stehen denen des Eigentümers des Vermögens nicht gleich. Die vormundschaftliche Verwaltung ist ein Ausfluß der Schutzbedürftigkeit des Mündels und soll dazu dienen, das Mündelgut zu erhalten und zu verbessern. Nur soweit reichen in vermögensrechtlicher Beziehung die Vertretungsbefugnisse des Vormundes, und ihm steht deshalb das Recht, den Mündel durch Vollmachtsverträge zu verpflichten und ihm über die Dauer der Vormundschaft hinaus einen Vertreter zu bestellen, nur dann zu, wenn die Zwecke der vormundschaftlichen Verwaltung dies als notwendig erscheinen lassen. Der Regel nach wird hiernach der Vormund nur für befugt erachtet werden können, für die bereits schwebenden Angelegenheiten oder für solche, welche, wenn sie auch in die Großjährigkeit fallen werden, doch schon jetzt die Bestellung eines Vertreters als zweckmäßig erscheinen lassen, dem Mündel einen Bevollmächtigten zu bestellen und ihn dabei über die Dauer der Vormundschaft hinaus zu verpflichten .... Der Vormund überschreitet seine vormundschaftlichen Befugnisse, wenn er für seinen Mündel Vollmachtsverträge schließt, die diesen über die Vormundschaft hinaus auf unbestimmte Zeit in allen seinen Angelegenheiten binden würden, ohne daß die vormundschaftliche Verwaltung dies erforderlich machte."

Damit ist hinreichend klargestellt, daß zeitlich unbeschränkte Vollmachten nur dann rechtswirksam erteilt werden können, wenn ein sach-

---

Rechtsgeschäften, die er für den Mündel vornimmt, in demselben Umfang der Genehmigung bedarf wie der Vormund selbst. Gerade weil die Prokura nicht in solcher Weise mit Wirkung gegen Dritte beschränkt werden kann, bedarf der Vormund zu ihrer Erteilung der Genehmigung." (*KG*, 29. 9. 1902, OLGZ 5 S. 410f.)

103 *KG*, 25. 10. 1923, JFG 1 S. 313.

104 *RG*, 26. 4. 1898, RGZ 41 S. 263, 266.

licher Grund gegeben ist. Hierbei kann an langwierige Prozesse des Mündels, sich in der Schwebe befindliche Geschäfte usw. gedacht werden.

Als Regel gilt aber, daß mit dem Amtsende des Vormunds jede Fremdbestimmung zu Lasten des Mündelvermögens aufhören muß; die bloße Widerrufbarkeit der Vollmacht gemäß § 168 Abs. 2 bietet hier keinen ausreichenden Schutz.

Wie weit der Vormund in der Lage ist, den Mündel zu vertreten, kann sich nur aus dem Rahmen seiner Amtsbefugnis herleiten, da die Vollmacht von dem zugrundeliegenden Rechtsverhältnis unabhängig ist. Leidet der Mündel Schaden, so kann er Ersatzansprüche gegen den Vormund geltend machen, unter Einschluß des § 278, wonach der Vormund auch für die von ihm gewählten Erfüllungshilfen haftet[105].

Eine Ausnahme von diesen, den Schutz des Geschäftspartners bezweckenden Gedanken macht die Rechtsprechung dann, „wenn der Vertreter bewußt die Vollmacht zum Nachteile des Vertretenen mißbraucht hat und der Dritte dies hätte erkennen müssen“[106]. War es dem Geschäftspartner demnach möglich, zu erkennen, daß der Vertreter des Mündels seine Vollmacht mißbraucht, ist er nicht schutzwürdig, denn „das Gesetz will im berechtigten Verkehrsinteresse Schutz gewähren, aber schutzbedürftig sind nicht nur die Interessen des Dritten, sondern auch die des Vertretenen“[107].

2. *Gesetzlicher Ausschluß der Vertretungsmacht des Vormunds wegen Interessenkollision (§ 1795 Abs. 1 sowie das Verbot des Selbstkontrahierens (§ 1795 Abs. 2, 181)*

Während im Falle des § 1796 das Vormundschaftsgericht nach pflichtgemäßem Ermessen im Einzelfall den Wirkungskreis und damit den Umfang der Vertretungsmacht des Vormunds beschränken kann, besteht in den in § 1795 aufgeführten Fällen eine unwiderlegliche gesetzliche Vermutung für widersprüchliche Interessen von Vormund und Mündel und damit ein vom Willen des Vormundschaftsgerichts unabhängiger, kraft Gesetzes bestehender Ausschluß der Vertretungsmacht des Vormunds. In folgenden Fällen geht der Gesetzgeber davon aus, daß eine potentielle Kollision zwischen den Interessen des Vormunds

105 Vgl. *RG*, 1. 5. 1911, RGZ 76 S. 185.
106 So *RG*, 15. 2. 1911, RGZ 75 S. 299, 301 für Testamentsvollstrecker.
107 *RG*, 15. 2. 1911, Fußnote 106.

und des Mündels gegeben ist und schließt die Vertretungsmacht des Vormunds aus:

a) Rechtsgeschäfte zwischen dem Ehegatten und den Verwandten des Vormunds einerseits und dem Mündel andererseits (§ 1795 Abs. 1 Nr. 1)

Unter § 1795 Abs. 1 Nr. 1 fallen sowohl zweiseitige wie einseitige Rechtsgeschäfte; die Gefährdung der Interessen des Mündels, der die Bestimmung vorbeugen will, kann auch bei einseitigen Rechtsgeschäften eintreten[108].

§ 1795 Abs. 1 Nr. 1 findet auf einseitige Rechtsgeschäfte selbst dann Anwendung, wenn diese, ,,statt durch Erklärung gegenüber der Person, für die sie bestimmt sind, durch Erklärung gegenüber dem Grundbuchamt oder durch anderweitige Betätigung des rechtsgeschäftlichen Willens vorgenommen werden“[109]. Unter den Begriff der Verwandtschaft im Sinne von § 1795 Abs. 1 Nr. 1 fallen sowohl die nach Abstammung mit dem Vormund verbundenen Verwandten im Sinne von § 1589 als auch die kraft Adoption entstehende Verwandtschaft gem. §§ 1754, 1767 Abs. 2, nicht dagegen die Verschwägerten (§ 1590 Abs. 1)[110].

b) Rechtsgeschäfte zwischen Vormund und Mündel hinsichtlich durch Real- und Personalsicherheiten gesicherter Forderungen des Mündels gegen den Vormund (§ 1795 Abs. 1 Nr. 2)

Soweit dem Mündel eine mit akzessorischen Sicherungsrechten versehene Forderung gegen den Vormund zusteht, ist der Vormund gehindert, über die dinglich gesicherten Forderungen zu verfügen[111]. Die praktische Bedeutung des § 1795 Abs. 1 Nr. 2 liegt in ihrer Anwendung auf das elterliche Vertretungsrecht für minderjährige Kinder (vgl. § 1629 Abs. 2 Satz 1). Insbesondere erbrechtliche Ansprüche der minderjährigen Kinder gegen den überlebenden Elternteil werden häufig durch Bestellung einer Hypothek abgesichert. § 1795 Abs. 1 Nr. 2 will verhindern, daß der Mündel oder das minderjährige Kind statt einer dinglich gesicherten Forderung durch eine Verfügung des Schuldners,

---

108 Vgl. *BayObLG*, 30. 7. 1904, BayObLGZ 5 S. 412, 413f.; *BayObLG*, 30. 6. 1908, SeuffArch. 64 S. 73.

109 *KG*, 16. 11. 1934, JW 1935 S. 1439; *BayObLG*, 30. 6. 1908, Fußnote 108.

110 Vgl. *OLG Hamm*, 14. 9. 1964, FamRZ 1965 S. 86f.

111 Für Verfügungen über sonstige Forderungen bedarf der Vormund der Genehmigung des Gegenvormunds oder des Vormundschaftsgerichts (§ 1812 Abs. 1 und 3).

der zugleich ihr gesetzlicher Vertreter ist, eine ungesicherte Forderung erhält[112]. Im Falle des § 1795 Abs. 1 Nr. 2 ist die Vertretungsmacht des gesetzlichen Vertreters schlechthin ausgeschlossen, so daß auch dann, wenn der Mündel zur Übertragung der dinglich gesicherten Forderung verpflichtet ist, ein Ergänzungspfleger gem. § 1909 zu bestellen ist. Somit kann der Vormund den Mündel selbst dann nicht vertreten, wenn das intendierte Rechtsgeschäft hinsichtlich der dinglich gesicherten Forderung lediglich in der Erfüllung einer Verbindlichkeit besteht. Der Wortlaut des § 1795 Abs. 1 Nr. 2 ist insoweit eindeutig[113]. Der gesetzliche Vertreter muß nicht notwendig Eigentümer des Grundstücks sein, auf dem die Hypothek zugunsten der Forderung des Mündels ruht, „denn das Gesetz verlangt nur, daß eine Forderung gegen den elterlichen Gewalthaber begründet und daß diese durch Hypothek gesichert ist[114]. Eine Übertragung der gesicherten Forderung im Sinne von § 1795 Abs. 1 Nr. 2 liegt auch dann vor, wenn die Personen des Schuldners im Wege einer Schuldübernahme gem. §§ 414ff. ausgewechselt werden soll. Der Vormund ist auch in diesem Fall gehindert, als gesetzlicher Vertreter des Gläubigers einen Übergang seiner Schuld auf den übernehmenden Dritten zu genehmigen[115].

§ 1795 Abs. 1 Nr. 2 erwähnt lediglich die akzessorischen Sicherungsrechte wie Pfandrecht, Hypothek und Bürgschaft, dagegen wird das in der Praxis sehr häufig anzutreffende nichtakzessorische Grundpfandrecht der Grundschuld nicht aufgezählt. Zu der Frage, ob § 1795 Abs. 1 Nr. 2 analog angewendet werden kann, vertritt die Rechtsprechung keine einheitliche Auffassung. Das Kammergericht[116] bejaht die Anwendung schlechthin, auch wenn keine persönliche Forderung besteht. Die-

---

112 Die Motive weisen auf die besondere, praktische Wichtigkeit einer, das Interesse des Mündels schützenden Vorschrift hin, „namentlich mit Rücksicht auf solche Fälle, in welchen der Vormund aufgrund einer zwischen ihm und dem Mündel, zum Beispiel infolge der Wiederverheirathung, erfolgten Vermögensauseinandersetzung Schuldner des Mündels geworden sei und wegen dieser Schuld dem Mündel Sicherheit bestellt habe. Von Erheblichkeit sei dies besonders für das Recht der elterlichen Gewalt, da Fälle der bezeichneten Art zwischen dem Vormund und dem Mündel nicht so häufig vorkommen würden, wie in dem Verhältnisse zwischen dem Inhaber der elterlichen Gewalt und seinem Kinde." (so das Zitat in der Entscheidung des *KG*, 17. 3. 1902, KGJ 24 A 17 — A 19)

113 Vgl. dazu ausführlich *KG*, 23. 8. 1902, OLGZ 5 S. 362, 363f. unter Hinweis auf die Entstehungsgeschichte sowie die Systematik des Gesetzes.

114 So *KG*, 24. 6. 1912, KGJ A 43, A 147, A 153.

115 Vgl. die insoweit mißverständliche Entscheidung des *RG* vom 26. 2. 1908, RGZ 68 S. 37, 38f.

116 Vgl. *KG*, 24. 11. 1932, HRR 33 Nr. 1589.

ser Ansicht ist das OLG Braunschweig insoweit entgegengetreten[117]; es läßt die Frage offen, ob für eine Grundschuld, die zur Sicherung einer Forderung gegen den Vormund bestellt ist, etwas anderes gilt. Das Schrifttum bejaht überwiegend die Anwendung auf Sicherungsgrundschulden[118].

Hypothek und Grundschuld als Grundpfandrechte sind in ihrer Sicherungsfunktion weitgehend identisch. Lediglich die unterschiedlichen Ausprägungen der Grundpfandrechte in den einzelnen Partikularrechten haben das BGB bewogen, beide Formen der Sicherung des Realkredits aufzunehmen.

Erblickt man die ratio legis des § 1795 Abs. 1 Nr. 2 darin, daß dem Mündelvermögen die mit hoher Bonität ausgestatteten gesicherten Forderungen erhalten bleiben sollen, so kann es keinen Unterschied machen, ob die Sicherheit akzessorisch zur Forderung ist oder nicht. Die Lücke des Gesetzes ist daher durch eine analoge Anwendung des § 1795 Abs. 1 Nr. 2 auch auf Sicherungsgrundschulden und Forderungen des Mündels, die lediglich durch eine Grundschuld abgesichert sind, zu schließen.

c) Begriff des Rechtsstreits im Sinne von § 1795 Abs. 1 Nr. 3

Bei gerichtlichen Auseinandersetzungen zwischen dem Mündel und Verwandten des Vormunds sowie über eine Angelegenheit der in § 1795 Abs. 1 Nr. 2 bezeichneten Art ist die Objektivität des vormundschaftlichen Amtes gefährdet, so daß eine Vertretung des Mündels durch den Vormund kraft Gesetzes ausgeschlossen ist. Zu den Rechtsstreitigkeiten zählen nicht die außergerichtlichen Bemühungen, z.B. die vorprozessuale Abmahnung, außergerichtliche Geltendmachung eines Pflichtteilsanspruchs gem. § 2303ff.[119]. Auch soweit es sich um ein nichtstrei-

---

117 „Ohne der Bestimmung Gewalt anzutun, ist ihre Anwendung auf dingliche Rechte an Grundstücken, denen keine persönliche Forderung zugrunde liegt, nicht möglich. Man müßte sonst die Bestimmung folgerichtig im Widerspruch zu ihrem klaren Wortlaut auf alle dinglichen Rechte an Grundstücken des Vormundes, also auch auf Nießbrauch, Reallasten, Dienstbarkeiten anwenden. Dem steht aber der klare Wortlaut der Vorschrift entgegen, wonach dem Vormunde nur die Befugnis zur Verfügung über gesicherte Forderungen des Mündels gegen den Vormund entzogen ist... Eine andere Frage ist, ob im Sinne des § 1795 Abs. 1 Nr. 2 BGB die Grundschuld der Hypothek gleichzustellen ist, wenn die zur Sicherung einer persönlichen Forderung des Mündels gegen den Vormund dient." (*OLG Braunschweig*, 19. 5. 1936, JW 36 S. 2937f.)

118 Vgl. Münchner Kommentar, § 1795 Rdnr. 5; *Soergel/Germer*, 10. Aufl., § 1795.

119 So *KG*, 7. 2. 1907, OLGZ 14 S. 273; vgl. auch *BayObLG*, 25. 9. 1961, BayObLGZ 1961 S. 277, 280f. = FamRZ 1962 S. 36f.

tiges Verfahren innerhalb der freiwilligen Gerichtsbarkeit handelt, fehlt es an dem für § 1795 Abs. 1 Nr. 3 von vorneherein vermuteten Interessengegensatz zwischen Mündel und Vormund. Zudem wird bei nichtstreitigen Verfahren nach dem FGG das Gericht vornehmlich rechtsfürsorgerisch tätig und die Parteien des Rechtsstreits haben lediglich die Stellung von Beteiligten innerhalb des vom Amtsgrundsatz (vgl. § 12 FGG) beherrschten Verfahrens[120]. Der notwendige Schutz des Mündels wird aufgrund der richterlichen Fürsorgepflicht, bei auftretenden Interessengegensätzen auf eine Bestellung des Ergänzungspflegers hinzuwirken, ausreichend gewahrt.

d) Verbot des Selbstkontrahierens gem. §§ 1795 Abs. 2, 181

§ 1795 Abs. 2 klärt ein für alle Mal, daß der Vormund nicht mit sich selbst kontrahieren darf, wenn es sich um ein Rechtsgeschäft zwischen ihm und dem Mündel handelt. Davon unabhängig ist aber zu beachten, daß § 1795 Abs. 2 in Verbindung mit § 181 voraussetzt, daß der Vormund auf der einen Seite des Rechtsgeschäfts als gesetzlicher Vertreter des Mündels, auf der anderen Seite für sich selbst oder als Bevollmächtigter eines Dritten steht. Nach heutiger Auffassung bedeuten diese Vorschriften nicht nur ein formelles Ordnungsverlangen, sondern eine Schutzvorschrift im Interesse der Rechtssicherheit allgemein und zum Schutz des Vertretenen im besonderen[121].

---

120 „... Die Anwendbarkeit des § 1795 Abs. 1 Nr. 3 BGB auf die Verfahren der freiwilligen Gerichtsbarkeit (abgesehen von den echten Streitverfahren) würde zu vielen sachlich überflüssigen Pflegerbestellungen und zu einer Erschwerung und Verteuerung dieser Verfahren führen. Dies gilt besonders für die Nachlassverfahren, in denen nach dem Tod eines Elternteils der überlebende Elternteil ein oder mehrere minderjährige Kinder vertritt und dann ein besonderer Pfleger für jedes Kind bestellt werden müßte... Gerade in diesen Verfahren kann vielfach erst im Laufe des Verfahrens geklärt werden, ob zwischen dem überlebenden Elternteil und den Kindern oder zwischen letzteren Interessengegensätze bestehen ... könnte sich eine nach § 1795 Abs. 1 Nr. 3 BGB vor dieser Klärung vorgenommene Pflegerbestellung als überflüssig und dem Familienfrieden sogar schädlich erweisen. Die gesetzliche Möglichkeit eines Eingreifens nach § 1629 Abs. 2 Satz 2, § 1796 BGB bei Interessengegensätzen zwischen dem gesetzlichen Vertreter und dem Mündel in einem Verfahren der freiwilligen Gerichtsbarkeit reicht umso mehr aus, als das Gericht, das mit der Sache befaßt ist, und dem ein etwaiger Interessengegensatz kaum entgehen wird, das Vormundschaftsgericht von der etwaigen Notwendigkeit des Einschreitens nach § 1629 Abs. 2 Satz 2, § 1796 BGB verständigen muß (§ 50 FGG).“ (*BayObLG*, 25. 9. 1961, BayObLGZ 1961 S. 277, 282f.)

121 So *RG*, 20. 3. 1908, RGZ 68 S. 172, 175 unter Hinweis auf die Entstehungsgeschichte des § 181 BGB.

Deshalb gehören in den Bereich dieses Verbotes nicht der Antrag auf Eintragung einer eintragungsfähigen oder eintragungspflichtigen Tatsache im Handelsregister, so daß die Mitwirkung eines Ergänzungspflegers gem. § 1909 Abs. 1 nicht vonnöten ist[122].

Ein Vormund darf aber zum Beispiel an der Auflösung einer Kapitalgesellschaft mitwirken, weil der Auflösungsbeschluß nur ein Akt körperschaftlicher Willensbildung ist, also einen Mehrheitsbescheid darstellt, bei dem jeder Gesellschafter sein Recht auf Mitsprache und Gestaltung der gesellschaftlichen Angelegenheiten wahrnimmt[123].

Ob der Vormund den Pflichtteil für seinen Mündel verlangt oder nicht, beinhaltet keine rechtsgeschäftliche Handlung. Es kann aber die Entscheidung dieser Frage zu einer Beschwerde führen, die Vertretungsmacht des Vormunds insofern außer Kraft zu setzen, sie ihm also zu entziehen[124].

Im Gegensatz dazu stellt die Anfechtung einer letztwilligen Verfügung gem. §§ 2078ff. eine rechtsgeschäftliche Erklärung dar, auch wenn die Anfechtungserklärung dem Nachlaßgericht gegenüber erklärt wird[125].

Eine rechtsgeschäftliche Erklärung ist auch die Erteilung einer löschungsfähigen Quittung (§ 1144), weil damit zugleich eine Verfügung über die Hypothekenforderung erfolgt[126].

So ist in jedem Fall zu prüfen und abzuwägen, ob § 1795 Abs. 2 in Verbindung mit § 181 anzuwenden ist oder nicht. Es ist grundsätzlich zu unterstellen, daß das Vertretungsverbot immer dort gilt, wo die Gefahr eines Interessenkonflikts mit einer damit verbundenen Schädigungsmöglichkeit in Zusammenhang steht, so daß die Gültigkeit der Erklärung und ihre Richtigkeit nur dann gesichert sind, wenn dem Vertreter die Vornahme des Rechtsgeschäfts ausdrücklich gestattet ist[127].

---

122 Vgl. *Stöber*, Der minderjährige Gesellschafter einer offenen Handelsgesellschaft oder Kommanditgesellschaft, Rpfleger 1968 S. 213, mit weiteren Nachweisen.

123 *BGH*, 22. 9. 1969, BGHZ 52 S. 316, 318 = JZ 1970 S. 290 mit Anmerkung von *Wiedemann*, S. 291ff., der zu Recht den Begriff des Sozialaktes in seiner Funktion als Abgrenzungsmerkmal kritisiert; vgl. auch *BGH*, 26. 1. 1961, DNotZ 1961 S. 320 mit Anmerkung von *Schelter*, der die Anwendbarkeit des § 181 BGB für Gesellschaftsbeschlüsse einer Personengesellschaft bejaht; vgl. aber auch *BGH*, 18. 9. 1975, FamRZ 1975 S. 686, 688f. = BB 1975 S. 1452 mit Anmerkung von *Klamroth*; vgl. dazu unten zu Fußnoten 129ff.

124 So *BayObLG*, 24. 5. 1963, FamRZ 1963 S. 578f.; ebenso *OLG Hamburg*, 14. 7. 1930, JW 1931 S. 1381 mit Anmerkung von *Opet*.

125 So *RG*, 8. 2. 1934, RGZ 143 S. 351 — S. 354.

126 *KG*, 22. 11. 1906, KGJ 33 A 185, A 186.

127 *RG*, 20. 3. 1908, RGZ 68 S. 172, 175.

Das Vertretungsverbot gilt dann nicht, „wenn nach der Natur des Rechtsgeschäfts eine Gefährdung der Vermögensinteressen des Vertretenen nicht nur im konkreten Einzelfall, sondern abstrakt-generell ausgeschlossen ist; denn dann besteht für ein Vertretungsverbot nach dem Normzweck und aus Gründen der Sicherheit des Rechtsverkehrs kein Bedürfnis“ [128].

Durch die Betonung des Schutzzwecks des § 181 auch im Verhältnis zwischen Vormund und Mündel wird der nach dem Wortlaut mögliche Eingriffsbereich der Verbotsnorm eingeengt (sogenannte teleologische Normreduktion) [129]. Dies kommt insbesondere auch im Gesellschaftsrecht zum Ausdruck. Da bei Gesellschafterbeschlüssen das Zusammenwirken der Gesellschafter zu einem gemeinschaftlichen Nutzen im Vordergrund steht und nicht die Austragung individueller Interessengegensätze, kommt nach der Auffassung des Bundesgerichtshofes der Schutzzweck des § 181 bei gewöhnlichen Gesellschafterbeschlüssen im allgemeinen nicht zum Tragen. Insbesondere bei Personengesellschaften stehen die gemeinschaftlichen Belange einer Anwendung des § 181 mit der Folge der Anordnung einer Dauerpflegschaft grundsätzlich entgegen [129a]. Im gesellschaftsrechtlichen Zusammenhang ist ein Ergänzungspfleger nur dann erforderlich, wenn es sich um strukturelle Entscheidungen handelt. Wenn z.B. ein Abschlußprüfer bestellt werden muß [130], so kann auch der beschränkt geschäftsfähige Mitgesellschafter durch einen anderen Gesellschafter, der zugleich sein gesetzlicher Vertreter ist, vertreten werden. Der Schutzwall des § 181 kann jedoch nicht dadurch umgangen werden, daß der gesetzliche Vertreter ermächtigt

---

128 „... Auch Rechtsklarheit und Rechtssicherheit gebieten hier ein Vertretungsverbot nicht; ... zutreffend [ist] ... auf die Vorschrift des § 107 BGB ... [zu verweisen], der die eigene Handlungsfähigkeit des Minderjährigen bei lediglich vorteilhaften Geschäften ebenfalls allgemein erweitert, sowie darauf, daß kein Grund erkennbar ist, hinsichtlich der Feststellung der ausschließlichen Vorteilhaftigkeit in den Fällen der §§ 1629, 1795 BGB höhere Anforderungen an die Rechtssicherheit zu stellen als im Fall des § 107 BGB.“ (*BGH*, 16. 4. 1975, FamRZ 1975 S. 480f. mit Anmerkung von *Schmidt*, entgegen *BGH*, 24. 5. 1962, FamRZ 1962 S. 464, 466)

129 Vgl. dazu *Larenz*, Methodenlehre der Rechtswissenschaft, 3. Aufl. 1975, S. 369f.

129a „... Die (durch einen Dauerpfleger) bedingte oder ermöglichte ständige Teilnahme eines Fremden an den gesellschaftlichen Angelegenheiten einschließlich solcher, bei denen kaufmännische Entscheidungen in Frage stehen, könnte zum Nachteil aller Gesellschafter — und damit auch des Vertretenen — eine vertrauensvolle Zusammenarbeit, zumal in Familiengesellschaften, erschweren und sich unter Umständen lähmend auf Leben und Entwicklung der Gesellschaft auswirken.“ (*BGH*, 18. 9. 1975, FamRZ 1975, S. 688)

130 So *BGH*, 18. 9. 1975, FamRZ 1975 S. 688.

wird, alle dem Mündel oder Pflegling zustehenden Gesellschafterrechte auszuüben[131]. Der hin und wieder unternommene Versuch, den Umfang der Vertretungsmacht nach § 1796 einzuschränken, soll nur erfolgen, wenn das Interesse des Mündels oder eines von diesem vertretenen Dritten oder der nach § 1795 Nr. 1 bezeichneten Personen erheblich gefährdet ist (§ 1796 Abs. 2).

Beim Abschluß eines Gesellschaftsvertrages muß in jedem Fall für jeden Mündel ein Ergänzungspfleger bestellt werden, gleichgültig, ob dem Mündel die Stellung eines voll haftenden Gesellschafters oder lediglich eines beschränkt haftenden Kommanditisten eingeräumt wird[132]. In keinem Fall hat das Vormundschaftsgericht die Macht und das Recht, die Vertretungsmacht des Vormunds zu erweitern. Es kann höchstens von seiner Einschränkungsbefugnis nach § 1796 Gebrauch machen (Entziehung)[133].

e) Der Mündel in einer Erbengemeinschaft

In allen Fällen, in denen der Vormund nur eine Verbindlichkeit erfüllt, kommt § 181 nicht in Betracht. Innerhalb einer Erbengemeinschaft, an der Vormund und Mündel beteiligt sind, stellt die Auseinandersetzung unter den Erben nur die Erfüllung einer kraft Gesetzes bestehenden Verbindlichkeit dar.

Sofern die Erben eine andere Form der Auseinandersetzung wählen, zum Beispiel den freihändigen Verkauf eines Nachlaßgrundstücks, um den Erlös zu verteilen, so handeln die Erben nicht in Erfüllung einer Verbindlichkeit. In diesem Fall ist der gesetzliche Vertreter des Mündels gehindert, im eigenen Namen wie im Namen des Mündels eine vom Gesetz nicht vorgesehene Erbauseinandersetzung zu betreiben[134].

---

131 Vgl. *OLG Hamm*, 16. 3. 1972, DB 1972 S. 915f.: hier Abschluß eines sogenannten „Bevollmächtigungsvertrages", aufgrund dessen alle Gesellschafterrechte auf den gesetzlichen Vertreter übertragen werden sollten.

132 So *BayObLG*, 16. 12. 1958, BayObLGZ 1958 S. 373, 376; vgl. auch *KG*, 18. 11. 1901, KGJ 23 A 89, A 92, A 93.

133 So *RG*, 13. 5. 1909, RGZ 71 S. 162, 167.

134 So *BGH*, 9. 7. 1956, BGHZ 21 S. 229, 233: Umwandlung des Gesamteigentums der Erbengemeinschaft in Bruchteilseigentum entspricht nicht den gesetzlichen Vorschriften; beachte aber auch *BGH*, 16. 4. 1975, FamRZ 1975 S. 480f. (vgl. oben zu Fußnote 128): Aufgrund dieser Entscheidung ist immer zu fragen, ob die Erbauseinandersetzung dem Mündel nicht einen rechtlichen Vorteil bringt! Dies ist in der Regel zu verneinen, da der Mündel bzw. minderjährige Erbe nach der Auseinandersetzung in der Regel unbeschränkt für die Nachlaßverbindlichkeiten haftet; vgl. § 2060 BGB.

3. Die Haftung des Vormunds gegenüber dem Mündel

Durch die Bestellung des Vormunds entsteht zwischen dem Sorgeberechtigten und dem Mündel ein Legalschuldverhältnis auf privatrechtlicher Grundlage. Wenn auch die Berufung zum „Amt" des Vormunds durch einen Hoheitsakt des Vormundschaftsgerichts erfolgt und die Vormundschaft ihrem Wesen nach zu dem Gebiet der staatlichen Wohlfahrtspflege zu rechnen ist, übt der Vormund keine „öffentliche Gewalt" aus, so daß der Vormund nicht als „Beamter" im staatshaftungsrechtlichen Sinne gemäß § 839 in Verbindung mit Art. 34 GG anzusehen ist. Die dem Vormund obliegende Tätigkeit besteht „nicht in der Ausübung hoheitlicher Ordnungs- oder Fürsorgegewalt, sondern in der Verwaltung des Vermögens" des Mündels[135]. Sofern der Vormund seine Pflichten verletzt, die aus dem gesetzlichen Schuldverhältnis familienrechtlicher Art zwischen Vormund und Mündel entspringen[136], macht sich der Vormund gemäß § 1833 schadenersatzpflichtig. Er haftet dem Mündel gemäß § 1833 in Verbindung mit § 1793 für jeden Vermögenschaden (§§ 249ff.), soweit der Schaden „im Schutzbereich der Pflichtnorm des § 1793 BGB und der Haftungsnorm des § 1833 BGB liegt"[137]. Denn diese Vorschriften wollen gerade sichern, daß dem Mündel durch eine seinem mutmaßlichen Willen und dem Gebot wirtschaftlicher Vernunft widersprechende Vermögensverwaltung kein Nachteil entsteht.

Das Schuldverhältnis zwischen Vormund und Mündel ist weitgehend dem Verhältnis zwischen dem Inhaber des elterlichen Sorgerechts und dem minderjährigen Kind angepaßt (vgl. § 1800)[138], wobei das Rechtsverhältnis zwischen Vormund und Mündel auf dem Gebiet der Vermögenssorge den Charakter eines treuhänderischen Geschäftsbesorgungsverhältnisses trägt[139].

---

135 So *BGH*, 24. 6. 1957, BGHZ 24 S. 393f. für den Treuhänder = Custodian nach MilRegG 52.

136 Vgl. zur Charakterisierung des familienrechtlich geprägten Schuldverhältnisses zwischen Vormund und Mündel *Staudinger/Engler*, a.a.O., § 1833 Anm. 14.

137 So *BGH*, 16. 6. 1971, FamRZ 1971 S. 574, 576 = VersR 1971 S. 915f.

138 So *BGH*, 30. 3. 1955, BGHZ 17 S. 109, 115 mit weiteren Nachweisen und unter Betonung der privatrechtlichen Grundlage der Rechte und Pflichten zwischen Vormund und Mündel.

139 „Es ist ein Grundsatz des deutschen Rechts, daß ein durch Hoheitsakt bestellter Verwalter fremden Vermögens auch gegenüber dem Inhaber des Vermögens zu einer ordentlichen Verwaltung verpflichtet ist und für schuldhafte Verletzung dieser Verpflichtung dem Inhaber des Vermögens haftet. Dieser Grundsatz ist zwar nirgends allgemein ausgesprochen, hat aber in verschiedenen Gesetzen seinen Niederschlag gefunden. Er gilt namentlich für den Konkursverwalter, den Zwangsverwalter, den

Der Vormund ist zu treuer und gewissenhafter Führung der Vormundschaft verpflichtet (§ 1789). Er verletzt seine Amtspflicht, wenn er eine Anordnung trifft, die mit Gefahren für den Mündel verbunden ist, wenn ein anderer, gefahrenloser Weg möglich ist, den angestrebten Zweck zu erreichen[140]. Die privatrechtlich gekennzeichneten Pflichten des Vormunds gegenüber dem Mündel sind entstanden vor dem Hintergrund des öffentlichen Interesses[141].

Grundsätzlich trifft jeden Vormund die Pflicht, sich die für eine ordnungsgemäße Geschäftsführung und erfolgreiche Wahrnehmung der Mündelinteressen erforderliche Rechtskenntnis anzueignen[142].

Insbesondere den rechtskundigen Vormund trifft die Pflicht, sorgfältig mögliche Ansprüche des Mündels gegen Dritte zu prüfen, die Erfolgsaussichten einer möglichen Klage gewissenhaft zu prüfen und gegebenenfalls rechtzeitig vor Eintritt der Verjährung Klage zu erheben[143].

Zu den Pflichten des Vormunds gehört insbesondere die Pflicht zur Anzeige gegenüber dem Vormundschaftsgericht (§ 1909 Abs. 2), wenn der Vormund merkt, daß er aus rechtlichen oder tatsächlichen Gründen an der Vornahme bestimmter Geschäfte gehindert ist und deshalb ein Ergänzungspfleger bestellt werden muß.

Der Vormund haftet für Verschulden nach § 276, wobei nicht auf die persönlichen Eigenschaften und Fähigkeiten des Vormunds abzustellen

---

Vergleichsverwalter, ferner für den Vormund, den Nachlaßverwalter und andere Pfleger (§ 82 KO, § 154 ZVG, § 42 VerglO, §§ 1833, 1915, 1975 BGB).
Diese Bestimmungen lassen erkennen, daß zwischen den genannten Verwaltern und dem Vermögensinhaber ein gesetzliches Schuldverhältnis besteht, das eine Geschäftsbesorgung zum Gegenstand hat. Tragender Grund für die Haftung der Verwalter ist die Tatsache, daß sie zur Tätigkeit in einem ihnen fremden Rechts- und Interessenkreis bestellt sind, daß sie fremde Geschäfte besorgen." (*BGH*, 24. 6. 1957, BGHZ 24 S. 393, 395f.)

140 *RG*, 3. 11. 1914, RGZ 85 S. 416, 418.

141 Vgl. *KG*, 3. 3. 1902, OLGZ 4 S. 414: Vormund weigert sich pflichtwidrig, Unterhaltsklage gegen den Erzeuger des nichtehelichen Kindes zu erheben. Vgl. zu der Frage, ob es zu den Pflichten eines Amtsvormundes gehört, für den Mündel eine Haftpflichtversicherung abzuschließen, die (ablehnende) Entscheidung des *BGH*, 4. 6. 1980, VersR 1980 S. 815.

142 So *RG*, 31. 3. 1931, RGZ 132 S. 257, 262.

143 *RG*, 18. 2. 1932, WarnRspr. 1932 S. 157: Rechtsanwalt muß als sorgsamer Vermögensverwalter darauf achten, sein, mit der Erhebung einer (hier: Aufwertungs-) Klage verbundenes Kostenrisiko möglichst gering zu halten; *BGH*, 27. 9. 1968, VersR 1968 S. 1165f.: Vormund hat drohende Verjährung nicht beachtet.

ist; vielmehr ist der durchschnittliche, pflichtgetreue Vormund als Maßstab heranzuziehen[144].

Nach herrschender Meinung in Literatur und Rechtsprechung[145] kann aus § 282 ein allgemeiner Rechtsgedanke entnommen werden, wonach derjenige für die anspruchsbegründenden Tatsachen beweispflichtig sei, die in dem von ihm beherrschten und überschaubaren Gefahrenbereich liegen[146]. Diese Beweislastregel ist auch für das gesetzliche Schuldverhältnis zwischen Vormund und Mündel anzuwenden, so daß bei objektiver Pflichtverletzung es dem Vormund obliegt, Tatsachen unter Beweis zu stellen, die sein Verschulden ausschließen.

Es ist umstritten, inwieweit der Vormund, soweit er Dritten zulässigerweise bestimmte Aufgaben der vormundschaftlichen Fürsorge überträgt, für diese gemäß § 278 als seine Erfüllungsgehilfen haftet. Während eine Meinung ausschließlich auf die Zulässigkeit der Übertragung als solcher abstellt und im Falle der zulässigen Übertragung den Vormund lediglich für ein Auswahlverschulden (culpa in eligendo) haften läßt, unterscheidet eine andere Meinung danach, ob der Vormund selbst in der Lage gewesen sei, die dem Dritten übertragene Angelegenheit durchzuführen oder ob er notwendigerweise den Dritten habe herbeiziehen müssen[147]. Neben der Pflicht zur gewissenhaften Auswahl hat der Vormund darüber hinaus das Verhalten der von ihm herangezogenen Erfüllungsgehilfen zu überwachen und gegebenenfalls bestimmte Anweisungen zu erteilen. Soweit die Dritten den Mündel bei ihren Hilfsdiensten vorsätzlich schädigen, handeln sie nicht mehr mit Wissen und Wollen des Vormunds (Handeln bei Gelegenheit), so daß eine Haftung des Vormunds entfällt.

Der Vormund kann sich nicht durch den Hinweis entlasten, daß das Vormundschaftsgericht seinerseits seine Kontrollpflichten vernachlässigt habe. Zwar gehört es zu den Aufgaben des Vormundschaftsge-

---

144 „Es ist davon auszugehen, daß ein Pfleger nach §§ 1915, 1893 BGB grundsätzlich für jedes Verschulden haftet und nicht nur für die Sorgfalt, die er in eigenen Angelegenheiten anzuwenden pflegt." (*RG*, JW 1904, S. 473 Nr. 14; JW 1922, S. 1006). Allerdings ist bei der Beurteilung, ob ihn ein Verschulden trifft, darauf Rücksicht zu nehmen, welche Sorgfalt in den Lebenskreisen, denen der Pfleger angehört, geübt wird und billigerweise in diesen Kreisen auch nur erwartet werden kann (*RG*, JW 1911, S. 1016 Nr. 12; *RG*, JW 1912, S. 760 Nr. 1" (*BGH*, 15. 1. 1964, FamRZ 64 S. 199f.)

145 Vgl. *Palandt/Heinrichs*, a.a.O., § 282 Anm. 2, mit weiteren Nachweisen.

146 Sogenannte „Beweislast(-Umkehr) nach Gefahrenkreisen oder -sphären".

147 Vgl. z.B. *Staudinger/Engler* a.a.O., § 1833 Anm. 25 mit weiteren Nachweisen unter Hinweis auf den Meinungsstand in Literatur und Rechtsprechung.

richts, die Tätigkeit des Vormunds zu überwachen und das Mündelinteresse zu wahren, jedoch ist diese Aufsicht vom Gesetz nicht im Interesse des Vormundes, „sondern zum Schutze des Mündels als weitere Sicherungsmaßregel für die Wahrnehmung der persönlichen und Vermögensinteressen des Mündels angeordnet. Durch die Nachprüfung der Vermögensverwaltung des Vormunds durch das Vormundschaftsgericht anhand der alljährlichen Rechnungslegungen und die fortlaufende Bearbeitung der Akten wird eine Entlastung des Vormunds nicht herbeigeführt und die Verantwortlichkeit für ein dem Vormund bei der Vermögensverwaltung zur Last fallendes Verschulden nicht beseitigt“[148].

Dieser für Vormund und Pfleger weitreichende Pflichtenkreis ist verständlich, wenn man von der bereits erwähnten Rollenverteilung von Vormundschaftsgericht und Vormund ausgeht. Vormund und Vormundschaftsgericht sind zwei selbständig handelnde, zur Fürsorge für den Mündel berufene Institutionen. Eine wechselseitige Entlastung findet nicht statt, jedes der beiden Organe der öffentlichen Fürsorge bleibt seinem, ihm gegenüber dem Mündel obliegenden Pflichtenkreis verantwortlich.

Selbst wenn das Amt des Vormunds infolge Zeitablaufs oder sonstiger Umstände (vgl. §§ 1882ff.) geendigt hat, fließen aus dem gesetzlichen Schuldverhältnis familienrechtlicher Art zwischen Vormund und Mündel nachwirkende Schutz- und Obhutspflichten des Vormunds für den Mündel. Insbesondere dann, wenn der Vormund sich gutgläubig oder wider besseres Wissen weiterhin als Vormund geriert, trifft ihn im Falle einer schuldhaften Pflichtverletzung eine Haftung analog § 1833[149].

Der Anspruch aus § 1833 verjährt gemäß § 195 in der regelmäßigen Verjährungsfrist von 30 Jahren, wobei die Verjährung gemäß § 204 Abs. 2 während der Dauer des Vormundschaftsverhältnisses gehemmt ist.

Soweit das Jugendamt als Amtsvormund bestellt wurde (vgl. § 1791b und c), übt das Jugendamt ähnlich wie der frühere Berufsvormund gegenüber dem Mündel zugleich öffentliche Gewalt aus. In diesem Falle konkurriert die Haftungsnorm des § 1833 mit den Grundsätzen des Staatshaftungsrechts bei schuldhafter Verletzung einer Amtspflicht gemäß § 839 in Verbindung mit Art. 34 GG[150]. Da der Amtsvormund nicht gegenüber dem privaten Vormund privilegiert sein soll und der

---

148 *KG*, 2. 4. 1932, JW 1933 S. 184f.
149 Vgl. *RG*, 19. 9. 1938, JW 1938 S. 3116.
150 So *BGH*, 20. 4. 1953, BGHZ 9 S. 255, 257.

Mündel nicht deshalb schlechter stehen soll, weil ihm ein Amtsvormund haftet (Subsidiaritätsklausel gem. § 1839 Abs. 1 Satz 2 — Fiskusprivileg — und kurze Verjährung gem. § 852), geht die Haftung des Amtsvormunds gemäß § 1833 der Staatshaftung gemäß § 839 in Verbindung mit Art. 34 GG vor[151]. Die gesetzliche Haftung nach § 1833 stellt somit keine anderweitige Ersatzmöglichkeit dar, da der Hoheitsträger nicht die für ihn günstigere Haftungsnorm auswählen kann.

Bei der Frage des Verschuldens des Amtsvormunds (gleiches gilt für den privaten Vormund), ist das angerufene Gericht befugt, das in Frage stehende pflichtwidrige Verhalten des Vormunds auch auf seine Zweckmäßigkeit hin zu überprüfen. „Die Grundsätze ..., die die Rechtsprechung für die gerichtliche Nachprüfung der auf Ermessensentscheidungen beruhenden Verwaltungsakte herausgebildet hat und nach denen ein Verschulden nur angenommen werden kann, wenn der Beamte bei der Ausübung des ihm eingeräumten Ermessens in so hohem Maße fehlerhaft gehandelt hat, daß sein Verhalten mit den an eine ordnungsmäßige Verwaltung zu stellenden Anforderungen schlechterdings unvereinbar ist[152]", können für die Frage des Umfangs der Prüfungsbefugnis nicht herangezogen werden. Das Gericht ist daher nicht auf die bloße Rechtmäßigkeitskontrolle beschränkt, sondern kann auch eine Zweckmäßigkeitskontrolle vornehmen.

Aus der Kennzeichnung als treuhänderisches Geschäftsbesorgungsverhältnis[153] folgt weiterhin, daß der Vormund bei treuwidrigem Handeln nicht nur schadenersatzpflichtig ist, sondern zudem auch alle Vorteile, die er aus der unberechtigten Geschäftsführung gezogen hat, herausgeben muß[154]. Die Haftungsgrundlage kann dem in § 67 enthaltenen allgemeinen Rechtsgedanken entnommen werden.

---

151 So zu Recht *OLG Nürnberg*, 28. 4. 1965, FamRZ 1965 S. 454f.; vgl. auch *RG*, 31. 3. 1931, RGZ 132 S. 257–262 für den früheren Berufsvormund.

152 *BGH*, 20. 4. 1953, BGHZ 9 S. 255, 258.

153 Vgl. *BGH*, 24. 6. 1957, BGHZ 24 S. 393, 395f.

154 „Es genügt nicht, den Schutzbefohlenen in solchem Fall auf die sich aus §§ 1915, 1833 BGB ergebende Ersatzpflicht für die Schadensfolgen von Pflichtverletzungen zu verweisen. Im Einzelfall kann es so liegen, daß die Annahme der Sondervergütung (des Schmiergeldes) dem Pflegling keinen Schaden verursacht hat. Trotzdem wäre es innerlich ungerechtfertigt, eine im Zusammenhang mit der Pflegertätigkeit erhaltene besondere Zuwendung einem anderen zu lassen als dem, dessen Geschäfte besorgt wurden und der auch die daraus entspringenden Gefahren getragen hat." (*RG*, 30. 5. 1940, RGZ 164 S. 99f.)

B.
Vermögenssorge des Vormunds bei der Verwaltung des Mündelvermögens

I. Grundsätze der vormundschaftlichen Vermögensverwaltung

1. Der Begriff der wirtschaftlichen Vermögensverwaltung

Neben der Sorge für die Person des Mündels trifft den Vormund die gleichrangige Aufgabe, für das Vermögen des Mündels zu sorgen. In § 1811 spricht das Gesetz ausdrücklich von den Grundsätzen einer wirtschaftlichen Vermögensverwaltung (siehe auch § 1642). Der Begriff der wirtschaftlichen Vermögensverwaltung wird im Normenzusammenhang als ein Sammelbegriff bestimmter Prinzipien gebraucht, wobei offenbleibt, wie diese lauten oder woraus sie herzuleiten sind.

Das Gesetz formuliert in §§ 1802 bis 1824 einen umfangreichen Katalog von Geboten und Verboten für die vormundschaftliche Vermögensverwaltung, unter anderem ordnet es bestimmte Anlageformen an (vgl. §§ 1806 bis 1811), schränkt den Handlungsspielraum für bestimmte Verwalterakte durch Genehmigungserfordernisse (vgl. §§ 1812, 1821 bis 1823) ein.

Als tragendes Grundprinzip steht hinter diesen Vorschriften die Sicherung des Mündelvermögens. Allgemein wird dies auch mit dem Wort Mündelsicherheit umschrieben, das sich im Gesetz selbst aber nicht findet. Damit das Mündelvermögen in seinem Umfang nicht geschmälert oder gar verkleinert wird, darf der Vormund nichts davon verschenken (§ 1804) oder für sich selbst verwenden (§ 1805).

Der Begriff der Wirtschaftlichkeit schließt ein weiteres Prinzip ein: das Ertrags- oder Nutzungsprinzip. Das Mündelvermögen soll einen Ertrag abwerfen und aus ihm sollen Nutzungen im Sinne von § 100 gezogen werden. Dies ist aber notwendigerweise mit einem, wenn auch begrenzbaren, Risiko verbunden. Wirtschaftlich verwalten heißt demnach, unter Eingehen von Risiken Nutzungen aus dem Vermögen zu ziehen.

Damit besteht aber bei einer wirtschaftlichen Vermögensverwaltung ein Konflikt: Einerseits Sicherheit gleich Substanzerhaltung, andererseits risikovolle Nutzung gleich Substanzvermehrung oder -minderung.

2. Der Vormund als Vermögensverwalter

Der Vormund als gerichtlich bestellter Vermögensverwalter ist der Typ eines gesetzlich „gebundenen“ Verwalters. Neben dem Vormund kennt das Gesetz als amtlich bestellte Vermögensverwalter noch den Pfleger (§§ 1090ff.), den Nachlaßverwalter (§§ 1981 ff.), den Konkursverwalter (§§ 78ff.KO) und den Vergleichsverwalter (§§ 38ff. VerglO). Der Testamentsvollstrecker (§§ 2197ff.) wird zwar durch das Nachlaßgericht ernannt (vgl. § 2200), ist aber zu der Gruppe der frei gewählten, rechtsgeschäftlich bestellten Vermögensverwalter zu zählen, da seine Bestellung und seine Aufgaben auf dem Erblasserwillen beruhen.

Dem Mündel ebenso wie den anderen betroffenen Vermögensinhabern wird gegen ihren Willen eine Vermögensverwaltung durch Hoheitsakt aufgezwungen. Die staatlich bestimmte Einschränkung der Dispositionsfreiheit ist nur aufgrund der staatlichen Fürsorgepflicht gegenüber dem schutzbedürftigen Vermögensinhaber und im Interesse einer volkswirtschaftlich sinnvollen Behandlung des vorhandenen Vermögens zu rechtfertigen. Sie ist eine Einschränkung der allgemeinen Handlungsfreiheit gem. Art. 2 Abs. 2 GG. Der weitgehende Eingriff in die „Rechtssphäre“ erfordert für den einzelnen Konfliktfall eine Interessenabwägung zwischen staatlicher Bevormundung und eigenständigem Willen des Vermögensträgers. Die Bindung an gesetzliche Schranken der von Amts wegen eingesetzten Vermögensverwalter dient dem Interesse der Vermögensinhaber: Die Vermögensverwaltung soll nicht Gegenstand privater Spekulationen der Vermögensverwalter sein. Andererseits erscheint, wie noch darzulegen ist, die Bindung des Vormunds bei der Anlage des Mündelvermögens zu stark an allgemeinen Interessen ausgerichtet und läßt auch dem verantwortungsbewußten Verwalter nur einen engen Spielraum bei der Wahrung der Vermögensinteressen des Mündels.

II. Bestandsaufnahme des Mündelvermögens und Prüfungspflicht bei Übernahme der Vermögensverwaltung

Zur ordnungsgemäßen Verwaltung des Mündelvermögens gehören die Erstellung eines Vermögensverzeichnisses (§ 1802), die Rechnungslegung (§ 1840) und die Schlußrechnung (§ 1890).

Gemäß § 1802 trifft den Vormund die Pflicht, das bei Übernahme der Vormundschaft vorhandene Mündelvermögen aufzunehmen. Die Einreichung der Inventarliste bezweckt, daß der Bestand des Mündelvermögens im Zeitpunkt der Übernahme des Mündelvermögens festgestellt und offengelegt wird. Das Verzeichnis „soll die Grundlage der Vermögensverwaltung des Vormunds bilden und dem Vormundschaftsgericht die Aufsicht über diese ermöglichen. Dieser Zweck wird nur dann erreicht, wenn die Gegenstände so individualisiert sind, daß kein Zweifel an ihrer Identität bestehen kann. Wie weit dabei im einzelnen zu gehen ist, steht im Ermessen des Vormundschaftsgerichts“[1]. Die Pflicht zur Bestandsaufnahme besteht kraft Gesetzes und braucht nicht besonders vom Vormundschaftsgericht angeordnet zu werden[2].

Da im Gesetz selbst über Form und Inhalt des einzureichenden Verzeichnisses keine Hinweise gegeben werden, muß der Vormund selbst entscheiden, inwieweit das Verzeichnis prüfungsfähig ist. Das Vormundschaftsgericht überprüft das Verzeichnis sowohl in formeller wie in materieller Hinsicht, das heißt, ob es „mit der Versicherung der Vollständigkeit und Richtigkeit versehen ist und ob es die angeführten Vermögensgegenstände des Mündels in ausreichender Weise bezeichnet“[3]. Einen Anhaltspunkt kann, worauf die Gerichte hinweisen, die bundeseinheitliche Gerichtsvollziehergeschäftsanweisung über die Anfertigung eines Vermögensverzeichnisses geben. Grundsätzlich ist der Vormund nicht verpflichtet, die von ihm angegebenen Einzelposten näher zu belegen[4]. Bei Zweifeln ist das Vormundschaftsgericht kraft seines Auf-

1 *KG*, 11. 8. 1911, OLGZ 24 S. 45.

2 *KG*, 21. 5. 1908, KGJ 36 A 39 = OLGZ 18 S. 290.

3 *KG*, 21. 5. 1908, KGJ 36 A 41.

4 „Bei verzinslichen Forderungen ... [sind] der Zinssatz, die Zinstermine und die Zinsrückstände anzugeben und Urkunden, durch welche die Vermögensrechte nachgewiesen werden, zum Beispiel Sparkassenbücher, Schuldscheine, Versicherungspolicen, Pfandscheine ... aufzuführen ... Beizufügen ist dem Protokolle nur ein etwa beschaffter Auszug aus den öffentlichen Büchern und falls die Beteiligten den Zustand oder den Wert einer Sache durch Sachverständige haben feststellen lassen, die darüber aufgenommene Urkunde ... Andere Belege sind also dem Protokoll über die Aufnahme des Vermögensverzeichnisses nicht beizufügen. Endlich ist auch in keiner der zahlreichen anderen Vorschriften des BGB, welche die Einreichung oder Aufstellung eines Vermögensverzeichnisses zur Pflicht machen, die Beifügung von Belegen vorgeschrieben.“ (*KG*, Fußnote 3, unter Hinweis auf § 260 BGB — Auskunft über Inbegriff von Gegenständen, § 1035 BGB-Nießbrauch an Inbegriff von Sachen; vgl. auch §§ 1377 Abs. 2 Satz 2, 1682, 1683, 1960 Abs. 2, 2121, 2314 BGB; hieraus kann ein allgemeiner Rechtsgedanke entnommen werden, daß einem Vermögensverzeichnis grundsätzlich keine Belege beizufügen sind.)

sichtsrechts gem. § 1837 befugt, sich Belege zu den einzelnen Positionen des Vermögensverzeichnisses vorlegen zu lassen. Im Weigerungsfall ist ein Ergänzungspfleger gem. § 1909 zu bestellen, gegebenenfalls kann der Vormund aus seinem Amt entlassen werden.

Das aufzunehmende Vermögen umfasst nicht nur das Kapitalvermögen, sondern auch laufende Bezüge, zum Beispiel Renten und sonstige wiederkehrende Leistungen[5].

Da das voraussichtliche, auf der Basis vergangener Jahre beruhende laufende Einkommen des Mündels sein Vermögen entscheidend beeinflussen kann, ist es zudem notwendig, daß der Vormund neben dem Inventar eine Übersicht über die voraussichtlichen Einkommensquellen gibt[6].

Ausgehend von den Einkommensarten des Einkommensteuergesetzes ist hierbei eine Übersicht über die einzelnen Einkommensquellen zu erstellen:

Beispiel:

Einkommensquellen für das Jahr ....
(Schätzung)

1. Einkünfte aus Land- und Forstwirtschaft	________
2. Einkünfte aus Gewerbebetrieb	________
3. Einkünfte aus selbständiger Arbeit	________
4. Einkünfte aus nichtselbständiger Arbeit	________
5. Einkünfte aus Kapitalvermögen (z.B. Dividenden, Zinsen, Beteiligungsgewinn aufgrund eines GmbH-Anteils usw. — vgl. § 20 EStG)	________
6. Einkünfte aus Vermietung und Verpachtung (dazu gehört auch der Nutzungswert der Wohnung im eigenen Haus (vgl. § 21 Abs. 2 EStG) — dem steuerlichen Nutzungsaufwand stehen aber keine tatsächlichen Geldzuflüsse gegenüber	________
7. Sonstige Einkünfte im Sinne des § 22 EStG (insbesondere Renten sowie Spekulationsgeschäfte im Sinne von § 23 EStG)	________
8. Einkünfte aus Erstattung zuviel oder nicht entstandener Steuern und Abgaben	________
Voraussichtliches Einkommen für das Jahr	________

5 Vgl. *RG*, 9. 5. 1938, JW 1938 S. 2206f.; vgl. auch *Herdemerten*, Die Rechnungspflicht des als Pfleger bestellten Ehegatten, FamRZ 1966 S. 16f.

6 Vgl. dazu *Birkenfeld*, Rechnungslegung und Rechnungsprüfung in Vormundschafts- und Nachlaßsachen, FamRZ 1976 S. 197–199.

Aufgrund dieser Übersicht verschafft sich der Vormund zugleich Gewissheit über den Umfang der ihn treffenden steuerlichen Pflichten, zumal gemäß § 34 AO der Vormund als gesetzlicher Vertreter des Mündels die steuerlichen Pflichten des Pflegebefohlenen zu erfüllen hat. Er hat insbesondere dafür zu sorgen, daß die Steuern aus den Mitteln entrichtet werden, die er verwaltet (vgl. § 34 Abs. 2 AO). Kommt er dieser öffentlich-rechtlichen Pflicht nicht nach, so haftet der Vormund selbst für die Steuerschulden des Mündels gem. § 69 AO.

Die Bestandsaufnahme des Mündelvermögens erfolgt durch vollständige Aufzeichnung der Aktiva und Passiva des gesamten Vermögens. Dabei trifft den Vormund die Pflicht, das vorhandene Vermögen nicht nur rein mengenmäßig aufzunehmen, sondern die einzelnen Vermögensbestandteile zu bewerten oder bewerten zu lassen. Nur so können die Vermögensgegenstände näher charakterisiert werden und nur so kann das Vormundschaftsgericht erkennen, welche Werte dem Verwalter anvertraut sind. Dabei ist zunächst vom sogenannten Markt- oder Verkehrswert auszugehen, bei neuwertigen Gegenständen bilden die Anschaffungs- oder Herstellungskosten die Grundlage (vgl. § 153 Abs. 1 Satz 1 Aktiengesetz, § 6 Abs. 1 Nr. 1 EStG).

Soweit eine genaue Ermittlung des Wertes nicht möglich ist, lässt sich aus § 162 AO der allgemeine Rechtsgedanke entnehmen, daß dann eine Schätzung erfolgen darf. Soweit der Vormund nicht selbst die genügende Sachkenntnis hat, kann er sich der Hilfe von Sachverständigen wie zum Beispiel der eines Steuerberaters, Wirtschaftsprüfers oder sonstiger (gerichtlicher) Sachverständiger bedienen (§ 1802 Abs. 2). Unkosten, die die Erstellung des Verzeichnisses des Mündelvermögens verursacht, fallen diesem zur Last[7].

Muster eines Vermögensverzeichnisses:

Inventar über das Vermögen des Mündels ______
geboren am ______, gesetzlich vertreten durch den Vormund ______,
bestellt am ______

I. Vermögen des Mündels

1. Grundbesitz
   a) Lage (Straße, Haus-Nr.) ______
   bebaut mit ______
   Grundbuch für ______ Band ______
   Blatt ______

7 Vgl. *Erman/Hefermehl*, a.a.O., § 1802 Anm. 3.

Flurstück-Nr. ______
Grundstücksfläche ______
qm ______
Baujahr ______ Bauzustand ______
Bruttojahresertrag ______ DM
Nettojahresertrag ______ DM
Steuerlicher Einheitswert zum 1.1.19____
Verkehrswert (aufgrund Schätzgutachten des ______)
Grundstück zählt steuerlich zum Betriebsvermögen des gewerblichen Unternehmens (Name, Anschrift):

____

____

b) Weiterer Grundbesitz ______ (wie oben)

2. Der Mündel ist Eigentümer/Gesellschafter/Pächter des gewerblichen Unternehmens ______
   a) Name, Anschrift: ______
   Handelsregister-Nr. beim Amtsgericht: ______
   zuständiges Finanzamt ______ St.-Nr. ______
   (Handels- und Steuerbilanz sowie gegebenenfalls Gesellschaftsvertrag beifügen)
   (Die Bewertung von Gesellschaftsanteilen erfolgt in der Regel nach dem sogenannten Stuttgarter Verfahren[7a]
3. Bargeld ______
4. Guthaben bei Banken, Sparkassen, Genossenschaftskassen, Bausparkassen (Anlagen beifügen) ______
5. Wertpapiere lt. Kurswertberechnung zum ______
   (für die genaue Individualisierung von Wertpapieren genügt die Angabe des Endbetrages sowie die Angabe der Buchstaben und Nummern, sofern die Papiere damit versehen sind[7b]
6. Forderungen ______
   a) Hypotheken, Grundschuld, Rentenschuld (Anlagen beifügen)
   b) Darlehen ______ (siehe Anlage)
   c) Steuerrückvergütungen, Schadensersatzansprüche ______ (siehe Anlage)
   d) Sonstige Forderungen ______ (z.B. aus Kaufvertrag) (vollständige Anschrift des Schuldners oder der Zahlstelle beifügen)

7a Vgl. Wp-Handbuch 1977, Abschnitt IX: „Die Unternehmensbewertung“, S. 1131 ff.
7b *KG*, 18. 8. 1911, OLGZ 24 S. 45.

7. Lebensversicherungen und andere Versicherungen des Mündels ______
8. Fahrzeuge ______
   (bei Kraftfahrzeugen Typ, Baujahr, Zulassungsnummer, Fahrzeugpapiere angeben), Boote usw.
9. Gegenstände des persönlichen Gebrauchs ______
   (Kleidung, Bücher, Rundfunk- und Fernsehgeräte, Musikinstrumente etc., Inventarliste beifügen, Wert durch Schätzung zu ermitteln)
10. Kunstgegenstände, Schmuck, Gold- und Silbersachen, Kameras, Briefmarkensammlung usw. ______
11. Haus- und Küchengeräte, Möbel, sonstige Einrichtungsgegenstände ______ (Inventarliste beifügen)
12. Lastenausgleichs-, Entschädigungs-, Rückerstattungsansprüche des Mündels ______
    Behörde ______ Aktenzeichen ______
13. Beteiligung des Mündels an einer Erbengemeinschaft ______
    (gesonderte Aufstellung beifügen)
14. Sonstiges (nähere Bezeichnung) ______
    (siehe Anlagen)

II. Schulden des Mündels

1. Hypotheken, Grundschulden, Rentenschulden oder Reallasten, soweit der Mündel hierfür persönlich haftet in der am Stichtag geschuldeten Höhe ______ (Kapital und rückständige Zinsen, Einzelangaben siehe Anlage — insbesondere Grundbuchauszüge beifügen)
2. Lastenausgleichsabgaben ______
   a) Vermögensabgabe
      Vierteljahresbetrag: ______ DM Multiplikator: ______ Zeitwert: ______ DM
      Rückstände: ______ DM = Gesamtwert: ______ DM
   b) Hypothekengewinnabgabe
      Restwert laut Tilgungsplan am ______: ______ DM Rückstände: ______ DM

Gesamtschuld = ______ DM

3. Steuerschulden ______
   a) Einkommensteuer ______ (siehe Anlage)
   b) Vermögensteuer ______ (siehe Anlage)

c) sonstige Steuerschulden (z.B. Umsatz-, Erbschafts- und Schenkungssteuer usw.) ______

4. Sonstige Verbindlichkeiten ______
(z.B. Arzt — Krankenhauskosten usw. — siehe Anlage)

Ich versichere die Vollständigkeit des vorstehenden Verzeichnisses und die Richtigkeit der gemachten Angaben, (vgl. § 1802 I 1).

Unterschrift

____

Dem § 1802 ist zu entnehmen, daß der Vormund das gesamte Vermögen des Mündels zu verzeichnen hat; § 1682 ist aufgehoben.

Darüber hinaus dient das zu erstellende Vermögensverzeichnis dazu, einen Überblick über die wirtschaftliche Lage des Mündels zu geben, was nur durch eine vollständige Erfassung des vorhandenen Vermögens möglich ist. Der Vormund ist daher gehalten, alle, auch die in einer Gesamtheit gebundenen Vermögensteile des Mündels[8] aufzuzeichnen. Somit muß auch das Vermögen des Mündels, das der Verwaltung eines Dritten untersteht (z.B. Testamentsvollstrecker, Pfleger, Mitgesellschafter) in das Verzeichnis aufgenommen werden[9]. Das Inventar, in dem die einzelnen Vermögensgegenstände des Mündels nach Art, Menge und unter Angabe ihres Wertes genau zu verzeichnen sind[10], ist aufgrund einer gegenständlichen Bestandsaufnahme (Inventur) zu erstellen. Der kraft Gesetzes bestehenden Inventarisationspflicht des Vormunds muß auch ohne Aufforderung des Vormundschaftsgerichts nachgekommen werden, wobei die einzuhaltende Frist vom Umfang des Vermögens abhängt und gegebenenfalls nach freiem Ermessen des Vormundschaftsgerichts zu bestimmen ist[11].

---

8 Z.B. bei einer Personalgesellschaft, so *KG*, 6. 2. 1908, KGJ 35, A 24, A 25; vgl. auch *KG*, 1. 10. 1900, KGJ 20 A 225, A 232, A 233.

9 Vgl. Münchner Kommentar — *Zagst*, a.a.O., § 1803 m.w.N.

10 Vgl. *BFH*, 23. 6. 1971, BStBl. II S. 709.

11 Vgl. *Staudinger/Engler*, a.a.O., § 1802 Anm. 20 m.w.N.

III. Die laufende Verwaltung des Mündelvermögens

1. Periodische Rechnungslegung für das verwaltete Mündelvermögen[12]

Gemäß § 1840 Abs. 2 ist der Vormund verpflichtet, während der Dauer der Vormundschaft jährlich dem Vormundschaftsgericht Rechnung zu legen. Von der Rechnungslegungspflicht sind Amts- und Vereinsvormund befreit (§§ 1857a, 1854), sie sind jedoch zur Vorlage eines Bestandsverzeichnisses nach Ablauf von zwei Jahren, spätestens nach fünf Jahren (§ 1854 Abs. 2, Satz 1 und Satz 2) verpflichtet. Die §§ 1840 ff. sind als leges speciales zur allgemeinen Rechnungslegungspflicht gemäß § 259 für eine mit Einnahmen oder Ausgaben verbundene Vermögensverwaltung zu verstehen. Die Pflicht des Vormunds zur Rechnungslegung ist gegenüber der allgemeinen Vorschrift des § 259 Abs. 1 durch § 1841 einerseits dahingehend erweitert, daß der Vormund auch über den Ab- und Zugang des Vermögens Auskunft zu geben hat, andererseits insofern eingeschränkt, als bei dem Betrieb eines Erwerbsgeschäfts mit kaufmännischer Buchführung eine aus den Büchern gezogene Bilanz — unbeschadet des Rechts des Vormundschaftsgerichts, die Vorlegung der Bücher und sonstigen Belege zu verlangen — als Rechnung genügt[13]. Die Verpflichtung des Vormunds zur periodischen Rechnungslegung trägt „nicht lediglich den Charakter einer im Aufsichtsweg erzwingbaren öffentlich-rechtlichen Pflicht gegenüber dem Vormundschaftsgericht, sondern zugleich den Charakter einer dem Mündel gegenüber begründeten privatrechtlichen Verpflichtung"[14]. Aus dem öffentlich-rechtlichen Charakter der Rechnungslegung folgt, daß diese auch nach Beendigung der Vormundschaft mit Ordnungsstrafen erzwungen werden kann[15].

Gemäß § 1841 Abs. 1 soll die Rechnung, soweit Belege erteilt zu werden pflegen, mit Belegen versehen sein[16]. Das Sparkassenbuch als sogenanntes qualifiziertes Legitimationspapier ist kein einfaches Beweismittel und damit kein Beleg, da es als Legitimationspapier einen entsprechenden tatsächlichen Vermögenswert besitzt[17].

---

12 Vgl. auch *Birkenfeld*, Fußnote 6.

13 So *KG*, 14. 12. 1908, KGJ 37 A 110, A 112.

14 So *KG*, 14. 12. 1908, Fußnote 13.

15 So *KG*, 4. 10. 1906, OLGZ 14 S. 266f. für den Nachlaßpfleger.

16 „Unter Beleg versteht man ein Beweismittel, das den tatsächlichen Vorgang des Ab- und Zugangs eines Vermögensstücks dartut, dem aber ein eigentlicher Vermögenswert nicht innewohnt" (*KG*, 16. 3. 1917, KGJ 50 A 29, A 31).

17 So *KG*, 16. 3. 1917, Fußnote 16.

Auch Wertpapiere und Depotscheine besitzen einen Vermögenswert und sind damit keine bloßen Belege, so daß der Vormund gehalten ist, soweit die Papiere verwahrt werden, sich einen besonderen Beleg (z.B. Quittung) ausstellen zu lassen[18].

Die vormundschaftliche Rechnungslegungspflicht gibt nur dem Vormundschaftsgericht und dem Mündel ein Recht, vom Vormund Rechnungslegung zu verlangen. Außenstehende Dritte, wie Eltern und sonstige Verwandte des Mündels haben kein eigenes Recht auf Rechnungslegung[19]. Soweit neben dem Vormund ein Testamentsvollstrecker als Vermögensverwalter vorhanden ist, der einen Teil des durch Erbschaft angefallenen Mündelvermögens verwaltet, steht dem Vormund gegenüber dem Testamentsvollstrecker ein eigenes Recht auf Rechnungslegung zu. Dabei kann gemäß § 2218 Abs. 2 bei einer länger andauernden Verwaltung auch von einem Testamentsvollstrecker Rechnungslegung verlangt werden[20]. Ist der Mündel lediglich als Nacherbe eingesetzt, ist der Vormund nicht befugt, im Namen des Mündels die Rechte des Nacherben gegen den Vorerben geltend zu machen. Dieses Recht steht in diesem Fall nur dem Testamentsvollstrecker zu[21].

a) Schema der geordneten Gegenüberstellung von Einnahmen und Ausgaben

Ausgehend von einem beim Amtsgericht München verwendeten Muster für die Rechnungslegung wird im folgenden eine auch größeren Vermögensverwaltungen genügende Gliederung gegeben[22]:

---

18 Vgl. zum Ganzen auch *KG*, 21. 5. 1908, KGJ 36 A 41, A 42, OLGZ 18 S. 290f. für die Frage der Beibringung von Belegen für das Bestandsverzeichnis.

19 So zu Recht RG, 21. 3. 1934, Zeitschrift für Rechtspflege in Bayern 1934 S. 193. „Die Ausbildung dieses Rechts ... [ist] nicht eine bloße Zweckmäßigkeitsregel, sondern ... [ist auch] erforderlich ..., um dem Vormund selbst die Möglichkeit einer ordnungsmäßigen Rechnungslegung zu gewährleisten."

20 Die vom Vollstrecker zu legende Rechnung hat nicht den Anforderungen des § 1940, sondern denen des § 259 zu entsprechen und ist nicht gegenüber dem Gericht, sondern gegenüber dem Vormunde zu legen, dem es überlassen bleibt, die Rechnungslegung gegenüber dem Vormundschaftsgericht, sei es durch Vorlegung der Urschrift oder einer Abschrift oder sonst in geeigneter Weise bei der eigenen Rechnungslegung zu gebrauchen." (*KG*, 28. 1. 1916, OLGZ 26 S. 85f.)

21 Der Vormund kann sich nur an den Testamentsvollstrecker halten und verlangen, daß dieser ein Verzeichnis der seiner Verwaltung unterliegenden Gegenstände — und zu dieser gehört auch das Recht aus der Nacherbfolge — gemäß § 2015 mitteilt (*KG*, 28. 1. 1916, OLGZ 26 S. 85f.)

22 Vgl. auch *Firsching*, Familienrecht und andere Rechtsgebiete in der freiwilligen Gerichtsbarkeit (Handbuch der Rechtspraxis, Bd. 5), 4. Aufl. 1978, S. 458ff.

Abrechnung

Einnahmen- und Ausgabenrechnung im Zeitraum vom 1. 1. – 31. 12. (Rechnungsjahr)

I. Einnahmen

1. Gewinnentnahme aus Gewerbebetrieb ____________ DM
2. Einnahmen aus
   a) der Verwaltung von Grundstücken lt. anliegender Abrechnung (Miet-/Pachtzins nach einzelnen vereinnahmten Beträgen, Bezeichnung des Grundstücks, Name des Mieters, Pächters, Fälligkeitstag) ____________ DM
   b) dem Verkauf von Grundstücken ____________ DM
3. Waisenrente oder sonstige Unterhaltsrenten (unter Angabe der Kasse)[23] ____________ DM
4. Einnahmen aus Wertpapieren (Verkauf oder Verlosung, Zinsen nach Fälligkeitstag in Einzalbeträgen anführen) ____________ DM
5. Einnahmen aus Forderungen (Abhebung von Sparkassenguthaben, rückfliessende Tilgungsraten von Hypotheken usw.) ____________ DM
6. Außerordentliche Einnahmen (z. B. Schenkungen, Erbschaft usw.) ____________ DM

---

23 Wenn auch in der Literatur vereinzelt bestritten wird, ob auch der laufende Bezug von Renten zur Vermögensverwaltung gehört und damit in der Einnahmen- und Ausgabenrechnung ausgewiesen werden muß, hat die Rechtsprechung entschieden, daß auch über die vereinnahmten Renten und insbesondere über deren Verwendung abgerechnet werden muß:
„Es kann nicht entscheidend darauf ankommen, ob ein gesicherter Rentenbezug an und für sich ein Vermögen und dessen Betreuung durch den Vormund einer Vermögensverwaltung im Sinne von § 1840 BGB darstellt. Auch wenn diese Bestimmung nicht angewendet wird, bleibt die allgemeine Vorschrift des § 1837 BGB über die Fürsorge und Aufsicht des Vormundschaftsgerichts ... Wenn die Mündel Beamten- und Militärrenten, nicht also bloße Fürsorgeunterstützungen, erhalten, so handelt es sich um Beträge, die nicht einfach damit abzutun sind, daß Renten ja dazu da seien, mit ihnen den Unterhalt zu beschaffen ...
Es muß sich dann auch in kleinen Verhältnissen Vermögen bilden, das ordnungsgemäß anglegt werden muß und dann sehr wohl die Grundlage für eine Vermögensverwaltung nach § 1840ff. BGB bilden kann." (*RG*, 9. 5. 1938, JW 1938 S. 2206f.)

7. Steuererstattungen (Lohnsteuerjahresausgleich), Erstattungen für im voraus versteuerte Dividenden usw. ______ DM

Summe ______ **DM**

II. Ausgaben

1. Unterhalt des Mündels ______ ______ DM
2. Steuern, Gebühren und sonstige öffentliche Abgaben (Aufstellung beifügen) ______ DM
3. Aufwendungen im Zusammenhang mit Vermietung (Grundstücksabgaben, Reparaturen, Versicherungen usw.) ______ DM
4. Hypothekentilgung und Hypothekenzinsen ______ DM
5. Sonstige Geldanlage des Mündels (z.B. Sparkassenbuch, Lebensversicherung, Ankauf von Grundstücken und Wertpapieren) ______ DM
6. Verwaltungskosten ______ DM

Summe ______ **DM**

III. Saldo

1. Gesamteinnahmen	______ DM	1. Gesamtausgaben	______ DM
2. Aktivsaldo des Vorjahres	______ DM	2. Passivsaldo des Vorjahres	______ DM
Aktivsaldo	______ DM	Passivsaldo	______ DM

Bei der Einnahmen- und Ausgabenrechnung ist zu beachten, daß nur die tatsächlich im konkreten Rechnungszeitraum zugeflossenen Einnahmen und Ausgaben aufgezeichnet werden. Eine Einnahme ist dann zugeflossen, wenn der Vermögensträger die tatsächliche Verfügungsmacht darüber erlangt hat, er also über die Einnahmen wirtschaftlich verfügen kann, wie zum Beispiel bei Zahlung, Verrechnung oder Gutschrift[24]. Regelmäßig wiederkehrende Einnahmen (wie zum Beispiel Renten, Mieteinnahmen, die dem Vermögensträger kurze Zeit vor oder nach Beendigung[25] des Kalenderjahres, zu dem sie wirtschaftlich gehören, zuge-

24 So *BFH*, 30. 4. 1974, BStBl. II S. 541; vgl. auch Ziff. 116 der Einkommensteuerrichtlinien zu § 11 EStG: „Zufluß liegt auch dann vor, wenn die Einnahmen auf ein Bankkonto eingezahlt oder von seinem Bevollmächtigten in Empfang genommen werden."

25 Vgl. § 11 Abs. 1 Satz 1 EStG — als kurze Zeit ist in der Regel ein Zeitraum von 10 Tagen anzusehen —; vgl. *BFH*, 9. 5. 1974, BStBl. II S. 547.

flossen sind, gelten als in dem Abrechnungszeitraum bezogen. Für Ausgaben gilt dies entsprechend. Dieses aus dem Steuerrecht für die vormundschaftliche Rechnungslegung hergeleitete „Abfluß-Zuflußprinzip", das auf die wirtschaftliche Verfügungsmacht abstellt, gewährleistet die notwendige Einheit der Rechnungslegung gegenüber Vormundschaftsgericht und Steuerbehörden.

Der rechnerischen Gegenüberstellung von Einnahmen und Ausgaben hat der Vormund noch eine auf den neuesten Stand bezogene Vermögensübersicht beizufügen. Aus der Gegenüberstellung des Reinvermögens am Schluß des vorangegangenen Rechnungszeitraums und des Reinvermögens zum jetzigen Zeitpunkt kann ersehen werden, ob eine Vermögensvermehrung oder Vermögensminderung erfolgt ist. Der Vormund sollte in diesem Fall kurz erläutern, aus welchem Grund sich das Vermögen verändert, erhöht oder vermindert hat.

Als Zusatz sollte jede derartige Rechnungslegung auch einen kurzen Bericht über die Mündelverhältnisse bringen, nicht nur über den Ausbildungsstand oder die Beschäftigungsart, sondern auch über den gesundheitlichen Zustand und die persönlichen Verhältnisse des Mündels. Wenn der Fall eintritt, daß der Mündel in ungewöhnlichen Verhältnissen lebt, süchtig oder krank ist, soll auch hierüber berichtet werden, obwohl dies eigentlich zur Personensorge gehört. Die persönlichen Verhältnisse und der Zustand des Mündels haben jedoch Auswirkungen auch auf seine Beschäftigung, seine Einnahmen und sein Vermögen.

b) Rechnungslegung bei einem Handelsgewerbe durch eine Bilanz sowie Erstellung einer Geldverkehrsrechnung

§ 1841 Abs. 2 Satz 1 formuliert, daß bei einem Erwerbsgeschäft mit kaufmännischer Buchführung eine aus den Büchern gezogene Bilanz genüge. Dies ist aber nicht im Sinne eines Minus gegenüber der allgemeinen Rechnungslegungspflicht gemäß § 1841 Abs. 1 zu verstehen. Vielmehr soll, sofern eine Bilanz vorhanden ist — diese ist kraft der gesetzlichen Definition in § 4 Abs. 2 EStG eine Vermögensübersicht, — doppelte Arbeit vermieden werden. Gemäß § 39 HGB hat ein Kaufmann sein Betriebsvermögen (Grundstücke, Forderungen, Schulden, Bargeld usw.) genau zu verzeichnen und die Vermögensgegenstände zu bewerten. Die Bilanz ist dabei als eine abschließende Darstellung des Verhältnisses von Vermögen und Schulden des Kaufmanns zu verstehen. Die Bilanz als „Waage" stellt auf ihrer Passivseite zum einen das eingesetzte Kapital als auch die Summe aller Verpflichtungen des Betriebes gegenüber den Beteiligten (z. B. Gesellschafter) oder Gläubigern (z. B. Banken, andere Kapitalgeber) dar. Auf der Aktivseite steht dem Kapital das Betriebsvermögen als Summe aller eingesetzten Wirtschaftsgüter und Geldmittel gegenüber. Die Passivseite zeigt die Mittelherkunft, während die Aktivseite über die Mittelverwendung Auskunft gibt.

Die Aktivseite wird in Anlagevermögen und Umlaufvermögen gegliedert. Dabei ist zu beachten, daß die Vermögensgegenstände nach ihrer Liquidierbarkeit und Liquidität in der Reihenfolge von oben nach unten aufzuführen sind, d. h. die am schwersten liquidierbaren Vermögensgegenstände (z. B. Grundstücke) stehen oben auf der Aktivseite, während die „flüssigen" Barmittel ganz unten erscheinen. Die vom Vormund vorzulegende Bilanz und der darin ausgewiesene Gewinn aus gewerblicher Tätigkeit[26] muß durch eine ebenfalls vorzulegende Gewinn- und Verlustrechnung ergänzt werden. Die Gewinn- und Verlustrechnung enthält keine Bestände, sondern nur Aufwendungen und Erträge (vgl. § 157 AktG) und stellt eine Kontrollrechnung für den durch Kapitalvergleich ermittelten Gewinn dar. Als Bilanz ist dem Vormundschaftsgericht die Handelsbilanz und nicht die Steuerbilanz vorzulegen.

2. Verschiedene Vermögensmassen (Geschäfts- und Privatvermögen sowie Anwartschaften)

Der Vermögensverwalter muß sich nicht nur über den aus Betriebsvermögen für ein Erwerbsgeschäft anfallenden Anteil des Mündels Gedanken machen, sondern auch um Stand und Entwicklung des Privatvermögens. Nicht selten kommt es vor, daß einem kleinen Bilanzvermögen große oder unübersichtliche Privatschulden des Mündels gegenüberstehen, zum Beispiel in dem Fall, in dem zum Mündelvermögen Verbindlichkeiten und Bürgschaften gehören, die auf jeden Fall bezeichnet und erfasst werden sollten. Da sich jedoch die Betriebs- und Privatvermögenssphäre des Mündels gegeneinander beeinflussen und somit eine klare Trennung nicht immer möglich ist, kann es, um eine größere Transparenz zu gewinnen, notwendig sein, eine Geldverkehrsrechnung aufzustellen. Durch die Geldverkehrsrechnung wird festgestellt, welche Geldströme dem Betrieb oder dem Privatvermögen zugeflossen sind und wofür das Geld verbraucht worden ist.

---

26 Dies ist der Unterschiedsbetrag zwischen Betriebsvermögen am Schluß des Wirtschaftsjahres und dem Betriebsvermögen am Schluß des vorausgegangenen Wirtschaftsjahres, vermehrt um den Wert der Entnahmen und vermindert um den Wert der Einlagen — so die Definition in § 4 Abs. 1 EStG.

Dabei kann sich ergeben, daß die verfügbaren Geldmittel geringer, aber auch größer als der Gewinn sein können, weil Ertrag nicht gleichbedeutend mit Einnahme und Aufwand nicht gleichbedeutend mit Ausgabe ist[26a]. Mit Hilfe der Geldverkehrsrechnung wird die Arbeit des Rechnungsbeamten (vgl. § 139 KO) erleichtert. Auf die Aussagekraft einer Geldverkehrsrechnung sollte bei einer umfangreichen Vermögensverwaltung nicht verzichtet werden[27]. Verwaltet der Vormund mehrere Vermögensmassen, so ist für jede Vermögensmasse getrennt Rechnung zu legen. Dabei kann es sich um Vermögen mehrerer Mündel handeln oder aber um ein Vermögen, das in verschiedener Weise dem Mündel zugeordnet ist: z. B. gesamthänderisch gebundenes Vermögen in einer Erbengemeinschaft, Anwartschaftsrechte aus einer Vorerbenstellung und daneben ungebundenes Privatvermögen.

3. Schema einer Geldverkehrsrechnung
(mit Zahlenbeispielen nach Birkenfeld[26a])

A. Betriebliche Geldzuflüsse		
1. Warenverkauf	DM 198 000,—	
2. Zinserträge	DM 2 000,—	
3. Verkaufserlöse	DM 3 000,—	DM 203 000,—
		DM 203 000,—
B. Betriebliche Geldabflüsse		
1. Laufende Aufwendungen		
a) Wareneinkauf	DM 100 000,—	
b) Löhne	DM 20 000,—	
c) Kauf eines Lkw	DM 10 000,—	
d) Mietaufwand	DM 7 000,—	
		DM 137 000,—
2. Investierte Geldmittel = Finanzierung von Bestandserhöhungen, z. B. Kauf eines Lkw	DM 100 000,—	
finanziert durch		
a) Verminderung der Bankforderungen	DM 24 000,—	

26a Vgl. *Birkenfeld*, FamRZ 1976 S. 197, 199.

b) Erhöhung der Verbindlichkeiten durch Aufnahme eines Kredits	DM 30000,—	
	DM 54000,—	
c) Restfinanzierung durch Barzahlung		DM 46000,—
3. Barentnahmen		DM 20000,—
		DM 203000,—

Wie aus dieser Übersicht ersichtlich, wurde das Anlagevermögen des Betriebes im abgelaufenen Rechnungsjahr durch den Kauf eines Lkw in Höhe von 100000 DM nicht durch einen entsprechenden Bargeldabfluß geändert, vielmehr geschah dies durch eine Herabsetzung der Bankforderungen und eine Erhöhung der Verbindlichkeiten in Höhe von 54000 DM. Das gegebene Zahlenbeispiel macht deutlich, daß allen betrieblichen (Bar-) Geldzuflüssen ein entsprechender (Bar-) Geldabfluß gegenübersteht, so daß keine weiteren leicht transferierbaren Barmittel vorhanden sind. Im Ergebnis ermöglicht die Geldverkehrsrechnung eine klare Trennung bei der Vermögensverwaltung zwischen den Sektoren Bargeld und sonstiges Vermögen.

4. Die formelle und materielle Prüfung der Rechnungslegung durch das Vormundschaftsgericht

Gemäß § 1843 hat das Vormundschaftsgericht die Rechnungslegung durch den Vormund sowohl rechnungsmäßig (in formeller Hinsicht) und sachlich (in materieller Hinsicht) zu prüfen und, soweit erforderlich, ihre Berichtigung und Ergänzung herbeizuführen. Das Vormundschaftsgericht kann dazu, nötigenfalls unter Festsetzung von Zwangsgeld (§ 1837), den Vormund vorladen, „von ihm die erforderlichen Aufklärungen und Unterlagen verlangen, ihn auf Mängel und Unvollständigkeiten hinweisen"[28]. Dabei ist das Vormundschaftsgericht verpflichtet, „im Rahmen seiner Aufsichtsführung auch kleinste Beträge zu kontrollieren und nicht zu dulden, daß das ... Vermögen geschmä-

27 Vgl. dazu auch *Jonas*, Darstellung der wirtschaftlichen Lage und Entwicklung mit Hilfe der Finanzbewegungsrechnung, DB 1976 S. 2361 — 2367, sowie *Offerhaus*, Die neuen handelsrechtlichen Buchführungsvorschriften, BB 1976 S. 1622–1625.

28 So *KG*, 9. 1. 1914, OLGZ 30 S. 151 f.

lert wird"[29]. Während die rechnungsmäßige Prüfung sich darauf erstreckt, „ob die Zusammenrechnung richtig erfolgt ist und ob die Rechnungsposten mit den Belegen übereinstimmen, ist die sachliche Prüfung darauf zu richten, ob die aus dem Vermögen zu gewinnenden Einnahmen gemacht sind und ob überhaupt die Verwaltung in Übereinstimmung mit den gesetzlichen Vorschriften geführt ist"[30].

Prüfungspflicht und Beanstandungsrecht durch das Vormundschaftsgericht bestehen zunächst darin, daß das Vormundschaftsgericht nicht über die Angemessenheit von Auslagen entscheidet, die der Vormund in seinem Rechenschaftsbericht erwähnt hat. Es darf diese also weder streichen noch irgend etwas über den Anspruch für und gegen den Vormund dokumentieren. Andererseits darf das Vormundschaftsgericht unter Androhung von Zwangsgeld oder sogar einer Entlassung des Vormunds darauf aufmerksam machen, daß es bestimmte Auslagen für pflichtwidrig hält und, wenn es sich um unnötige Auslagen handelt, sogar an eine Entlassung wegen Pflichtwidrigkeit denken[31]. Der Vormundschaftsrichter darf nicht zum Prozeßrichter werden, und der Prozeßrichter muß nicht in Bezug auf Auslagen des Vormundes dem Vormundschaftsgericht unweigerlich folgen[32].

Bei einer unfangreichen Vermögensverwaltung, bei der das Mündelvermögen kaufmännische, landwirtschaftliche oder industrielle Betriebe enthält, muß das Vormundschaftsgericht bei der materiellen Prüfung der Rechnungslegung mangels erforderlicher Fachkenntnisse häufig die Hilfe fachkundiger Dritter (Steuerberater, Wirtschaftsprüfer usw.) zur Unterstützung heranziehen. Die Hinzuziehung von sachkundigen Dritten kann „nicht als Ausdruck eines Mißtrauens gegen die Ehrenhaftigkeit des Vormunds aufgefaßt werden, sie ist vielmehr nur eine notwendige Folge der dem Richter obliegenden sachlichen Prüfungspflicht der Vermögensverwaltung des Vormundes"[33]. Dabei kann das Vormundschaftsgericht insbesondere auf die Hilfe von Rechnungsbeamten zurückgreifen (vgl. § 139 KostO, § 72 GKG). Sofern der hinzugezogene Rechnungsbeamte schuldhaft seine Pflicht verletzt, hat der Mündel, sofern ihm ein Schaden aufgrund der fehlerhaften Prüfung entsteht, einen Amtshaftungsanspruch gemäß § 839 in Verbindung mit Artikel 34 GG[34].

---

29 *LG Berlin*, 24. 10. 1968, Rpfleger 1969 S. 53.
30 So *KG*, 27. 3. 1936, JW 1936 S. 2461 f.
31 *KG*, 9. 1. 1914, OLGZ 30 S. 151 f.
32 So *LG Berlin*, 4. 10. 1968, Rpfleger 1969 S. 53 m.w.N.
33 So *KG*, 27. 3. 1936, JW 1936 S. 2461 f.
34 Vgl. *RG*, 8. 11. 1912, RGZ 80 S. 406 f. für den Gerichtskalkulator.

Die Prüfung der vorgelegten Rechnung darf nur im Interesse des Mündels erfolgen. Wenn sich das Vormundschaftsgericht entschließt, gemäß § 1841 Abs. 2 Satz 2 neben einer Bilanz noch die Vorlegung von Büchern und Belegen zu verlangen, so besteht Anlaß zu der Sorge, daß Verfehlungen des Vormundes oder Ansprüche des Mündels auf andere Art nicht entdeckt werden können. Erklären sich aber im Falle einer Nachlaßsache die Nachlaßgläubiger mit der vom Nachlaßverwalter gelegten Rechnung ausdrücklich einverstanden und wollen sie das Risiko der Unterlassung einer Buchprüfung tragen, so hat die Buchprüfung zu unterbleiben. Vormundschaftsrichter und Nachlaßgericht sind keine staatsanwaltlichen Buchprüfer. Liegt kein Schutzinteresse des Mündels vor, soll sich das Gericht mit der gelegten Rechnung zufrieden erklären und nicht Kosten verursachen, die Mündel und Nachlaß tragen müssen[35].

Sofern der Vormundschaftsrichter Beanstandungen erhebt, ist fraglich, inwieweit hierin eine Verfügung im Sinne von § 19 FGG erblickt und durch das Rechtsmittel der Beschwerde angefochten werden kann. „Gibt die Rechnung zu Bedenken Anlaß, so kann das Vormundschaftsgericht dem Vormund ... nur Vorstellungen machen, ihm aber nicht gebieten, die Rechnung nach Maßgabe der von ihm erhobenen Bedenken zu ändern...

Überschreitet der Vormundschaftsrichter die ihm nach § 1843 Abs. 1 eingeräumte Befugnis und ordnet er an, daß der Vormund einen bestimmten Posten in der Rechnung abzusetzen oder einzusetzen habe, so äußert er damit — allerdings in rechtlich unzulässiger Weise — seinen Willen, daß sich der Vormund seiner Anschauung unterwerfe und die Rechnung in gewisser Richtung berichtige. Ein in solcher Form gekleideter Rechnungsbescheid ist eine Verfügung im Sinne des § 19 FGG. Der Vormund ist durch diese auch beschwert, weil ihm ein bestimmtes Handeln angesonnen wird. Die Beschwerde ist aber in diesem Fall nicht bloß zulässig, sondern ohne weiteres auch sachlich begründet, weil der Vormundschaftsrichter ein Gebot erlassen hat, zu dem ihn § 1843 Abs. 1 nicht ermächtigt“[36].

Mitunter hat das Vormundschaftsgericht begründete Bedenken gegen eine Rechnungslegung. In solchen Fällen soll es dem Vormund Vorschläge machen, aber keine Befehle erteilen, etwa einen Posten in die

35 *OLG Frankfurt a.M.*, 8. 7. 1963, NJW 1963 S. 12278.

36 *BayObLG*, 21. 2. 1929, JFG 6 S. 104, 106 = DJZ 1929, S. 778 = DRiZ 1929 Sp. 143 Nr. 329.

Rechnung einzusetzen oder bestimmte Auslagekosten wegzulassen. Das Vormundschaftsgericht soll vermeiden, über Ansprüche zwischen Vormund und Mündel selbst zu entscheiden, weil es damit in die Kompetenz des Prozeßrichters eingreifen würde. Jeder Druck auf den Vormund in dieser Richtung ist zu unterlassen. Sollte dennoch ein solcher Bescheid erfolgen, so ist dagegen nach § 19 FGG die Beschwerde zulässig.

5. Prüfungspflicht des Gerichts in bezug auf die Schlußrechnung

a) Mitwirkungsbefugnisse des Vormundschaftsgerichts bei Abgabe der Schlußrechnung und Herausgabe des Mündelvermögens an den Vormund

In jedem Fall zieht eine dem Gericht eingereichte Schlußrechnung eine Prüfungsverpflichtung durch das Gericht nach sich. Der Richter darf und soll nach rechnungsmäßiger und sachlicher Prüfung die Abnahme der Schlußrechnung durch Verhandlung mit den Beteiligten vermitteln (§ 1892).

Es soll auch eine Vergütung für den Pfleger festsetzen, so daß jederzeit eine Klarstellung der Rechtsverhältnisse erfolgt. Im Gegensatz zur Wahrnehmung von Erbrechten steht die Geltendmachung des Anspruchs auf Legung der Schlußrechnung durch den Pfleger, weil insofern auch öffentliche Rechte und Pflichten berührt werden. Die Erfüllung dieser öffentlich-rechtlichen Pflicht kann notfalls auch durch Ordnungsstrafen erzwungen werden. Das Aufsichtsrecht und die Ordnungsstrafbefugnis des Nachlaß- (Vormundschafts-)gerichts aus § 1837 umfaßt die „gesamte Tätigkeit" des Pflegers und Vormundes. Dem Gericht bleibt das Recht, Gebote und Verbote und Ordnungsstrafen anzudrohen und zu erlassen und gegen den Vermögensverwalter einzuschreiten, und zwar auch wegen der Verbindlichkeiten öffentlich-rechtlicher Natur, welche dem Vormund (Pfleger) für die Zeit nach der Beendigung der Verwaltung gegenüber dem Gericht von Gesetzes wegen auferlegt sind[37].

---

37 „Das Gericht hat ... das Recht und die Pflicht, die Schlußrechnung des Vormundes entgegenzunehmen, sie rechnungsmäßig und sachlich zu prüfen und ihre Abnahme durch Verhandlung mit den Beteiligten zu vermitteln (§ 1892 BGB) sowie eine Reihe sonstiger ... Erledigungsgeschäfte, zum Beispiel Festsetzung der Vergütung des Pflegers, zu besorgen, welche auf die Lösung der durch die Pflegschaft hervorgerufenen Rechtsverhältnisse gerichtet sind...
In einem prinzipiellen Gegensatz zur Wahrnehmung der Erbenrechte rein privatrechtlicher Natur steht jedoch Geltendmachung des Anspruchs auf Legung der Schlußrech-

Gemäß § 1890 Satz 2 kann der Vormund (Pfleger) bei der Schlußrechnung Bezug auf seine bereits früher abgegebenen, periodischen Abrechnungen nehmen. An die Schlußrechnung können keine weitergehenden Anforderungen als an die jährlich vorzulegenden Zwischenrechnungen gemäß § 1840f. gestellt werden[38]. Allerdings muß die Schlußrechnung den gesamten Zeitraum der abgelaufenen Vermögensverwaltung des Vormundes umfassen, eine bloße Nachtragsrechnung reicht nicht aus. Die Rechnungslegung des Vormunds (Pflegers) muß klar und allgemeinverständlich sein, so daß sich Vormundschaftsgericht und Erben ein ausreichendes Bild über die abgeschlossene Vermögensverwaltung machen können. Bezüglich Umfang und Einzelheiten letztlich ausschlaggebend sind die Besonderheiten der einzelnen Vermögensverwaltung (Umfang und Struktur des Vermögens, Dauer der Verwaltung usw.).

In die Schlußrechnung kann der Vormund auch einen seiner Ansicht nach bestehenden Anspruch auf eine angemessene Vergütung aufnehmen. Dies sollte jedoch nur dann geschehen, wenn er vorher mit dem Richter oder Rechtspfleger die Vergütungsfrage besprochen hat. Fehlt in der vorgelegten Schlußrechnung ein Vergütungsposten, so darf daraus nicht ein Verzicht des Vormunds auf eine ihm zuzubilligende Vergütung herausgelesen werden[39]. Der Anspruch auf Vergütung entsteht erst

---

nung des Pflegers an das Nachlaßgericht, welche zwar auch im privaten Interesse der Erben liegt, aber gleichzeitig einen öffentlich-rechtlichen Charakter trägt und deshalb von Amts wegen zu verfolgen ist, es sei denn, daß dem bisherigen Pfleger von den Erben bereits außergerichtlich völlige Entlastung zuteil geworden ist... Die Erfüllung dieser öffentlich-rechtlichen Pflicht der Einreichung der Schlußrechnung an das Nachlaßgericht kann letzteres aber im Notfall auch durch Ordnungsstrafen erzwingen. Das Aufsichtsrecht und die Ordnungsstrafbefugnis des Nachlaß- (Vormundschafts-)gerichts aus § 1837 BGB umfaßt die gesamte Tätigkeit des Pflegers (Vormundes); es hat also mit Geboten und Verboten, Androhung und Verhängung von Ordnungsstrafen gegen ihn einzuschreiten, nicht allein zur Erzwingung derjenigen Pflichten, welche ihm während des Laufs der Pflegschaft selbst obliegen, sondern auch wegen der Verbindlichkeiten öffentlich-rechtlicher Natur, welche ihm für die Zeit nach ihrer Beendigung gegenüber dem Gericht im Gesetz auferlegt sind.“ (*KG*, 4. 10. 1906, KGJ 33 A 54, A 56, A 57 für den Nachlaßpfleger; vgl. auch *KG*, 28. 6. 1906, OLGZ 14 S. 266f.; *OLG Hamburg*, 27. 1. 1905, OLGZ 10. S. 11.)

38 „Dem Vormund eine gesteigerte Rechnungslegungspflicht bei Beendigung des Amts nach einer vielleicht sehr langen Dauer der Verwaltung aufzubürden, würde ebenso unnötig wie unbillig sein, denn die aus den Büchern gezogene Bilanz gibt nicht nur über den bei der Beendigung des Amts vorhandenen Vermögensbestand, sondern auch in Verbindung mit den Büchern, deren Vorlegung verlangt werden kann, über die fortlaufende Verwaltung des Vermögens bis zu diesem Zeitpunkt hinreichenden Aufschluß.“ (*KG*, 28. 6. 1906, KGJ 37 A 110, A 113/114.)

39 *BayObLG*, 13. 2. 1914, OLGZ 30 S. 152.

durch eine entsprechende Bewilligung des Vormundschaftsgerichts, wobei kein formeller Antrag oder eine sonstige Aufforderung an das Vormundschaftsgericht erforderlich ist. Die Entscheidung des Vormundschaftsgerichts — wie es in der Praxis üblich ist — kann auch noch nach Beendigung der Vormundschaft erfolgen[40].

Neben der (partiell) öffentlich-rechtlichen Pflicht zur Rechnungslegung trifft den Vormund die privatrechtliche Pflicht gegenüber dem Mündel, das von ihm verwaltete Mündelvermögen herauszugeben. Das Vormundschaftsgericht ist nicht befugt, den Vormund zwangsweise, zum Beispiel durch Verhängung von Ordnungsstrafen zur Herausgabe des Mündelvermögens anzuhalten[41]. Die eingeschränkten Befugnisse des Vormundschaftsgerichts gegenüber dem unwilligen Vormund sind rechtlich nachteilig, zumal der actus contrarius die Herausgabe des Vermögens des Mündels an den Vormund, nicht im Wege einer Klage des Vormunds gegen den Mündel, sondern durch Beauftragung eines Gerichtsvollziehers durch das Vormundschaftsgericht zwangsweise erfolgen kann[42]. Der Vormund ist berechtigt, gemäß § 273 ein Zurückbehaltungsrecht auszuüben, sofern ihm noch Ansprüche auf Aufwendungsersatz (§§ 1835 Abs. 1, 670) oder ein bereits zugesprochener Vergütungsanspruch gemäß § 1836 zustehen sollten.

b) Rechtswirkungen der Entlastungserklärung des Mündels gegenüber Vormund und Vormundschaftsgericht

Gemäß § 1892 Abs. 2 Satz 2 kann der Mündel die vom Vormund vorgelegte Schlußrechnung als richtig anerkennen. Das Gesetz hat jedoch eine Pflicht zur Entlastung des Vormunds nicht aufgenommen, da es dem Mündel nicht zumuten wollte, unter Zeitdruck und ohne gehörige Prüfung der vorgelegten Rechnung eine Entlastungserklärung abgeben zu müssen[43]. Der Vormund kann lediglich gegen den Mündel Feststellungs-

---

40 *BayObLG*, 20. 12. 1905, Seuff. Arch. 31 S. 408f. = Nr. 227.

41 „Wird die Rechnung von den Erben (dem Mündel) nicht anerkannt, so ist es ihre (seine) Sache, nicht Aufgabe des Nachlaßgerichts (Vormundschaftsgerichts), die materiellrechtlichen Ansprüche auf Rechnungslegung, insbesondere auch über etwaige Verwaltungshandlungen des Pflegers nach Aufhebung der Pflegschaft, sowie auf Herausgabe des Nachlasses gegebenenfalls im Prozeßwege gegen den Pfleger durchzusetzen. Daraus folgt, daß das Gericht nicht befugt ist, den Nachweis der Herausgabe des Nachlasses an die Erben gegen Quittung und die Vorlage von Entlastungserklärungen zu verlangen.“ (*KG*, 13. 2. 1969, = OLGZ 69 S. 293f. für den Nachlaßpfleger.)

42 *OLG Dresden*, 13. 2. 1912, OLGZ 26 S. 118f.

43 Vgl. *KG*, 28. 2. 1918, KGJ 51 A 42/A 43; *OLG Colmar*, 2. 1. 1907, OLGZ 14 S. 266; *RG*, 6. 1. 1927, RGZ 115 S. 368 (371).

klage (§ 256 ZPO) auf Richtigkeit seiner Schlußrechnung erheben, sofern er ein berechtigtes Interesse hierfür geltend zu machen vermag.

Neben dem Verzicht kann der Mündel auf weitere privatrechtliche Ansprüche gegen den Vormund in Form eines negativen Erlaßvertrages (§ 397 Abs. 2) verzichten. In der bloßen Erklärung des Mündels gegenüber dem Vormundschaftsgericht, daß er auf eine weitere Überprüfung des vorgelegten Rechnungswerks des Vormunds verzichtet, liegt aber nur eine einseitige Verfahrenshandlung. Der Verzicht (vgl. §§ 397, 1517, 2346ff.) bedarf jedoch regelmäßig des Abschlusses eines besonderen Verzichtsvertrages (abgesehen von der in §§ 928, 1168 vorgesehenen Möglichkeit eines einseitigen Verzichts auf eine Rechtsposition), so daß die Erklärung des Mündels vor dem Vormundschaftsgericht die möglichen privatrechtlichen Ansprüche nicht berührt[44]. Allerdings kann die Erteilung einer Quittung gemäß § 368 als Verzichtserklärung des Mündels gegenüber dem Vormund ausgelegt werden (§§ 133, 157, 242). Wenn auch die Herbeiführung einer allgemeinen Entlastungserklärung des Mündels außerhalb des gesetzlich vorgeschriebenen Pflichtenkreises des Vormundschaftsgerichts liegt, so besteht aufgrund des öffentlichen Interesses einer zweckmäßigen und gedeihlichen Abwicklung der Vormundschaft eine kraft Sachnähe bestehende Obliegenheit des Vormundschaftsgerichts, eine Entlastungserklärung des Mündels über die vormundschaftliche Vermögensverwaltung herbeizuführen[45]. Wenn auch die in der Praxis geübte Vermittlungsbefugnis nicht zum gesetzlichen Pflichtenkreis des Vormundschaftsgerichts gehört, haben andere Gerichte, die vom Vormundschaftsgericht zur Rechtshilfe aufgefordert werden, die Entscheidung des verweisenden Gerichts zu respektieren[46]. Sofern der Mündel mit dem Vormund einen negativen Erlaßvertrag schließt, ist im Interesse der Rechtssicherheit darauf zu achten, auf welche Ansprüche sich der Erlaß bezieht: Zum einen kann sich die Verzichtserklärung lediglich auf die Richtigkeit der vom Vormund vorgelegten Schlußrechnung beziehen. Daneben ist aber auch eine allgemeine Entlastungserklärung des Vormunds denkbar, aufgrund derer der Vormund nicht nur von seiner Rechnungslegungspflicht entbunden wird,

---

44 Vgl. *KG*, 28. 10. 1901, KGJ 23 A 11, A 14.

45 So *OLG Hamburg*, 18. 2. 1925, OLGZ 44 S. 179; vgl. auch *Gernhuber*, a.a.O., § 67 III 3: „Die Haftung des Staates sollte freilich Zurückhaltung in der Vermittlung von Entlastungsverträgen nahelegen."

46 So *RG*, 6. 1. 1927, RGZ 115 S. 368, 370; einschränkend *OLG Kassel*, 20. 7. 1905, Seuff. Arch. 61 Nr. 13 = OLGZ 11 S. 336; vgl. auch *OLG Darmstadt*, 12, 11, 1909, Seuff. Arch. 65 Nr. 204 = OLGZ 21 S. 191; *OLG Kiel*, 24. 5. 1917, OLGZ 35 S. 383f.

sondern bei der auf alle anderen Ansprüche des Mündels, sei es auf Herausgabe des Mündelvermögens, seien es Schadenersatzansprüche, verzichet wird. Erfolgt die Entlastung des Vormunds vorbehaltslos, so sind alle Ansprüche des Mündels, gleich aus welchem Rechtsgrund, ob bekannt oder unbekannt, als befriedigt beziehungsweise ausgeschlossen anzusehen.

6. Rechtliche Nachwirkungen über das Ende der angeordneten Vormundschaft hinaus

Ebenso wie ein Schuldverhältnis nicht durch die Erfüllung gemäß § 362 vollständig erlischt — vielmehr bestehen auch nach Erfüllung der Primärleistungspflichten „nachwirkende" (Neben-)Treue- und Sorgfaltspflichten gegenüber dem Leistungspartner — so entfaltet auch das Amt des Vormunds über seine Beendigung hinaus bestimmte Rechte und Pflichten. Wie die Vorschriften des § 1893 in Verbindung mit §§ 1698a, 1698b zeigen, behandelt es ihn in bestimmten Fällen so, „als ob er noch sein Amt bekleide, um die ordnungsgemäße Abwicklung zu ermöglichen ... [Damit erstreckten sich] ... die Aufsichtspflicht und Ordnungsstrafgewalt des Vormundschaftsgerichts ... und noch auf diese Nachwirkungen des Amts als Vormund"[47,48]. Über die in § 1892 geregelte öffentlich-rechtliche Pflicht des Vormunds zur Rechnungslegung hinaus besteht auch nach Beendigung der Vormundschaft die Pflicht des Vormunds gegenüber dem Mündel, über seine mit Einnahmen und Ausgaben verbundene Verwaltung des Mündelvermögens Rechenschaft nach § 259 abzulegen. Rechnungslegung im Sinne der §§ 1892, 1840ff. und Rechenschaftslegung nach §§ 259ff. bestehen nebeneinander, wobei die letztere durch den Mündel auch nach Beendigung der Vormundschaft,

---

47 *OLG Neustadt*, 3. 5. 1955, NJW 1955 S. 1724, ebenso *KG*, 23. 3. 1906, KGJ 32, A 53 bis A 58 unter Hinweis auf die widersprüchlichen Gesetzesmaterialien und mit Hinweis auf die sich widersprechenden Literaturmeinungen = A 56/A 57.

48 „Dem Vormundschaftsgericht liegen aber noch andere Verrichtungen ob, die mit dem Aufhören der Vormundschaft oder der Pflegschaft in unmittelbarem Zusammenhang stehen und durch das Ende der Verwaltung des Vormundes oder Pflegers bedingt werden. Dahin gehört die Ausstellung einer Bescheinigung über das Aufhören der Vormundschaft oder Pflegschaft zum Zwecke der Legitimation des seither Bevormundeten oder Bepflegten bei der Abhebung vormundschaftlich hinterlegter Gelder und Wertpapiere, oder die Herbeiführung der Aufhebung der von dem Vormunde etwa geleistete Sicherheit. Endlich kann das Vormundschaftsgericht dem gewesenen Vormund und Pfleger noch eine Vergütung bewilligen, wenn Anlaß dazu gegeben ist." (*KG*, 7. 4. 1902, KGJ 24 A 23, A 26.)

allerdings vor dem Prozeßgericht, geltend gemacht werden kann[49]. Sofern sich Vormund und Pfleger auch nach Beendigung der Pflegschaft trotz Kenntnis weiterhin als Amtsinhaber gerieren, trifft sie als „defacto Vormund und -Pfleger" eine gesetzliche Pflicht, für die Person und das Vermögen des Pflegebefohlenen zu sorgen. Sie handeln dabei im Rahmen einer Geschäftsführung ohne Auftrag, so daß sie sich gemäß § 678 schadenersatzpflichtig machen können[50]. Soweit die Voraussetzung der §§ 1893 in Verbindung mit § 1698a, 1698b gegeben sind, haben Vormund und Pfleger die gleichen Rechte und Pflichten wie ordentliche Amtsinhaber.

IV. Anlage des Mündelvermögens

Der Vormund, der Nachlaßpfleger, der Gebrechlichkeitspfleger oder der Nachlaßverwalter finden bei Beginn ihres Amtes ein Vermögen vor, das sie nunmehr sammeln, werten und unter Umständen in seiner Zusammensetzung im einzelnen oder im ganzen verändern oder auch nicht verändern sollen, je nachdem, ob es sich um Forderungen, Wertpapiere, Grundstücke, Rechte an Grundstücken, Urheberrechte, Patente, Rechte aus Vermögen, aus Vermögensanlagen oder überhaupt um behandlungsfähige Werte handelt, die der Vormund in Zukunft verwalten muß.

1. Prüfung bei Übernahme der Verwaltung

Zunächst erfolgt die Bestandsaufnahme durch den Vormund und den Vermögensverwalter, wobei die Bestände auf die Zweckmäßigkeit ihrer Anlage, sowie auf die Art und Weise der Verwaltung, und zwar immer unter dem Gesichtspunkt der Wirtschaftlichkeit einer jeden Anlage hin zu durchforsten sind. Es ist nicht so, daß der Vermögensverwalter gezwungen ist, Vermögensanlagen auszutauschen, insbesondere dann, wenn sie nicht mündelsicher sind[51]. Leitender und rechtfertigender Gesichtspunkt für die Verwaltung des Vermögens bleibt vielmehr und ausschließlich der Grundsatz wirtschaftlicher Vermögensverwaltung. Insoweit sind also, wenn die Prüfung die Wirtschaftlichkeit ergibt, keine

---

49 *KG*, 16. 12. 1938, JW 39 S. 351f., ebenso *BayObLG*, 27. 2. 1902, BayObLGZ 3 S. 182, 184.

50 So *OLG Hamburg*, 26. 1. 1910, JW 10 S. 233f.

51 *RG*, 29. 9. 1932, RGZ 137 S. 320 = JW 1933 S. 159 mit Anmerkung von *Graßhoff*, *LG Göttingen*, 2. 6. 1957, BB 1957 S. 907f..

Umsetzungen von Vermögensanlagen zu fordern. Bestimmte Vermögenswerte sind nicht nur vom Standpunkt ihres Seltenheitswertes zu prüfen; es gilt deshalb zu beachten, daß weder Gold und Silber noch Diamanten Zinsen bringen. Die Erfahrung hat gelehrt, daß die Anlage in diesen Werten verglichen mit anderen Anlagen wenig lukrativ sein kann.

Das Vormundschaftsrecht verlangt bei Neuanlagen den Erwerb von mündelsicheren Werten. Nach § 1806 hat der Vormund Bargeld verzinslich anzulegen, soweit es nicht zur Bestreitung von Ausgaben bereitzuhalten ist. Hier ist durch das Gesetz zur Neuregelung des Rechts der elterlichen Sorge eine wesentliche Änderung für den Sektor eingetreten, der sich auf die Verwaltung von Kindesvermögen durch Eltern oder Elternteile bezieht. Die §§ 1642 und 1643 sind vom Gesetzgeber jetzt so formuliert, daß Eltern, Elternteile und gesetzliche Vertreter nun freizügiger, wenn nicht sogar moderner das ihrer Verwaltung unterliegende Geld des Kindes verwalten können.

So darf Mündelgeld sogar in Aktien angelegt werden, in Anleihen und allen Anlagemöglichkeiten, die den Grundsätzen einer wirtschaftlichen Vermögensverwaltung entsprechen. Dies sei erwähnt, weil die neuzeitlichen Bestimmungen in starkem Gegensatz zu denjenigen der §§ 1806, 1807 ff. stehen. Der Gesetzgeber sollte sich um diesen Dualismus möglichst bald kümmern.

2. Schuldentilgung

Ruhen auf dem übernommenen Vermögen Schulden, so wird der Vermögensverwalter auf die Abtragung dieser Schulden bedacht sein. Der Vormund muß insbesondere den §§ 1807, 1808 Genüge tun. Sämtliche Schulden sind abzulösen, soweit das Mündelvermögen dazu in der Lage ist, das Bargeld reicht oder bestimmte Verwertungshandlungen geboten erscheinen. An verschiedenen Stellen wird darauf zurückzukommen sein, daß die Beachtung der gesetzlichen Vorschriften allen, wenn auch zweckmäßig erscheinenden Erwägungen des Vermögensverwalters vorgezogen werden muß.

3. Haushaltsführung

Der Vermögensverwalter — unter welchen Bestimmungen er auch angetreten ist — darf grundsätzlich über Überschüsse frei verfügen. Er darf über Zinsen, Dividenden, Geschäftserträgnisse, Grundstückseinnahmen und sonstige Forderungen, die zu den Nutzungen des Mündelvermögens gehören, verfügen. Dabei sollte er insbesondere darauf achten, daß er die Überschüsse nutzt, um Verbindlichkeiten zu bezahlen, insbesondere fällige Steuern zu begleichen, und daß er im Laufe seiner Tätigkeit zu erwartende Steuereinzahlungen bevorratet, indem er Guthaben auf der einen Seite gut verzinslich anlegt, auf der anderen Seite aber unter Berücksichtigung des Termins für Steuerfälligkeiten so anlegt, daß er sie zum Steuertermin auch zur Abführung an die Steuerbehörde frei hat.

Hier sollte der Vermögensverwalter auch daran denken, daß in der Regel bei Banken und Sparkassen von den verwalteten Instituten zu bestimmten Terminen Zinsen dem bereits vorhandenen Kapital zugeschlagen werden, wobei sie sich plötzlich als frei verfügbare Ertragsüberschüsse in Kapitalteile verwandeln, über die der Vermögensverwalter nicht mehr frei zu verfügen vermag. In diesem Fall haben manchmal die angefallenen Zinsen den Charakter von Früchten verloren (§ 99) und sind selbst verzinsliches Kapital geworden[52]. Nicht außer acht gelassen werden darf, daß das Gesetz zur Neuregelung des Rechts der elterlichen Sorge vom 18. 7. 1979 erleichterte Möglichkeiten für die Anlegung des den Eltern oder dem Elternteil zur Verwaltung obliegenden Geldes des Kindes vorsieht, die — ohne hier eine Prognose zu stellen — wohl im Wege der sachlichen Mischung auf das hier behandelte Anlagerecht für Mündelvermögen durch den Vormund realisiert werden dürften.

4. Allgemeine Anlagegrundsätze

Barvermögen oder Bargeld, das dem Mündel nach Anordnung der Vormundschaft zufällt, soll keineswegs über die Zeit zinslos liegen, es soll angelegt werden, und bei dieser Anlage sind die Vorschriften, an die der Verwalter gebunden ist, zu beachten. Zunächst verlangt das Gesetz die Anlage von Barbeträgen in verzinslichen Werten (§ 1806). In § 1807 Abs. 1 findet sich die Vorschrift, welche Anlage vorgenommen werden darf und was der Gesetzgeber unter Anlage von Mündelgeld versteht. Danach soll die Anlegung von Mündelgeld nur erfolgen:

1. in Forderungen, für die eine sichere Hypothek in einem inländischen Grundstück besteht, oder in sicheren Grundschulden oder Rentenschulden an inländischen Grundstücken;
2. in verbrieften Forderungen gegen das Reich oder einen Bundesstaat sowie in Forderungen, die in das Reichsschuldbuch oder in das

52 *OLG Naumburg*, 27. 10. 1937, ZAkDR 1938 S. 243 mit Anmerkung von *Kleiner*; Gutachten *KG* vom 20. 5. 1938, DJ 1938 S. 1428.

Staatsschuldbuch eines Bundesstaates eingetragen sind (z. B. Länderanleihen);

3. in verbrieften Forderungen, deren Verzinsung von einem Bundesstaat gewährleistet ist (z. B. ländergarantierte Schuldverschreibungen);
4. in Wertpapieren, insbesondere Pfandbriefen[53], sowie in verbrieften Forderungen jeder Art gegen eine inländische kommunale Körperschaft, sofern die Wertpapiere oder die Forderungen ... zur Anlegung von Mündelgeld für geeignet erklärt sind (Provinz-, Stadtanleihen usw.)[54];
5. bei einer inländischen öffentlichen Sparkasse, wenn sie von der zuständigen Behörde des Bundesstaates, in welchem sie ihren Sitz hat, zur Anlegung von Mündelgeld für geeignet erklärt ist.

Die Vorschriften des § 1807 sind bindend; von ihnen kann nur mit Erlaubnis des Vormundschaftsgerichtes abgewichen werden (§ 1811). Allerdings läßt § 1808, wenn Mündelgeld den Umständen nach nicht gemäß dem Katalog des § 1907 angelegt werden kann, auch Geldanlagen bei einer Staatsbank oder bei einer anderen für geeignet erklärten inländischen Bank oder bei einer Hinterlegungsstelle zu. Die Verpflichtung, Geld in mündelsicheren Wertpapieren anzulegen, hat den Vorteil, daß der Vormund insoweit kein Risiko übernimmt; sie hatte aber in den Jahren nach 1914 den Nachteil, daß sich gerade solche mündelsicheren Anlagen in der Regel keineswegs wertbeständig erhielten, sondern in der überwiegenden Zahl der Fälle zusammenschrumpften[55].

Der Vormund ist nicht gehindert, Barmittel auch anderweitig anzulegen. Wenn er aber den Bereich der §§ 1806, 1807, 1808 verläßt, so bedarf er stets einer besonderen Genehmigung durch das Vormundschaftsgericht. Erwähnt seien hier die Hingabe von Darlehen, der Ankauf nicht mündelsicherer Wertpapiere, von Industrieobligationen und Aktien. Der Vormund muß überdies wissen, daß ihn die Einholung der vormundschaftlichen Genehmigung nicht von der eigenen Haftung oder

---

53 Durch Verordnung v. 7. 5. 1940 (RGBl. I S. 256) sind Pfandbriefe und Kommunalobligationen der Hypothekenbanken und öffentlich-rechtlichen Realkreditinstitute sowie Schuldverschreibungen der Deutschen Rentenbank-Kreditanstalt mündelsichere Wertpapiere geworden, ebenso Schiffspfandbriefe gem. Verordnung v. 18. 3. 1941 (RGBl. I S. 156).

54 Die frühere Zuständigkeit des Reiches, Wertpapiere und Forderungen für mündelsicher zu erklären, ist aufgrund einer Entscheidung der Bundesregierung vom 21. 6. 1950 (BGBl. I S. 262) auf diese übergegangen.

55 Vgl. *Obermüller*, BB 1954 S. 518.

von Sorgfaltspflichten befreit und daß er der strengen Haftung des § 1833 unterliegt. Zwar unterliegt der Vormund nach § 1837 der Aufsicht des Vormundschaftsgerichts, aber weder die Aufsicht noch die Prüfung der Verwaltung durch das Vormundschaftsgericht entlasten den Vermögensverwalter von seiner Haftung. Daß daneben auch das Vormundschaftsgericht aus § 839 in Anspruch genommen werden kann, sei hier nur am Rande erwähnt. Bei der Hingabe aus der verwalteten Vermögensmasse ist nicht nur auf die Bonität des Schuldners zu achten, sondern alle Umstände, die bei näherer Betrachtung für die Prüfung der Sicherheit der Anlage von Bedeutung sind, bedürfen der besonderen Aufmerksamkeit.

Der Vermögensverwalter soll in seinen Entscheidungen nicht eingeengt sein, er soll aber stets beachten, daß die Verwaltung des ihm anvertrauten Vermögens auf möglichst sichere, wirtschaftliche und besonnene Weise erfolgen muß. Zwar soll der Vormundschaftsrichter Anlagevorschläge und Anträge des Verwalters nur dann von seiner Genehmigung ausschließen, wenn die Anlage den Grundsätzen einer wirtschaftlichen Vermögensverwaltung zuwiderlaufen würde. In diesem Zusammenhang sei auf eine Entscheidung[56] verwiesen, in welcher sich das Reichsgericht mit der Änderungsbestimmung des Artikels I des Gesetzes vom 23. 6. 1923 befaßt, einer Bestimmung, welche die Konsequenz aus dem damaligen Währungsverfall zieht und wonach das Gericht die Auffassung vertritt, daß die vor Änderung des § 1811 geforderte mündelsichere Anlage nach wie vor die Regel und jede freie Anlage eine Ausnahme bilden sollte, wobei der Vormund und das Vormundschaftsgericht die Pflicht hätten, zu prüfen, ob die Voraussetzungen einer Ausnahme gegeben seien oder nicht. Primär und richtungsgebend sei die Anlage in mündelsicheren Werten, und nur dann, wenn eine andere Anlage wirtschaftlich ratsam erscheine, wenn sie also gegenüber der mündelsicheren Anlage wirtschaftlich überwiegende Vorteile biete, dürfe der Vormundschaftsrichter die Erlaubnis zu dieser anderen Anlegung nicht verweigern. Eine andere Auffassung duldet das Reichsgericht in dem erwähnten Beschluß nicht, und es begründet seine Haltung damit, daß sonst umfangreiche und schwierige Ermittlungen erforderlich wären, vielleicht sogar eine ständige Überprüfung der wirtschaftlichen Entwicklung der gewählten Anlagestelle usw. In seinem Beschluß wägt das Reichsgericht ab, ob die Vorteile einer Anlage bei der Beamtenbank, für die der Vermögensverwalter um die Genehmigung des Vormundschaftsgerichts nachgesucht hat und die um 1,4 Prozent höhere Zinsen gewährt, als mündelsi-

---

56 *RG*, 3. 4. 1930, RGZ 128 S. 309.

chere Papiere der Sparkasse ausreichen oder nicht und es verneint diese Frage; die Anlageverpflichtung der §§ 1807/1808 konnte mithin nicht beseitigt werden.

Auch das Kammergericht hat in einer Entscheidung vom 23. 3. 1938[57] für die Anlage von Mündelgeld in Aktien und Wertpapieren Grundsätze aufgestellt. In diesem Fall war ein Betrag von rund 1 Mio RM anzulegen und die Mutter als gesetzliche Vertreterin der Kinder wollte Aktien kaufen. Nun schickt das Kammergericht seinen Erwägungen voraus, daß auch der Ankauf von festverzinslichen Wertpapieren ebenso wie der Erwerb von Aktien eine an die Erlaubnis des Vormundschaftsgerichts gebundene Anlegung vom Geld der Kinder im Sinne von § 1642 Abs. 2 (a. F.) darstellt, da nur ein Recht auf Dividende und auf Abstimmung in den Gesellschafterversammlungen usw. gewährt wird, dies also nicht so angesehen werden kann, als würde eine Geldforderung behandelt. Das Kammergericht kommt zu dem Ergebnis, daß die von der Mutter beabsichtigte Geldanlage in Aktien doch so risikoreich sei, daß das Vormundschaftsgericht mit Recht die Genehmigung versagte. Der Senat verweist den Vermögensverwalter auch darauf, daß noch andere Möglichkeiten bestünden, Geld anzulegen, z. B. durch Erwerb oder Beleihung von Grundstücken, und daß der Vormundschaftsrichter die mit einer nicht mündelsicheren Anlegung verbundenen Gefahren prüfen müsse, ob nicht andere Anlagemöglichkeiten gegeben seien[58].

Hier sei noch auf den Dualismus hingewiesen, daß der Vermögensverwalter durchaus an der Gründung einer Aktiengesellschaft teilnehmen darf, jedoch nicht ohne Genehmigung des Vormundschaftsgerichts nach §§ 1643, 1822 Nr. 3. Hier ist allerdings der Großkommentar zum Aktiengesetz[59] anderer Auffassung, das mag daran liegen, daß rechtlich die Gründung einer Aktiengesellschaft und ihre Teilnahme daran Mitwirkung an der Gründung eines Vereins mit eigener Rechtspersönlichkeit ist, daß also die Aktionäre nicht Mitinhaber eines Erwerbsgeschäftes werden, sondern Vereinsmitglieder sind. Die wirtschaftliche Betrachtungsweise gebietet aber, die im Großkommentar von Gadow geäußerte Meinung unpraktiziert zu lassen. Der Vermögensverwalter hat andere Möglichkeiten, welche die Genehmigung des Vormundschaftsgerichts erfordern, aber keine Einengung der Anlagebefugnis des Vermögensverwalters bedeuten. Der Vormund darf auch Sachwerte für den Mündel

57 *KG*, 23. 3. 1938, JFG 17 S. 209.
58 JFG 17 S. 209.
59 Großkommentar zum Aktiengesetz, 23. Aufl., Anm. 12 zu § 2.

erwerben und nur, wenn die Vorschriften über Genehmigung von Rechtsgeschäften aus §§ 1821, 1822, 1823 eingreifen, muß er den Vormundschaftsrichter fragen und seine Genehmigung einholen. Wenn dabei darauf hingewiesen werden soll, daß eine solche Anlage eine besondere Sorgfaltspflicht für den Vormund beinhaltet, so kann doch aus der Lebenserfahrung geschlossen werden, daß das Vormundschaftsgericht vor Erteilung der Genehmigung eine sorgfältige Prüfung vornimmt und auch mit Rücksicht auf die eigene Haftung aus § 839 Gutachter hört, daß es Ertrags- und Umsatzlage von Geschäften untersuchen, Bilanzen durcharbeiten und bei der Anlegung in Grundstücken jeweils darauf achten wird, daß es sich um ertragsfähige Grundstücke, d.h. Mietgrundstücke handelt und den Erwerb von Einfamilienhäusern oder Eigentumswohnungen nur aus der Sicht der Gesamtumstände des Einzelfalles, von Alter und Verdienstmöglichkeiten des Mündels her betrachtet.

Wenn der Vormund Hypotheken oder Grundschulden für den Mündel erwirbt, so wird er nicht nur die Prüfung der Forderung sorgfältig vornehmen müssen, sondern sich mit dem belasteten Grundbesitz selbst zu befassen haben und Standort, Nutzwert, Vermietungsmöglichkeiten oder steuerliche Vorteile eingehend untersuchen. In diesem Zusammenhang soll auf die Beteiligung von Mündelgeldern an Abschreibungsgesellschaften zurückgekommen werden, weil diese Abschreibungsgesellschaften in der Regel nur dann einen Vorteil bieten, wenn die Einkünfte des Mündels aus anderen Quellen im Interesse der Steuererleichterung eine Beteiligung an Abschreibungsgesellschaften empfehlen. Es sei aber darauf hingewiesen, daß derartige Beteiligungen nicht selten unter Vorgabe von Möglichkeiten angeboten werden, die dann nicht eintreten, weil die Gründung solcher Gesellschaften in bundesrepublikanischen Randzonen bei Schiffen, Flugzeugen usw. häufig von Gesellschaftern inauguriert werden, die im Hinblick auf die eigenen Vorteile aus der Geldbeschaffung, aus der Geschäftsführung und aus der Art und Weise der Verwaltung ihre Nutzbarkeiten abziehen.

Grundsätzlich ist bei jeder Anlage auf die Persönlichkeit, das Alter des Mündels, auf seinen erlernten oder künftigen Beruf und auf seine gesellschaftliche Stellung zu achten. Dabei muß der Vermögensverwalter die Gelder so festlegen, daß sie dem von der Verwaltung befreiten Vermögensträger in Zukunft unbeschwert zugute kommen, denn auch bei der Verwaltung von Vermögen steht über allem der Mündel, seine Fähigkeiten, seine Entwicklung und sein eigener Wille. Auf die Tatsache, ob die

Verwaltung nicht Verluste einschließt, muß schon bei der Anlage Rücksicht und Bedacht genommen werden.

Wenn nun im einzelnen Rücksicht genommen wird auf die verschiedenen Möglichkeiten der Anlage in mündelsicheren Werten, in Grundbesitz, im Ankauf von Wertpapieren und Beteiligungen, so soll einmal eine spezifische Betrachtung der Anlagemöglichkeiten erfolgen, wobei nochmals auf die Anlage in Wertpapieren, in Inhaberschuldverschreibungen usw. zurückzukommen ist.

5. Anlage in mündelsicheren Werten

Der bedachtsame Vormund, gesetzliche Vertreter oder Vermögensverwalter geht den sichersten Weg, wenn er nach den §§ 1806, 1807 und 1809 handelt. Er hat dann die Möglichkeit, mündelsichere Wertpapiere, Bonds, Grund- oder Rentenschulden zu erwerben. Er darf von der Landwirtschaftlichen Rentenbank ausgegebene, auf inländische Zahlungsmittel lautende Inhaberschuldverschreibungen oder Pfandbriefe kaufen und schließlich Barguthaben bei einer inländischen öffentlichen Sparkasse oder bei der Deutschen Genossenschaftskasse anlegen[60]. Bargeld sollte nie unangelegt bleiben. Jedermann hat die Möglichkeit, bevor er sich an Neu-Emissionen beteiligt, Festgeldkonten zu nutzen ohne terminliche Festlegung bei einer deutschen Bank (§ 1808). Dabei ist dringend darauf zu achten, daß § 1808 eine Ausschließung beinhaltet und daß allgemeine Gesichtspunkte für die Sicherheit von Banken oder die Beteiligung von Bund und Ländern an einer Bank es nicht erlauben, von der Vorgehensweise des § 1808 abzuweichen. Selbstverständlich kann eine anderweitige Anlegung nach § 1811 in Anspruch genommen werden. Hier ist ein Beschluß des OLG Hamm vom 25. 8. 1952[61] von besonderer Wichtigkeit, wobei die verschiedenen Argumente des Für und Wider sehr eindrucksvoll aufgezeigt sind.

Wie der Vormund die Anlage auch vornimmt, er hat immer darauf zu achten, daß er, wenn er Erhebungen ins Auge faßt, die Zustimmung des Gegenvormundes oder des Vormundschaftsgerichts benötigt (§§1809, 1810) und zur Verfügung über Forderungen und Wertpapiere stets die Genehmigung des Gegenvormundes oder die vormundschaftsgericht-

60 Gesetz zur Änderung des Gesetzes über die Deutsche Genossenschaftskasse vom 9. 8. 1954, BGBl. I S. 242.

61 *OLG Hamm*, 25. 8. 1952, NJW 1953 S. 186. Vgl. weiter zur Auslegung des § 1811 *LG Göttingen*, 2. 5. 1960, NJW 1960 S. 1465 mit Anmerkung von *Schneider; LG Mannheim*, 17. 11. 1961, BB 1962 S. 617 mit Anmerkung von *Bauer*.

liche Genehmigung braucht. In der Praxis wird man von der Notwendigkeit eines Sperrvermerks nach § 1909 mit Genehmigung des Vormundschaftsgerichts absehen können, wenn dies zweckmäßig und verantwortbar erscheint. Hier ist es wichtig zu erwähnen, daß kein Kreditinstitut sich darauf berufen kann, dem Mündelkonto sei kein Sperrvermerk beigefügt, wenn es um eine der gesperrten Anlegung unterliegende Geldanlage geht[62].

6. Anlage in Grundbesitz

Die wirtschaftliche Anlage von Mündelvermögen in Grundbesitz ist in der heutigen Zeit leichter überprüfbar als früher. Bei städtischem Grundbesitz muß geprüft werden, ob sich die Anlage überhaupt rentiert, und zwar nicht nur kurzfristig, sondern auf Dauer, und ob/wie die Möglichkeiten der Vermietung oder Verwertung begrenzt sind. Anlage in unbebautem Grundbesitz ist meistens spekulativ, und der Unterschied, der preislich zwischen bebauten und unbebauten Grundstücken besteht, ist heute leichter feststellbar als früher. Gerade beim Erwerb sogenannten Baulandes bzw. Bauerwartungslandes sollte der Vormund bei Behörden und Lokalbaukommissionen nachfragen und sich auch bei Banken erkundigen, die mit Grundstücksgeschäften zu tun haben und über lange Erfahrung verfügen. Hier ist besonders der gegenwärtige und künftige Verlauf von Straßen oder Durchfahrten zu beachten und daran zu denken, daß diese Umstände für den Erben evtl. preisdrückend sein können. Der Vermögensverwalter soll sich selbst, ggf. zusammen mit sachverständigen Personen, an den Ort begeben, wo das Grundstück liegt und sich unter Beiziehung von Planungsunterlagen informieren. Ganz besondes schwierig wird es für den Vermögensverwalter, wenn es sich um landwirtschaftlichen Grundbesitz handelt. Zunächst muß er daran denken, daß für den Erwerb land- und forstwirtschaftlicher Grundstücke sowie für Moor und Ödland strenge Vorschriften des Gesetzes über Maßnahmen zur Bewässerung der Agrarstruktur und zur Sicherung land- und forstwirtschaftlicher Betriebe[63] beachtet werden müssen. Der Vermögensverwalter müßte danach hauptberuflicher Landwirt sein, er muß Fachkenntnisse und Berufserfahrung besitzen. Er muß in sich die Gewähr innerer Verbundenheit mit der Landwirtschaft als einem Berufe bieten und wissen, daß solche Bewirtschaftung volle Hingabe und Selbstbeherrschung erfordert[64].

---

62 *RG*, 3. 11. 1914, RGZ 85 S. 416 (422); *KG*, 20. 6. 1912, KGJ 43 A S. 58.

63 Grundstücksverkehrsgesetz vom 28. 7. 1961, BGBl. I S. 1091.

64 Unveröffentlichte Beschlüsse des *OLG München*, 13. 4. 1949, W XV 102/48 und 13. 4. 1950, W XV 636/49.

Besondere Aufmerksamkeit ist der land- und forstwirtschaftlichen Tätigkeit im Nebenberuf zu widmen. Hier sei auf eine weitere nicht veröffentlichte Entscheidung des OLG München hingewiesen[65].

Wenn und soweit es dem Vermögensverwalter — möglichst nach Anhörung des Mündels oder des Vertretenen — gerechtfertigt erscheint, ein Einfamilienhaus zu kaufen, so wird er außer den speziellen Wünschen den allgemeinen Trend zum Erwerb eines mit einem Garten versehenen Grundstückes beachten müssen, und er wird vor allen Dingen darauf hinweisen müssen, daß ein Einfamilienhaus einer besonderen Bewirtschaftung bedarf, die bei dem allgemeinen Mangel an Haushaltshilfen schwer sein kann. Gerade bei einem solchen Erwerb muß er besonders auf das Alter und auf die Seßhaftigkeit des von ihm Vertretenen achten.

7. Geschäftskauf oder Beteiligung

Verwaltet der Vormund Mündelvermögen, das einem elternlosen Vermögensträger, einem in der Ausbildung stehenden Mündel oder in der Wahl des Berufes noch nicht sicheren Vermögensträger gehört, so ist bei dem Erwerb von Geschäften oder Beteiligungen grundsätzlich zu beachten, was sich aus der Lebenserfahrung ergibt und welche sonstigen Umstände für einen Erwerb sprechen. Auch die Auswahl der Vormünder oder Pfleger muß nach diesen Gesichtspunkten erfolgen. Diese sollten ihrerseits beim Erwerb eines Geschäfts oder einer Beteiligung ihre Lebenserfahrung nutzen. Auch bei größeren, mittleren und kleineren Vermögen soll der Grundsatz der Streuung beachtet werden, ebenso die Tatsachen, die mit dem Beruf des Mündels zusammenhängen.

Der Einzelvormund wird sich dabei zunächst der Erfahrung des Vormundschaftsgerichts bedienen, das er um die Genehmigung anruft, und im Zuge der Verwaltung größeren Vermögens die Anlagen streuen. Er wird dann daran denken müssen, daß die Anlage in Forderungen, Wertpapieren aller Art, in Grundstücken und Hypotheken im einen oder anderen Falle geeignet ist, dem Mündel in seinen geschäftlichen Bereichen zu helfen. Das gilt für diejenigen Fälle, in denen ein Mündel durch Erbschaft, durch Entschluß seiner Eltern oder Verwandten für einen Beruf prädestiniert erscheint, immer vorausgesetzt, daß der Mündel auch tatsächlich mit der Anlage einverstanden ist.

Die Vermögensverwaltung soll auch darauf Rücksicht nehmen, ob und welche finanziellen Vorteile oder Verpflichtungen für den Vermögensin-

---

65 Unveröffentlichte Entscheidung des *OLG München*, 17. 10. 1951, W XV 83, 172/51.

haber gegeben sind, und wenn der Vermögensverwalter nicht selbst sachkundig ist, soll und muß er sich von Fachleuten beraten lassen.

Bei den Anlagen, die der Vermögensverwalter vornimmt, sind die Tatsachen wichtig, welche Kosten die Verwaltung durch einen Dritten macht und welchen Aufwand der Vermögensverwalter zu erbringen hat. Bei den Vermögensanlagen in realen Beteiligungen werden die Kosten sicherlich höher sein, ebenso, was die Führung von Geschäften betrifft, die besondere Erfahrungen des Verwalters voraussetzen.

C.
Die vormundschaftsgerichtliche Genehmigung

I. Wesen, Inhalt und Wirkung der Genehmigung

Wenn die gesetzlichen Bestimmungen dem Vormund oder dem elterlichen Sorgerechtsinhaber in einzelnen Fällen vorschreiben, Rechtshandlungen nicht ohne Erlaubnis des Vormundschaftsgerichts vorzunehmen, etwa ohne diese Erlaubnis kein Erwerbsgeschäft des Mündels zu beginnen oder aufzulösen oder sonst das Erfordernis einer Genehmigung einführen (vgl. §§ 1493 Abs. 2, 1683, 1761m 1845, 1915, 1803 Abs. 2, 1639 Abs. 2, 1642 Abs. 2, 1810, 1811, 1817, 1819, 1823), so bedeutet ein Verstoß des Vormundes hiergegen in jedem Fall eine Pflichtwidrigkeit mit der Folge persönlicher Schadenersatzpflicht (§ 1933). Eine Entscheidung des Kammergerichts[1] teilt die vormundschaftsgerichtliche Genehmigung in eine Innen- und eine Außengenehmigung, termini, die nicht dem Gesetz selbst entstammen. In Wirklichkeit ist die Genehmigung des Vormundschaftsgerichts eine Wirksamkeitsvoraussetzung für das zugrundegelegte Rechtsgeschäft, also ein staatlicher Hoheitsakt. Die Genehmigung dient ausschließlich der Fürsorge und dem Schutze des Mündels. Insofern ist der Vormund in seiner Vertretungsmacht beeinträchtigt, aber dies geschieht allein zum Zwecke der richtigen Sachbehandlung und bedeutet für die Bestimmung des § 1825, daß selbst die allgemeine Ermächtigung kongruent sein muß, d.h. das entsprechende Rechtsgeschäft zu decken hat.

1. Das Verfahren bis zur Entscheidung über die Genehmigung

Die vormundschaftsgerichtliche Genehmigung wird auf Antrag des Vormundes oder des Inhabers der elterlichen Sorge erteilt oder nicht erteilt. Das Vormundschaftsgericht muß sich mit dem Rechtsgeschäft befassen, wenn ein entsprechender Antrag gestellt wird[2]. Eine Antragspflicht ist

---

1 *KG*, 24. 10. 1919, OLGZ 40 S. 20.

2 Vgl. hierzu *BayObLG*, 17. 5. 1976, FamRZ 1977 S. 141; BGB §§ 1643, 1821, 1828; FGG § 20.

nicht ausdrücklich festgelegt; sie ergibt sich aber regelmäßig aus der Verpflichtung des Vormundes, die Interessen des Mündels zu wahren und aus der Tatsache, daß für zahlreiche Handlungen und Rechtsgeschäfte aus dem Pflichtenkreis des Vormundes die vormundschaftsgerichtliche Genehmigung eingeholt werden muß oder soll. Sobald ein solcher Antrag auf Genehmigung an das Gericht herangetragen wird, ist der Vormundschaftsrichter zur Prüfung verpflichtet. Er hat von Amts wegen die zur Feststellung von Tatsachen erforderlichen Ermittlungen anzustellen und die ihm geeignet erscheinenden Beweise aufzunehmen (§ 12 FGG)[3].

§ 1827 ist durch das Gesetz zur Neuregelung des Rechts der elterlichen Sorge vom 18. 7. 1979 aufgehoben, da die Genehmigung eines Lehrvertrages nicht mehr erforderlich ist. Damit entfällt auch die Anhörungspflicht. § 1826 aber ist bestehen geblieben, d.h. nicht für den hier in Rede stehenden Fall der Eingehung eines Dienst- oder Arbeitsverhältnisses, sondern für die anderen Fälle, wenn die Anhörungsverpflichtung des Gegenvormundes sich ergibt.

Die vormundschaftsgerichtliche Genehmigung setzt die Anhörung von Vormund oder Mündel voraus. Der Genehmigungsakt darf nicht erfolgen, wenn das beabsichtigte Rechtsgeschäft gegen ein gesetzliches Verbot verstößt oder nach dem ermittelten oder dargelegten Sachverhalt unerlaubt, anfechtbar oder aus einem dem Richter erkennbaren Grunde nichtig ist[4]. Werden dem Vormundschaftsgericht Tatbestände dargetan, die erkennen lassen, daß im gegebenen Fall gegen das Verbot des Selbstkontrahierens verstoßen wird, so hat der Vormundschaftsrichter tätig zu werden; er muß dann einen oder mehrere Spezialpfleger bestellen und, nachdem auch diese angehört worden sind, die Genehmigung erteilen oder versagen. Weil die Genehmigung des Vormundschaftsgerichts eine Bestätigung staatshoheitlichen Willens ist, hat das Vormundschaftsgericht die Genehmigung zu erkennbar der Gläubigerbenachteiligung dienenden, devisenrechtlichen unerlaubten, wucherischen oder verbotenen Geschäften zu versagen[5]. Das hat auch dann zu geschehen, wenn das Geschäft von dem Vormund oder elterlichen Sorgerechtsinhaber als Vertreter ohne Vertretungsmacht abgeschlossen ist. Wenn das vom Vormund in Aussicht genommene Geschäft den Gemeinschaftsinteressen zuwiderläuft oder in des Mündels Familie Streit trägt oder sonst

3 *KG*, 3. 3. 1916, RJA 15, S. 97.
4 *OLG Stuttgart*, 12. 12. 1952, RdL 1953 S. 78.
5 *KG*, 16. 11. 1934, JW 1935 S. 1493; *KG*, 23. 10. 1936, JW 1937 S. 37.

den Familienfrieden stört, hat das Vormundschaftsgericht sorgfältig zu prüfen, ob es dennoch seine Genehmigung erteilen will. In diesem Zusammenhang war eine Entscheidung des Kammergerichts[6], in der die Berücksichtigung der Interessen der Familie oder der Allgemeinheit als gerechtfertigt und geboten anerkannt wurde, richtungsweisend. Selbstverständlich darf der Bogen dabei nicht überspannt und der Vormundschaftsrichter nicht zum Sittenrichter von Amts wegen gemacht werden. Bloße Möglichkeiten, daß das vom Vormund beabsichtigte Geschäft dem einen oder anderen Familienmitglied nicht gefällt oder die Möglichkeit anderer Beurteilung des Sachverhaltes durch ein Prozeßgericht sollen und dürfen das Vormundschaftsgericht nicht hindern, ein sonst im wohlverstandenen Interesse des Mündels liegendes Geschäft zu genehmigen. Denn letzten Endes ist immer das wirkliche, im weiteren Rahmen zu sehende Interesese des Mündels maßgebend, auch in Fällen der erwähnten Art, in denen das gegenwärtige materielle Interesse des Mündels hinter den höheren Interessen der Familie und der Allgemeinheit rangiert; auch hier verlangt das wohlverstandene wirkliche Interesse des Mündels die Berücksichtigung der Interessen der Familie und der Allgemeinheit, so wie es ein unbeschränkt Geschäftsfähiger in gleicher Weise für richtig halten würde.

2. Inhalt und Form der Genehmigung

Nur solche Beschlüsse über die vormundschaftsgerichtliche Genehmigung können rechtliche Wirkungen auslösen, die sich mit dem Inhalt des abgeschlossenen oder beabsichtigten Rechtsgeschäftes decken[7]. Das Spannungsverhältnis zwischen Vormund und Vormundschaftsgericht und die in der freiwilligen Gerichtsbarkeit angewandte Arbeitsmethodik bedingen die Notwendigkeit der Kongruenz zwischen beabsichtigtem oder geschehenem Rechtsgeschäft, künftiger oder abgegebener Erklärung einerseits und dem Genehmigungsbeschluß andererseits, die — wenn auch nicht wörtlich, so doch inhaltlich — übereinstimmen beziehungsweise einander entsprechen müssen. Das hat auf seiten des Vormundes und in Richtung auf den Erklärungsgegner zur Folge, daß die Wirkung einer erteilten vormundschaftsgerichtlichen Genehmigung nicht weiter reicht als der Inhalt des dem Vormundschaftsgericht unter-

---

6 *KG*, 1. 4. 1938, JW 1938 S. 1600; dort wurde ausgeführt, daß die Genehmigung zur Löschung eines Grundpfandrechtes nicht versagt werden dürfe, wenn dem Mündel das eingetragene Recht nicht zusteht.

7 *KG*, 23. 10. 1936, JW 1937 S. 42.

breiteten rechtsgeschäftlichen Tatbestandes[8]. Genehmigt das Vormundschaftsgericht nur einen Teil des an ihn herangetragenen rechtsgeschäftlichen Tatbestandes, so ist zu prüfen, ob ein solcher Beschluß Wirksamkeit erlangt oder nicht.

Anders liegt es jedoch bei sonstigen Genehmigungen mit Außenwirkung gegenüber Dritten. Hier muß am Grundsatz der Unteilbarkeit der Entscheidung über den Genehmigungsantrag festgehalten werden, weil sonst nicht nur die Direktionsbefugnis des Vormundes verletzt, sondern auch in die zwischen dem Vormund und dem Dritten geschaffene Erklärungslage eingegriffen wird[9].

a) Schlüssiges Verhalten

Für die Art und Weise, in der das Vormundschaftsgericht seine Entscheidung über den Genehmigungsantrag zu verlautbaren hat, besteht keine förmliche Vorschrift. Wenn es sich auch im allgemeinen als zweckmäßig erweist und üblich ist, einen förmlichen gerichtlichen Beschluß zu erlassen, so kann doch die richterliche Entscheidung auch in einem schlüssigen Verhalten bestehen[10].

Aber ob die Entschließung des Richters nun förmlich durch Beschluß oder formlos durch schlüssiges Verhalten kundgemacht wird, auf jeden Fall muß dies gegenüber dem Vormund selbst geschehen (§ 1828); es genügt nicht ein bloßes Inaussichtstellen[11], eine Empfehlung[12] oder ein Handeln des Gerichtes über dem Vormund hinweg oder an ihm vorbei, ohne ihn dabei zu beteiligen, etwa wenn das Vormundschaftsgericht unmittelbar ohne Mitteilung an den Vormund das Grundbuchamt um Eintragung ersucht.

b) Vor- und Nachgenehmigung

Zu welchem Zeitpunkt der Vormund seinen Genehmigungsantrag stellt, hat er selbst zu entscheiden. Bei besondes wichtigen, zeitraubenden oder kostspieligen Verhandlungen mit Vertragspartnern wird der Vormund vielfach das beabsichtigte Geschäft an das Vormundschaftsgericht her-

---

8 *RG*, 9. 11. 1901, JW 1902 S. 44; *RG*, 8. 5. 1920, RGZ 99 S. 72 (74); *OGH*, 21. 12. 1949, JR 1950 S. 245.

9 Andere Ansicht *KG*, 23. 10. 1936, JW 1937 S. 37.

10 *RG*, 7. 12. 1904, RGZ S. 277 (278); *RG*, 29. 10. 1926, RGZ 11 S. 172 (176); *RG*, 27. 10. 1930, RGZ 130 S. 148 (150).

11 *BayObLG*, 29. 9. 1904, BayObLGZ 5 S. 450 (453).

12 *RG*, 9. 7. 1932, RGZ 137 S. 324 (345).

antragen, bevor es perfekt ist. Bei einseitigen Rechtshandlungen wird der Antrag auf vorherige Genehmigung überhaupt die Regel sein; sonst aber kann der Vormund unter Vorbehalt der vormundschaftsgerichtlichen Genehmigung handeln oder abschließen und das Geschäft nachträglich dem Vormundschaftsgericht vorlegen. Die Praxis kennt sowohl die „Nachgenehmigung" wie auch die „Vorgenehmigung". Entschließt sich der Vormund zur Einholung vorheriger Genehmigung, so muß er das Geschäft so genau umreißen, daß die erforderliche Kongruenz zwischen Beschluß und Rechtsgeschäft gewahrt werden kann. Die allgemeine Ermächtigung nach § 1825 ist immer eine Vorgenehmigung. Beide Arten des Ersuchens auf (Vor- und Nach-) Genehmigung stehen unter der Änderungssperre des § 55 FGG, wenn die rechtsgeschäftliche Handlung dem Dritten gegenüber bereits wirksam geworden ist (§ 1829 Abs. 1).

Im Falle vorheriger Genehmigung oder Versagung besteht also die Möglichkeit, daß das Vormundschaftsgericht seine Meinung noch ändert, sofern das Rechtsgeschäft selbst noch nicht zustande gekommen ist. Im Falle der Nachgenehmigung hingegen kann das Vormundschaftsgericht seinen Beschluß nach § 18 Abs. 1 FGG nur so lange ändern, wie der Vormund noch nicht die gerichtliche Entscheidung entsprechend § 1829 Abs. 1 dem anderen Teil mitgeteilt und damit das endgültige Zustandekommen oder Scheitern des Rechtsgeschäftes bewirkt hat.

Nach dem Tode des Erblassers kann ein wegen fehlender vormundschaftsgerichtlicher Genehmigung schwebend unwirksamer Erbvertrag durch nachträgliche Zustimmung des volljährig gewordenen Vertragsgegners nicht geheilt werden (§§ 2275, 1829)[13].

Nach dem Tode des Pfleglings ist für eine vormundschaftsgerichtliche Genehmigung, die vor dem Tode beantragt wird, kein Raum mehr. Dies gilt auch für genehmigungsbedürftige Verträge, die der gutgläubige Pfleger kraft Fortbestandes seiner Befugnis abgeschlossen hat. Ist die vormundschaftsgerichtliche Genehmigung nicht unabänderlich geworden, so kann sie auch nach dem Ende der Pflegschaft noch aufgehoben werden[14]. Immer wieder betont die Rechtsprechung, daß bei der Genehmigung eines Rechtsgeschäftes oder anderen Genehmigungen nicht nur das finanzielle Interesse eine Rolle spielen darf, sondern daß das Gesamtinteresse des Mündels berücksichtigt werden muß. Dies ist im Falle von Erbschaftsausschlagungen besonders deutlich geworden,

---

13 *BGH*, 7. 12. 1977, DB 1978 S. 1029 = NJW 1978 S. 1159.
14 *BayObLG*, 27. 10. 1964, FamRZ 1965 S. 101.

wenn gerade durch die Tatsache, daß ein Mündel Miteigentümer eines in der DDR befindlichen Grundstücks wird, eine Beschlagnahme des Grundstücks durch die DDR-Behörden vermieden werden kann[15]. Bezüglich der Notwendigkeit eines Antrags auf Erteilung einer vormundschaftlichen Genehmigung muß deutlich gemacht werden, daß allein die Vorlage eines Vertrages mit mehreren Beteiligten und mehrfach notwendigen vormundschaftsgerichtlichen Genehmigungen nicht ausreicht, um den Vormund oder den beurkundenden Notar zu entlassen. Die hierfür in Bezug zu nehmende Entscheidung des Bundesgerichtshofes[16] ist nicht völlig klar. Sie gebietet aber, herauszustellen, daß ein gleicher Standpunkt gegenüber den Erben in der zu genehmigenden Urkunde erforderlich ist. Hier müssen Vormund und Notar darauf achten, daß die Notwendigkeit einer vormundschaftsgerichtlichen Genehmigung nicht entfällt (§§ 839, 1643, 1829, 1837), RNotO § 21 (1248).

Die vormundschaftsgerichtliche Genehmigung ist wegen ihrer Bedeutung eine von Gericht und Vormund sehr sorgfältig zu beachtende Angelegenheit, und der Gesetzgeber fordert außer der erteilten Genehmigung noch eine Mitteilung durch den Vormund and den anderen Vertragspartner. Die letzte Entscheidung, ob ein Rechtsgeschäft durchgeführt werden soll, fällt in die pflichtgemäße Prüfung durch den Vormund selbst, und der Gesetzgeber hat deshalb seiner Pflicht Genüge getan, wenn er in § 1829 Abs. 2 zum Schutz des anderen Vertragsteiles bestimmt, daß dieser berechtigt ist, den Vormund zur Mitteilung aufzufordern, ob die Genehmigung erteilt sei, indem er eine Frist von zwei Wochen setzt; wenn der Vormund nicht antwortet oder negativ antwortet, so gilt die Genehmigung als verweigert. Das Rechtsgeschäft tritt also nicht in Wirkung. Ist der Mündel inzwischen volljährig geworden, so tritt seine Genehmigung an die Stelle der Genehmigung des Vormundschaftsgerichts (§ 1829, Abs. 2 und 3).

3. Das Negativattest

Als sogenanntes Negativattest wird die Erklärung des Vormundschaftsrichters bezeichnet, ein bestimmtes Rechtsgeschäft bedürfe nicht der Genehmigung. Ob eine solche Auskunft die richtige Antwort auf das Ersuchen des Vormundes ist, ein bestimmtes Geschäft zu genehmigen, muß zweifelhaft erscheinen. Das Kammergericht hat angenommen, daß

---

15 *OLG Bremen*, 6. 4. 1961, FamRZ 1962 S. 209.

16 *BGH*, 22. 11. 1966, DB 1967 S. 159 = VersR 1966 S. 1186 = FamRZ 1967 S. 97 = DNotZ 1967 S. 320.

die Bescheinigung einer Behörde, eine Genehmigung sei nicht erforderlich, nicht akzeptiert werden kann; dieser Rechtsprechung ist zu folgen. Dem Rechtsverkehr ist mit Negativattesten im Gebiet des Vormundschaftsrechts nicht gedient und der BGH hat deshalb mit Recht abgelehnt, das Negativattest einem Genehmigungsbescheid gleichzusetzen. Es ist auch nicht sachdienlich, wenn man die Erklärung des Vormundschaftsrichters, eine Genehmigung sei nicht erforderlich, der Bejahung der Genehmigung gleichsetzt. Richtig ist deshalb die Auffassung, daß das Negativattest keine Aussageberechtigung hat[17]. Das Landgericht Berlin[18] führt hierzu aus, ein sogenanntes Negativattest des Vormundschaftsgerichts enthalte weder eine positive noch eine negative Sachentscheidung über den Antrag auf vormundschaftsgerichtliche Genehmigung oder eine Ersatzentscheidung.

II. Genehmigung unter Auflagen oder Bedingungen

Das Vormundschaftsgericht kann seine Genehmigung sowohl unter einer Auflage wie auch unter einer aufschiebenden Bedingung erteilen[19]. Die Begriffe „Bedingung“ und „Auflage“ in Genehmigungsbeschlüssen werden nicht nur von Vormündern häufig verkannt oder nicht genau auseinandergehalten. Daher sei kurz auf die sehr wesentlichen Unterschiede dieser beiden Institute hingewiesen. Die Bedingung enthält eine Voraussetzung für das Wirksamwerden einer Genehmigung, die Auflage ist eine Folge ihres Wirksamwerdens. Ob eine durch das Vormundschaftsgericht gesetzte Bedingung für eine Genehmigung erfüllt wird, entzieht sich der Einflußnahme des Vormundschaftsgerichts und steht häufig im freien Ermessen des Vormundes. Die Auflage hingegen begründet eine Verpflichtung des Vormundes, die das Vormundschaftsgericht an die Erteilung der Genehmigung knüpft, eine Verpflichtung, deren Erfüllung erzwungen werden kann, von deren Erfüllung aber nicht die Wirksamkeit der Genehmigung abhängt[20].

---

17 Vgl. *Staudinger/Engler* zu §§ 1821, 1822, Anmerkung 158; *KG*, 22. 7. 1937, JFG 16 S. 84; *BGH*, 15. 3. 1951, BGHZ 1 S. 294 = BB 1951 S. 372 = NJW 1951 S. 645 = MDR 1951 S. 346; vgl. auch *BGH*, 20. 5. 1955 S. 876.

18 *LG Berlin*, 21. 12. 1972, FamRZ 73 S. 146.

19 *RG*, 3. 11. 1914, RGZ 85 S. 416 (421); *KG*, 12. 2. 1937, JW 1937 S. 1552; *OLG Frankfurt a.M.*, 15. 8. 1952, NJW 1953 S. 67.

20 Vgl. zur Frage Bedingung und Auflage *BayObLG*, 27. 10. 1923, BayObLGZ 22 S. 325 (330).

Die im Rahmen der vormundschaftsgerichtlichen Genehmigungsbefugnis liegende Möglichkeit, Bedingungen und Auflagen zu stellen, findet jedoch ihre Schranken in der vom Gesetz gewollten Selbständigkeit des Vermögensverwalters[21]. Der Vormundschaftsrichter kann dadurch, daß er eine entsprechende Auflage macht, den Vermögensverwalter z.B. nicht dazu zwingen, den Erlös aus einem Grundstücksverkauf mündelsicher anzulegen und den Nachweis der Anlage ihm gegenüber zu erbringen, es sei denn, daß die Mündelinteressen im Einzelfalle erheblich gefährdet wären. In dem durch das Oberlandesgericht Frankfurt entschiedenen Fall[21] hatte der Vormundschaftsrichter verkannt, daß der Vormund im Rahmen seiner Handlungsbefugnis drei Wahlmöglichkeiten hat, nämlich die mündelsichere Anlegung nach den Vorschriften über die Anlegung von Mündelgeld, den Erwerb anderer Vermögensgegenstände (Grundbesitz, Erwerbsgeschäfte, Sachwerte) und den Ausnahmefall des § 1811 (Anlage von Mündelvermögen in anderer Art, etwa in Form von Geldforderungen), der allein ausdrückliche Gestattung voraussetzt.

Niemals darf die Genehmigung an eine auflösende oder gar an eine offenbar widersinnige oder unerfüllbare Bedingung geknüpft werden[22].

III. Wirkung und Wirksamkeit der Genehmigung

1. Die Erteilung einer Genehmigung, die der Vormund für eine Geldanlage, eine Hinterlegung oder aus anderen Gründen einholt, deckt diese Handlung in der Weise, daß der Vormund bei Ausführung dieses genehmigten Geschäftes nun nicht mehr als pflichtwidrig handelnd angesehen werden kann. Andererseits ist aber auch der Widerruf einer solchen Genehmigung durch das Vormundschaftsgericht vom Vormund zu beachten . Etwa bereits vorgenommene Maßnahmen sind rückgängig zu machen, soweit sie noch zu ändern sind. Ist die einmal genehmigte Handlung nicht wieder zurückzunehmen, ohne daß dem Mündel Schaden ent-

---

21 *OLG Frankfurt a.M.*, 15. 8. 1952, NJW 1953 S. 67.

22 *KG*, 12. 2. 1937, JW 1937 S. 1551: „Unzulässig ist es aber, die Genehmigung unter einer auflösenden Bedingung zu erteilen, denn das würde, da die Bedingung sich nur auf die Genehmigung als solche erstreckt, an dem Rechtsgeschäft dagegen nichts ändert, bedeuten, daß die vormundschaftsgerichtliche Genehmigung unter einer zeitlichen Begrenzung erteilt wird. Das ist gesetzlich nicht zulässig und mit dem Wesen der vormundschaftsgerichtlichen Genehmigung nicht zu vereinbaren."

steht oder läßt sie sich nicht wieder ungeschehen machen, so handelt der Vormund jedoch nicht pflichtwidrig, wenn er untätig bleibt.

Überdies sieht § 55 FGG vor, daß für Änderungswünsche des Vormundschaftsgerichts kein Raum mehr ist, wenn die Genehmigung oder deren Versagung gegenüber einem Dritten bereits wirksam geworden ist[23]. Nicht einmal dann, wenn das Vormundschaftsgericht nachträglich — nach Wirksamwerden gegenüber dem Dritten — erfährt, daß das von ihm genehmigte Rechtsgeschäft wegen Verstoßes gegen die guten Sitten oder aus einem anderen Grunde nichtig ist, kann es seinen Beschluß ändern[24]. Die Sicherung des Rechtsverkehrs erfordert, daß eine Verfügung, durch die dem Vormund die Genehmigung zu einem Rechtsgeschäft erteilt wurde, weder im ersten Rechtszuge noch im Wege der Beschwerde oder der weiteren Beschwerde geändert werden darf, soweit sie einem Dritten gegenüber wirksam geworden ist. § 55 FGG verbietet die Änderung der Genehmigungsverfügung selbst dann, wenn beispielsweise nach einer Todeserklärung festgestellt wird, daß das Vormundschaftsgericht aus materiellrechtlichen Gründen eine Genehmigung nicht erteilen durfte, die entsprechende Verfügung also tatsächlich unrichtig war[25].

2. Anders ist es in den Fällen, in denen die Genehmigungsverfügung aus einem anderen Grunde nichtig ist, etwa wegen Fehlens der sachlichen Zuständigkeit des Gerichts. Auf die Notwendigkeit der Kongruenz zwischen abgeschlossenen oder abzuschließenden Rechtsgeschäften einerseits und der Genehmigung andererseits wurde bereits hingewiesen. Es genügt allerdings die wirtschaftliche Übereinstimmung, auch wenn formal Unterschiede bestehen. Regelmäßig liegt in der Genehmigung eines obligatorischen Geschäftes durch das Vormundschaftsgericht, wenn sich nicht aus dem Beschluß Gegenteiliges ergibt, auch die Einwilligung oder Zustimmung zu dem Erfüllungsgeschäft, also in der Kaufvertragsgenehmigung der Konsens zur Auflassung. Ebenso liegt in der vormundschaftsgerichtlichen Genehmigung eines dinglichen Erfüllungsgeschäftes der Konsens zum Kausalgeschäft, beispielsweise in der Genehmigung der Auflassung die Genehmigung zum Kaufvertrag. Der Beschluß über die vormundschaftsgerichtliche Genehmigung oder deren Versagung wird mit seiner Mitteilung an den Vormund wirksam. Er kann mit der Beschwerde nach § 20 FGG angefochten werden, vom

23 *KG*, 24. 10. 1919, OLGZ 40 S. 20; *KG*, 21. 5. 1920, OLGZ 41 S. 14.
24 *KG*, 9. 7. 1937, JW 1937 S. 2597.
25 Vgl. auch *OGDDR*, 12. 3. 1952, OGDDRZ 1 S. 292.

Vormund sogar dann noch, wenn die Sperre nach § 55 FGG eingetreten ist, der Beschluß also wegen seiner Mitteilung an den anderen Teil nicht mehr geändert werden kann; praktisch wird das aber nur selten der Fall sein, zum Beispiel dann, wenn das Vormundschaftsgericht mit seinem Aufhebungsbeschluß einer zunächst erteilten Genehmigung zu spät gekommen ist, weil die Sperre nach § 55 FGG schon eingetreten war[26]. In diesem Falle haben Vormund und auch der andere Vertragsteil ein Beschwerderecht gegen den Aufhebungsbeschluß, weil ihr wirksamer Vertrag mit dem Makel des Aufhebungsbeschlusses belastet ist. Auch der Gegenvormund ist, wenn er vor der Entscheidung des Gerichts gehört werden muß (1826), beschwerdeberechtigt.

IV. Verhältnis zu anderen Genehmigungen

Mitunter sind für ein Rechtsgeschäft des Vormundes neben der vormundschaftsgerichtlichen andere behördliche oder gerichtliche Genehmigungen erforderlich. Es gibt keine Rangfolge der verschiedenen Genehmigungen etwa der Art, daß der Vormundschaftsrichter verpflichtet wäre, zu warten, ob andere Behörden zu dem Rechtsgeschäft bereits ihre Zustimmung erteilt haben oder nicht. Solche Fälle kommen zum Beispiel vor bei der Genehmigung von Kauf- und Pachtverträgen über landwirtschaftliche Grundstücke, bei der Notwendigkeit der Zustimmung bzw. Genehmigung der Deutschen Bundesbank zu Wertsicherungsklauseln[27] und schließlich bei der Teilung von Grundstücken nach dem Bundesbaugesetz (§§ 19, 149 BBauG).

Die gleiche Selbständigkeit, die der Vormund hat und die es ihm erlaubt, sich frei zu entscheiden, ob er ein Grundstück verkaufen will oder nicht, hat das Vormundschaftsgericht, das zum Beispiel berechtigt ist, die Genehmigung zu versagen, wenn es den Preis für zu niedrig hält. Bedenklich erscheint aber in diesem Zusammenhang der Beschluß des Oberlandesgerichts Stuttgart[28], in dem das Vormundschaftsgericht für

26 *KG*, 23. 4. 1920, KGJ 52 S. 46 (48).

27 Vgl. *Dürkes*, Wertsicherungsklauseln, 8. Aufl. Heidelberg 1972 S. 17f.

28 „... wie das Vormundschaftsgericht Rechtsgeschäften, die gegen ein Gesetz oder ein gerichtliches Verbot verstoßen, die Genehmigung versagen muß, so wird es andererseits gehalten sein, Rechtsgeschäften, die durch eine gerichtliche Auflage gefordert werden, wie im vorliegenden Fall die Bestellung eines Vorkaufsrechts, die Genehmigung zu erteilen. Eine selbständige Abwägung der im Einzelfall miteinander ringenden öffentlichen und privaten Interessen ist mit Rücksicht auf die ausschließliche Zuständigkeit der in der VO Nr. 166 bezeichneten Behörden und Gerichte wohl kaum Sache des Vormundschaftsgerichts.“ (*OLG Stuttgart*, 12. 12. 1952, RdL 1953 S. 78.)

verpflichtet gehalten wird, Rechtsgeschäften, die durch eine landwirtschaftsgerichtliche Auflage gefordert wurden, seine Genehmigung zu erteilen. In diesem Falle hatte das Landwirtschaftsgericht in zulässiger Weise die Genehmigung zu einem Überlassungsvertrag unter Auflage der Eintragung eines Vorkaufsrechtes zu Gunsten des Stellenübernehmers erteilt, während das Vormundschaftsgericht seine Genehmigung zur Eintragung dieses Vorkaufsrechtes versagte. Das Oberlandesgericht Stuttgart vertrat die Ansicht, das Vormundschaftsgericht hätte die Genehmigung erteilen müssen, weil es auch den ihm anvertrauten Mündeln keine bessere Stellung im Rechtsverkehr verschaffen dürfte als sie jedermann habe. Diese Entscheidung beantwortet jedoch nicht die Kernfrage, die dahin geht, ob ein Vormundschaftsgericht einen solchen bäuerlichen Überlassungsvertrag genehmigen muß, wenn das Landwirtschaftsgericht seinerseits für die Erteilung seiner Genehmigung eine Auflage bestimmt, die der Mündel erfüllen muß und die für den Mündel beschwerend oder unvorteilhaft ist. In diesem Falle muß es dem Vormundschaftsgericht genau wie im Falle der Veräußerung preisgebundenen Grundbesitzes gestattet sein, sich so zu entschließen, wie es nach Auffassung des Vormundschaftsgerichtes das wohlverstandene Mündelinteresse fordert, also unter Umständen die vormundschaftliche Genehmigung zu versagen.

V. Genehmigung einseitiger Rechtsgeschäfte

Ein einseitiges Rechtsgeschäft, das der Vormund ohne die erforderliche Genehmigung des Vormundschaftsgerichtes vornimmt, ist unwirksam (§ 1831). Die unterschiedliche Behandlung des einseitigen Rechtsgeschäftes und des Vertrages hat darin ihren Grund, daß es unbillig wäre, die Frage der Wirksamkeit eines einseitigen Rechtsgeschäftes (z.B. einer Kündigung), dessen Vornahme sich der Dritte gefallen lassen muß, für unbestimmte Zeit in der Schwebe zu lassen. Das der vormundschaftsgerichtlichen Genehmigung bedürftige einseitige Rechtsgeschäft ist daher, wenn die Genehmigung fehlt, ungültig und unwirksam und kann durch Nachbringung der Genehmigung nicht wirksam gemacht werden, sondern muß neu vorgenommen werden[29]. Das Vormundschaftsgericht hat bei seiner Entscheidung auf den Zeitpunkt der Neuvornahme abzustellen und nicht zu berücksichtigen, ob im Zeitpunkt der Erstvornahme an-

29 *KG*, 5. 1. 1901, 4. 3. 1901, Recht 1901 Nr. 1038; *RG*, 14. 6. 1930, LZ 1930 Sp. 1390.

ders hätte entschieden werden müssen[30]. Der gesetzgeberische Grund für die unterschiedliche Behandlung entfällt aber, wenn das einseitige Rechtsgeschäft innerhalb einer gesetzlichen Frist vorzunehmen ist. Daher hat das Reichsgericht[31] die frühere Streitfrage hinsichtlich der Erbausschlagungserklärung dahin entschieden, daß die Ausschlagung einer Erbschaft gültig ist, wenn die vormundschaftsgerichtliche Genehmigung nachträglich innerhalb der Ausschlagungsfrist wirksam erteilt und dem Nachlaßgericht nachgewiesen wird.

Außerdem hat das Kammergericht in einer Entscheidung[32], bei der es sich um die vormundschaftsgerichtliche Genehmigung für die Löschung einer Eigentümergrundschuld handelte, erklärt, daß § 1831 bei einseitigen Rechtsgeschäften, die durch Erklärungen gegenüber Behörden, insbesondere — wie in dem zur Entscheidung stehenden Falle — gegenüber dem Grundbuchamt vorzunehmen sind, überhaupt keine Anwendung finde; denn das Grundbuchamt habe es in der Hand, der durch das Fehlen der vormundschaftsgerichtlichen Genehmigung bestehenden Ungewißheit durch befristete Zwischenverfügung gemäß § 18 GBO ein Ziel zu setzen.

Bei der von einem minderjährigen Vater zugunsten des von ihm anerkannten nichtehelichen Kindes in vollstreckbarer Urkunde abgegebenen Verpflichtung zur Zahlung des Richtsatzunterhaltes handelt es sich um eine einseitige Erklärung, die keiner vormundschaftsgerichtlichen Genehmigung bedarf[33], zumal in dem entschiedenen Fall die Mutter des Kindes ihre Einwilligung zur Anordnung des Vormundschaftsgerichtes erteilt hat.

VI. Mitteilung der Genehmigung an den Vertragspartner

Mit Rücksicht auf die Bedeutung der Mitteilung der vormundschaftsgerichtlichen Genehmigung ist herauszustellen, daß eine vielschichtige Willenserklärung des Vormundes nur in einer solchen Handlung gefunden werden kann, die nach Lage der Sache keine Auslegung zuläßt[34]. Es

30 *RG*, 14. 4. 1928, Seuff. Arch. 82 Nr. 134.
31 *RG*, 25. 2. 1915, WarnRspr. 1915 Nr. 120.
32 *KG*, 9. 4. 1936, JFG 13. S. 293 = JW 1936 S. 2745.
33 *LG Berlin*, 12. 1. 1970; FamRZ 1970 S. 144f., *Gernhuber*, a.a.O., § 52 III 3, Fußnote 4 und vom *LG Berlin* zitierte Entscheidungen.
34 *KG*, 13. 6. 1924, OLGZ 44 S. 82.

genügt also für die Genehmigung eines vom Vormund für den Mündel geschlossenen Vergleiches durch das Vormundschaftsgericht nicht, daß dieses die Ausfertigung des Vergleiches zu den Grundakten mit dem Ersuchen um Eintragung überreicht, ohne daß der Vormund irgendwie aktiviert wird[35].

Eine andere Frage ist, ob die Mitteilung der Genehmigung durch den Vormund voraussetzt, daß das Vormundschaftsgericht seinen Genehmigungsbeschluß bereits erlassen und mitgeteilt hat. Das ist jedoch nicht nötig, denn der Vormund hat gerade dann, wenn die Genehmigung erteilt worden wäre, das Recht auf die Aufforderung aus § 1829 Abs. 2, überhaupt insoweit Antwort zu erteilen, wenn er zu dem Ergebnis kommt, daß der Vertrag als solcher für den Mündel unzumutbar ist. Auch der Vormund darf insoweit nicht die Unwahrheit sagen, er darf also, wenn die Genehmigung erteilt ist, nicht sagen, daß diese nicht erforderlich sei, sondern er muß nur entweder gar nichts sagen oder erklären, daß er sich an den Vertrag nicht hält[36].

Soweit Vormund oder Mündel handeln, ist die Genehmigung ein einseitiges empfangsbedürftiges Rechtsgeschäft, das auch durch schlüssige Handlung bewirkt werden kann. Die Mitteilung nach § 1829 Abs. 1 letzter Satz muß immer ein förmlicher Ausdruck des Willens des Vormundes sein. Mit der Mitteilung bringt der Vormund zum Ausdruck, daß er einen Vertrag, so wie er geschlossen und vom Vormundschaftsgericht genehmigt worden ist, auch dann noch billigt. Dieser ist jedoch unwirksam, wenn auf die förmliche Mitteilung verzichtet wird. Zwar ist für die Mitteilung keine besondere Form vorgeschrieben. Sie kann demnach mündlich, schriftlich oder durch schlüssige Handlung erfolgen. Die Mitteilung macht eine Annahme durch den anderen Teil nicht notwendig. Wenn der andere Teil wissen will, ob die Genehmigung erteilt ist, ob also der Schwebezustand beendet werden kann oder nicht, soll er den Vormund auffordern, und wenn dieser innerhalb von zwei Wochen nicht antwortet, kann er davon ausgehen, daß der Vertrag nicht genehmigt ist. Er ist also wieder frei für andere Verhandlungen. Allerdings können die Vertragsparteien die 2-Wochen-Frist verlängern oder verkürzen. Sie können aber die Wirkung des Fristablaufes nach zwei Wochen nicht mehr beeinflussen.

Es ist heute allgemein anerkannt, daß für die Entgegennahme der Mitteilung eine Doppelvollmacht ausreicht. Zu beachten ist nur, daß, wenn

---

35 *RG*, 7. 12. 1904, RGZ 59 S. 277.

36 *OLG Stettin*, 30. 9. 1924, LZ 1926 Sp. 60; *RG*, 27. 10. 1930, RGZ 130 S. 148.

der Notar als Bevollmächtigter des Vormundes für die Empfangnahme der Mitteilung bestellt ist, er sie nicht selbst beurkunden kann. Wohl kann er die Erklärung des anderen Vertragsteiles beurkunden, daß dieser durch ihn als Vertreter des Vormundes von der Entscheidung des Vormundschaftsgerichts Mitteilung erhalten habe.

VII. Notwendigkeit der Genehmigung bei einzelnen Rechtsgeschäften

Die Vermögensverwaltung in Vormundschaftssachen erstreckt sich auf das weite Gebiet des privaten und geschäftlichen Verkehrs mit allen seinen Wandlungen, Veränderungen und vielfältigen Erscheinungsformen. Es sollen diejenigen Rechtsgeschäfte aufgezeigt werden, deren Erörterung mir nach den vorhergehenden Ausführungen über die vormundschaftsgerichtliche Genehmigung notwendig erscheint, weil sie in gewissem Umfange typisch sind und weil bei ihnen nicht selten eine schwierige Entscheidung vom Vormund verlangt wird.

1. Wertpapier-Depot

Zunächst ordnet der Gesetzgeber zur Behandlung von Wertpapier-Depots (§ 1819) an, daß der Vormund zur Verfügung über Depots von Wertpapieren, Kostbarkeiten und wenn Grundstückspapiere hinterlegt sind, zu einer Verfügung über diese Werte der Genehmigung des Vormundschaftsgerichtes bedarf. Dies gilt auch für die Umschreibung von Inhaberpapieren auf den Namen des Mündels gem. § 1815. Neben § 1821, der das Genehmigungserfordernis für Grundstücksgeschäfte festlegt, enthält § 1822 in einer kasuistischen Aufzählung die wesentlichen Fälle, in denen der Vormund der Genehmigung des Vormundschaftsgerichts bedarf.

Bei dem häufig vorkommenden Fall, daß eine Verfügung über das Eigentum an einem Grundstück zugleich auch mit der Belastung des Grundstücks durch eine Hypothek vorgenommen wird oder daß für einen Teil des Kaufpreises eine Hypothek bestellt wird, ist umstritten, ob eine vormundschaftsgerichtliche Genehmigung erforderlich ist oder nicht. Das Reichsgericht hat entschieden, daß in diesem Falle eine vormundschaftsgerichtliche Genehmigung nicht nötig ist[36a]. Was das

---

36a *RG*, 1. 7. 1924, RGZ 108 S. 356f.

Reichsgericht ausführt, trifft auch für den Fall zu, daß der Mündel auf dem Grundstück ruhende Lasten übernimmt oder dem Veräußerer oder dritten Person einen Nießbrauch oder ein anderes Recht am Grundstück einräumt.

Anders ist das jedoch, wenn es sich um die Bewilligung der Eintragung oder Vormerkung handelt. Hier fordert der Gesetzgeber die vormundschaftsgerichtliche Genehmigung (§ 1821). Überträgt ein Elternteil seinem minderjährigen Kind einen Miteigentumsanteil an einem Grundstück, so ist der Vertrag vormundschaftsgerichtlich genehmigungspflichtig, und zwar nach §§ 1821 Abs. 1 Nr. 5, 1822 Nr. 10, 1915, wenn der Mündel gegenüber dem Grundpfandgläubiger als persönlicher Schuldner eingetreten ist. In diesem Falle muß der Vormundschaftsrichter, der mit der Frage der Notwendigkeit einer Genehmigung befaßt ist, von sich aus prüfen, ob die Verbindlichkeit, die der Mündel übernimmt, den Wert des Eigentumsanteils oder Miteigentumsanteils nicht übersteigt. Andererseits bedarf eine Löschungsbewilligung keiner vormundschaftsgerichtlichen Genehmigung, wenn der Löschungsgegenstand eine Eigentümergrundschuld ist, der keine im Grundbuch eingetragenen nachstehenden Rechte folgen würden.

2. Erwerb und Veräußerung geschäftlicher Unternehmen und Beteiligung an Personen- und Kapitalgesellschaften

Es ist bei § 1822 Nr. 3 zunächst davon auszugehen, daß im Falle einer — in Vormundschaftssachen häufig vorkommenden — vorübergehenden Schließung infolge des Todes des Betriebsinhabers, das Geschäft seine Eigenschaft als Erwerbsgeschäft nicht verliert[37].

Dies ist jedoch dann der Fall, wenn es sich um die Praxis eines Rechtsanwaltes, Arztes, Zahnarztes, Architekten oder Wirtschaftsprüfers handelt, die mit dem Tode des Inhabers aus dem Kreis des echten Erwerbsgeschäftes ausschert. Die frühere Rechtsprechung[38] ist aufgegeben, die Vereinigten Zivilsenate haben erkannt, daß es ein Erwerbsgeschäft bei freiberuflichen Unternehmen im Sinne des § 1822 nicht gibt, so daß insoweit eine vormundschaftsgerichtliche Genehmigung bei der Veräußerung einer Arzt-, Zahnarzt-, Architekten- oder Wirtschaftsprüferpraxis nicht nötig ist.

37 *BGH*, 25. 9. 1952, BGHZ 7 S. 208 = NJW 1952 S. 1410.
38 *RG*, 23. 3. 1934, RGZ 144 S. 1 = HRR 1943 Nr. 941.

In Bezug auf den Erwerb eines Erwerbsgeschäftes ist die vormundschaftsgerichtliche Genehmigung jedoch auch dann nötig, wenn der Mündel in eine bestehende Gesellschaft des bürgerlichen Rechts, eine OHG, KG oder in eine Erbengemeinschaft durch Erwerb eines Gesellschaftsanteils (Miterbenanteils) eintritt. Schwieriger wird die Frage zu beantworten sein, ob die Übertragung eines Anteils an einer stillen Gesellschaft der vormundschaftsgerichtlichen Genehmigung bedarf oder nicht. Das ist wohl immer dann der Fall, wenn es sich um eine atypische stille Gesellschaft handelt. Das gleiche muß gelten, wenn Anteile an einer Einmann-GmbH erworben werden, und wenn der Erwerb einiger Geschäftsanteile oder eines einzigen Geschäftsanteils oder von Teilen von Geschäftsanteilen an einer GmbH in Frage steht. Schon das Reichsgericht hat die Veräußerung sämtlicher Aktien einer Einmann-GmbH der Veräußerung eines Erwerbsgeschäftes gleichgestellt, und es hat die Genehmigungspflicht deshalb bejaht. Das gleiche gilt, wenn der Mündel die nach der Satzung übertragbare Beteiligung des persönlich haftenden Gesellschafters einer Kommanditgesellschaft auf Aktien erwirbt. In Zusammenhang mit der Veräußerung von Geschäften soll überhaupt die Genehmigungspflicht beachtet werden, weil es sich oft um nicht risikolose oder stark risikobehaftete Geschäfte handelt.

3. Genossenschaft

Für die Genossenschaft ist zunächst herauszustellen, daß sie keine Gesellschaft im Sinne des HGB ist. § 1822 Nr. 3 greift nicht ein, weil das Erwerbsgeschäft nicht von den Genossen, sondern von der Genossenschaft selbst betrieben wird. Somit unterliegt der Beitritt zu einer eingetragenen Genossenschaft mit beschränkter Haftung nicht der vormundschaftsgerichtlichen Genehmigung[39].

4. Treuhandschaft

Im modernen Wirtschaftsleben spielen Treuhandschaften eine immer größere Rolle, und es ist deshalb nötig, zu untersuchen, welche Treuhandschaften, an denen ein Minderjähriger beteiligt wird, einer vormundschaftsgerichtlichen Genehmigung bedürfen. Eine solche ist erforderlich, wenn ein Minderjähriger an Gewinn und Verlust einer Treuhandgesellschaft teilnimmt oder das Treugut den Gläubigern zur eventuellen Befriedigung offensteht. Der minderjährige Inhaber ist dann ebenfalls am Unternehmerrisiko beteiligt. Deshalb muß die Treuhand-

39 Vgl. *Winkler*, ZGR 1973 S. 217.

schaft eines Minderjährigen an einer OHG oder einer KG nach § 1822 Nr. 3 vom Vormundschaftsgericht geprüft und genehmigt sein[40]. Dies gilt auch für Vormundschaften Volljähriger.

5. Erwerb oder Veräußerung eines Erwerbsgeschäftes

§ 1822 Nr. 3 ist in allen gesellschaftsrechtlichen relevanten Fragen auf die Notwendigkeit seiner Anwendung hin zu überprüfen. Dabei ergibt sich zunächst, daß weder der Beginn der Kommanditgesellschaft vor der Eintragung ins Handelsregister noch die Verlustbeteiligung des Mündels als Kommanditist für sich allein zur Erteilung der vormundschaftsgerichtlichen Genehmigung über den Abschluß eines Gesellschaftsvertrages maßgebend sind. Hier ist eine Prüfung aller gegebenen Umstände, die im Zusammenhang mit der Gesellschaftsgründung entstehen, notwendig, und auch hier ist immer das Gesamtinteresse des Mündels maßgebend[41]. Für die Entscheidung über die Notwendigkeit einer Genehmigung muß der Gesamtsachverhalt herangezogen werden, denn das Erwerbsgeschäft betreibt die Kapitalgesellschaft, die Aktiengesellschaft oder die GmbH und nicht der Mündel. Hier ist von größter Bedeutung, daß bei der Gründung einer GmbH schon feststeht, daß jeder Gesellschafter für die Einzahlungsverpflichtung der anderen haftet (§ 25 GmbH-Gesetz). Dies war für das Kammergericht[42] bereits Veranlassung, die vormundschaftsgerichtliche Genehmigung für die Teilnahme eines Minderjährigen an einer GmbH-Gründung zu verlangen.

Hierbei sei auf den besonderen Fall hingewiesen, daß ein Minderjähriger an einer Personengesellschaft beteiligt ist. Dafür ist immer die Genehmigung des Vormundschaftsgerichts nötig. In diesem Zusammenhang sei auf eine besonders wichtige Entscheidung des Bundesgerichtshofes verwiesen[43].

---

40 Siehe auch *Benthien*, Aufsatz über Treuhand-Gesellschaftsanteile, ZGR 1974 S. 26f.

41 *BayObLG*, 4. 11. 1976, BB 1977 S. 669.

42 *KG*, 11. 1. 1906, OLGZ 13 S. 315.

43 *BGH*, 30. 4. 1955, BGHZ 17 S. 160f. Leitsätze:

„1. Der Abschluß eines Gesellschaftsvertrages zur Errichtung einer Kommanditgesellschaft bedarf stets der vormundschaftsgerichtlichen Genehmigung, wenn ein Minderjähriger am Abschluß eines solchen Vertrages beteiligt ist.

2. Hat sich ein Minderjähriger in rechtsgeschäftlich unwirksamer Weise am Abschluß eines Gesellschaftsvertrages beteiligt und ist diese Gesellschaft sodann in Vollzug gesetzt worden, so kann ein solches Gesellschaftsverhältnis nicht als faktische Gesellschaft unter Einschluß des Minderjährigen angesehen werden."

6. Kreditaufnahme

Nach der Bestimmung von § 1822 Nr. 8 bedarf eine von dem Vater des Mündels genehmigte Kreditaufnahme stets der Genehmigung des Vormundschaftsgerichts. Die Rechtsprechnung hat sich nicht selten mit der Frage befassen müssen, was bei einem Ratenzahlungskauf alles notwendig ist, zumal die Stundung des Kaufpreises nicht der Genehmigung des Vormundschaftsgerichts bedarf[44]. Ist der Abzahlungskauf aber von dritter Seite oder ganz allgemein finanziert, so ist die vormundschaftsgerichtliche Genehmigung gemäß § 1822 Nr. 8 erforderlich[45]. Nach § 1822 Nr. 8 bedarf die Aufnahme von Geld auf Kredit des Mündels der vormundschaftsgerichtlichen Genehmigung, und die zur Sicherung des Kredites vorgenommene Untermauerung bedarf nicht einer besonderen Genehmigung[46]. Die Genehmigung ist selbstverständlich gem. § 1821 Abs. 2 erforderlich, wenn zur Sicherung des genehmigten Kredites eine Grundschuld bestellt wird. Hier ist eine saubere Trennung zwischen der Kreditaufnahme und der Sicherung dringend erforderlich und immer zu beachten. § 1822 Nr. 8 muß im Interesse des Mündels weit ausgelegt werden. Das Oberlandesgericht Hamburg[47] hat eine fehlgeschlagene vormundschaftsgerichtliche Genehmigung behandelt und richtigerweise zum Ausdruck gebraucht, daß sogar in der persönlichen Annahme des Kaufpreises durch den Pfleger für einen genehmigungspflichtigen, aber nicht genehmigten Grundstückskauf die Annahme des Geldes vormundschaftsgerichtlich genehmigt werden muß.

7. Bürgschaften

Die Bestimmung des § 1822 Nr. 10 soll den Mündel nur davor schützen, Gefahren zu erliegen, die darin bestehen, daß der Dritte, zu dessen Gunsten die Bürgschaft oder die Schuld übernommen wurde, die ihn oblie-

---

44 *RG*, 26. 2. 1912, JW 12 S. 590.

45 *LG Mannheim*, 14. 2. 1962, NJW 1962 S. 1112; *LG Berlin*, 1. 11. 1962, NJW 1963 S. 110; *BGH*, 13. 4. 1972, BGH WM 1972 S. 699; vgl. *Klauss/Ose*, Kommentar zum Gesetz betreffend die Abzahlungsgeschäfte, 1979, S. 15 Anm. 21; vgl. auch *Staudinger*, §§ 1821, 1822, Erläuterung 110; *Palandt/Lauterbach*, Anmerkungen zu § 1822 Nr. 8; *Gernhuber*, § 52 V7; *Beitzke*, § 37, III 5e; *LG Mannheim*, 14. 2. 1962, BB 1962 S. 693.

46 *RG*, 27. 2. 1932, HRR 32 Nr. 1755.

47 *OLG Hamburg*, 20. 9. 1951, NJW 1952 S. 938.

gende Leistung nicht erbringt und deshalb der Mündel in Anspruch genommen wird[48].

48 „Das kann nicht für den Fall gelten, daß der Mündel nach dem Vertrag die Leistung als eigene bewirken soll, z. B. wenn er beim Erwerb eines Grundstücks den Kaufpreis ganz oder zum Teil durch Abtragung einer Schuld des Verkäufers oder eines Dritten, auch wenn für diese an dem erworbenen Grundstück eine Hypothek besteht, tilgt oder eine Vereinbarung nach § 91 Abs. 2 ZVG getroffen wird." (So *Staudinger* zu § 1922 Nr. 10 Erläuterung 118, 10./11. Auflage; es wird hier ausdrücklich auf die 10./11. Aufl. verwiesen, weil noch die frühere Auflage anderer Ansicht war.)

D.
Nachlaßpflegschaften

Von besonderer Bedeutung ist die im Bürgerlichen Gesetzbuch nicht beim Familienrecht, sondern beim Erbrecht behandelte Nachlaßpflegschaft (§§ 1960 bis 1962), auf die aber die Vorschriften über die einfache Pflegschaft (Ausnahme: 1962, vgl. auch § 75 FGG) und damit die Vorschriften des Vormundschaftsrechts (§ 2925) anzuwenden sind. Die wesentliche Abweichung in formeller Hinsicht ist die, daß anstelle des Vormundschaftsgerichts das Nachlaßgericht tritt, das allerdings bei den meisten deutschen Amtsgerichten nicht nur von demselben Richter wie das Vormundschaftsgericht geführt wird, sondern das auch regelmäßig mit dem Vormundschaftsgericht in einer einheitlichen Abteilung des Gerichtes zusammengefaßt ist. Die Nachlaßpflegschaft ist eine reguläre Pflegschaft mit einigen Besonderheiten. Der Nachlaßpfleger handelt für den Nachlaß sowie für die nach Person oder Berechtigung ungewissen Erben; die Bedürfnisfrage richtet sich nach den Erfordernissen des Nachlasses und nicht nach den Interessen etwa der Nachlaßgläubiger oder sonstiger Interessenten. Die Bestellung zum Nachlaßpfleger ist ein Hoheitsakt. Sie ist die Grundlage für das Tätigwerden des Nachlaßpflegers[1]. Die Nachlaßpflegschaft bleibt so lange bestehen, bis sie aufgehoben wird, auch wenn sie wegen Fehlens ihrer Voraussetzungen nicht hätte angeordnet werden dürfen[2].

I. Verwaltung durch den Nachlaßpfleger

1. Inhalt und Bedeutung der Nachlaßpflegschaft

Die Nachlaßpflegschaft ist nicht eine Pflegschaft für den Nachlaß als Vermögensmasse, wie vereinzelt in der Literatur angenommen wird, sondern nach überwiegender und auch in der Rechtsprechung vertretener Auffassung eine Personenpflegschaft „für denjenigen, welcher Erbe

1 *BGH*, 10. 5. 1951, NJW 1951 S. 559 = JZ 1951 S. 591; *OLG Köln*, 18. 6. 1954, JMBl. NRW 1954 S. 187.

2 *OLG München*, 27. 6. 1942, DR 1943 S. 491.

wird" (§ 1960 Abs. 2) oder, richtiger gesagt, für denjenigen, der Erbe geworden ist, aber über dessen Person oder Aufenthalt noch Ungewißheit besteht oder wenn er aus sonstigen Gründen persönlich verhindert ist, seine Aufgabe als Erbe wahrzunehmen[3]. Der Nachlaßpfleger ist zugleich auch Repräsentant des Nachlasses, gegen den die gegen den Nachlaß gerichteten Ansprüche geltend gemacht werden können (§ 1961). Die Nachlaßpflegschaft führt, wenn sie nicht von einer Nachlaßverwaltung oder einem Nachlaßkonkurs abgelöst wird, dazu, daß der Erbe den Nachlaß erhält, sobald er ihn in Besitz nehmen kann. Weil die Nachlaßpflegschaft also nur vorübergehend eingerichtet wird, ist die Verwaltungsaufgabe eines Nachlaßpflegers von vorneherein begrenzt. Die Streitfrage, ob die Nachlaßpflegschaft Vertretung oder Amt — vgl. im folgenden beim Nachlaßverwalter oder Konkursverwalter — ist ohne Bedeutung, weil es sich um nichts anderes als um eine gesetzliche Vertretung des Erben handelt. Die Verwaltungsaufgabe erschöpft sich in der Fürsorge für den Nachlaß und in dessen Sicherung; sie hat ihre Grenzen zum einen da, wo der Erbe auftritt und allein zu handeln befugt ist und zum anderen dort, wo Nachlaßpfleger ebenso wie der Erbe auszuscheiden haben und verpflichtet sind, dem Konkursverwalter und dem Nachlaß- oder Vergleichsverwalter die Verwaltungsbefugnis zu überlassen (§ 1980). Der Nachlaßpfleger ist nicht befugt, über das Erbrecht zu streiten[4] oder selbst einen Erbscheinsantrag zu stellen[5]. Bei einem Rechtsstreit über die Frage, wer Erbe wird, kann der Nachlaßpfleger nicht mitwirken. Im Streit um die Erbenqualifikation würde der Nachlaßpfleger begrifflich mit sich selbst streiten. Der Nachlaßpfleger hat von sich aus auf die Aufhebung der Pflegschaft hinzuwirken, wenn der Erbe bekannt ist und damit der Grund für die Nachlaßpflegschaft weggefallen ist. In gewissem Umfange ist nach der neueren Rechtsprechung eine Klage des Erben gegenüber dem Nachlaßpfleger jedoch möglich, wenn dieser das Erbrecht des Klägers bestreitet. Danach kann der Erbprätendent ein rechtliches Interesse an der Feststellung seines Erbrechts haben und insoweit ist sogar eine Klage gegen den Nachlaßpfleger nach § 256 ZPO möglich. Das bedeutet, daß der Erbe deshalb das Recht haben muß, Feststellungsklage gegen den Nachlaßpfleger zu erheben mit dem Zweck, daß er die sich aus seinem Amt ergebenden Pflichten auch ihm gegenüber erfüllen muß[6].

---

3 Reichsgerichtsräte-Kommentar zum BGB, 11. Aufl., § 1960 Anm. 20; *Staudinger/Lehmann*, 11. Aufl., § 1960 Anm. 46.

4 *RG*, 27. 11. 1922, RGZ 106 S. 46f.

5 *KG*, 15. 11. 1962, OLGZ 26 S. 288; *OLG Colmar*, 16. 12. 1914, OLGZ 30 S. 174.

6 *BGH*, 10. 5. 1951, NJW 1951 S. 559.

Der Nachlaßpfleger hat aus § 16 Abs. 2c Verschollenheitsgesetz kein eigenes Recht auf Todeserklärung des Verschollenen, jedoch hat er ein Antragsrecht aus § 16 Abs. 2c VerschG, wenn der Erbe hiervon keinen Gebrauch macht. Er muß aber die Genehmigung des Vormundschaftsgerichts einholen[7].

Selbstverständlich schließt diese Grenze nachlaßpflegschaftlicher Verwaltung nicht aus, daß der Nachlaßpfleger gegenüber einem Grundbuchamt Eintragungsbewilligungen in Bezug auf ein Grundstück erklärt, das zum Nachlaß gehört. Ebenso ist der Nachlaßpfleger dann legitimiert, wenn der vermutliche Erbe auf Feststellung klagt, daß das Vertragsverhältnis zwischen ihm und dem Nachlaßpfleger nicht bestehe, oder wenn der Erbe Ansprüche aus dem Verhältnis Nachlaßpfleger-Erbe geltend macht. In solchen Prozessen kann der Streit dann auch um den Bestand oder Nichtbestand des Erbrechtes gehen[8]. Der Nachlaßpfleger ist nicht dazu berufen, letztwillige Verfügungen des Erblassers auszulegen. Er kann weder Annahme noch Ausschlagung der Erbschaft erklären noch einen Erbschein beantragen. Das ist jedoch anders, wenn zum Nachlaß ein zweiter Nachlaß gehört, der dem präsumtiven Erben angefallen ist, weil sich hierauf nicht die Nachlaßpflegschaft bezieht, sondern der Nachlaßpfleger nur die zu seinem Nachlaß gehörenden Rechte bezüglich der zweiten Erbschaft wahrnimmt[8a]. Der Nachlaßpfleger hat auch nicht bei der Auseinandersetzung unter Miterben mitzuwirken; ihre Durchführung gehört nicht in seinen Aufgabenbereich. Zur Nachlaßpflegschaft gehört auch nicht die Überwachung einer Erbauseinandersetzung, auch dann nicht, wenn die Miterben den Nachlaßpfleger um Vermittlung bei der Auseinandersetzung ersuchen[9]. Dennoch wird der Nachlaßpfleger häufig bei der Auseinandersetzung mitwirken,

---

7 *BayObLG*, 2. 12. 1958, NJW 1959 S. 725; *AG Berlin-Schöneberg*, 5. 12. 1910, KGJ 40 A S. 37.

8 *OGH*, 3. 8. 1950, OGHZ 4 S. 219.

8a „Insoweit besteht zwischen dem Nachlaßpfleger und dem Erben ein Rechtsverhältnis. Dieses Rechtsverhältnis kann, sofern ein rechtliches Interesse an alsbaldiger Feststellung gegeben ist, Gegenstand einer Feststellungsklage des Erben gegen den Nachlaßpfleger nach § 256 ZPO sein. Klagt der Erbe auf Feststellung seines Erbrechts gegen den Nachlaßpfleger, so begehrt er damit die Feststellung, daß der Nachlaßpfleger im Rahmen seines Amtes ihn zu vertreten und die sich aus seinem Amt ergebenden Pflichten ihm gegenüber zu erfüllen hat (vgl. im Ergebnis ebenso RGZ 106 S. 45; *Staudinger*, 10. Aufl. § 1960 Anm. 47; *Planck*, 4. Aufl. § 1960 Anm. 3b; *Kipp*, Erbrecht 7, Bearb. § 59 II und BGB RGR § 1960 Anm. 4)...“ (*BGH*, 10. 5. 1951, NJW 1951 S. 559 = JZ 1951 S. 591.)

9 *RG*, 24. 2. 1937, RGZ 154 S. 110 (114); *KG*, 16. 11. 1939, DFG 1940 S. 26; *BayObLG*, 3. 4. 1951, BayObLGZ 1958 – 1951 S. 346 (349).

wenn das im Einzelfall zweckmäßig und geboten erscheint. Er überschreitet hierbei jedoch den Aufgabenbereich des Nachlaßpflegers und begibt sich in die Sphäre eines zusätzlichen Auftrages der Erben oder einer Geschäftsführung ohne Auftrag für die Erben. Handelt es sich um kleinere, übersichtliche Nachlässe mit mehreren Beteiligten und um einen liquiden und leicht zu teilenden Nachlaß, so wird man dem Nachlaßpfleger gestatten dürfen, den Nachlaß so herauszugeben, daß jeder der Erben seinen Anteil von ihm bekommt. Der Nachlaßpfleger wird sich in solchen Fällen einen Plan für die Ausschüttung machen und leicht die Zustimmung aller Erben erhalten. Hierbei muß er sich allerdings immer darüber im klaren sein, daß er sich mit seinen Maßnahmen außerhalb seines Aufgabenbereiches begibt und in Wahrheit nicht als Nachlaßpfleger, sondern als Bevollmächtigter für mehrere Miterben handelt[10]. Diese Tätigkeit kann auch nicht in dem etwa gefaßten Vergütungsbeschluß mithonoriert werden. Ein von ihm berechnetes Entgeld haben die Erben als Vergütung für die Ausführung dieses Sonderauftrages an ihn zu bezahlen.

Dem Nachlaßpfleger muß es innerhalb seines eigentlichen Aufgabenbereiches gestattet sein, letztwillige Verfügungen auszuführen, vorausgesetzt, daß der Nachlaß übersichtlich und zweifelsfrei aktiv ist; wenn zum Beispiel Vermächtnisnehmer, etwa Dienstverpflichtete, denen der Erblasser Geldbeträge vermacht hat, ihn um Auszahlung solcher Vermächtnisse ersuchen, so wird er dem nachkommen dürfen. Das gleiche muß für die Erfüllung von Auflagen gelten[11].

2. Aufgaben des Nachlaßpflegers

Die Verwaltungsbefugnis des Nachlaßpflegers kann vom Nachlaßgericht beschränkt werden; sie kann dem Pfleger sogar ganz entzogen werden, so daß ihm nur die Aufgabe bleibt, den Nachlaß zusammenzuziehen und zu erhalten. Das wird aber nicht die Regel sein. Wenn Anordnungsbeschluß und Bestallungsurkunde keine Beschränkung enthalten, ist der Nachlaßpfleger in vollem Umfang zur Verwaltung des Nachlasses berechtigt.

Der Wirkungskreis des Nachlaßpflegers kann so bestimmt sein, daß er nur auf die Besorgung einzelner Angelegenheiten oder die Verwaltung einzelner Nachlaßgegenstände beschränkt ist. Voraussetzung ist nur,

---

10 *BayObLG*, 3. 4. 1951, BayObLGZ 1948 – 1951 S. 346 (349).

11 Ebenso *Weissler*, Das Nachlaßverfahren, Bd. I S. 130; *Firsching*, Nachlaßrecht, 4. Aufl. München 1971, Bd. VI S. 127f.

daß damit dem Bedürfnis zur Sicherung des Nachlasses gedient ist. Dies hat das Kammergericht im Beschluß vom 13.5.1965[12] vermerkt und dabei seine frühere Auffassung aufgegeben.

Bei der Inbesitznahme des Nachlasses hat das Nachlaßgericht den Nachlaßpfleger zu unterstützen. Die Stellung des Nachlaßpflegers ist von vorneherein schwächer als die des Nachlaßverwalters und des Konkursverwalters. Er hat nicht die Vorteile, die die Abtrennung des Nachlasses von dem sonstigen Vermögen des Erben mit sich bringt, und er kann auch die Rechtsgeschäfte des Erblassers nicht nach den §§ 29ff. KO anfechten. Ob ihm das Nachlaßgericht allerdings, wenn das erforderlich ist, die Hilfe eines Gerichtsvollziehers zur Verfügung stellen muß, um den Nachlaß in Besitz zu nehmen, ist zweifelhaft[13]. Denn der Erbschaftsbesitzer ist — anders als der Mündel im Verhältnis zum Vormund — ungeachtet der Frage, ob er Erbe ist oder nicht, dem Nachlaßpfleger gegenüber uneingeschränkt geschäfts- und prozeßfähig, ihm fehlt nur die Befugnis zum Erbschaftsbesitz. Unbestritten hat der Nachlaßpfleger gegen den Erbschaftsbesitzer, der vor Anordnung der Nachlaßpflegschaft Besitz von Nachlaßgegenständen ergriffen hat, ein Auskunftsrecht (§ 2027 Abs. 2) und die Möglichkeit der Herausgabeklage, ohne daß er die Nichtberechtigung des Erbschaftsbesitzers nachzuweisen hat[14]. Der Nachlaßpfleger kann unmittelbar aus seinem Recht die Herausgabe der Nachlaßgegenstände verlangen. Herausgeben muß möglicherweise sogar der wahre Erbe, solange sein Erbrecht gegenüber dem Nachlaßpfleger nicht rechtskräftig festgestellt ist. Selbstverständlich hat in diesem Falle der auf Herausgabe Beklagte ein Rückbehaltungsrecht. In Zusammenhang damit wären die Zwecke der Nachlaßpflegschaft zu berücksichtigen[15]. Der Nachlaßpfleger kann die aufschiebenden Einreden des Erben aus §§ 2014, 2015 geltend machen; er hat die Rechte des Erben, jedoch nicht die Befugnis, eine Beschränkung der Erbenhaftung durch Antrag auf Nachlaßverwaltung herbeizuführen[16]. Andererseits hat er, sobald er von einer Überschuldung des Nachlasses Kenntnis erlangt, die Eröffnung des Konkurs- oder Vergleichsverfahrens unverzüglich zu beantragen (§ 1980). Eine Inventarfrist kann ein Gläubiger dem Nachlaßpfleger nicht setzen, weil ein Inventar vom Nachlaßpfleger

---

12 *KG*, 13. 5. 1965, NJW 1965 S. 1719.
13 Ebenso *Staudinger/Lehmann*, 11. Aufl., Anm. 5 zu § 1960, Rdnr. 46; vgl. auch JMBl. NRW 63S. 249.
14 *RG*, 9. 12. 1941, DR 1942 S. 533.
15 *BGH*, 21. 6. 1972, BGH LM Nr. 2 zu § 1960.
16 *KG*, 21. 3. 1940, JFG 21 S. 213 = DR 1940 S. 801.

errichtet wird, denn dem Nachlaßgericht ist ein Verzeichnis des Nachlasses zu überreichen. Bei der Aufnahme des Inventars wird der Nachlaßpfleger gut daran tun, einen amtlichen Schätzer hinzuzuziehen, der bei dem Nachlaßgericht bekannt ist und Vertrauen genießt und der nicht nur die einzelnen Nachlaßgegenstände aufnimmt, sondern notfalls, wenn sich ein Anlaß dazu bietet, ihren Zustand festhält und ihren Wert am Tage der Nachlaßaufnahme schätzt. Gerade in diesem Zusammenhang darf erwähnt werden, daß es leider nicht selten unterlassen wird, zu prüfen, ob Einbruchdiebstahl- oder andere Schadens-Versicherungen abgeschlossen sind und für den Fortbestand oder den Abschluß solcher Versicherungen gesorgt ist; dafür ist gegebenenfalls nachlaßgerichtliche Genehmigung zu beantragen. Der Nachlaßpfleger kann mit den Erben abstimmen, ob bei einem nach kaufmännischen Grundsätzen geführten Erwerbsgeschäft die Bilanz nebst Gewinn- und Verlustrechnung, die schon zu Lebzeiten des Erblassers erstellt ist, oder auch eine spätere Bilanz nachgeprüft werden muß oder nicht. Wenn der Nachlaßpfleger oder die Erben der Ansicht sind, daß auf eine Nachprüfung der Unterlagen verzichtet werden kann, so sollte auch das Nachlaßgericht den gleichen Verzicht aussprechen. Nach einer nicht unbedenklichen Entscheidung des Oberlandesgerichts Frankfurt vom 8. 7. 1963[17] soll der Nachlaßrichter die Überprüfung der Bilanz nebst Gewinn- und Verlustrechnung unterlassen dürfen. Diese Entscheidung ist jedoch nicht zu billigen, weil der Nachlaßpfleger leicht in Gefahr gerät, ein Rechnungwerk anzuerkennen, das vielleicht nicht objektiv genug aufgestellt ist, um den Anforderungen der Finanzbehörde gegenüber gerecht zu werden. Der Nachlaßpfleger kann das Aufgebotsverfahren der Nachlaßgläubiger mit den Folgen der §§ 1970ff. betreiben; er wird dies tun müssen, wenn er Grund hat, sich einen Überblick über die Nachlaßpassiven zu beschaffen.

Zur Verwaltungsbefugnis des Nachlaßpflegers gehört auch das Recht, den Nachlaß zu liquidieren oder einzelne Nachlaßgegenstände zu veräußern. Er kann auch den Antrag auf Zwangsversteigerung eines Nachlaßgrundstückes beim Vollstreckungsgericht stellen (§ 175 II ZVG). Bei der Veräußerung von Nachlaßgegenständen, insbesondere bei der Auflösung eines Erwerbsgeschäftes, muß der Nachlaßpfleger abwägen, ob dies im Interesse des Nachlasses liegt. Selbstverständlich kann er Gegenstände, die nur Kosten verursachen oder für die der Verwaltungsaufwand unverhältnismäßig hoch ist, „versilbern". Er ist auch nicht ver-

---

17 *OLG Frankfurt*, 8. 7. 1963, NJW 1963 S. 2278.

pflichtet, ein Erwerbsgeschäft längere Zeit zu halten, sofern die Beendigung der Pflegschaft sich länger hinauszögert und anzunehmen ist, daß der vermutliche Erbe kein Interesse an der Fortführung des Geschäftes hat, wenn eine vorteilhafte Veräußerung oder eine günstige Liquidation möglich ist. Das gleiche gilt in Bezug auf Beteiligungen des Nachlasses an Personengesellschaften, auf Aktienbesitz und in Bezug auf Genossenschafts- oder GmbH-Anteile.

Zu den Pflichten des Nachlaßpflegers gehört es auch, den Erben zu ermitteln. Hierzu kann ihm unter anderem der Antrag auf Erlaß des Aufgebotes nach § 16 Abs. 1 und 2b VerschG dienen. Der Nachlaßpfleger kann auch den Antrag auf Todeserklärung stellen. Überdies hat er jede andere Möglichkeit zu nutzen, die ihm bei der Erbenermittlung hilft. Er darf bei Standesämtern anfragen, Auskunft von Behörden verlangen, notfalls eine Auskunftei oder einen Detektiv beauftragen oder in der Tagespresse inserieren. Alles, was er zur Erbenermittlung tut, geschieht auf Kosten des Nachlasses.

3. Dürftige Nachlässe

Lohnt sich die Verwaltung mangels Masse nicht, ist also die Anordnung von Nachlaßverwaltung oder Konkurs untunlich, so darf der Nachlaßpfleger wie der Erbe, den er gesetzlich vertritt, gemäß § 1990 vorgehen. Er kann die Befriedigung eines Nachlaßgläubigers insoweit verweigern, als der Nachlaß nicht ausreicht, und den Nachlaß zum Zwecke der Befriedigung an den Gläubiger im Wege der Zwangsvollstreckung herausgeben. Geschieht das, so darf er den Betrag seiner Vergütung und Auslagen als einen den Nachlaß mindernden Posten vorweg abziehen[18]. Hat der Nachlaßpfleger von § 1990 Gebrauch gemacht, so sind die §§ 1991 und 1992 anzuwenden, daß heißt Titulargläubiger sind voll und ganz vorweg zu befriedigen, an letzter Stelle Ansprüche aus Pflichtteilsrechten, Vermächtnissen und Auflagen gemäß § 226 KO (§ 1991 Abs. 4). Liegen weder rechtskräftige Titel gegen den Nachlaß vor, die hier ohne Vorbehalt der beschränkten Erbenhaftung ergangen sein können (§ 780 Abs. 2 ZPO) und sind auch keine Gläubiger nach § 1991 Abs. 4 (Pflichtteil, Vermächtnis, Auflagen) vorhanden, ist aber für einen Konkurs oder eine Nachlaßverwaltung nicht genügend Masse im Nachlaß, so ist der Nachlaßpfleger in der Reihenfolge der Befriedigung der Gläubiger aus Nachlaßmitteln frei. Dann braucht er nicht nach der Reihenfolge des Nachlaßkonkurses vorzugehen, weil § 1991 Abs. 4 die Wahrung die-

18 *OLG Dresden*, 9. 12. 1916, OLGZ 35 S. 373.

ser Rangordnung nur bei Gläubigern aus Pflichtteilsansprüchen, Vermächtnissen und Auflagen vorschreibt.

Der Nachlaßpfleger hat bei Überschuldung des Nachlasses gemäß § 1980 den Konkurs oder die Eröffnung des Vergleichsverfahrens zu beantragen; dazu ist ihm zur Vermeidung von Regreßansprüchen grundsätzlich zu raten. Er kann den Antrag nur dann unterlassen, wenn er von vorherein übersieht, daß diese Verfahren mangels Masse nicht eröffnet werden. Es besteht dann unter eigener Verantwortung des Nachlaßpflegers die Möglichkeit eines außergerichtlichen Vergleiches mit den bekanntgewordenen Nachlaßgläubigern. Hat dieser sofort das Aufgebot der Nachlaßgläubiger betrieben und durch ein Ausschlußurteil Übersicht erlangt, so wird man ihm auch einen außerverfahrensrechtlichen allgemeinen Vergleich gestatten dürfen. Hierbei hat der Nachlaßpfleger jedoch zu beachten, daß nach §§ 1822 Nr. 12, 1915, 1962 die nachlaßgerichtliche Genehmigung erforderlich ist. Wird der Konkurs eröffnet, so bleibt die Nachlaßpflegschaft grundsätzlich bestehen. Sie endet nicht mit der Eröffnung des Nachlaßkonkurses[19]. Bei überschuldeten Nachlässen sollte der Nachlaßpfleger primär daran denken, einen Konkursantrag zu stellen, wenn dies im Interesse der vertretenen unbekannten Erben erforderlich ist, dies auch deswegen, weil sonst Nachteile aus einem Rechtsstreit mit einem Nachlaßgläubiger drohen können.

Auch wenn ein Vergleich mit einem Nachlaßgläubiger zweckmäßig erscheint, soll er diesen Vergleich nicht schließen, weil die anteilsmäßige Minderung der Überschuldung nicht zu einer Freistellung des Nachlasses führen kann. Auch eine nachlaßgerichtliche Genehmigung würde in diesem Fall den Nachlaßpfleger nicht von der Haftung freistellen[20].

II. Voraussetzungen der Anordnung

1. Der Nachlaß vor der Annahme der Erbschaft

Das Nachlaßgericht hat für die Sicherung von Nachlässen zu sorgen, soweit ein Bedürfnis dafür besteht (§ 1960 Abs. 1 Satz 1) Ein Bedürfnis ist nach § 1961 trotz der insoweit etwas unglücklichen Formulierung dieser Vorschrift schon dann gegeben, wenn die Bestellung zum Zwecke der gerichtlichen Geltendmachung eines Anspruches, der sich gegen den

19 *AG u. LG Hannover*, 21. 6. 1909, KGJ 38 A S. 116.
20 *KG*, 7. 2. 1975, FamRZ 1975 S. 292.

Nachlaß richtet, von dem Berechtigten beantragt wird. Eine Nachlaßpflegschaft ist aber auch dann einzurichten, wenn der Erbe die Erbschaft noch nicht angenommen hat und ein Sicherungsbedürfnis besteht, oder wenn der Erbe unbekannt oder wenn ungewiß ist, ob er die Erbschaft angenommen hat und der Nachlaß der Fürsorge bedarf (§ 1960 Abs. 1 Satz 2). In der Praxis kommt es wiederholt vor, daß für den Fall eines Unternehmertodes das Nachlaßgericht eilends angegangen wird, einen Pfleger zu bestellen. Auch wenn das Nachlaßgericht schnell handelt und schon drei Tage nach dem Tode des Unternehmers eine Pflegschaft anordnet, so ist die Nachlaßpflegschaft auf jeden Fall anzuordnen, wenn es sich um nicht unerhebliches Vermögen handelt, insbesondere, wenn zum Nachlaß ein freiberufliches Unternehmen oder ein Gewerbebetrieb gehört[21]. Die Sicherungsmaßnahmen, die in § 1960 Abs. 2 vorgesehen sind, stellen nichts anderes als eine beispielhafte Aufzählung von Maßnahmen dar, mit denen nach Auffassung des Gesetzgebers eine Nachlaßsicherung herbeigeführt werden kann. Dazu gehören die Anlegung von Siegeln, die Hinterlegung von Geld, Wertpapieren und Kostbarkeiten sowie die Aufnahme eines Nachlaßverzeichnisses und dann eben die Bestellung eines Pflegers für diejenigen, die Erbe werden (§ 1960 Abs. 2). Aus der einleitenden Bestimmung für die Nachlaßpflegschaft ist § 1959 von Bedeutung, wonach von der Annahme der Erbschaft ein Anspruch, der sich gegen den Nachlaß richtet, nicht gegen den Erben gerichtlich geltend gemacht werden kann. Die Voraussetzungen, die in § 1960 Abs. 1 Satz 2 genannt werden, sind nicht völlig logisch, denn in den Fällen, in denen der Erbe unbekannt ist, liegt in Wirklichkeit der Fall des § 1960 Abs. 1 Satz 1 vor, und in den meisten Fällen, in denen ungewiß ist, ob der (bekannte) Erbe die Erbschaft angenommen hat, wird es so sein, daß die Erbschaft noch nicht angenommen wurde. Der ungenaue Wortlaut der gesetzlichen Bestimmung mag vielleicht mit daran schuld sein, daß die Begriffe „unbekannt sein“ und „ungewiß“ in diesem Zusammenhang mißverständlich sein können. Sollen Nachlaßsicherungsmaßnahmen angeordnet werden, so muß im Zeitpunkt der Anordnung einer Nachlaßpflegschaft oder einer anderen Sicherungsmaßnahme der Erbe unbekannt oder die Annahme der Erbschaft ungewiß sein; das Nachlaßgericht hat die Frage, ob eine Erbenermittlung Erfolg haben wird oder möglich ist oder ob die Ungewißheit über die Erbschaftsannahme zu beseitigen ist, den Ermittlungen des Nachlaßpflegers zu überlassen[22]. Unbekannt ist der Erbe auch dann,

21 Vgl. BayObLG, 13. 11. 1974, RPfleG 1975 S. 47.
22 *KG*, 3. 7. 1919, KGJ 52 A S. 57.

wenn ungewiß ist, wer von mehreren streitenden Erbprätendenten Erbe ist[23]. Liegen die Voraussetzungen des § 1960 nur für einzelne Erben vor, so erfaßt das Fürsorgebedürfnis nur den Erbteil des unbekannten oder ungewissen Miterben, und es ist eine Nachlaßpflegschaft für denjenigen einzurichten, der Erbe dieses Erbteils wird[24]. Die vom Nachlaßgericht im Anordnungsbeschluß vorausgesetzte Tatsache des Unbekanntseins oder der Ungewißheit hat das Prozeßgericht nicht nachzuprüfen[25], ebensowenig die Frage, ob ein Bedürfnis für die Nachlaßsicherung besteht.

Die Nachlaßpflegschaft ist auf Antrag des Gläubigers auch dann einzuleiten, wenn der Gläubiger zunächst über die Anerkennung eines Anspruches verhandeln will und wenn er nur im Falle des Bestreitens den Klageweg zu beschreiten beabsichtigt[26].

a) Ungewißheit des Erbes (§ 1960)

Ein nasciturus, der als Erbe in Betracht kommt, wird stets der Fürsorge bedürfen. Ein anderer Fall, bei dem ein Fürsorgebedürfnis ohne weiteres gegeben ist, liegt vor, wenn eine Stiftung oder eine Körperschaft öffentlichen Rechts Erbe werden soll und die staatliche Genehmigung noch aussteht. Ungewißheit kann schon vorliegen, wenn ein Streit um die Erbschaftsannahme ausgefochten werden muß oder wenn Zweifel über den Verlauf der Ausschlagungsfrist bestehen. In diesen Fällen soll das Nachlaßgericht nicht kleinlich verfahren, sondern den Fürsorgecharakter seiner Aufgabe in den Vordergrund stellen[27]. Sind die Erben zwar bekannt, ist aber die Größe des Erbteils ungewiß, so ist ein Nachlaßpfleger auch dann zu bestellen, wenn es sich um eine einzige Quote handelt, bei der ungewiß ist, wer sie erbt[28]. Ungewißheit und damit Anlaß für eine Nachlaßpflegschaft liegt auch dann vor, solange zwar die Erbprätendenten bekannt sind, aber nicht bekannt ist, wer der Erbe ist. Eine andere Auffassung hat das Kammergericht in dem eingehend begründeten Beschluß vom 3. 12. 1913 aufgegeben[29].

---

23 *KG*, 23. 12. 1913, KGJ 45 A S. 106; *KG*, 3. 7. 1919, KGJ 52 A S. 57 (59).
24 *KG*, 26. 6. 1911, KGJ 41 S. 94; *KG*, 11. 3. 1915, KGJ 48A S. 77.
25 *RG*, 9. 12. 1941, DR 1942 S. 533 = WarnRspr. 1942 Nr. 24.
26 *KG*, 10. 7. 1901, KGJ 22A S. 71.
27 Vgl. dazu die in der Fußnote zu *OLG Rostock*, 31. 3. 1921, OLGZ 42 S. 143 zitierte Entscheidung des *KG* vom 3. 11. 1921; *KG*, 12. 10. 1922, OLGZ 43 S. 388.
28 *KG*, 11. 3. 1915, KGJ 48 A S. 77.
29 *KG*, 3. 12. 1913, KGJ 45 S. 106, JR 49 S. 354.

Sehr eingehend und genau hat das Nachlaßgericht zu prüfen, ob die Bestellung eines Nachlaßpflegers auf Antrag eines Nachlaßgläubigers vorzunehmen ist, wobei der Antragsteller sein berechtigtes Interesse daran darzulegen hat. Kommen mehrere Personen als Erben in Frage, so hat sich das Nachlaßgericht davon zu überzeugen, wer nun eigentlich Erbe ist. Dann bietet sich die Möglichkeit der Nachlaßpflegschaft[30].

b) Antrag eines Nachlaßgläubigers (§ 1961)

Beantragt ein Nachlaßgläubiger die Bestellung eines Nachlaßpflegers, so ist die Prüfungspflicht des Gerichts nicht beseitigt, die an das Gericht zu stellenden Anforderungen sind jedoch geringer. In der Regel ist ein Pfleger zu bestellen, wenn der Antragsteller seinen Anspruch schlüssig und substantiiert darlegt, also den Klagvoraussetzungen des § 253 ZPO genügt. Wenn auch keine Glaubhaftmachung oder kein Nachweis der Rechtmäßigkeit des Anspruches verlangt werden darf, genügt doch nicht ein bloßer Antrag ohne ernsthafte Begründung[31]. Auch hierbei ist den Interessen des Antragstellers in billiger Weise Rechnung zu tragen. So ist die Nachlaßpflegschaft für zulässig zu erachten, wenn zwar die Person des Erben bekannt, die Sachlage aber unübersichtlich ist und daher begründete Zweifel bestehen, ob das Nachlaßgericht dem Gläubiger einen Erbschein erteilen kann[32]. Das gilt ganz besonders in dem Fall, daß ein Nachlaßpfleger verlangt wird, der an der Auflassung eines Grundstücks teilnehmen soll, das dem Antragsteller zusammen mit dem verstorbenen Entmündigten gemeinschaftlich zusteht[33]. Das Nachlaßgericht hat auf Antrag des Nachlaßgläubigers zu prüfen, ob neben den bekannten Erben noch unbekannte Erben für den Erbteil in Betracht kommen. In diesem Zusammenhang soll auf die Entscheidung des OLG Stuttgart vom 6. 2. 1975[34] verwiesen werden, wo zum Ausdruck gebracht wird, daß nach dem Tode des mutmaßlichen Vaters für ein nichteheliches Kind zur Sicherung seiner Ansprüche Maßnahmen getroffen werden müssen, um das nichteheliche Kind „als unbekannten Erben" zu behandeln. In einem Beschluß vom 13. 11. 1970[35] umgrenzt das Kammergericht den Wirkungskreis einer Nachlaßpflegschaft. Diese kann lediglich zum Zweck der Ermittlung unbekannter Erben eingeleitet

---

30 *BayObLG*, 18. 10. 1960, BayObLGZ 60 S. 405.
31 Vgl. *Greiser*, DFG 1938 S. 167.
32 *KG*, 20. 5. 1914, KGJ 46A S. 128.
33 *KG*, 10. 6. 1901, KGJ 22A S. 71.
34 *OLG Stuttgart*, 6. 2. 1975, NJW 1975 S. 890.
35 *KG*, 13. 11. 1970, NJW 1971 S. 565.

werden, und das Gericht führt aus, daß das Nachlaßvermögen davon nicht berührt wird. Niemals aber kann ein Nachlaßpfleger zur Mitwirkung an der Erbauseinandersetzung für einen unbekannten Miterben bestellt werden, weil die Erbauseinandersetzung für den Nachlaßpfleger außer Rede steht, es sei denn, daß alle Erben seine Tätigkeit wünschen und beachtet wird, daß das Ganze außerhalb der Nachlaßpflegschaft abläuft.

2. Zuständigkeit, Beschwerdeverfahren

Für die Nachlaßpflegschaft zuständig ist das Amtsgericht, in dessen Bezirk das Bedürfnis der Fürsorge hervortritt; es soll dem nach § 73 FGG zuständigen Nachlaßgericht Mitteilung machen (§ 74 FGG). Nach §§ 46, 75 FGG kann das Nachlaßgericht aus wichtigen Gründen die Pflegschaft abgeben, wenn ein anderes Gericht zur Übernahme bereit ist und der Nachlaßpfleger zustimmt. In denjenigen Fällen, in denen der Erblasser Deutscher war und zur Zeit des Erbfalles weder im Inland Wohnsitz noch Aufenthalt hatte und auch ein letzter inländischer Wohnsitz nicht festzustellen ist, ist als Nachlaßgericht das Amtsgericht Berlin-Schöneberg zuständig (§ 14 ZustVO)[36]. Soweit die Zuständigkeitsregelung des § 73 FGG in Gebiete weist, in denen deutsche Gerichtsbarkeit ausgeübt wurde, aber jetzt nicht mehr ausgeübt wird (innerhalb der Reichsgrenzen von 1937, aber östlich der Oder-Neiße-Linie, Danzig Memelland usw.), hat das Zuständigkeitsergänzungsgesetz[37] dasjenige Nachlaßgericht, in dessen Bezirk sich Nachlaßgegenstände befinden — in Ermangelung eines solchen Gerichts gleichfalls das Amtsgericht Berlin-Schöneberg — für zuständig erklärt (§ 7 ZustErgGes). Offengeblieben ist die Frage, welche Gerichte tätig werden sollen, wenn der Erblasser seinen Wohnsitz in der DDR oder im Ostsektor Berlins hatte. Grundsätzlich ist hier zu sagen, daß in dem Gebiet der DDR einschließlich Ost-Berlins deutsche Gerichtsbarkeit ausgeübt wird, hier also das Zuständigkeitsergänzungsgesetz nicht unmittelbar anzuwenden ist (vgl. § 1 ZustErgGes). Eine dem entgegenstehende Entscheidung des Kammergerichts vom 23. 2. 1953[38] ist rechtlich nicht haltbar. Es wird dort ausgeführt, es seien nicht staatsrechtliche Gesichtspunkte maßge-

---

36 Verordnung zur Vereinheitlichung der Zuständigkeit in Familien- und Nachlaßsachen vom 31. 5. 1934, RGBl. 1934 I S. 472; vgl. *BayObLG*, 22. 5. 1951, BayObLGZ 1949/51 S. 408 = JZ 1951 S. 528.

37 Gesetz zur Ergänzung von Zuständigkeit auf den Gebieten des bürgerlichen Rechts, des Handelsrechts und des Strafrechts vom 7. 8. 1952, BGBl. 1952 I S. 407.

38 *KG*, 23. 2. 1953, JR 1953 S. 228 mit Anmerkung von *Hoffmann*.

bend, sondern Inland bedeute ein Land gleichen Rechtes und gleicher Rechtsanwendung.

Beschwerdeberechtigt gegen die Anordnung einer Nachlaßpflegschaft ist der Erbe und gegebenenfalls der Testamentsvollstrecker. Das gleiche gilt für einen Gläubiger, der den Anspruch des Erben auf Nachlaßherausgabe gepfändet hat. Auch ein Erbschaftskäufer kann Beschwerde einlegen.

3. Ausländernachlaß

Hinterläßt ein Ausländer im deutschen Inland einen Nachlaß und ergibt sich dafür entweder ein Fürsorgebedürfnis (§ 1960) oder beantragt ein Gläubiger eine Prozesspflegschaft (§ 1961) oder eine Nachlaßverwaltung (§ 1975), so hat das Gericht zu prüfen, ob es überhaupt tätig werden darf und ob eine Pflegschaft oder eine Nachlaßverwaltung anzuordnen ist. § 73 FGG gibt dem deutschen Gericht zwar verfahrensrechtlich die Möglichkeit zu handeln; ob es aber eine Verwaltung einrichten darf, muß grundsätzlich davon abhängen, ob der ausländische Erblasser aufgrund der Kollisionsnormen des internationalen Privatrechts ausnahmsweise nicht nach seinem Heimatrecht, sondern nach deutschem Recht beerbt wird. Da nach Artikel 25 EGBGB ein Ausländer, der zur Zeit seines Todes seinen Wohnsitz im Inlande hatte, nach den Gesetzen des Staates beerbt wird, dem er zur Zeit seines Todes angehörte, hat sich die deutsche Praxis grundsätzlich dahin entschieden, zunächst nur eine Nachlaßpflegschaft gemäß § 1960 zu gestatten, wenn die Bestellung eines Nachlaßpflegers zur Fürsorge für den Nachlaß notwendig erscheint[39]. Nach Auffassung des Bundesgerichtshofes kann ein inländisches Gericht auf Antrag eines Nachlaßgläubigers eine Nachlaßpflegschaft auch dann anordnen, wenn der Verstorbene Ausländer war. Es spielt keine Rolle, ob das Heimatland des Verstorbenen eine Nachlaßpflegschaft kennt.

Die Bestellung eines Nachlaßpflegers ist auch wirksam, wenn die materiellrechtlichen Voraussetzungen nicht vorliegen[40]. Ob auch eine Nachlaßpflegschaft aus § 1961 (Prozeßpflegschaft) angeordnet werden kann, ist zweifelhaft, wird aber unter anderem vom Kammergericht in einer Entscheidung vom 8. 2. 1934[41] bejaht. Das ist wohl richtig, weil es

---

39 *KG*, 3. 6. 1908, KGJ 36 A S. 85 (86); *KG*, 11. 7. 1911, KGJ 41 S. 62 (67); *OLG Dresden*, 17. 2. 1914, KGJ 47 S. 238 (239).

40 *BGH*, 26. 10. 1967, BGHZ 49 S. 1 mit Anmerkung von *Rietschel*, BGH WM 1968 S. 615 = LM EGBGB Art. 25 Nr. 4.

41 *KG*, 8. 2. 1934, JW 1943 S. 909.

der zutreffenden allgemeinen Auffassung entspricht, daß ein Gläubiger eines Ausländernachlasses die Möglichkeit haben muß, im deutschen Inlande die Frage der Berechtigung oder Nichtberechtigung seiner Forderung entscheiden zu lassen; dabei kann es immer noch offen bleiben, ob dem Rechtsstreit deutsches oder ausländisches Recht zu Grunde gelegt wird. Darüber hinaus aber etwa eine Nachlaßpflegschaft in Form einer Nachlaßverwaltung für einen in Deutschland befindlichen Nachlaß eines ausländischen Staatsangehörigen, der aufgrund der Kollisionsnormen nach Auslandsrecht beerbt wird, anzuordnen, ist ebensowenig richtig, wie die Bestimmung eines Ersatztestamentsvollstreckers für einen Ausländernachlaß: Man muß davon ausgehen, daß die Möglichkeit zur Errichtung von Pflegschaften immer dann ausnahmsweise getrennt von den Grundsätzen, die das internationale Privatrecht für die Beerbung entwickelt hat, behandelt werden kann, wenn ein berechtigtes Interesse an der Nachlaßsicherung besteht und auch vom Standpunkt internationaler Rechtsauffassung hiergegen nichts eingewandt werden kann[42]. Die Richtigkeit dieser Auffassung wird übrigens dadurch bestätigt, daß auch ausländische Staaten entsprechend handeln. So kann zum Beispiel in den Vereinigten Staaten von Nordamerika ein Nachlaßadministrator in einem Einzelstaat bestellt werden, während für Vermögenswerte des gleichen Nachlasses in einem anderen amerikanischen Staat ein sogenannter Nebenverwalter zu bestellen ist. Solche Verwalter werden in den USA auch dann bestellt, wenn der Erblasser seinen Wohnsitz nicht in den USA hatte[43]. Für den Nachlaßpfleger des Nachlasses eines deutschen Staatsangehörigen besteht die Möglichkeit, in den Einzelstaaten der USA die Einsetzung von Nebenverwaltern anzuregen, wenn der Deutsche dort Nachlaßgegenstände hinterlassen hat. Das gleiche ist in Großbritannien der Fall. Obwohl das schweizerische Recht die Zuständigkeit ausländischer Behörden für die Behandlung des Nachlasses eines Schweizer Staatsangehörigen ausschließt, werden auch in der Schweiz Sicherungsmaßnahmen eingeleitet, gleichgültig, ob es sich bei dem Erblasser um einen Schweizer oder um einen ausländischen Staatsangehörigen handelt. Im Prinzip ist deshalb gegen die deutsche Rechtsprechung, eine Nachlaßpflegschaft nach § 1960 einzurichten, nichts einzuwenden.

---

42 *Wolff*, Das Internationale Privatrecht Deutschlands, 3. Aufl., Berlin 1954 S. 235; NiemeyerZ 1913 S. 21; *Lewald*, Das Deutsche Internationale Privatrecht auf der Grundlage der Rechtsprechung, Darmstadt 1963 S. 333.

43 *Nußbaum*, Grundzüge des Internationalen Privatrechts, München/Berlin 1952 S. 215f.

Sie entspricht dem internationalen Gebrauch und ist ebenso zulässig wie eine Nachlaß-Siegelung[44].

III. Der Nachlaßpfleger zwischen Gericht, Erben und Gläubigern

1. Nachlaßpfleger und Nachlaßgericht

Auf die Nachlaßpflegschaft sind die allgemeinen Vorschriften über die Pflegschaft und daher über § 1915 für die Vormundschaft geltenden Vorschriften entsprechend anzuwenden, soweit sich nicht aus dem Gesetz etwas anderes ergibt. Die Tätigkeit des Nachlaßpflegers beruht auf einem besonderen Vertrauensverhältnis, das den Nachlaßpfleger gegenüber dem Gericht, den Erben und den Nachlaß bindet und das in geringerem Maße auch Rechtswirkungen zwischen dem Nachlaßpfleger und den Nachlaßgläubigern erzeugt.

Der Nachlaßpfleger hat die Verpflichtung zur Aufstellung eines Nachlaßverzeichnisses, zur Rechnungslegung und zur Schlußrechnung wie jeder andere Vermögensverwalter in Vormundschaftssachen auch. Die von ihm geführte Verwaltung ist wie die Vormundschaft eine Selbstverwaltung, die ihn analog der Stellung des Vormundes gegenüber dem präsumptiven Erben verantwortlich macht. Das Nachlaßgericht hat die gleichen Aufsichts-, Überwachungs- und Beratungspflichten wie bei der Vormundschaft das Vormundschaftsgericht. Auch hier ergeben sich die gleichen Grenzen, die dem Vormundschaftsgericht verbieten, sich in Zweckmäßigkeitsfragen einzuschalten oder das Recht der Selbstverwaltung des Nachlasses durch den Nachlaßpfleger zu behindern.

Die Vorschriften über die Anlegung von Nachlaßgegenständen, Geld, Wertpapieren usw. und die Vorschriften über die nachlaßgerichtliche Genehmigung sind die gleichen wie für den Vormund und die vormundschaftsgerichtliche Genehmigung. Allein die Tatsache, daß ein Nachlaßpfleger sofort nach seiner Verpflichtung eine ganze Reihe von Geschäften vornehmen muß, die keinen Aufschub vertragen, also Verträge zu kündigen, Räume freizugeben, über Geldmittel zu verfügen hat usw., veranlaßt das Nachlaßgericht in der Praxis mit Recht dazu, dem Nachlaßpfleger eine allgemeine Ermächtigung zur Vornahme von Rechtsge-

---

44 *KG*, 8. 12. 1921, KGJ 53 S. 77; *KG*, 4. 2. 1937, JW 1937 S. 1728.

schäften im Rahmen des § 1825 zu erteilen. Es kann auch durchaus vorkommen, daß die Genehmigung zum Verkauf eines Grundstückes erteilt werden muß[45].

2. Nachlaßpfleger und Erbe

Sobald der Erbe feststeht und die Nachlaßpflegschaft aufzuheben ist, hat der Erbe einen Anspruch auf Herausgabe des Nachlasses gegen den Nachlaßpfleger. Dieser hat ihm jedoch vorher schon Auskunft zu erteilen, er ist ihm für die ordnungsgemäße Führung der Nachlaßpflegschaft verantwortlich.

Es wurde bereits darauf hingewiesen, daß die Nachlaßpflegschaft nicht dazu da ist, die Erbenhaftung zu beschränken, es sei denn, daß der Nachlaßpfleger einen Antrag auf konkurs- oder Vergleichsverfahrenseröffnung stellt und daraus die beschränkte Erbenhaftung herbeiführt. Im Rahmen seiner Befugnis bei der Aufstellung des Nachlaßverzeichnisses, bei der Geltendmachung der aufschiebenden Einreden und bei der Einleitung und Durchführung des Aufgebotsverfahrens nimmt der Nachlaßpfleger aber bereits vor Annahme der Erbschaft durch den Erben diesem Verrichtungen ab, die dieser sonst selbst vorzunehmen hätte. Es kann überdies sein, daß er bereits vor dem Auftreten des Erben und vor Erbschaftsannahme den Nachlaß selbst den Gläubigern überantwortet hat; dann hat der Nachlaßpfleger dem Erben auch die Herausgabe des Nachlasses zu verantworten. Tritt an die Stelle des Nachlaßpflegers der Erbe, so besteht deshalb kein Aussetzungsgrund, weil mit dem Eintritt des Erben die Partei selbst prozeßfähig geworden ist. Sie führt dann den Rechtsstreit ohne weiteres fort[46].

3. Nachlaßpfleger und Nachlaßgläubiger

Die Nachlaßpflegschaft ist eine Verwaltung des Nachlasses vor der Annahme der Erbschaft, bei der die Erwirkung und Vollstreckung von Urteilen der Gläubiger ohne den Vorbehalt der beschränkten Erbenhaftung nach § 780 Abs. 2 ZPO möglich und durchführbar ist. Die Nachlaßpflegschaft gehört aber nach dem Inhalt und der Systematik der Vorschriften des Bürgerlichen Gesetzbuches durchaus in den Bereich der Fürsorgepflegschaften, die dem Schutzbedürfnis desjenigen dienen, für den sie geführt werden. Sie steht deshalb in einer Reihe mit der Ergänzungs-, Gebrechlichkeits- und Abwesenheitspflegschaft sowie mit

45 *KG*, 16. 11. 1939, DFG 1940 S. 26.
46 *OLG Hamburg*, 24. 9. 1908, OLGZ 17 S. 318.

den verschiedenen Arten der Pflegschaften aus §§ 1912, 1913 und 1914. Die Tatsache, daß auch ein Gläubiger berechtigt ist, sie zu beantragen, ändert daran nichts, weil der Antrag aus § 1961 nur eine Anregung gegenüber dem Nachlaßgericht darstellt.

Die Nachlaßpflegschaft unterscheidet sich in wesentlichen Punkten von der Nachlaßverwaltung aus § 1981 und noch stärker vom Nachlaßkonkursverfahren. Die Nachlaßverwaltung ist eine auch den Gläubigern nützliche Verwaltung, wenn sie auch zu den gesetzlichen Vertretungspflegschaften für Erben und Nachlaß gehört. Nach § 1985 Abs. 2 ist der Nachlaßverwalter auch den Nachlaßgläubigern für den Nachlaß verantwortlich; die Nachlaßverwaltung tritt unter den öffentlich bestellten Verwaltungen in ihrer Wirkung nach außen am stärksten in Erscheinung. Neben dem Nachlaßverwalter hat der Erbe keinerlei Befugnis zu der Verwaltung und Verfügung; es findet eine völlige Trennung der Vermögensmassen statt. Im Gegensatz dazu ist neben dem Nachlaßpfleger der Erbe voll handlungs- und verfügungsfähig. Aus diesem Grunde ist die Vorschrift des § 1985 Abs. 2 über die Verantwortlichkeit eines Nachlaßverwalters durchaus gerechtfertigt und auf die Nachlaßpflegschaft keineswegs anwendbar. Die neuerdings auch von Staudinger-Lehmann vertretene andere Meinung findet im Gesetz keine Stütze[47]. Da der Nachlaßpfleger gesetzlicher Vertreter des Erben ist, besteht auch keine Veranlassung, eine andere Auffassung etwa deshalb zu vertreten, weil der Erbe die Möglichkeit hat, gegenüber den Nachlaßgläubigern seine Haftung zu beschränken und weil er demgemäß über § 287 für Verschulden des Nachlaßpflegers beschränkbar oder gar nur mit dem Nachlaß beschränkt haften würde. Es besteht kein Grund, über den Nachlaßpfleger den Gläubigern eine weitergehende Befriedigungsmöglichkeit als gegen den Erben zu verschaffen; die Haftung des Erben für den Nachlaßpfleger nach § 287 reicht völlig aus. Die Entscheidung des Oberlandesgerichts Hamburg vom 30. 7. 1906[48] sagt nichts anderes, als daß eine Nachlaßpflegschaft nicht nur der Sicherung der Erben, sondern auch der Gläubiger diene; das kann aber nicht bedeuten, daß der Nachlaßpfleger den Nachlaßgläubigern unmittelbar haftet. Hinsichtlich der Haftung des Pflegers gegenüber den Nachlaßgläubigern kommt über-

---

47 *Staudinger/Lehmann*, 11. Aufl., Anm. 57 zu § 1960; ebenso Reichsgerichtsräte-Kommentar zum BGB, 11. Aufl., Anm. 34 zu § 1960; *Kipp/Coing*, Erbrecht, § 125 III 5 S. 532; *Erman/Bartholomeyzik*, § 1960 Anm. 8f.; anderer Ansicht jedoch *Planck/Flad*, 4. Aufl. Vorbem. III 5 c vor § 1942; *Palandt*, § 1960, Anm. 5 C, cc u.a.

48 *OLG Hamburg*, 30. 7. 1906, RJA 8 S. 24.

dies § 1978 zur Anwendung; danach haftet der Erbe (für sich und nach § 278 für den Nachlaßpfleger) bei nachfolgender Anordnung von Nachlaßverwaltung und Nachlaßkonkurs, und zwar vor der Annahme der Erbschaft nach den Grundsätzen über die Geschäftsführung ohne Auftrag (§§ 677ff.); nach der Annahme der Erbschaft nach Auftragsvorschriften (§§ 662ff.). Diese Art der Haftung muß auch dem praktischen Bedürfnis gegenüber ausreichen, zumal die den Nachlaßgläubigern zustehenden Erstattungsansprüche als zum Nachlaß gehörend angesehen werden müssen, also im Ergebnis den Verlust des Nachlasses wieder wettmachen.

IV. Der Nachlaßpfleger im Rechtsstreit

Der Nachlaßpfleger als Vertreter ungewisser Erben kann einen laufenden Rechtsstreit übernehmen und weiterführen und hierfür die Bewilligung des Armenrechts (Prozeßkostenhilfe) beanspruchen, wenn die Prozeßkosten aus den Mitteln des Nachlasses nicht bestritten werden können[49]. In dem Gesetz über die Prozeßkostenhilfe[50] heißt es, daß eine Partei kraft Amtes auf Antrag Prozeßkostenhilfe erhält, wenn die Kosten aus der verwalteten Vermögensmasse nicht aufgebracht werden können und den am Gegenstand des Rechtsstreits wirtschaftlich Beteiligten nicht zuzumuten ist, die Unkosten aufzubringen.

Der Nachlaßpfleger ist auf jeden Fall berechtigt, eine Rentennachzahlung für die unbekannten Erben eines Versicherten in Besitz zu nehmen, solange das Feststellungsverfahren nach den §§ 1964 bis 1966 nicht abgeschlossen ist. Der Versicherungsträger kann nicht einwenden, daß möglicherweise der Fiskus auch den Versicherungsanteil erbt[51].

Zuletzt soll noch erwähnt werden, daß gegen einen durch eine Nachlaßpflegschaft gesicherten Nachlaß ein Arrestbefehl nicht mehr möglich ist. Die Sicherungsübernahme der Nachlaßpflegschaft überdeckt den Sicherungsanspruch des Arrestklägers[52].

---

49 *BayObLG*, 4. 6. 1902, BayObLGZ 3 S. 479.

50 § 116 Abs. 1 Nr. 1 ZPO neugefaßt mit Wirkung vom 1. 1. 1981 durch Gesetz über die Prozeßkostenhilfe vom 13. 6. 1980 (BGBl. I S. 677).

51 *BSG*, 1. 12. 1971, MDR 1972 S. 363; §§ 1960 – 1966; RVO § 1288.

52 *RG*, 24. 2. 1905, RGZ 60 S. 179.

V. Aufhebung der Nachlaßpflegschaft

Die Nachlaßpflegschaft ist nach § 1919 aufzuheben, wenn der Grund für ihre Anordnung weggefallen ist. Eine Beendigung kraft Gesetzes tritt nicht ein. Wenn und solange der Aufhebungsbeschluß noch nicht ergangen ist, bleibt der Nachlaßpfleger gesetzlicher Vertreter desjenigen, der sich als Erbe herausstellt[53]. Die Voraussetzungen der Aufhebung der Nachlaßpflegschaft sind vom Nachlaßgericht zu prüfen. Es muß für das Nachlaßgericht Gewißheit über die Erbschaftsannahme bestehen. Der zunächst unbekannte Erbe muß nicht nur ermittelt sein, sondern Voraussetzung für die Aufhebung ist auch, daß er die Erbschaft angenommen hat[54]. Handelt es sich um mehrere Erben, so ist die Nachlaßpflegschaft nur für diejenigen Erben aufzuheben, bei denen diese Voraussetzungen vorliegen.

Die Nachlaßverwaltung ist eine besondere Form der Nachlaßpflegschaft mit besonderen Wirkungen. Sie ist eine Nachlaßpflegschaft zum Zwecke der Befriedigung der Nachlaßgläubiger (§ 1975). Ein Nebeneinanderbestehen von Nachlaßpflegschaft und Nachlaßverwaltung ist daher begrifflich nicht möglich, vielmehr geht bei Anordnung der Nachlaßverwaltung durch das Nachlaßgericht die Nachlaßpflegschaft in diese besondere Form über. Der Nachlaßkonkurs hingegen und das gerichtliche Vergleichsverfahren über den Nachlaß, die nicht durch das Nachlaßgericht, sondern durch das Vollstreckungsgericht anzuordnen sind, beenden die Nachlaßpflegschaft nicht. Hier tritt das Ende der Nachlaßpflegschaft vielmehr erst mit dem Aufhebungsbeschluß des Nachlaßgerichts ein.

1. Beschwerderecht

Gegen den Aufhebungsbeschluß hat weder der Pfleger noch ein Nachlaßgläubiger das Recht der Beschwerde[55]. Eine sachliche Bereinigung und die Herausgabe des vom Pfleger verwalteten Vermögens muß von den Beteiligten notfalls im Prozeßwege durchgesetzt werden[56].

---

53 *RG*, 27. 11. 1922, RGZ 106 S. 44 (48); *RG*, 24. 2. 1937, RGZ 154 S. 110 (114).
54 *KG*, 3. 7. 1919, KGJ 52 A S. 58; *KG*, 14. 12. 1905, RJA 7 S. 29 (31).
55 *OLG Colmar*, 1. 2. 1911, OLGZ 23 S. 364; *BGH*, 13. 7. 1953, LM Nr. 1 zu § 1919.
56 *KG*, 7. 4. 1902, KGJ 24 A S. 23.

2. Wirkungen der Aufhebung

Nach Aufhebung der Nachlaßpflegschaft hat der Pfleger den Nachlaß an den oder die Erben herauszugeben. Er hat nicht das Recht, den Nachlaß zur Bezahlung von anderen Schulden als der evtl. Erbschaftsteuer zurückzuhalten.

Hat der Nachlaßpfleger Schlußrechnung gelegt und ist sie für richtig befunden und die Nachlaßpflegschaft aufgehoben, ist die Tätigkeit des Nachlaßgerichts beendet. Das Gericht ist nicht berechtigt, jetzt noch einzugreifen und die Erben etwa aufzufordern, den Nachlaß in Besitz zu nehmen. Die Aushändigung des Nachlasses bleibt Privatsache des Nachlaßpflegers. Sie fällt nicht unter die Angelegenheiten der freiwilligen Gerichtsbarkeit, welche durch Gesetz den Erben übertragen sind[57]. Der Aufhebungsbeschluß beendet jedoch nicht jegliche Tätigkeit des Nachlaßgerichtes und des Nachlaßpflegers. Beide bleiben noch so lange in Funktion, wie es die Lösung des Vertrauensverhältnisses fordert. Das Nachlaßgericht hat die Schlußrechnung des Pflegers zu prüfen. Es hat überdies auf Verlangen des Erben Bescheinigungen auszustellen, die der Erbe zur Legitimation für die Abhebung hinterlegter Gelder oder Wertpapiere benötigt, die Auszahlung einer etwa vom Pfleger geleisteten Sicherheit zu veranlassen und gegebenfalls dem Pfleger eine Vergütung festzusetzen. Solange die Nachlaßpflegschaft nicht ausdrücklich aufgehoben ist, kann der Nachlaßpfleger für die Erben mit verbindlicher Wirkung handeln. Das ergibt sich zwingend aus § 1919 im Zusammenhang mit § 1915. Eine solche Entscheidung ist auch aus Gründen der Sicherheit im Rechtsverkehr geboten und entspricht dem Zweck der Nachlaßpflegschaft[58]. Ist die Nachlaßpflegschaft aber aufgehoben und detaillierte Schlußrechnung gestellt, so endet die Handlungsbefugnis des Nachlaßgerichts. Es ist nicht mehr berechtigt, den Pfleger zu bestimmten Verwaltungshandlungen oder weiteren Rechnungslegungen zu zwingen. Mit einer förmlichen Schlußrechnung endet die Rechnungslegungspflicht des Pflegers gegenüber dem Nachlaßgericht. Das einzige, was das Nachlaßgericht noch tun kann, ist, auf Rückgabe der Bestallung zu drängen und wenn das Gericht dies erst dann macht, wenn der Nachlaßpfleger bereits Rechnung gelegt hat, so ist für ein Erinnerungsstrafverfahren kein Raum[59].

---

57 *OLG Braunschweig*, 7. 11. 1910, OLGZ 23 S. 313.
58 *BayObLG*, 30. 9. 1922, BayObLGZ 22 S. 111.
59 *KG*, 13. 2. 1969, FamRZ 1969 S. 446.

3. Konkurrenz zwischen Abwesenheitspflegschaft, Pflegschaft für den unbekannten Beteiligten und Nachlaßpflegschaft

Drei verschiedene Arten von Pflegschaften, die Pflegschaft aus § 1911, aus § 1913 und aus § 1960, stehen dem Gericht mitunter zur Auswahl, und die Entscheidung, welche von ihnen anzuordnen ist, ist manchmal schwierig. Eine Pflegschaft für einen unbekannten Beteiligten (§ 1913) wird zum Beispiel dann einzurichten sein, wenn der Vorerbe bekannt ist, jedoch nicht der Nacherbe, der selbst noch ungeboren ist, oder wenn eine zum Nacherben eingesetzte Stiftung noch nicht rechtsgültig errichtet ist[60]. Vor die Wahl gestellt, ob Abwesenheits- oder Nachlaßpflegschaft das richtige Verwaltungsinstitut ist, wird das Gericht, wenn ein Erbe vermißt oder verschollen ist, die Nachlaßpflegschaft bevorzugen, sofern eine Lebensvermutung für den Vermißten oder Verschollenen nicht mehr besteht. Die Nachlaßpflegschaft ist das Institut, das dem Fürsorgebedürfnis des Nachlasses, aber auch dem Schutze des Vermißten oder Verschollenen besser gerecht wird, weil der Nachlaß auf jeden Fall auf diese Weise gesichert wird und dem Vermißten oder Verschollenen Möglichkeiten zur Erklärung in Bezug auf den Nachlaß bis zu seiner etwaigen Rückkehr offengehalten werden. In solchen Fällen ist die Anordnung einer Nachlaßpflegschaft zu empfehlen. Man sollte auch nicht verkennen, daß der Erbe während der Dauer einer Nachlaßpflegschaft seine Handlungsfreiheit und Verwaltungs- und Verfügungsbefugnis behält und daß man diese auch dem Vermißten und Verschollenen erhalten sollte, und zwar auch dann, wenn eine Lebensvermutung nicht mehr besteht[61].

---

60 Ebenso *Staudinger/Lehmann*, 11. Aufl.; Anm. 30 zu § 1960; *RG*, 5. 6. 1919, LZ 1919 Sp. 1247; *KG*, 7. 5. 1920, OLGZ 41 S. 80; *Hörle*, ZBlFG 9 S. 711; *Arnold*, MDR 1949 S. 600f.

61 Ebenso Reichsgerichtsräte-Kommentar zum BGB, 11. Aufl., Anm. 3 zu § 1960; *Staudinger/Lehmann*, 11. Aufl., Anm. 9 zu § 1960; *Arnold*, NJW 1949 S. 248; *Zimmermann*, JR 1950 S. 751; *AG Hamburg*, 10. 8. 1949, MDR 1949 S. 680. Andere Ansicht *LG Koblenz*, 20. 4. 1949, MDR 1950 S. 42. Der *BGH* beantwortet diese Frage in seiner Entscheidung vom 6. 3. 1952, BGHZ 5 S. 240 nicht; vgl. jedoch die Aufsätze von *Höver*, DFG 1936 S. 29; *Greiser*, DFG 1938 S. 167; *Sachs*, NJW 1947/48 S. 367; *Roth*, NJW 1950 S. 341; *Tribian*, MDR 1952 S. 88; *Holthöffer*, NJW 1951 S. 909.

E.
Nachlaßverwaltung

I. Informationsmöglichkeiten des Erben

Die Erbschaft geht auf den berufenen Erben unbeschadet des Rechts über, diese auszuschlagen. Der Fiskus hat kein Ausschlagungsrecht (§ 1942). Der Erbe, der die Erbschaft angenommen hat, hat zunächst ein Interesse daran, zu erfahren, woraus der Nachlaß besteht und welche Verbindlichkeiten zu Lasten des Nachlasses vorhanden sind. Dieses Informationsinteresse wird vom Gesetzgeber unterstützt, indem er dem Erben die Möglichkeit gibt, einen Gläubigeraufruf durchzuführen.

1. Aufgebot der Nachlaßgläubiger

Pfandgläubiger und Gläubiger, die im Konkurs den Pfandgläubigern gleichgestellt sind sowie Gläubiger, die bei der Zwangsvollstreckung in das unbewegliche Vermögen ein Recht auf Befriedigung aus diesem Vermögen haben, werden, soweit es sich um die Befriedigung aus den ihnen haftenden Gegenständen handelt, durch das Aufgebot nicht betroffen. Das gleiche gilt von Gläubigern, deren Ansprüche durch eine Vormerkung gesichert sind oder denen im Konkurs ein Aussonderungsrecht zusteht, in Ansehung des Gegenstandes ihres Rechtes (§ 1971). Nach § 1972 sind Pflichtteilsrechte, Vermächtnisse und Auflagen durch das Aufgebot nicht betroffen. Jedoch kann jeder Miterbe die Nachlaßgläubiger auffordern, ihre Forderungen binnen einer Frist von sechs Monaten bei ihm oder dem Nachlaßgericht anzumelden. Die im Bundesanzeiger veröffentlichte Aufforderung, die zu Lasten der Erben erfolgt, führt dazu, daß nach der Nachlaßteilung jeder Miterbe nur für den seinem Erbteil entsprechenden Teil einer Forderung haftet, soweit die Forderung nicht vor Ablauf der Anmeldefrist angemeldet ist oder die Forderung ihm zur Zeit der Teilung bekannt war (§ 2061). Das Aufgebot führt im Rahmen des § 1973 zur Ausschließung von Gläubigern und wenn ein Nachlaßgläubiger erst nach fünf Jahren mit seinen Ansprüchen hervortritt, zu den Ausschließungsfolgen. In beiden Fällen hat der Erbe die Möglichkeit, die Befriedigung ausgeschlossener oder beschränkter Nachlaßgläubiger zu verweigern. Wenn er sie befriedigen will, kann er dies ausnahmsweise vor den Verbindlichkeiten aus Pflichtteilsrechten, Vermächtnissen und Auflagen noch tun, es sei denn, daß der Gläubiger so spät kommt und sich erst meldet, wenn diese drei Gläubigergruppen bereits befriedigt sind.

Die Bedeutung der Vorschriften über das Aufgebot gemäß §§ 1970 bis 1974 liegt darin, daß der Nachlaßpfleger (Nachlaßverwalter), wenn er dies will, sogar einen außergerichtlichen Vergleich schließen kann, mit der Maßgabe, daß er alle Gläubiger anteilig befriedigt und keinen ausläßt. Nachlaßverwalter und Nachlaßpfleger, die einen solchen außergerichtlichen Vergleich schließen und seine Genehmigung beim Nachlaßgericht erwirken, können dadurch Prozeßstreitigkeiten vermeiden. Sie gehen zwar über ihre eigentlichen Aufgaben hinaus, können aber durch ihre eigene Mühewaltung mit jedem einzelnen Gläubiger, ohne einen auszuschließen, eine Gläubigervereinbarung treffen, die dann das ganze Verfahren beendet. Das Gesetz bietet also die Möglichkeit, in Bezug auf die Gläubiger gewissermaßen „reinen Tisch zu machen" und schafft damit eine echte Arbeitshilfe. Der Pfleger (Nachlaßverwalter) darf nicht vergessen, daß ein von ihm angestrebter und vorbereiteter Vergleich erst wirksam wird, wenn das Nachlaßgericht ihn genehmigt und er die Genehmigung den Beteiligten mitgeteilt hat.

2. Aufschiebende Einrede

Drei Monate gibt das Gesetz den Erben Zeit, die Berichtigung einer Nachlaßverbindlichkeit zu verweigern, jedoch nicht über die Errichtung des Inventars hinaus (§ 2014). Einen weiteren Aufschub gestattet das Gesetz dem Erben für die Schuldenbereinigung, wenn ein Aufgebotsverfahren beantragt ist und wenn dies innerhalb eines Jahres nach Annahme der Erbschaft geschieht. In diesem Fall ist der Erbe berechtigt, die Berichtigung von Verbindlichkeiten bis zur Beendigung des Aufgebotsverfahrens zu verweigern (§ 2015). Wenn vor der Annahme der Erbschaft zur Verwaltung des Nachlasses ein Nachlaßpfleger bestellt ist, so beginnen die in §§ 2014 und 2015 Abs. 1 bestimmten Fristen mit der Bestellung (§§ 2016, 2017) des Nachlaßpflegers.

3. Inventarerrichtung (Inhalt und Rechtsfolgen)

Wenn der Erbe nicht voll haften will, muß er sich zuvor darüber klar sein, daß er sein eigenes Wissen in die Nachlaßabwicklung einzubringen hat, er muß also ein Inventar errichten. Der Erbe ist berechtigt, dieses Nachlaßinventar beim Nachlaßgericht einzureichen.

Um den Lauf der Dinge zu beschleunigen, kann das Nachlaßgericht dem Erben eine Frist zur Errichtung des Inventars bestimmen, nach deren Ablauf der Erbe für die Nachlaßverbindlichkeiten unbeschränkt haftet, wenn er das Inventar nicht vor Fristablauf eingereicht hat. Die Inventarfrist soll nach § 1995 mindestens einen Monat, höchstens drei Monate betragen. Sie beginnt mit der Zustellung des Beschlusses, durch den die Frist bestimmt wird. Die §§ 1933 bis 2013 geben die bei der Inventarerrichtung zu beachtenden Einzelheiten wieder. Neu ist nach § 1999, daß, wenn ein Erbe unter elterlicher Sorge oder Vormundschaft steht, nach dieser Sollvorschrift das Nachlaßgericht dem Vormundschaftsgericht von der Bestimmung der Inventarfrist Mitteilung machen muß.

Das Inventar muß vollständig sein. Bei seiner Aufnahme soll der Erbe eine zuständige Behörde oder einen Beamten oder Notar hinzuziehen oder beim Nachlaßgericht beantragen, selber das Inventar aufzunehmen. Dazu muß der Erbe dem Nachlaßgericht jederzeit Auskunft erteilen.

Das Inventar ist in allen Fällen beim Nachlaßgericht einzureichen. Das vollständige Inventar bedeutet das Gegenstück zum Aufgebot.

Während sich im Aufgebot die Gläubiger zu den Passiva zu erklären haben, umfaßt das Inventar die Nachlaßpassiva und selbstverständlich auch noch einmal die Forderungen. Der Erbe ist auf Verlangen eines Nachlaßgläubigers verpflichtet, zu Protokoll des Nachlaßgerichts an Eides Statt zu versichern, daß er nach bestem Wissen die Nachlaßgegenstände so vollständig angegeben habe, wie er dazu imstande ist.

Ein rechtzeitiges und vollständiges Inventar gibt dem Erben die Möglichkeit, seine Haftung auf den Nachlaß zu beschränken. Das öffnet den Weg für die Nachlaßverwaltung oder den Nachlaßkonkurs bzw. ein Vergleichsverfahren. Nach § 2012 kann jedoch einem Nachlaßpfleger (Nachlaßverwalter) keine Inventarfrist bestimmt werden.

Wenn der Erbe erst einmal beschränkt haftet, so ist er nicht mehr berechtigt, die Anordnung einer Nachlaßverwaltung zu beantragen, so, wenn er die Inventarfrist versäumt hatte oder ein unvollständiges Inventar abgegeben hat. Sein Recht, Nachlaßverwaltung zu beantragen, wird dadurch ausgeschlossen, daß er dem Nachlaßgläubiger oder den Nachlaßgläubigern unbeschränkt haftet.

4. Haftungsbeschränkung auf den Nachlaß

Hat der Erbe keine Frist versäumt, das Inventar vollständig errichtet und mit der nötigen Versicherung versehen und liegen alle Voraussetzungen vor, so kann er, um seine eigene Haftung auf den Nachlaß zu beschränken, Nachlaßverwaltung beziehungsweise Konkurs oder Vergleich beantragen. Wird die Nachlaßverwaltung (Konkursverwaltung) angeordnet, so ist zunächst der Nachlaß, wenn aus ihm Aktiven entnommen oder vergeben worden sind, wieder aufzufüllen. Der separierte Nachlaß muß aus all dem bestehen, was seinen Inhalt zum Zeitpunkt des Erbfalles ausmachte.

5. Nachlaßverwaltung und Nachlaßkonkurs

Die Folgen der Zäsur und die Abtrennung des Nachlasses vom anderweitigen Vermögen des Erben durch die Nachlaßverwaltung bringen es mit sich, daß die infolge des Erbfalls durch Vereinigung von Recht und Verbindlichkeit oder von Recht und Belastung erloschenen Rechtsverhältnisse wieder ins Leben zurückgerufen werden. Hat ein Nachlaßgläubiger vor der Anordnung der Nachlaßverwaltung oder vor der Eröffnung des Nachlaßkonkurses seine Forderung gegen eine nicht zum Nachlaß gehörende Forderung des Erben ohne dessen Zustimmung aufgerechnet, so ist nach der Anordnung der Nachlaßverwaltung oder der Eröffnung des Nachlaßkonkurses die Aufrechnung als nicht erfolgt anzusehen. Nach § 1977 Abs. 2 gilt das gleiche, wenn ein Gläubiger, der nicht Nachlaßgläubiger ist, die ihm gegen den Erben zustehende Forderung gegen eine zum Nachlasse gehörende Forderung aufgerechnet hat. Beide Institute, Nachlaßverwaltung und Nachlaßkonkurs (§ 214 ff. KO) weisen Parallelen auf. Die Nachlaßverwaltung soll zur gleichmäßigen und vollständigen Befriedigung aller Nachlaßgläubiger führen, und zwar aus dem abgetrennt zu behandelnden Nachlaß selbst. Der vielleicht kürzere Weg des Nachlaßkonkurses führt jedoch meist zur quotenmäßigen Befriedigung der Nachlaßgläubiger, in der Regel nicht zur vollen Befriedigung. Das ist auch der Grund, warum im Zweifelsfall die Vorschriften des ausführlich geregelten Nachlaßkonkurses zur Ergänzung und Auffüllung der Vorschriften über die Nachlaßverwaltung hinzugezogen werden können (§ 1984 Abs. 1 Satz 2). Ebenfalls ergänzend sollte der Nachlaßverwalter nicht die Möglichkeiten vernachlässigen, die die Vergleichsordnung vom 26. 2. 1935 bietet.

6. Vorherige Verwaltungshandlungen des Erben

Nicht selten wird die Nachlaßverwaltung erst zu einem Zeitpunkt angeordnet oder ein Konkurs eröffnet, zu dem der Erbe einzelne Verwaltungshandlungen bereits getroffen hat.

Auf solche Handlungen des Erben finden die Vorschriften über die Geschäftsführung ohne Auftrag entsprechende Anwendung (§ 1978). Der Erbe hat auch ein Recht auf Aufwendungsersatz, soweit er nach der Vorschrift über die Geschäftsführung ohne Auftrag Ersatz verlangen könnte.

Soweit Nachlaßverbindlichkeiten bereits befriedigt sind, haben sie die Nachlaßgläubiger als für die Rechnung des Nachlasses erfolgt gelten zu lassen, jedoch nur, wenn der Erbe des Glaubens sein konnte, der Nachlaß reiche hierzu aus. Weiß aber der Erbe, daß der Nachlaß überschuldet ist, so hat er unverzüglich die Konkurseröffnung zu beantragen oder, sofern nach § 113 VerglO ein solcher Antrag zulässig ist, die Eröffnung des gerichtlichen Vergleichsverfahrens über den Nachlaß zu beantragen. Wenn er all dies unterläßt, ist er den Gläubigern zum Schadensersatz verpflichtet (§ 1980). Die um den Nachlaß sich bildenden Sachverhalte veranlassen den Gesetzgeber, auch insoweit Klarheit zu schaffen, als er die Kenntnis der Überschuldung gleichsetzt mit der auf Fahrlässigkeit beruhenden Unkenntnis des Erben. Hier spielt das Aufgebotsverfahren eine besondere Rolle. Mußte der Erbe annehmen, daß unbekannte Nachlaßverbindlichkeiten bestehen und hat er den Antrag auf Aufgebot unterlassen, ohne daß die Aufgebotskosten gegenüber den Verbindlichkeiten unverhältnismäßig hoch sind, so tritt wiederum Haftung des Erben nach § 1980 Abs. 2 ein.

Der Erbvorgang ist in jedem Fall ein zur besonderen Aufmerksamkeit aufforderndes Ereignis. In der Regel wird der Erbe über die Nachlaßfrage Bescheid wissen oder sich auf dem hier beschriebenen Weg Gewißheit verschaffen müssen.

7. Grundsätze der Nachlaßverwaltung

Der Nachlaßverwalter, dessen Aufgabe in einer besonderen Art der Nachlaßpflegschaft besteht, und der Nachlaßkonkursverwalter sind zwei Institutionen, die nötig geworden sind, weil der getrennte Nachlaß keineswegs führungslos sein darf. Beide Verwaltungsorgane — Nachlaßverwalter und Nachlaßkonkursverwalter — unterscheiden sich zwar in der Zielsetzung ihrer Aufgaben, aber ansonsten bieten sie gewisse Ähnlichkeiten. Die Nachlaßverwaltung ist auf Nachlaßerhaltung gerichtet, während der Konkursverwalter Vermögenswerte „zerschlägt", um den Gläubigern eine möglichst hohe Quote zu bieten. Ihrer beider Stellung legt deshalb auch die Empfehlung nahe, daß Gläubiger, Erbschaftskäufer und Nachlaßpfleger Anträge auf Nachlaßverwaltung und

Nachlaßkonkurs stellen sollen, weil es in ihrem Interesse liegt, den vom Vermögen des Erben abgetrennten Nachlaß nicht führungslos zu belassen. Damit ist zugleich gesagt, daß sowohl Nachlaßverwalter wie Nachlaßkonkursverwalter dem Ordnungsgebot zu folgen haben: Diese Verwalter sind zwar für die Gläubiger da, sie stehen aber auch in einem gewissen Sorgfaltsverhältnis zum Erben und helfen schließlich mit zu einer geregelten Verwaltung.

Beantragt jemand ohne hinreichenden sachlichen Grund eine Nachlaßverwaltung, fehlt für die gerichtliche Anordnung das Rechtsschutzbedürfnis. Wenn der allgemein tätige Nachlaßpfleger die Notwendigkeit erkannt hat, ist er verpflichtet, seinerseits eine Nachlaßverwaltung zu beantragen. Das Antragsrecht für eine Nachlaßverwaltung ist ein höchstpersönliches Recht des Erben oder des Gläubigers oder Nachlaßkäufers. Deshalb liegt es weitab vom Aufgabengebiet eines Konkursverwalters. Eine Nachlaßverwaltung kann von den Berechtigten bereits vor Annahme der Erbschaft beantragt werden (analog §§ 216 KO, 113 Abs. 1 Ziff. 2 VerglO). Inhaltlich ist auch die Nachlaßverwaltung eine besondere Art der Pflegschaft.

8. Grundsätze für die Auswahl des Nachlaßverwalters

Niemand ist verpflichtet, eine Nachlaßverwaltung zu übernehmen. Das Nachlaßgericht wird nach besonderen Fähigkeiten und Kenntnissen die Persönlichkeit des Nachlaßverwalters auswählen. Das geht so weit, daß es sogar den Erben selbst zum Nachlaßverwalter bestellen könnte[1].

Nachlaßverwaltungen verlangen eine besonders sorgfältige und sachliche Auswahl in Bezug auf die Person des Nachlaßverwalters. Es ist ein großer Unterschied, ob das Nachlaßgericht die Auswahl für den Nachlaß eines Rechtsanwaltes oder eines Arztes, eines Kaufmannes oder einer Privatperson und für einen verschuldeten oder gar einen reichen Erblasser zu treffen hat. Bestimmt das Nachlaßgericht eine Persönlichkeit, die bereits Pfleger, Verwalter oder Verwaltungstestamentsvollstrecker ist oder war, so ist mit großer Aufmerksamkeit zu prüfen, ob der Ausgewählte nicht objektiv in eine Interessenkollision gerät[2]. Dies

1 *Weissler*, Das Nachlaßverfahren, Berlin 1920 S. 425 unter Hinweis auf die Protokolle (Prot. 5, 820), wo die Ansicht, die Bestellung des Erben zum Nachlaßverwalter zuzulassen, zwar zurückgezogen wurde, „dabei aber die Absicht ausgesprochen worden (ist), daß es selbstverständlich sei, „da es sich hier materiell nicht um eine Pflegschaft handele".

2 *KG*, 1. 12. 1938 JFG 18, S. 329ff.

trifft jedoch nicht zu, wenn das Nachlaßgericht einen Zwangsverwalter für ein dem Erben gehörendes Grundstück zum Nachlaßverwalter bestimmt, da beide Zwangsliquidatoren sind und in der Regel in ihrem Aufgabenkreis nicht verschiedene Interessen verfolgen.

9. Anordnung und Ablehnung des Antrags auf Nachlaßverwaltung

Lehnt das Nachlaßgericht den Antrag eines Erben auf Bestellung eines Nachlaßverwalters zum Zwangsverwalter oder eines Zwangsverwalters zum Nachlaßverwalter ab, so hat der Erbe die Möglichkeit der Beschwerde nach § 20 Abs. 2 FGG. Dies gilt zunächst für den Alleinerben. Handelt es sich um eine Erbengemeinschaft, so kann der Antrag auf Nachlaßverwaltung von den Erben nur gemeinschaftlich gestellt werden. Die Nachlaßverwaltung kann nicht mehr angeordnet werden, wenn der Nachlaß bereits geteilt ist. Diese grundsätzliche Bestimmung läßt eine Ausnahme nur dann zu, wenn zum Nachlaß eine Personengesellschaft gehört. Hiervon kann nur gesprochen werden, wenn es sich um Folgeergebnisse handelt, die daraus entstehen, daß unter mehreren Erben einer die Wahl aus § 139 HGB ausgeübt hat und damit in Abweichung von § 2042ff. die Erbengemeinschaft insoweit aufgelöst ist. Hier muß den Miterben die Möglichkeit gegeben werden, nicht gemeinschaftlich zu haften, sondern Nachlaßverwaltung anzuordnen, um damit den Nachlaß für die Deckung der Nachlaßschulden zu konservieren. Mit Recht schreibt Börner[3], daß entgegen der Bestimmung des § 2062 in solchen Fällen jeder Miterbe die Anordnung einer Nachlaßverwaltung beantragen kann und daß, nachdem der Erbe infolge der Bestimmung des § 139 HGB aus der Miterbengemeinschaft ausgeschieden ist, in Abweichung von § 113 Abs. 1 Nr. 3 VerglO einem Antrag auf Eröffnung des Nachlaßvergleichsverfahrens noch stattzugeben ist.

In diesem Zusammenhang sei auch auf den überzeugenden Hinweis von Westermann[4] (AcP 173, S. 44) verwiesen. Die Nachlaßverwaltung ist,

3 *Börner*, Die unbewältigte Erbenhaftung (Die Erbengemeinschaft als Gesellschafterin einer offenen Handelsgesellschaft), AcP 166 S. 453.

4 *Westermann*, AcP 173 S. 44. „Wenn der Nachlaß geteilt ist, haftet der Erbe auch bei Zugrundelegung der Erbrechtsvorschriften mit seinem Privatvermögen. Ihm die Möglichkeit zu geben, in Abweichung von § 2062 noch die Nachlaßverwaltung herbeizuführen, erscheint um so wichtiger, als ihn nicht nur die außergesellschaftlichen Verpflichtungen des Erblassers, sondern auch die Gesellschaftsschulden treffen, die bis zum Ende des Schwebezustandes aufgelaufen sind. Die Haftung nach Erbrecht ginge sonst im Ergebnis womöglich weiter als die Kommanditistenhaftung gem. § 173 HGB, die den Erben bei voll eingezahlter Einlage so gut wie aller Sorge ledig sein läßt."

gleichgültig von wem sie beantragt wird, anzuordnen, wenn das Verhalten des Erben oder die Vermögenslage des Erben befürchten lassen, daß die Befriedigung der Nachlaßgläubiger in ihrer Gesamtheit gefährdet ist. Gefahr kann auch vom Testamentsvollstrecker ausgehen. Wenn der Erbe weiß, daß der Testamentsvollstrecker unzuverlässig ist oder pflichtwidrig handelt, so muß er auf Abberufung des Testamentsvollstreckers drängen, weil er sich dessen Verhalten zurechnen lassen muß[5].

Es ist daher Aufgabe des Erben, durch Antrag an das Nachlaßgericht auf Entlassung des Testamentsvollstreckers die Nachlaßgläubiger vor dem ungeeigneten Testamentsvollstrecker zu schützen, selbst wenn man diese nicht als Vertreter des Erben ansieht[6].

Ein einzelner Nachlaßgläubiger ist in der Regel nicht befugt, eine Nachlaßverwaltung zu beantragen, damit ihm ein Privatliquidator für die Durchsetzung seines Individualanspruchs bestellt wird. Vielmehr muß der einzelne Gläubiger versuchen, mit Hilfe der sonstigen prozessualen Rechtshilfe die Durchsetzung seines Anspruchs zu sichern und zu ermöglichen[7].

10. Anordnungsverfahren und Beschwerderecht

Das für die Anordnung der Nachlaßverwaltung zuständige Nachlaßgericht, aus dessen Kreis der Rechtspfleger zuständig ist (§§ 3 Nr. 2c, 16 Abs. 1 Nr. 1 RpflG), hat nur zu prüfen, ob eine Gefährdung der Nachlaßgläubiger gegeben ist. Insoweit wird es regelmäßig genügen, wenn der Nachlaßgläubiger Tatsachen vorträgt, die es dem Rechtspfleger ermöglichen, zu prüfen, ob die Voraussetzungen für die Anordnung einer Nachlaßverwaltung vorliegen oder nicht. Es besteht insoweit keine Glaubhaftmachungsverpflichtung, sondern nur eine Darlegungspflicht[8,9]. Neben dem Erben und den Nachlaßgläubigern, dem Konkursverwalter und dem verwaltenden Testamentsvollstrecker (vgl. § 217 KO) sind auch der Erbschaftskäufer (§ 2383 Abs. 1 Satz 1), der Nachlaßpfleger und der Nacherbe (§ 2144) berechtigt, Nachlaßverwaltung zu beantragen. Im Fall des Erbschaftskaufs hat auch der Erbschaftsverkäufer wie jeder andere Nachlaßgläubiger innerhalb von zwei Jahren

5 *KG*, 27. 2. 1930, HRR 30 Nr. 1109.

6 *OLG Colmar*, 22. 5. 1918, OLGZ 39 S. 1213.

7 *KG*, 13. 5. 1912, KGJ 43 A 79, A 82/A 83.

8 *KG*, 21. 10. 1912, KGJ 44 A 73, A 74; *Weissler*, a.a.O., S. 423.

9 *KG*, 7. 12. 1905, OLGZ 12 S. 357, 358; *OLG Colmar*, 15. 12. 1911, OLGZ 23 S. 6667; *KG*, 25. 7. 1940, DFG 1941 S. 25, 26.

seit der Annahme der Erbschaft (§ 1981 Abs. 2 Satz 1) das Recht, entsprechend §§ 232, 220 KO den Antrag auf Anordnung der Nachlaßverwaltung zu stellen[10].

Sofern dem Antrag des Erben gemäß § 1981 Abs. 1 auf Anordnung der Nachlaßverwaltung stattgegeben wird, steht dem Antragsteller kein Beschwerderecht zu. Im Interesse der Rechtssicherheit muß eine Nachlaßverwaltung wegen der weitgehenden Rechtsfolgen grundsätzlich bestandssicher und nicht vom Willen des Antragstellers abhängig sein. Des weiteren würde eine Beschwerde des Antragstellers gegen die auf seinen Wunsch hin angeordnete Nachlaßverwaltung gegen das Verbot des widersprüchlichen Verhaltens verstoßen. Auch die Rücknahme des Antrags vor Anordnung der Nachlaßverwaltung kann die Einleitung des amtlichen Liquidationsverfahrens nicht rückgängig machen. Da die Nachlaßverwaltung auch dem Interesse der Nachlaßgläubiger dient und aufgrund der Rechtsähnlichkeit mit dem Konkursverfahren ist dem antragstellenden Erben die Befugnis genommen, ab Antragstellung auf den Gang des eingeleiteten Nachlaßverwaltungsverfahrens Einfluß zu nehmen.

11. Beschwerdemöglichkeiten

Gemäß § 76 Abs. 2 FGG können der Erbe, bei Miterben jeder Erbe sowie der zur Verwaltung des Nachlaßvermögens befugte Testamentsvollstrecker gegen eine auf Antrag eines Nachlaßgläubigers angeordnete und damit gegen ihren Willen aufgedrängte Nachlaßverwaltung sofortige Beschwerde einlegen. Von der 2-wöchigen Beschwerdefrist, die für jeden Beteiligten unterschiedlich mit der jeweiligen Bekanntmachung an ihn zu laufen beginnt (§§ 22 Abs. 1, 16 Abs. 2, Abs. 3 FGG), ist der „Antrag“ auf Aufhebung der Nachlaßverwaltung gedanklich zu trennen[11]. Das gilt selbst dann, wenn seit dem Zeitpunkt der Anordnung der Nachlaßverwaltung neue Tatsachen bekannt geworden oder eingetreten sind, die eine Aufhebung der Nachlaßverwaltung begründen könnten[12]. Den Beteiligten bleibt somit nur die Möglichkeit, beim Nachlaßgericht anzuregen, die Nachlaßverwaltung aufzuheben[13]. Nach der Rechtspre-

10 *Weissler*, a.a.O., S. 422 unter Hinweis auf Prot. 5, 825, 826.
11 *KG*, 6. 6. 1907, OLGZ 17 S. 366, 367.
12 *BayObLG*, 6. 7. 1932, BayObLGZ 32 S. 336, 338 m.w.N.
13 *BayObLG*, 15. 12. 1966, FamRZ 1967 S. 173, 174 = *BayObLGZ* 1966 S. 75, 76 = MDR 1966 S. 589.

chung tritt die Wirksamkeit gem. § 76 Abs. 1 FGG mit der Bekanntmachung des Anordnungsbeschlusses gegenüber dem oder den Erben ein[14].

12. Inhalt und Notwendigkeit der Bekanntmachung

Bei der Bekanntmachung der Anordnung der Nachlaßverwaltung gemäß § 1983 ist der Name des Nachlaßverwalters anzuführen. Der Name des Erben braucht nicht angegeben zu werden. Die Bekanntmachung braucht auch keine Angaben darüber zu enthalten, ob die Nachlaßverwaltung auf Antrag des Erben oder auf Antrag des Gläubigers angeordnet worden ist[15].

Ebenso wie die Bekanntgabe der angeordneten Nachlaßverwaltung gegenüber den Finanzbehörden (vgl. § 12 Abs. 1 ErbStDV) hat das Nachlaßgericht von Amts wegen die eintragungsfähige Tatsache der Nachlaßverwaltung gegenüber dem Grundbuchamt zu veranlassen (§ 113 Abs. 2 KO; so auch § 79 Abs. 2 Bayer. NachlaßO). Art und Weise der öffentlichen Bekanntmachung erfolgen entsprechend den Vorschriften der §§ 76/111 KO.

13. Kostenvorschuß

Die Ablehnung der Nachlaßverwaltung mangels Masse gemäß § 1982 Abs. 2 kann vom Antragsteller dadurch abgewendet werden, daß er analog § 107 Abs. 2 Satz 2 KO einen entsprechenden Kostenvorschuß leistet.

14. Inlandsnachlaß gemäß ausländischem Erbstatut

Während bei der Nachlaßpflegschaft bei einem Inlandsnachlaß, der einem ausländischen Erbstatut unterliegt, kraft Gewohnheitsrecht durch das deutsche Nachlaßgericht eine entsprechende Anordnung erfolgen kann, sind die deutschen Nachlaßbehörden nicht befugt, für einen Ausländernachlaß ein Verteilungsverfahren zur Befriedigung der Nachlaßgläubiger einzuleiten. Das Institut der Nachlaßpflegschaft dient lediglich der Sicherung des Nachlasses, während die Nachlaßverwaltung aufgrund ihrer Zwecksetzung und der mit ihr zusammenhängenden Rechts-

---

14 *BayObLGZ*, 28. 6. 1976, FamRZ 1977 S. 487, 488/489 = BayObLGZ 76 S. 166, 170, 171 = DB 1976 S. 2468; *BayObLG*, 15. 2. 1966, FamRZ 1967 S. 173, 174 = BayObLGZ 66 S. 75, 76.

15 So auch für Bayern § 78 Bayer. NachlassO — abgedruckt in Bayerische Justizgesetze, 3. Aufl. München 1977, herausgegeben von Ostler, S. 203.

folgen weit einschneidender in die Rechtsposition des Auslandserben eingreift.

15. Wirkungen der Anordnung einer Nachlaßverwaltung (Anfechtung von Rechtsgeschäften)

Der Nachlaßverwalter muß auch prüfen, ob der Erblasser oder der Erbe dem Nachlaß irgendwelche aktiven Werte vor Anordnung der Nachlaßverwaltung entzogen haben und er muß insoweit selbst Aktivprozesse führen. Dem Nachlaßverwalter ist es jedoch verwehrt, Anfechtungsprozesse nach dem Gesetz betreffend die Anfechtung von Rechtshandlungen eines Schuldners außerhalb des Konkursverfahrens zu führen. Stößt er auf eine solche anfechtbare Rechtshandlung des Erblassers oder des Erben und ist der Nachlaß überschuldet, so muß der Nachlaßverwalter unverzüglich einen Antrag auf Eröffnung des Nachlaßkonkurses stellen, denn die Anfechtung von Rechtshandlungen des Erben oder des Erblassers ist ihm versagt. Dies folgt daraus, daß der Nachlaßverwalter im Spannungsverhältnis zwischen Gläubigern und Erben nicht gegen das Interesse des Erben handeln darf. Das folgt auch aus § 3a des Anfechtungsgesetzes außerhalb des Konkursverfahrens. Der sorgfältige Nachlaßverwalter wird, wenn er einen überschuldeten Nachlaß zu vertreten hat oder die Gewißheit hat, daß er nicht alle Gläubiger befriedigen kann, den Antrag auf Eröffnung des Konkursverfahrens bei dem zuständigen Gericht einbringen.

Anfechtbar sind übrigens nicht nur Rechtshandlungen des Erben, d.h. des Alleinerben, Vorerben, Nacherben und bei mehreren Erben Rechtshandlungen eines jeden Miterben, sondern auch gesetzliche oder gewillkürte Vertreter des Erben können zur Anfechtung geeignete Handlungen begangen haben, selbst Nachlaßpfleger oder Testamentsvollstrecker sind nicht auszuschließen. Im Bereich des § 3a AnfG gelten solche Rechtshandlungen als Handlungen des Erben[15a]. Neben der Zulässigkeit der Anfechtung durch die Nachlaßgläubiger nach § 3 AnfG ist die Anfechtbarkeit auch gem. § 1 AnfG daraufhin zu prüfen, ob etwa ein Testamentsvollstrecker anfechtbare Rechtshandlungen vorgenommen hat, die dann auch zu Lasten des Schuldners und Schuldenerben gerechnet werden müssen[16].

15a *Jäger*, Konkursordnung, § 3, 9. Aufl.

16 *Böhle-Stamschräder/Kilger*, Anfechtungsgesetz, Anm. II zu § 1 und Anmerkungen zu § 3 a.

16. Die Bedeutung der Trennung von Privatvermögen des Erben und Nachlaß

Die völlige Trennung der beiden Vermögensmassen Privatvermögen und Nachlaß hat eine ganze Reihe von Folgen. Der Nachlaßverwalter muß wissen, was seiner Verwaltung unterliegt, also in die Nachlaßverwaltung gehört, und was nicht. Das gilt nicht nur für den Alleinerben, sondern auch für eine Erbengemeinschaft oder einen qualifizierten Miterben, wenn der Erblasser Gesellschafter einer OHG oder KG war. In die Verfügungsbefugnis des Nachlaßverwalters gelangen nur die Auseinandersetzungsansprüche und andere mit dem Anteil verbundene Vermögensrechte, wenn es sich um Gewinnansprüche handelt, die zur Zeit des Erbfalls bereits verdient waren oder dem Erblasser noch hätten zufließen müssen. Das bedeutet also, daß Erträge oder Beteiligungen des Erblassers, die nach Anordnung der Nachlaßverwaltung entstehen, dem Erben zustehen. Dies ergibt sich auch daraus, daß der nach dem Erbfall entstandene oder zufließende Gewinn aus einer Beteiligung nur dem Erben gebührt, weil auch alle Risiken aus späteren Wertschwankungen des Anteils, soweit sie nicht durch sein Ausscheiden in Zusammenhang mit der erbrechtlichen Frage bedingt sind, ihn angehen[17, 18, 19].

Im Rahmen der Personalgesellschaften hat also die Nachlaßverwaltung darauf zu achten, daß der OHG-Anteil und der Anspruch auf das Auseinandersetzungsguthaben getrennt zu halten sind. Die Absicht, das Auseinandersetzungsguthaben zu verwerten, setzt eine Kündigung voraus, zu der der Nachlaßverwalter berechtigt ist, die er aber nur aussprechen soll, wenn der übrige Nachlaß zur Befriedigung aller Gläubiger nicht ausreicht[20].

In diesem Zusammenhang ist ein BGH-Urteil[21], das einen sicherlich nicht häufigen Einzelfall betrifft, von besonderer Bedeutung. Das Gericht betont zunächst, daß ein Nachlaßverwalter nicht befugt ist, persönliche Mitgliedschaftsrechte eines Gesellschafter-Erben geltend zu machen oder die Feststellung zu begehren, daß der Gesellschaftsvertrag nichtig oder wirksam angefochten sei. In einer Anmerkung von Grossfeld[21a] zeigt sich dieser mit Recht überrascht, daß im zweiten Teil des

---

17 *Ulmer*, Festschrift für Philipp Möhring, s. 79ff., S. 103.

18 *Ulmer*, ZGR 1972 S. 338 m.w.N.; *Meincke*, Das Recht der Nachlaßverwaltung im BGB, 1973, § 13 II.

19 *Langenmayr*, BB 1965 S. 524 (525), 527.

20 *KG*, 15. 8. 1932, HRR 42 S. 477; *Baumbach/Duden*, zu § 140 Erläut. 5.

21 *BGH*, 30. 3. 1967, JZ 1967 S. 703ff.

21a *Grossfeld*, JZ 1967 S. 703.

Urteils der BGH den Nachlaßverwalter doch für legitimiert hält, die Herausgabe des Handelsgeschäfts zu verlangen. In diesem Zusammenhang hält das Gericht es für möglich, daß der Nachlaßverwalter rechtsgestaltend erklären kann, das Geschäft analog § 142 HGB mit allen Aktiven und Passiven übernehmen zu wollen. Denn der Nachlaßverwalter solle nicht Mitgliedschaftsrechte geltend machen, sondern eine bürgerlich-rechtliche Herausgabe verlangen, wozu der Nachlaßverwalter legitimiert sei. Das Überraschende ist aber, daß das Gericht nicht einmal eine Übernahmeklage für erforderlich hält, sondern dem bedrohten und geschädigten Gesellschafter das Recht gibt, durch einfache rechtsgestaltende Erklärung das Geschäft als Ganzes zu übernehmen. Diese Ansicht hat Fischer[22] entgegen Hueck und Schlegelberger/Geßler[23] bestätigt. Fischer ist auch darin zuzustimmen, daß es im Interesse praktischer Handhabung liegt, wenn man dem Gesellschafter das Recht einräumt, die Wirkung eines Gestaltungsurteils durch einfache rechtsgestaltende Erklärung herbeizuführen.

17. Nachlaßverwaltung und Erbenbeteiligung an einer Kapitalgesellschaft

Für den Nachlaßverwalter stellen sich die Dinge ganz anders dar, wenn in den Nachlaß eine Kapitalgesellschaft, eine Aktiengesellschaft, eine GmbH oder eine eingetragene Genossenschaft fällt oder ein Anteil daran besteht. Hier ist kein Zweifel, daß der Nachlaßverwalter zur Verfügung und auch zur Nutzung der Revenuen berechtigt ist. Im Gegensatz zu Kapitalgesellschaften verbleiben bei den Personalgesellschaften die Mitgliedschaftsrechte nicht anders als das Recht auf Erbausschlagung (§ 1942) bei dem Erben und gehen weder an den Nachlaßverwalter noch an den Testamentsvollstrecker über. Der Nachlaßverwalter ist auch nicht befugt, in Rechtshandlungen einzugreifen, die der Erbe vornimmt oder vorzunehmen gedenkt, um seine Gesellschafteranteile zu veräußern oder umzuwandeln.

18. Sonstige Aufgaben

Zu den Aufgaben des Nachlaßverwalters gehört es, daß er die Nachlaßverbindlichkeiten berichtigt, für die der Erbe nach § 1967 haftet. Zu diesen Nachlaßverbindlichkeiten gehören außer den vom Erblasser herrüh-

---

22 *Fischer*, NJW 1958 S. 972; abgelehnt von *Hueck*, Das Recht der OHG, 3. Aufl., S. 69, FN 74.

23 *Schlegelberger/Geßler*, HGB, 4. Aufl. § 105 Anm. 62 i.

renden Schulden die den Erben als solchen treffenden Verbindlichkeiten, insbesondere diejenigen aus Pflichtteilsrechten, Vermächtnissen und Auflagen (§ 1967 Abs. 2). Ferner gehört der sogenannte Dreißigste gemäß § 1969 dazu und schließlich auch die Beerdigungskosten. Für die letztgenannten Kosten ist es vielleicht nicht ohne Bedeutung, daß hierzu nicht nur die Kosten des Begräbnisses, die damit verbundenen Nebenkosten, Kundmachungen, Zeitungsanzeigen und Trauerkleidung gehören, sondern auch die Kosten einer Umbettung des Erblassers, wenn er dies gewollt hat und deshalb auch seine Erben die Umbettung verlangen können. Stellen die Verwandten des Erblassers einen solchen Antrag, so gilt allein der Wunsch des Verstorbenen. Die Kosten der Umbettung werden dann Nachlaßverbindlichkeiten. Die Kosten der Umbettung muß derjenige tragen, der diese von den Erben verlangt und sich nicht auf einen Wunsch des Erblassers zu berufen vermag. In diesem Zusammenhang muß auf eine Entscheidung des Bundesgerichtshofes hingewiesen werden[24]. Die Nachlaßverbindlichkeiten bestehen danach auch, wenn eine Bank mit Zustimmung des Erben ein Erblasserkonto weiterführt. Haben die Erben zur Abwicklung der Nachlaßverbindlichkeiten das bestehende Erblasserkonto benutzt, so treffen sämtliche sich aus der Fortführung des Kontos ergebenden Rechtsverbindlichkeiten den Nachlaß und somit den Erben (§ 1967 Abs. 2). Der Bundesgerichtshof umschreibt einen weitgezogenen Kreis, indem er zu diesen Verbindlichkeiten alle rechnet, die in besonderem Zusammenhang mit der Nachlaßverwaltung stehen; alle Nachlaßverbindlichkeiten, die von den Erben mitgeteilt werden oder die der Nachlaßverwalter aufgrund seiner Informationspflicht und aus allen zur Verfügung stehenden Unterlagen ermittelt, soll der Nachlaßverwalter aufzeichnen. Darüber hinaus ist dringend zu raten, daß der Nachlaßverwalter die Nachlaßgläubiger im Wege eines Aufgebotsverfahrens zur Anmeldung ihrer Forderungen auffordert, und zwar unter Hinweis darauf, daß Forderungen, die später als fünf Jahre nach dem Erbfall geltend gemacht werden, als ausgeschlossen anzusehen sind und daß nach § 1973 der Erbe die Möglichkeit hat, Nachlaßgläubiger als ausgeschlossen anzusehen, die ihre Ansprüche im Aufgebotsverfahren nicht anmelden. Zu den Gläubigern, die keine Anmeldung nötig haben und die auch nicht betroffen sind, gehören Pfandgläubiger und Gläubiger, die im Konkurs den Pfandgläubigern gleichstehen und Gläubiger, die bei der Zwangsvollstreckung in das unbewegliche Vermögen ein Recht auf Befriedigung aus diesem Vermögen haben. Ferner gehören dazu Gläubiger, deren Ansprüche durch eine Vor-

---

24 *BGH*, 30. 3. 1978, BGHZ 1971 S. 180 = WM 1978 S. 903.

merkung gesichert sind oder denen im Konkurs ein Aussonderungsrecht zusteht, in Ansehung des Gegenstandes ihres Rechtes. Nicht betroffen sind schließlich Pflichtteilsansprüche, Vermächtnisse und Auflagen.

In der Praxis hat sich der Erlaß eines Aufgebotes und die Aufforderung zur Anmeldung durch den Nachlaßverwalter immer bewährt, weil er nur so in der Lage ist, die Gläubiger zu befriedigen und bei Gericht den Antrag zu stellen, die Nachlaßverwaltung nach der Gläubigerbefriedigung aufzuheben.

19. Nachzügler-Gläubiger

Die Rechtsprechung hat immer besondere Schwierigkeiten mit Gläubigern gehabt, die sich nach Aufhebung einer Nachlaßverwaltung melden. Sicher wäre es ungerecht, wenn man den Nachlaßverwalter zwingen würde, noch einmal eine Nachlaßverwaltung zu beantragen. Gläubiger, die nachträglich hervortreten und die gar nicht berücksichtigt werden können, weil sie bereits durch das Aufgebotsverfahren ausgeschlossen sind oder erst nach Aufhebung der Nachlaßverwaltung Ansprüche geltend machen, können auf § 1990 verwiesen werden[25, 26].

20. Aufrechnung gegenüber Nachlaßforderung

Eine Folge der durch die Nachlaßverwaltung herbeigeführten Haftungsbeschränkung des Erben besteht darin, daß die erklärte Aufrechnung eines Nachlaßgläubigers oder eines Eigengläubigers des Erben, sofern er gegen eine Nachlaßforderung aufrechnet, unwirksam wird (§ 1977 Abs. 1 und Abs. 2). Dabei sind folgende Fälle zu unterscheiden:

a) Ein Nachlaßgläubiger befriedigt sich aus dem Eigenvermögen des Erben, indem er mit seiner Forderung gegen den Nachlaß gegen die zum Eigenvermögen des Erben zugehörige Forderung aufrechnet. Voraussetzung dafür ist aber, daß die Aufrechnung ohne Zustimmung des Erben erklärt wurde. Sinn und Zweck dieser Regelung ist es, daß sich der Nachlaß nicht dadurch bereichert, daß eine gegen ihn gerichtete Forderung durch Aufrechnung aus dem Eigenvermögen des Erben beglichen wird. Haftet der Erbe unbeschränkt, bleibt die schuldtilgende Wirkung der Aufrechnung bestehen (§ 2013 Abs. 1).

---

25 *BGH*, 17. 12. 1953, NJW 1954 S. 635, 636.
26 *Johannsen*, WM 1979, S. 598ff., S. 602.

b) Erklärt der Erbe die Aufrechnung mit einer Nachlaßforderung gegen die Forderung seines Nachlaßgläubigers, bleibt die Aufrechnung wirksam.

Gleichwohl liegt auch in diesem Fall eine ungerechtfertigte Bereicherung des Nachlaßvermögens zu Lasten des Eigenvermögens vor, so daß der Erbe wie jeder andere Nachlaßgläubiger entweder einen Aufwendungs- oder Bereicherunganspruch gemäß §§ 670, 683, 1978 Abs. 3, 1979 oder gemäß §§ 812 Abs. 1 Satz 1, 684, 1978 Abs. 3, 1979 erhält, je nachdem ob die erklärte Aufrechnung dem Interesse und mutmaßlichen Willen der Nachlaßgläubiger entspricht oder nicht.

Das gleiche gilt, wenn der Erbe der durch den Nachlaßgläubiger erfolgten Aufrechnung zustimmt. Auch hier hat der Erbe willentlich sein Vermögen zugunsten des Nachlasses geopfert.

c) Gemäß § 1977 Abs. 2 gilt das gleiche wie in § 1977 Abs. 1, sofern ein Eigengläubiger des Erben mit seiner Forderung gegen eine zum Nachlaß gehörende Forderung aufrechnet. Während aber § 1977 Abs. 1 den Erben schützen will, geht die ratio legis des § 1977 Abs. 2 dahin, eine eingetretene Bereicherung des Eigenvermögens des Erben zu Lasten des Nachlaßvermögens rückgängig zu machen. Der Schutz der Nachlaßgläubiger vor einer Schmälerung des Nachlasses durch Aufrechnungshandlungen von Eigengläubigern des Erben erfordert daher, daß auch in den Fällen, wo der Erbe der erklärten Aufrechnung des Eigengläubigers zustimmt oder gar selbst aufrechnet, die Aufrechnung im Interesse des Nachlaßvermögens rückgängig gemacht wird. Der Wortlaut des § 1977 Abs. 2 („Das gleiche gilt") bezieht sich also nur auf die Rechtsfolgen des § 1977 Abs. 1, nicht aber auf die tatbestandsmäßigen Voraussetzungen. Die am Normzweck orientierte Auslegung wird den Interessen der Nachlaßgläubiger und der kraft Gesetzes eintretenden umfassenden Gütersonderung am ehesten gerecht.

d) Nach Anordnung der Nachlaßverwaltung können weder Nachlaßgläubiger mit ihrer Nachlaßforderung gegen eine Eigenforderung des Erben noch Nachlaßschuldner eine Eigenforderung gegen den Erben gegen eine Nachlaßforderung aufrechnen. Das gleiche gilt für den Erben, soweit er Schuldner des Nachlasses ist. Strittig ist, ob der Erbe eine Nachlaßverbindlichkeit gegenüber einem Nachlaßgläubiger wie jeder Dritte auch durch Aufrechnung tilgen kann. Nach einer Auffassung soll es aufgrund der eingetretenen Gütersonderung an der Gegenseitigkeit der Forderungen fehlen. Hiergegen spricht aber, daß der Erbe weiterhin materiell Rechtsinhaber des Nachlaßvermögens einschließlich der Nachlaßverbindlichkeiten ist.

Die mangelnde Verfügungsbefugnis bezieht sich nur auf die Aktiva des Nachlasses, während es dem Erben unbenommen bleibt, den Nachlaß von einer Verbindlichkeit durch Aufrechnung zu befreien. Für den Erben wie jeden anderen Dritten gelten dann die Grundsätze über die Tilgung fremder Schulden. Seine Ersatzansprüche richten sich nach den Vorschriften der §§ 670, 683 Satz 1, 1978 Abs. 3, 1979 bzw. 812 Abs. 1 Satz 1 Fall 1, 684, 1978 Abs. 3, 1978, je nachdem, ob die Befreiung von einer Verbindlichkeit im Interesse der Nachlaßgläubiger gelegen hat oder nicht[27].

21. Wirkungen der Anordnung (Verfahrensunterbrechung im Prozeß)

Mit dem Verlust der Verfügungsbefugnis über das Nachlaßvermögen gemäß § 1984 Abs. 1 Satz 1 geht der Verlust der Passivlegitimation des Erben einher: Ein Anspruch, der sich gegen den Nachlaß richtet, kann nur gegen den Nachlaßverwalter geltend gemacht werden (§ 1984 Abs. 1 Satz 3). Daß der Erbe auch seine Aktivlegitimation mit Anordnung der Nachlaßverwaltung verliert, ergibt sich bereits aus § 1984 Abs. 1 Satz 1. Der Verlust der Prozeßführungsbefugnis hat folgende Wirkungen:

Gemäß § 241 Abs. 3 ZPO wird kraft Gesetzes ein streitiges Verfahren unterbrochen, unabhängig davon, welche Parteistellung der Erbe — Kläger oder Beklagter — innehat. Der geltend gemachte prozessuale Anspruch, das heißt der Streitgegenstand des Prozesses, muß das der Verwaltung des Nachlaßverwalters unterliegende Nachlaßvermögen betreffen. Soweit sich das streitige Rechtsverhältnis lediglich auf das Eigenvermögen des Erben bezieht, tritt keine Unterbrechung ein, da hinsichtlich seines Eigenvermögens der Erbe in vollem Umfang trotz der angeordneten Nachlaßverwaltung prozeßführungsbefugt bleibt. Es ist daher denkbar, daß lediglich für einen Teil des Streitgegenstandes oder für einzelne von mehreren Streitgegenständen eine Unterbrechung eintritt und der Erbe im übrigen prozeßführungsbefugt bleibt. Ein Streit über die Zugehörigkeit des Streitgegenstandes zum Nachlaß- oder Eigenvermögen des Erben ist durch eine Zwischenfeststellungsklage (§ 256 ZPO) auszutragen.

Wird eine Klage nach Anordnung der Nachlaßverwaltung gegen den Erben auf Befriedigung aus dem Nachlaß erhoben, liegt aufgrund der

---

27 Vgl. zum Ganzen *Lange/Kuchinke*, Lehrbuch des Erbrechts, 2. Aufl. 1978, § 51 II S. 866, Fußnote 41; *Staudinger/Lehmann*, a.a.O., Rand-Nr. 6 zu § 1977.

Nachlaßverwaltung eine prozeßhindernde Einwendung vor, die von Amts wegen zu berücksichtigen ist. Es ist dabei Sache des Klägers, sich, bevor er gegen den Erben vorgeht, beim Nachlaßgericht darüber zu unterrichten, ob der Erbe für die Nachlaßschulden unbeschränkt haftet oder ob er eine Haftungsbeschränkung herbeigeführt hat[28]. Das von der Nachlaßverwaltung nicht erfaßte Eigenvermögen des Erben steht also weiterhin dem Zugriff der Eigengläubiger als auch der Nachlaßgläubiger offen. Gegenüber letzteren kann und muß der Erbe aber den Vorbehalt der beschränkten Erbenhaftung gemäß § 780 ZPO erheben, um eine Vollstreckung in sein Eigenvermögen zu verhindern. Von Amts wegen wird das Eigenvermögen des Erben nicht geschützt.

Soweit bereits vor Anordnung der Nachlaßverwaltung Eigen- oder Nachlaßgläubiger ein Pfändungspfandrecht beziehungsweise eine Sicherungshypothek am Nachlaßvermögen erlangt haben, kann der Nachlaßverwalter gemäß §§ 784 Abs. 2, 281 KO analog verlangen, daß die Vollstreckungsmaßnahmen rückgängig gemacht werden. Würden Vollstreckungsmaßnahmen von Nachlaßgläubigern in Kraft bleiben, würde dies zu einer ungerechtfertigten Bereicherung einzelner Nachlaßgläubiger führen und in Widerspruch zu § 1977 stehen, wo die „Vollstreckung" eines Nachlaßgläubigers durch Aufrechnung ausdrücklich rückgängig gemacht wird. Zudem gebietet die Rechtsähnlichkeit der Nachlaßverwaltung mit der Konkursverwaltung eine analoge Anwendung des § 221 KO. Hier sei insbesondere auf eine Entscheidung des Reichsgerichts vom 29. 4. 1938[29] verwiesen, deren Ausführungen auf

---

28 *OLG Posen*, 17. 1. 1901, OLGZ 2 S. 160.

29 „§ 221 KO nimmt nach seinem Wortlaut einem Gläubiger, der nach dem Erbfall in den Nachlaß vollstreckt hat, zunächst nur das Recht auf abgesonderte Befriedigung aufgrund seiner Vollstreckungsmaßregel. Es handelt sich insoweit nur um eine Verfahrensvorschrift. Es ist aber nicht zweifelhaft, daß diese auch einen sachlich-rechtlichen Charakter hat. Es hätte keinen Sinn, dem Gläubiger für die Zeit des Konkurses das Recht auf abgesonderte Befriedigung abzusprechen, wenn nicht der Konkursverwalter zugleich das Recht haben sollte, die Sache, in die vollstreckt wurde, ohne Rücksicht auf die dadurch erworbenen Rechte auf abgesonderte Befriedigung in Erfüllung seiner Aufgaben zu verwerten (§ 117 KO)... Dem Konkursverwalter soll durch § 221 KO die Möglichkeit einer Verwertung ohne Rücksicht auf die erworbenen Rechte gegeben werden. Es hieße ihn ungebührlich beschränken, wenn man ihm nicht das Recht geben wollte, die Einwilligung zur Löschung einer nach § 221 KO unwirksamen Zwangshypothek zu verlangen. Kraft seines Amtes hat er die Verwertung der zur Konkursmasse gehörenden Gegenstände vorzunehmen. Will er ein Grundstück verwerten, so kann man ihn nicht darauf verweisen, zunächst darüber zu verfügen und dann erst, nötigenfalls nach einem langwierigen Rechtsstreit, die Löschung der Hypothek herbeizuführen... Nur in Ausnahmefällen, zum Beispiel wenn eine Zwangshypothek auf ein schon vorher überlastetes Grundstück eingetragen wäre, so daß sie für die Verwertung

den Nachlaßverwalter sinngemäß anzuwenden sind. Das Verlangen auf Aufhebung einer bereits bestehenden Zwangsvollstreckungsmaßnahme kann aber rechtsmißbräuchlich sein, sofern bei wirtschaftlicher Betrachtung keine wertmäßige Bereicherung des Nachlaßvermögens durch Aufhebung der Zwangsvollstreckung eintritt.

22. Rechte und Pflichten des Nachlaßverwalters

a) Ansprüche des Nachlaßverwalters

Mit Anordnung der Nachlaßverwaltung hat der Nachlaßverwalter das vorhandene Nachlaßvermögen in Besitz zu nehmen. Der Erbe ist gegenüber dem Nachlaßverwalter verpflichtet, ein Nachlaßverzeichnis zu fertigen und diesem vorzulegen (§ 260). Der Nachlaßverwalter, dem ein Recht auf Besitz am Nachlaßvermögen zusteht (argumentum e contrario aus § 1986 Abs. 1), kann die Herausgabe des vollständigen Nachlasses sowohl vom Erben, sich streitenden Erbprätendenten[30] als auch von jedem Dritten verlangen. Gibt der Erbe oder ein Dritter nicht freiwillig den Besitz auf, ist der Nachlaßverwalter gezwungen, Klage auf Herausgabe zu erheben. Der Anordnungsbeschluß des Nachlaßgerichts auf Herausgabe des Nachlasses stellt keinen vollstreckungsfähigen Titel dar. Das vom Nachlaßverwalter eingereichte Verzeichnis über das Nachlaßvermögen kann durch eine Anordnung der Erben die Rechtswirkungen eines Inventars im Sinne von § 1993 haben[31].

b) Befriedigung der Nachlaßverbindlichkeiten durch Versilberung des Nachlasses

Primärer Zweck der Nachlaßverwaltung ist es, die Nachlaßgläubiger zu befriedigen. Sofern keine ausreichenden Barmittel im Nachlaß vorhanden sind, muß der Nachlaßverwalter darangehen, die verwertbaren Aktiven des Nachlasses zu versilbern. Um eine Verschleuderung der Nachlaßwerte zu verhindern, hat der Nachlaßverwalter mehr noch als Vormund und Pfleger, deren Tätigkeit vornehmlich auf Bestandsicherung des vorhandenen Vermögens zielt, die Grundsätze einer wirtschaftlichen

---

durch den Konkursverwalter keine Bedeutung hätte, mag ein Anspruch auf ihre Löschung nicht gegeben sein." (*RG*, 29. 4. 1938, RGZ 167 S. 294, 295/296; anderer Ansicht *Staudinger/Lehmann*, Kommentar zum BGB, V. Band Erbrecht, 11. Aufl. 1954, Rand-Nr. 18 zu § 1984 unter Hinweis auf Prot. V, 813.)

30 *RG*, 21. 5. 1909, Recht 1909 Nr. 2127.

31 *KG*, 10. 4. 1912, KGJ 42 A 94, A 98.

Vermögensverwaltung (§ 1811) zu beachten. Es steht im pflichtgemäßen Ermessen des Nachlaßverwalters, wann und auf welche Art und Weise der Nachlaß liquidiert wird. Er hat demgemäß zu prüfen, was er veräußert, und er muß sich hüten, aus seiner Nachlaßverwaltung durch Zerschlagen von Wirtschaftseinheiten zwangsläufig den Nachlaßkonkurs oder ein Nachlaßvergleichsverfahren vorzubereiten.

Sofern die Verwaltungsmaßnahmen des Nachlaßverwalters den Grundsätzen einer wirtschaftlichen Vermögensverwaltung widersprechen, kann sich der Erbe an das Nachlaßgericht wenden, damit dieses kraft seines Aufsichtsrechts (§§ 1915, 1837) durch geeignete Gebote und Verbote einschreitet. Pflichtwidrigkeiten des Nachlaßverwalters entfalten Rechtswirkungen nur im Innenverhältnis zum Erben und Nachlaßgericht; Dritte, im Außenverhältnis stehende, können daraus keine Einreden oder Einwendungen herleiten. Aufgrund der nach außen hin unbeschränkten Verwaltungsbefugnis ist der Nachlaßverwalter auch berechtigt, Vertragshilfe für die von ihm zu berichtigenden Nachlaßverbindlichkeiten zu beantragen. Trotz der angeordneten Nachlaßverwaltung bleibt der nunmehr beschränkt haftende Erbe materiell Rechtsinhaber des aufgrund eines gesetzlichen Treuhandverhältnisses verwalteten Nachlaßvermögens. Daher kann der Nachlaßverwalter, der nur die Verfügungsbefugnis über ein fremdes Recht innehat, nicht ins Grundbuch eingetragen werden, da sonst die materielle und formelle Rechtslage auseinanderfielen und das Grundbuch unrichtig würde[32].

Veräußert der Nachlaßverwalter ein Erwerbsgeschäft des Erben, bedarf er gemäß §§ 1915, 1822 Ziff. 3 wie jeder andere Pfleger auch der Genehmigung des Nachlaßgerichts[33]. Dagegen bedarf der Nachlaßverwalter zur Abtretung eines Geschäftsanteils an einer Kapitalgesellschaft nicht der Genehmigung des Nachlaßgerichts[33a].

---

32 *BGH*, 13. 7. 1960, DNotZ 1961 S. 485, 486.

33 *BayObLG*, 4. 9. 1905, KGJ 30 A 299, A 301.

33a „Unter einem „Erwerbsgeschäft“... [im Sinne von § 1822 Nr. 3 BGB] ... darf zwar nicht nur eine regelmäßige, auf selbständigen Erwerb gerichtete Tätigkeit verstanden werden, mag dieselbe im Handel, der Betreibung einer Fabrik oder eines Handwerkes, der Ausübung eines künstlerischen oder wissenschaftlichen Berufs, der Landwirtschaft bestehen, wie im Anschluß an die Motive zum BGB (1 S. 142) angenommen wird... Diese Begriffsbestimmung ist zu eng; sie berücksichtigt nur die Betriebsseite des Erwerbsgeschäfts, während zu einem solchen außerdem die Vermögensgegenstände zählen, welche zum Betriebe gehören, also die Handelsstätte, das Kaufhaus mit den Waren, die Fabrik mit den Einrichtungen und Vorräten, das Künstleratelier mit den Werkzeugen... Indessen auch nach der weiteren Begriffsbestimmung fällt die Abtretung eines Geschäftsanteils an einer Gesellschaft mbH nicht unter die Veräußerung

Nicht zu den beim Erben verbleibenden persönlichen Rechten zählt die durch den Erblasser erteilte Generalvollmacht. Der Nachlaßverwalter kann daher die Bestellung eines Generalbevollmächtigten durch den Erblasser durch Widerruf der Vollmacht rückgängig machen[34]. Dagegen ist es dem Nachlaßverwalter untersagt, die mit dem Tod des Erblassers erloschene Prokura durch erneute Bestellung des Erben zum Prokuristen wieder aufleben zu lassen[35]. Sofern sich der Nachlaßverwalter wie ein Kaufmann geriert, sind auf ihn die Grundsätze über das Schweigen auf kaufmännische Bestätigungsschreiben entsprechend anzuwenden. Obwohl der kaufmännisch tätige Nachlaßverwalter nicht Kaufmann im materiellen Sinne ist, trifft ihn die gesetzliche Vertrauenshaftung, da die Grundsätze über die Wirkungen eines kaufmännischen Bestätigungsschreibens nicht nur im Verkehr zwischen Kaufleuten im handelsrechtlichen Sinne gelten[36].

23. Der Nachlaßverwalter als Interessenwahrer der Nachlaßgläubiger und Erben unter Aufsicht des Nachlaßgerichts

a) Unterstützung und Aufsicht durch das Nachlaßgericht

Ebenso wie der Vormund und die übrigen Pfleger des Familien- und Erbrechts untersteht der Nachlaßverwalter gemäß §§ 1915, 1837 im Rahmen seiner Verwaltungstätigkeit der Aufsicht des Nachlaßgerichts. Mehr noch als der Vormund und die übrigen Pfleger nimmt der Nachlaßverwalter gegenüber dem Nachlaßgericht eine eigenständige Stellung ein. Da er für seine Verwaltungsmaßnahmen nicht nur gegenüber den Erben (§§ 1915, 1833), sondern ausnahmsweise auch gegenüber den Nachlaßgläubigern auf Schadensersatz haftet (§ 1985 Abs. 2), muß er gleichzeitig die Interessen von Nachlaßgläubigern und Erben wahren. Daraus folgt, daß er bei seinen Entscheidungen einen weit größeren Beurteilungs- und Ermessensspielraum haben muß, da er sich gegenüber (zum Teil widersprechenden Interessen) verpflichtet weiß.

---

eines Erwerbsgeschäfts. Dem steht die rechtliche Natur eines derartigen Geschäftsanteils entgegen. Er wird in der Begründung zum GmbH-Gesetz bezeichnet als die durch Übernahme der Stammeinlage geschaffene Rechtsposition des Gesellschafters... Er ist danach die Mitgliedschaft, die Summe aller aus der Mitgliedschaft sich ergebenden Rechte auf Mitverwaltung, Gewinnbezug, Anspruch auf Liquidationsguthaben..." (*KG*, 4. 7. 1907, KGJ 34 A 89, A 90, A 91).

34 *KG*, 12. 10. 1970, NJW 1971 S. 566f.

35 *KG*, 15. 1. 1915, Recht 1915 Nr. 2339.

36 *BGH*, 4. 3. 1976, BB 1976 S. 664f. = NJW 1976 S. 1402.

Andererseits haftet aber auch das Nachlaßgericht für die Folgen mangelnder Aufsicht den Nachlaßgläubigern, so daß es im Rahmen seiner gesetzlichen Befugnisse als kontrollierendes Aufsichtsorgan tätig zu werden hat. Insbesondere hat es den Nachlaßverwalter darauf hinzuweisen, daß er gleichzeitig nach Kenntnisnahme der Überschuldung des Nachlasses Nachlaßkonkurs anzumelden hat (§§ 1985 Abs. 2 Satz 2, 1980). Ein fahrlässiges Unterlassen liegt bereits darin, daß der Nachlaßverwalter kein Aufgebotsverfahren durchführt (§ 1970ff.), obwohl eine die Kosten des Aufgebotsverfahrens deckende Nachlaßmasse vorhanden ist (§ 1980 Abs. 2 Satz 2)[37]. Die wichtigste Einflußmöglichkeit des Nachlaßgerichts auf den Nachlaßverwalter bietet die Haltung des Gerichts, ob einem genehmigungspflichtigen Rechtsgeschäft des Nachlaßverwalters gemäß §§ 1821, 1822 zugestimmt werden soll oder nicht. Kommt der Nachlaßverwalter seinen Pflichten nicht nach, kann das Nachlaßgericht Zwangsmittel gemäß § 1837 ergreifen[38].

b) Der Nachlaßverwalter als Interessenwahrer der Nachlaßgläubiger

Die besondere, sich aus dem Zweck der Nachlaßverwaltung ergebende Stellung des Nachlaßverwalters gegenüber den übrigen Pflegern des Familien- und Erbrechts zeigt sich in der unmittelbaren Haftung des Nachlaßverwalters gegenüber den Nachlaßgläubigern gemäß § 1985 Abs. 2 Satz 1. Die Tätigkeit des Nachlaßverwalters zum Zwecke der Befriedigung der Nachlaßgläubiger (§ 1975) begründet ein gesetzliches Schuldverhältnis zwischen Verwalter und Gläubigern. Die Amtspflichten des Nachlaßverwalters haben drittschützende Wirkung, so daß der Nachlaßverwalter mit seinem Privatvermögen neben dem Erben nach den Nachlaßgläubigern für schuldhafte Pflichtverletzungen verantwortlich ist. Eine Haftungsbeschränkung, sei es nach dem Grad des Verschuldens oder vom Umfang der Haftung ergibt sich weder aus Gesetz noch aus Sinn und Zweck der Nachlaßverwaltung. Allerdings kann der Schaden der Nachlaßgläubiger nie höher sein als der jeweilige quotenmäßige Anteil am vorhandenen Nachlaßvermögen.

Um eine Verschleuderung der liquidierbaren Nachlaßwerte zu vermeiden, was den Grundsätzen einer wirtschaftlichen Vermögensverwaltung zuwiderlaufen würde (§ 1811), sollte der Nachlaßverwalter eine außer-

---

37 *RG*, 26. 5. 1916, RGZ 88 S. 264, 265.

38 *BayObLG*, 9. 1. 1914, BayObLGZ 15 S. 31, 35/36; vgl. auch *KG*, 29. 1. 1912, KGJ 42 A 215, A 218, A 219 betr. vormundschaftsgerichtliche Genehmigung einer Bewilligung der Grundbuchberichtigung.

gerichtliche Einigung der Nachlaßgläubiger anstreben. Dies gilt auch dann, wenn der Nachlaß überschuldet ist und ein Nachlaßkonkursverfahren droht. Die Schadensersatzforderung der Nachlaßgläubiger stellt gemäß §§ 1985 Abs. 2 Satz 2, 1978 Abs. 2 eine Nachlaßforderung dar, die gegebenenfalls von einem neu bestellten Nachlaßverwalter beziehungsweise Nachlaßkonkursverwalter gegenüber dem aus dem Amt geschiedenen Nachlaßverwalter geltend gemacht werden kann. Der Nachlaßverwalter ist in der Regel für die Erfüllung der ihm obliegenden Pflichten nur allen beteiligten Nachlaßgläubigern gemeinsam verantwortlich (§ 82 KO), so daß die Schadensersatzforderung auch nur allen Nachlaßgläubigern gemeinschaftlich als Gesamtgläubiger zusteht. Ausnahmsweise kann auch eine Schadensersatzpflicht gegenüber einem einzelnen Nachlaßgläubiger bestehen, wobei dessen Schadensersatzforderung nicht zur Nachlaßmasse gemäß § 1978 Abs. 2 gehört. Damit das Nachlaßgericht seiner, ebenso wie dem Konkursgericht obliegenden Amtspflicht gegenüber den Nachlaßgläubigern beziehungsweise Konkursgläubigern nachkommen kann, sollten vor wichtigen Entscheidungen die Nachlaßgläubiger, gegebenenfalls vertreten durch einen Gläubigerbeirat, gehört werden[39].

c) Das Rechtsverhältnis zwischen Nachlaßverwalter und Erben

aa) Der Nachlaßverwalter als Vertreter des Erben oder Partei kraft Amtes

Die Rechtsprechung sieht den Nachlaßverwalter ähnlich dem Konkursverwalter als ein selbständiges Organ der Rechtspflege an[40]. Da der Nachlaßverwalter sowohl den Interessen des Erben dienen als auch zugleich die Nachlaßgläubiger befriedigen muß, ein gesetzlicher Vertreter aber allein die Interessen des Vertretenen wahren muß, kommt dem Nachlaßverwalter eine Mittlerfunktion zwischen sich widerstreitenden Interessen zu. Im Konfliktfall kann der Nachlaßverwalter gezwungen sein, die Interessen der Nachlaßgläubiger höher zu bewerten als die des von ihm vertretenen Erben. Hierin erblicken die Anhänger der Amtstheorie einen unauflösbaren Widerspruch zur Gesetzesteleologie der Vertretungsregeln gemäß §§ 164ff. Der dogmatische Streit zwischen Vertreter- und Amtstheorie hat keine praktische Bedeutung.

---

39 Vgl. z.B. *OLG Frankfurt*, 8. 7. 1963, NJW 1963 S. 2278f.: Prüfung der Schlußrechnung durch das Nachlaßgericht nicht erforderlich, sofern Nachlaßgläubiger und Erben wegen der Kosten für einen Buchsachverständigen auf die Überprüfung verzichtet haben.

Ebenso wie der Testamentsvollstrecker gleicht die Stellung des Nachlaßverwalters der eines treuhänderischen Vermögensverwalters mit Vertretungsbefugnis für und gegen den Vermögensinhaber auf gesetzlicher Grundlage.

bb) Der Erbe und die gewillkürte Prozeßstandschaft des Nachlaßverwalters

In einem Prozeß, der das Nachlaßvermögen als nichtrechtsfähiges Sondervermögen betrifft, kann der Nachlaßverwalter den Erben ermächtigen, einen Rechtsstreit mit Wirkung für und gegen den Nachlaß zu führen. Der nicht mehr verfügungsberechtigte Erbe wird somit in die Lage versetzt, das ihm noch materiell zustehende Recht im eigenen Namen einzuklagen. Auf den Erben, der kein fremdes Recht, sondern ein ihm selbst zustehendes Recht geltend macht und dem lediglich aufgrund der angeordneten Nachlaßverwaltung die Verfügungs- und damit auch die Prozeßführungsbefugnis entzogen wurde, können die von der Rechtsprechung entwickelten Grundsätze über die Zulässigkeit einer gewillkürten Prozeßstandschaft entsprechend angewandt werden[41]. Eine weitere Voraussetzung für die Zulässigkeit einer gewillkürten Prozeßstand-

---

40 *KG*, 1. 12. 1938, JFG 18 S. 329f.

41 „Die Beschränkungen, denen der Erbe im Falle der Nachlaßverwaltung unterworfen ist, stellen keine unabdingbare Regelung dar. Es steht vielmehr im pflichtgemäßen Ermessen des Nachlaßverwalters, im Einzelfall zu Erfüllung der ihm obliegenden Aufgaben einen Dritten oder auch den Erben als Hilfsperson heranzuziehen. Unvereinbar mit Sinn und Zweck des Gesetzes wäre nur eine generelle Ermächtigung des Erben durch den Nachlaßverwalter zur Prozeßführung. Wenn der Nachlaßverwalter aber den Erben nur im Einzelfalle zur Prozeßführung ermächtigt, die Entscheidung über die Prozeßführung also in seiner Hand liegt und die Prozeßführung mindestens auch einer Befriedigung der Gläubiger, also den Zwecken der Nachlaßverwaltung dienen soll, ..., so kann aus der gesetzlichen Regelung über die Nachlaßverwaltung gegen eine Ermächtigung nichts hergeleitet werden. Es kann auch nicht anerkannt werden, daß das Gesetz den Erben durch die Beschränkung seiner Rechte ausnahmslos als zur Prozeßführung oder zu einer in Bezug auf den Nachlaß rechtserheblichen Handlung ungeeignet bezeichnet. Die Person des Erben kann für das Recht eines Gläubigers, die Anordnung der Nachlaßverwaltung zu beantragen, bedeutsam sein (§ 1981 Abs. 2 Satz 1 BGB). Aus der gesetzlichen Regelung im übrigen, insbesondere aus der Übertragung der Nachlaßverwaltung auf einen Dritten, lassen sich Schlüsse darauf, ob der Erbe zu bestimmten Handlungen mit Ermächtigung des Nachlaßverwalters geeignet oder ungeeignet ist, nicht ziehen. Die Verwaltung in der Hand eines unbeteiligten Dritten ist eine Frage der Zweckmäßigkeit und dient in der Regel den Interessen des Erben und der Gläubiger. Sie schließt eine Ermächtigung des Erben zu einer Handlung in Bezug auf den Nachlaß nicht aus...
Schließlich sei noch darauf hingewiesen, daß der Nachlaßverwalter, wenn er den Erben zur Prozeßführung ermächtigt, nach § 1985 Abs. 2 Satz 1 BGB den Nachlaßgläu-

schaft ist die, daß auch der Kläger oder dem Kläger Beitretende ein eigenes rechtsschutzwürdiges Interesse haben. Im Regelfall ergibt sich das rechtliche Interesse des Erben bereits daraus, daß er trotz der angeordneten Nachlaßverwaltung weiterhin Träger des materiellen Rechts bleibt.

cc) Haftung des Nachlaßverwalters gemäß §§ 1915/1833

Gemäß §§ 1915, 1833 haftet der Nachlaßverwalter dem Erben auf Schadensersatz für jede schuldhafte Amtspflichtverletzung aufgrund des durch die Anordnung begründeten gesetzlichen Schuldverhältnisses zwischen ihm und dem Erben. Im Einzelfall kann aber eine Haftung des Nachlaßverwalters (wie auch diejenige der übrigen Pfleger des Familien- und Erbrechts sowie des Vormunds) entfallen, wenn er nicht nur lediglich die ihn treffenden Pflichten befolgt, sondern mit „überobligationsmäßigem" Aufwand das Nachlaßvermögen verwaltet. Die Geltendmachung von Schadensersatz durch den Erben kann rechtsmißbräuchlich sein (Verstoß gegen Treu und Glauben gemäß § 242), wenn den Vermögensverlusten entsprechende wirtschaftliche Vorteile und damit eine Mehrung des Nachlaßvermögens gegenüberstehen[42]. Zu den Aufgaben eines Nachlaßverwalters gegenüber dem Erben gehört es auch nicht, eine Nachlaßauseinandersetzung unter mehreren Miterben zu betreiben[43].

24. Beendigung der Nachlaßverwaltung

Die angeordnete Nachlaßverwaltung endigt entweder durch einen rechtsgestaltenden, die Nachlaßverwaltung aufhebenden Verfahrensakt

---

bigern verantwortlich ist und für einen durch schuldhafte Pflichtverletzung entstandenen Schaden haftet...
Allerdings wäre es ein gegen die guten Sitten verstoßender Rechtsmißbrauch, wenn die Ermächtigung zur Prozeßführung zu dem Zwecke erteilt worden wäre, das Kostenrisiko zu Lasten des Prozeßgegners zu vermindern oder auszuschließen. (*BGH*, 28. 11. 1962, NJW 1963 S. 297, 299f. mit Anmerkung *Nirk* = BGH LM Nr. 1 zu § 1984 mit Anmerkung *Johannsen* = BGHZ 38 S. 281, 285, 287; *Bötticher*, Erbe und Gemeinschuldner als gewillkürte Prozeßstandschaft des Nachlaß- und des Konkursverwalters, JZ 1963 S. 582ff.

42 *BGH*, 9. 7. 1975, FamRZ 1975 S. 566f.: Spekulativen Goldkäufen steht Verzicht eines Nachlaßgläubigers (Vermächtnisnehmers) gegenüber, was auf das Betreiben des Nachlaßverwalters zurückzuführen ist. Im Rahmen der Schadensberechnung sind Grundsätze der Vorteilsanrechnung entsprechend heranzuziehen.

43 *BayObLG*, 11. 12. 1926, BayObLGZ 25 S. 454, 456 = JFG 4 S. 151 – 155: Keine Erbauseinandersetzung und keine Geltendmachung (von damals bestehenden) Aufwertungsansprüchen.

des Nachlaßgerichts oder kraft Gesetzes. In folgenden Fällen muß, beziehungsweise kann das Nachlaßgericht nach pflichtgemäßem Ermessen das (privatrechtliche) Amt des Nachlaßverwalters aufheben:

- wenn der Zweck der Nachlaßverwaltung, die Nachlaßgläubiger umfassend zu befriedigen (§ 1975) erreicht ist. Damit teilt die Nachlaßverwaltung das Schicksal jeder anderen Pflegschaft des Familienrechts und Erbrechts, wonach die Pflegschaft aufzuheben ist, wenn der Grund für die Anordnung der Pflegschaft weggefallen ist (§ 1919);
- wenn eine die Kosten der Nachlaßverwaltung deckende Masse („dürftige Masse") nicht vorhanden ist (§ 1988 Abs. 2, vgl. entsprechende Regelung in § 204 KO). Durch Hinterlegung eines Kostenvorschusses kann aber die Aufhebung abgewendet werden;
- wenn die Anordnung der Nachlaßverwaltung von vorneherein ungerechtfertigt war (§ 19 FGG, vgl. auch § 76 Abs. 2 FGG);
- wenn in der Person des Nachlaßverwalters wichtige Entlassungsgründe vorliegen (§§ 1915, 1889);
- wenn der Vorerbe stirbt, da es dem Nacherben freigestellt sein muß, ob er das ererbte Nachlaßvermögen wiederum in die Hände eines gerichtlich bestellten Vermögensverwalters gibt und damit auch eine Haftungsbeschränkung in seiner Person herbeiführen will;
- wenn sowohl Erbe als auch alle bekannten Nachlaßgläubiger die Aufhebung der Nachlaßverwaltung anregen, da über die privaten Interessen der Nachlaßgläubiger an einem ihrer alleinigen Haftung unterliegenden und für sie verwalteten Sondervermögen als auch über das private Interesse des Erben an einer Haftungsbeschränkung öffentliches Interesse vorhanden ist.

Kraft Gesetzes, ohne Zutun des Nachlaßgerichts endigt die Nachlaßverwaltung nur im Falle der Eröffnung des Nachlaßkonkurses gemäß § 1988 Abs. 1 oder bei Tod beziehungsweise Entmündigung (§§ 1915, 1885) des Nachlaßverwalters[44]. Grundsätzlich haben die Beteiligten, ins-

44 „... Vielmehr endigt die Nachlaßverwaltung abgesehen von dem Falle des § 1981 Abs. 1, nur infolge ihrer Aufhebung durch das Nachlaßgericht, und diese Aufhebung kann erfolgen, wenn eine den Kosten entsprechende Masse nicht vorhanden ist, und sie muß nach § 1919 verfügt werden, wenn die Aufgabe der Nachlaßverwaltung erfüllt ist, das heißt, wenn die bekannten Nachlaßverbindlichkeiten berichtigt sind. Der Erbe wird daher in diesem Falle berechtigt sein, die Aufhebung der Nachlaßverwaltung durch das Nachlaßgericht zu verlangen. Solange aber weder der Nachlaßkonkurs eröffnet, noch die Verwaltung durch Beschluß des Nachlaßgerichts aufgehoben worden ist, bleiben die dem Verwalter durch das Gesetz eingeräumten Befugnisse in Kraft." (*RG*, 6. 12. 1909, RGZ 72 S. 260, 263f.)

besondere der Erbe und die Nachlaßgläubiger, keine Möglichkeit, durch bloße Rücknahme ihrer Anträge auf Bestellung eines Nachlaßverwalters die einmal angeordnete, in ihren Rechtswirkungen weitreichende Nachlaßverwaltung gegenstandslos zu machen. Die Sicherheit des Rechtsverkehrs erfordert, daß die umfassenden Rechtswirkungen der Nachlaßverwaltung nicht dem Belieben der Nachlaßgläubiger unterstehen dürfen[45]. Auch können die Nachlaßgläubiger die auf Antrag des Erben angeordnete Nachlaßverwaltung nicht durch eine Beschwerde zu Fall bringen (§ 76 Abs. 1 FGG), selbst wenn eine die Kosten der Nachlaßverwaltung deckende Masse von vorneherein nicht vorhanden war[46].

Im Grundsatz ist die Nachlaßverwaltung daher bis zur Zweckerreichung (§ 1919) durchzuführen[47].

Ausnahmsweise kann die Nachlaßverwaltung aufgehoben werden, wenn sowohl aus der Sicht des Erben als auch aus der Sicht der Nachlaßgläubiger kein Bedürfnis mehr für die vollständige Durchführung der Nachlaßverwaltung besteht[48]. Den Erben und Nachlaßgläubigern bleibt es

---

45 Vgl. RGR-Kommentar zum BGB, Bearbeiter *Johannsen*, 12. Aufl. 1974, Randnr. 4 zu § 1988.

46 *LG Mannheim*, 14. 12. 1959, MDR 1960 S. 505.

47 „Eine Aufhebung der auf Antrag eines Nachlaßgläubigers rechtswirksam angeordneten Nachlaßverwaltung ist daher, außer im Beschwerdeverfahren, nur in folgenden beiden Fällen zulässig: 1. Wenn die Aufgabe der Nachlaßverwaltung erfüllt ist (§ 1919 in Verbindung mit § 1975), d. h. wenn die bekannten Nachlaßverbindlichkeiten berichtigt sind oder der Nachlaß erschöpft ist..., 2. wenn sich ergibt, daß eine den Kosten entsprechende Masse nicht vorhanden ist (§ 1988 Abs. 2). Stellt sich jedoch aus einem anderen Grunde heraus, daß die Anordnung der Nachlaßverwaltung ungerechtfertigt war oder nicht mehr gerechtfertigt sein würde, so darf das Nachlaßgericht gleichwohl die einmal getroffene Anordnung nicht aufheben, sondern es ist die Nachlaßverwaltung, sofern die Anordnung, auch im Beschwerdeverfahren nicht mehr angefochten werden kann, durchzuführen." (*KG*, 7. 3. 1935, JW 1935 Sp. 1022.)
Etwas anderes soll gelten bei einer auf Antrag des Erben angeordneten Nachlaßverwaltung im Fall des Eintritts veränderter Nachlaßverhältnisse, so *BayObLG*, 28. 6. 1976, FamRZ 1977 S. 487f. = DB 1976 S. 2468 = BayObLGZ 76 S. 167, 173 m. w. N., wobei trotz der vielen Zitate offenbleibt, wann sich das Nachlaßgericht über die Aufhebungssperre gem. §§ 18 Abs. 2,76 Abs. 2 FGG hinwegsetzen kann, da die Voraussetzungen als auch die Befugnis des Nachlaßgerichts, in entsprechender Anwendung der Grundsätze des Wegfalls der Geschäftsgrundlage bei veränderten Nachlaßverhältnissen gem. § 18 Abs. 1 FGG aufzuheben, nirgendwo geregelt oder explizit ausgesprochen sind; vgl. auch *OLG München*, 30. 6. 1936, JFG 14 S. 61, 66: Die Aufhebung einer Anordnung der Nachlaßverwaltung wird nicht durch § 18 FGG ausgeschlossen, sofern sich die Verhältnisse inzwischen geändert haben, mit weiteren Nachweisen.

48 *OLG Hamburg*, 14. 7. 1919, OLGZ 41 S. 82f.; im gleichen Sinn in einem obiter dictum *OLG München*, 30. 6. 1936, JFG 14 S. 61, 67; *LG München*, 7. 9. 1976 (unveröffentlicht): „Eine fehlende Zustimmung (des Erben oder der Nachlaßgläubiger) kann

unbenommen, jederzeit beim Nachlaßgericht die von Amts wegen aufzuhebende Nachlaßverwaltung anzuregen, weil zum Beispiel nach ihrer Ansicht deren Zweck erreicht wurde oder weil eine die Kosten des Nachlaßverfahrens nicht deckende Masse vorhanden ist. Steht das Nachlaßvermögen einer Erbengemeinschaft zur gesamten Hand zu, kann jeder Miterbe ohne Rücksicht auf die übrigen Miterben, die Aufhebung anregen.

Die kraft Gesetzes eintretende Beendigung der Nachlaßverwaltung bei Eröffnung des Nachlaßkonkursverfahrens ist endgültig; die Nachlaßverwaltung lebt nicht etwa nach der Aufhebung des Konkurses wieder auf[49]. Die Nachlaßverwaltung endigt nicht durch Einleitung eines Nachlaßvergleichsverfahrens. Nachlaßverwaltung und Nachlaßvergleichsverfahren können daher nebeneinander bestehen[50].

Gegen die Aufhebung der Nachlaßverwaltung steht dem oder den Erben gemeinschaftlich ein Beschwerderecht gemäß § 20 FGG zu. Aus § 20 Abs. 2 FGG kann gefolgert werden, daß gegen die Verfügung, durch welche die Nachlaßverwaltung aufgehoben wird, die Beschwerde nur von demjenigen erhoben werden kann, welcher den Antrag auf Anordnung gestellt hat[51]. Neben den Erben hat auch ein Nachlaßgläubiger,

---

allenfalls dann als entbehrlich angesehen werden, wenn offenkundig ist, daß die Forderung nicht besteht oder sich nicht gegen den Nachlaß, sondern gegen den Erben persönlich richtet."

49 *KG*, 9. 1. 1917, OLGZ 34 S. 274f.

50 Vgl. *Klien*, Nachlaßverwaltung und Nachlaßvergleich, JW 1936 S. 1196, 1197 sowie mit ausführlicher Begründung *Bley/Mohrbutter*, Vergleichsordnung, 3. Aufl. 1972, Anm. 6 zu § 113 KO unter Aufgabe der früher herrschenden Meinung: „Durch die Anordnung von Verfügungsbeschränkungen [§§ 58f. Vergleichsordnung] im Vergleichsverfahren kann der Schutz der Nachlaßgläubiger, wie er mit der Anordnung einer Nachlaßverwaltung kraft Gesetzes eintritt (vgl. § 1984 Abs. 1 BGB) nicht in gleicher Weise herbeigeführt werden, denn diese führen wohl zu einem weitgehenden Mitwirkungsrecht des Vergleichsverwalters, nicht aber zum Übergang der Verfügungs- und Verwaltungsbefugnis auf diesen."

51 „Die Aufhebung hat zu erfolgen, wenn der Grund für die Anordnung der Verwaltung weggefallen ist (§ 1919 BGB), mithin sobald der Zweck der Verwaltung erreicht ist. Sie ist auch aufzuheben, wenn die Anordnung ungerechtfertigt war (§ 18 FGG). Geschieht letzteres, so kommt die Aufhebung der Zurückweisung des Antrags auf Anordnung der Nachlaßverwaltung gleich. Daraus folgt, daß gegen die Verfügung, durch welche die Nachlaßverwaltung aufgehoben wird, weil ihre Anordnung ungerechtfertigt war, gemäß § 20 Abs. 2 FGG die Beschwerde nur von demjenigen erhoben werden kann, welcher den Antrag auf Anordnung gestellt hat. Ob andere Personen, die ebenfalls antragsberechtigt gewesen wären, den Antrag aber nicht gestellt haben, durch Zurückweisung des Antrags beschwert sind, ist unerheblich. Ist jedoch der Antrag von einem Nachlaßpfleger gestellt, die Pflegschaft dann aber aufgehoben, so ist der Erbe berech-

dessen rechtliches Interesse sich unmittelbar aus der Zweckbestimmung der Nachlaßverwaltung ergibt, ein Beschwerderecht gemäß § 57 Abs. 1 Ziffer 3 FGG[52].

Strittig ist, inwieweit der Nachlaßverwalter gegen die Aufhebung seines Amtes durch Beschluß des Nachlaßgerichts Beschwerde einlegen kann. Unstreitig kann der Nachlaßverwalter gegen den seine Vergütung festsetzenden Beschluß, da er möglicherweise in seinem Recht auf eine angemessene Vergütung gemäß § 1987 beeinträchtigt ist, Beschwerde einlegen[53]. Darüber hinaus ist der Nachlaßverwalter berechtigt, sofern seine Verwaltungsbefugnis eingeschränkt wird, Beschwerde einzulegen[54].

---

tigt, den Antrag weiterzuverfolgen, und er ist auch berechtigt, gegen die zurückweisende Entscheidung Beschwerde einzulegen. Denn der Nachlaßpfleger ist hinsichtlich der Verwaltung und der Sicherung des Nachlasses der gesetzliche Vertreter des Erben... Hört die gesetzliche Vertretung auf, so tritt der Erbe in das von dem Pfleger eingeleitete Verfahren ein. Sind mehrere Erben vorhanden, so entscheidet sich die Frage, ob jeder Miterbe für sich allein beschwerdeberechtigt ist, oder ob die Miterben nur gemeinschaftlich Beschwerde einlegen können, danach, ob der einzelne Erbe antragsberechtigt gewesen wäre oder ob es eines gemeinschaftlichen Antrags aller Erben bedurft hätte. Denn wenn nach materiellem Recht zur Stellung eines Antrags die Mitwirkung mehrerer Erben notwendig ist, so können sie auch die Beschwerde gegen die den Antrag zurückweisende Verfügung nur gemeinschaftlich einlegen." (*KG*, 19. 11. 1931, JW 1932 S. 1389 mit Anmerkung *Boehmer*, HRR 32 Nr. 956.)

52 „Es ist zunächst eine rechtsirrige Ansicht, daß es im Belieben des Erben stehe, eine auf seinen Antrag eingeleitete Nachlaßverwaltung zur Aufhebung zu bringen. Aus den §§ 1984f. ergibt sich deutlich, daß eine einmal eingeleitete Nachlaßverwaltung von ganz bestimmten, hier nicht in Betracht kommenden Ausnahmen abgesehen, auch durchgeführt werden muß, einerlei, ob sie auf Antrag des Erben oder eines Nachlaßgläubigers angeordnet ist. Andernfalls würde ja auch der Erbe das Institut der Nachlaßverwaltung zur Vexation [veraltet für Neckerei, Quälerei — Anm. des Verf.] der Gläubiger mißbrauchen können... Nach § 1985 BGB erlangt der Nachlaßgläubiger ein Recht auf Berichtigung seiner Forderung aus dem Nachlaß gegen den Nachlaßverwalter, nach § 1986 mit § 1985 Abs. 2 kann er vom Nachlaßverwalter verlangen, daß er den Nachlaß dem Erben erst ausantworte, nachdem seine Forderung berichtigt oder, wenn die Voraussetzungen dazu vorliegen, stattdessen ihm Sicherheit geleistet ist. In diesen Rechten wird er offenbar beeinträchtigt, wenn die Nachlaßverwaltung... vorzeitig aufgehoben wird. Das Landgericht hat aber bei dem § 57 Abs. 1 Ziff. 3 FGG übersehen, der nach § 75 auf die Nachlaßpflegschaft, von der die Nachlaßverwaltung nur eine Unterart ist (§ 1985 BGB), Anwendung findet."... (*OLG Jena*, 11. 6. 1903 = OLGZ 7 S. 134f.); ebenso *Keidel/Winkler*, Freiwillige Gerichtsbarkeit, 10. Aufl. 1972, mit Nachtrag 1975, Randnr. 46 zu § 20 FGG, der fälschlicherweise ein Beschwerderecht des Gläubigers aus § 20 FGG herleiten will.

53 *BayObLG*, 10. 2. 1953, BayObLGZ 53 S. 51ff.

54 *OLG München*, 23. 7. 1937, JFG 16 S. 98, 101, 102: Nachlaßverwalter wird durch Anordnung einer Nachlaßpflegschaft in seinen Rechten beschränkt, allerdings ließ das Gericht die Frage letztlich offen, ob der Nachlaßverwalter dem Nachlaßkonkursverwalter gleichzustellen ist, dem gegen die Bestellung eines Nachlaßpflegers kein Be-

Als einziger Pfleger des Familien- und Erbrechts ist der Nachlaßverwalter für die korrekte Führung seines Amtes unmittelbar den Nachlaßgläubigern verantwortlich (§ 1985 Abs. 2). Hieraus folgt das rechtliche Interesse des Nachlaßverwalters, daß die Nachlaßverwaltung nicht vor Erledigung seiner Aufgaben vom Nachlaßgericht aufgehoben werde[55].

Die Haftung aus § 1985 Abs. 2 stellt sich aber auch als ein notwendiges Korrelat zu dem ebenfalls nur dem Nachlaßverwalter zustehenden gesetzlichen Vergütungsanspruch gemäß § 1987 dar. Der gesetzliche Vergütungsanspruch soll das erhöhte Risiko einer doppelten Inanspruchnahme durch Erben und Nachlaßgläubiger ausgleichen. Der Nachlaßverwalter hat weder einen gesetzlichen Anspruch noch ein sonstiges schützenswertes rechtliches Interesse auf Berufung in das private Amt durch das Nachlaßgericht. Daraus folgt, daß ein rechtliches Interesse am Fortbestand des nur auf Zeit verliehenen Amtes nicht anzuerkennen ist. Der Nachlaßverwalter hat damit ebenso wie die übrigen Pfleger des Familien- und Erbrechts lediglich ein berechtigtes Interesse, aber kein rechtliches Interesse im Sinne von § 57 Abs. 1 Nr. 3 FGG am Fortbestand des Amtes.

Mit dem Ende der Nachlaßverwaltung verliert der Nachlaßverwalter seine Verwaltungsbefugnisse, so daß er verpflichtet ist, an den Erben als dem materiellen Rechtsinhaber das um die Nachlaßschulden bereinigte Nachlaßvermögen auszukehren. Das noch verbliebene Nachlaßvermögen darf aber erst dem Erben übergeben werden, wenn die bekannten Nachlaßverbindlichkeiten berichtigt sind (§ 1986 Abs. 1). Soweit eine Nachlaßverbindlichkeit nicht getilgt werden konnte, weil zum Beispiel der Nachlaßgläubiger unbekannt ist oder weil hinsichtlich der geltend gemachten Forderung ein Rechtsstreit anhängig ist, darf die Ausantwortung des Nachlasses nur erfolgen, wenn dem Gläubiger Sicherheit geleistet oder die Forderung durch Hinterlegung zum Erlöschen gebracht wurde (vgl. §§ 232, 372ff.). Grundsätzlich bleibt aber der Nachlaßverwalter verpflichtet, nach Beendigung seines Amtes alles herauszugeben, was er aus der Verwaltung des Nachlasses erlangt hat[56].

---

schwerderecht zusteht — die Entscheidung betrifft zudem die Zulässigkeit einer Nachlaßpflegschaft nach deutschem Recht für ausländisches (argentinisches) Vermögen.

55 *OLG München*, 11. 12. 1926, JFG 4 S. 151, 152 = JW 1927 S. 1651 mit zustimmender Anmerkung von *Endemann*; dazu *Joseph*, JW 1927 S. 2581, der ein Beschwerderecht für den Nachlaßpfleger verneint.

56 *KG*, 12. 10. 1970, NJW 1971 S. 566f.:
„Dazu gehören auch die von ihm angelegten Akten, wobei es unerheblich ist, ob er diese als sein persönliches Eigentum gekennzeichnet hat.

Gegenüber dem Herausgabeverlangen des Erben (oder eines neu bestellten Nachlaßverwalters!) steht dem (früheren) Nachlaßverwalter ein Zurückbehaltungsrecht gemäß § 273 zu, sofern er noch Gegenrechte, insbesondere seinen gesetzlichen Vergütungsanspruch gemäß § 1987, hat. Auch nach Beendigung des Amtes des Nachlaßverwalters bleibt das Nachlaßgericht befugt, dem Nachlaßverwalter Anweisungen zu erteilen und gegebenenfalls ihm gegenüber Ordnungsstrafen zu verhängen[57]. Nach Beendigung der Nachlaßverwaltung bleibt die mit Anordnung der Nachlaßverwaltung eingetretene Haftungsbeschränkung des Erben bestehen. In analoger Anwendung der §§ 1990, 1991 ist der Erbe berechtigt, seine Haftung gegenüber den Nachlaßgläubigern auf das noch vorhandene Nachlaßvermögen zu beschränken[58].

Das schutzwürdige Vertrauen des Erben auf eine umfassende Schuldenbereinigung ist höher zu werten als das Haftungsinteresse eines bisher unbekannten Nachlaßgläubigers. Allerdings stellt sich das Problem nicht, wenn der Nachlaßverwalter, was ihm auf jeden Fall anzuraten ist, ein Aufgebotsverfahren gemäß §§ 1970ff. durchgeführt hat (vgl. § 1973). In jedem Fall haftet der Erbe den Nachlaßgläubigern nur mit dem Nachlaßvermögen.

---

57 *KG*, 11. 2. 1915, OLGZ 32 S. 49.

58 „Die früher überwiegend vertretene Rechtsansicht geht dahin, daß die durch die Anordnung der Nachlaßverwaltung eingetretene Haftungsbeschränkung nur für die Dauer der Nachlaßverwaltung besteht und entfällt, wenn diese aufgehoben wird, sofern nicht die Voraussetzungen des § 1990 BGB oder des § 1992 BGB bei der Aufhebung der Nachlaßverwaltung vorliegen oder später eintreten, oder der Erbe von einem ausgeschlossenen oder einem diesen gleichstehenden Nachlaßgläubiger in Anspruch genommen wird. Wolle sich der Erbe die Beschränkung seiner Haftung sichern, so müsse er, so war der Standpunkt der ehemals herrschenden Lehre, erneut Nachlaßverwaltung oder Konkurs herbeiführen... [es folgen Nachweise]... Wie mit Recht hervorgehoben wird, kann... [aber] der Wortlaut des Gesetzes nicht allein entscheidend sein, insbesondere könne aus der Fassung des § 1990 BGB keine entscheidenden Beweisgründe entnommen werden. Ausschlaggebend dürfte... [dagegen] sein, daß... der Erbe nach Aufhebung der Nachlaßverwaltung erwarten kann, daß ihm ein schuldenfreier Nachlaß übergeben wird. Denn in der Nachlaßverwaltung sind alle Nachlaßverbindlichkeiten zu befriedigen oder, wenn dies nicht möglich ist, sicherzustellen (§§ 1985 Abs. 1, 1986 Abs. 2 BGB). Es kann dem Erben nicht zugemutet werden, in jedem Fall auch bei einem nicht dürftigen Nachlaß erneut Nachlaßverwaltung oder Nachlaßkonkurs zu beantragen, wenn nachträglich Nachlaßverbindlichkeiten hervortreten, die nicht berücksichtigt wurden. In einem solchen Fall ist dann § 1990 BGB entsprechend anzuwenden...“ (*BGH*, 17. 12. 1953, NJW 1954 S. 635f.)

II. Vergleichsverfahren

Der überschuldete Nachlaß soll den Nachlaßpfleger und den Nachlaßverwalter veranlassen, auch andere Möglichkeiten der Behandlung von Gläubigerforderungen bei Erhaltung der beschränkten Erbenhaftung ins Auge zu fassen. Den Verwaltern bieten sich zunächst der Nachlaßkonkurs und das diesem unter Umständen vorausgehende Vergleichsverfahren. Wenn die Eröffnung des Vergleichsverfahrens abgelehnt wird, so hat der Richter zugleich von Amts wegen über die Eröffnung des Konkursverfahrens zu entscheiden. Der Vergleichsantrag kann nach § 113 Abs. I Nr. 1 VglO von einer ganzen Reihe von Berechtigten gestellt werden. Mehrere Erben können den Antrag nur gemeinschaftlich stellen. Sie sind hierzu berechtigt, wenn bereits Nachlaßverwaltung angeordnet oder schon ein Testamentsvollstrecker bestellt ist[59]. Außerdem können Nachlaßverwalter und Nachlaßpfleger den Vergleichsantrag stellen. Wenn mehrere Pfleger, die nur gemeinschaftlich zur Antragstellung berechtigt sind, Meinungsverschiedenheiten haben, dann hat der Richter zu entscheiden. Eine Nachlaßverwaltung endet auch nicht mit der Eröffnung des Vergleichsverfahrens[60].

Unter Berücksichtigung der Notwendigkeit gemeinschaftlichen Handelns dürfen Testamentsvollstrecker den Vergleichsantrag stellen, desgleichen ein Ehegatte des Erben, wenn der Nachlaß zum Gesamtgut einer Gütergemeinschaft gehört; auch der Erbschaftskäufer ist dazu berechtigt. Den Vergleich können die Berechtigten sogar vor der Annahme der Erbschaft beantragen. Nicht mehr kann der Vergleichsantrag gestellt werden, wenn entweder der Erbe unbeschränkt haftet oder der Nachlaß bereits geteilt ist.

Der Vergleichsantrag eröffnet dem erfahrenen Vermögensverwalter Möglichkeiten, sich mit den Gläubigern zu arrangieren und gibt ihm eine einmalige Chance. Nicht selten wird ein Nachlaßkonkursverfahren vermieden, wenn der zur Führung und Gestaltung befähigte Verwalter den Konkurs zu vermeiden vermag. In der klassischen Reihenfolge Pflegschaft, Nachlaßverwaltung, Vergleichsverfahren, Konkursverfahren ist das letztere sicherlich das teuerste und dasjenige, das es zu vermeiden gilt.

---

59 *Böhle-Stamschräder*, Kommentar zur Vergleichsordnung, s. Auflage, Erläuterung 3 zu § 133, S. 269.

60 *Klien*, JW 1936 S. 1197; *Böhle-Stamschräder*, Vergleichsordnung, Erläuterung zu § 113 S. 269.

Im übrigen wird auf die einschlägigen Bestimmungen der Vergleichsordnung (z.B. § 113ff.) verwiesen.

III. Nachlaßkonkursverfahren

Ist der Nachlaß überschuldet, so muß der Nachlaßverwalter darauf achten, den Konkursantrag rechtzeitig zu stellen, denn alles, was er vom Augenblick seiner Kenntnis der Überschuldung des Nachlasses an unternimmt, birgt besondere Risiken in sich. Selbst der Konkursverwalter des Vermögens eines Konkursschuldners kann bezüglich des Vermögens eines Erben den Antrag auf Anordnung der Nachlaßverwaltung stellen, sofern diese zur Erreichung besserer Befriedigung der Konkursgläubiger erforderlich ist[61,62]. Fällt ein Erbe in Konkurs, so berührt dies nicht die Befugnisse des Testamentsvollstreckers. Das Nachlaßvermögen kommt in die Konkursmasse und wird nicht vor Abwicklung der Testamentsvollstreckung von der Konkursmasse erfaßt. Auch nimmt die Eröffnung des Konkursverfahrens über sein Vermögen dem Erben nicht das Recht, ohne weiteres die Anordnung der Nachlaßverwaltung zu beantragen.

Die Eröffnung des Nachlaßkonkurses sowie die Eröffnung des Vergleichsverfahrens erfordern die Überschuldung des Nachlasses, weil nach § 215 KO Vergleich und Konkurs die gleichen Voraussetzungen haben. Die Vorschrift des § 215 KO setzt die gleichen Nachlaßrechte und Nachlaßverbindlichkeiten voraus. Antragsverpflichtet gegenüber den Nachlaßgläubigern sind der Erbe, der Nachlaßverwalter und der Testamentsvollstrecker. Die gleiche Verpflichtung trifft auch den Nachlaßpfleger, weil der Antrag auf Konkurseröffnung auf jeden Fall gestellt werden muß, wenn der Nachlaß überschuldet ist.

Zu erwähnen ist § 218 KO in Bezug auf das Gesamtgut der Gütergemeinschaft, desgleichen § 219 KO, der dem im Aufgebotsverfahren ausgeschlossenen Nachlaßgläubiger kein Antragsrecht mehr gewährt, es sei denn, daß u.a. über das Vermögen des Erben das Konkursverfahren eröffnet worden ist.

Ein Antrag kann nicht mehr gestellt werden, wenn seit der Annahme der Erbschaft zwei Jahre verstrichen sind (§ 220 KO).

---

61 *Böhle-Stamschräder*, Kommentar zur Konkursordnung, 12. Auflage, Erläuterung zu § 6.

62 LG Aachen, 22. 9. 1959, KTS6O S. 62 = NJW 1960 S. 48.

§ 222 KO bestimmt, daß wenn der Erbe vor der Eröffnung des Verfahrens aus dem Nachlaß Pflichtteilsansprüche, Vermächtnisse oder Auflagen erfüllt hat, seine Handlung so betrachtet werden muß, als sei die Leistung in gleicher Weise anfechtbar wie eine unentgeltliche Verfügung des Erben.

Auf alle übrigen einschlägigen Bestimmungen der Konkursordnung sei verwiesen (z.B. § 224ff.).

Eine im Wirtschaftsleben nicht seltene Häufung von Konkursen behandelt die Konkursordnung wie folgt: Wenn im Konkursverfahren über das Vermögen des Erben Gläubiger hervortreten und wenn auch über den Nachlaß das Konkursverfahren eröffnet worden ist oder wenn eine Nachlaßverwaltung angeordnet ist, finden auf Nachlaßgläubiger, denen gegenüber der Erbe unbeschränkt haftet, die Vorschriften der §§ 64, 96, 153, 155, 156 des § 168 Nr. 3 und des § 169 KO entsprechende Anwendung (§ 234 Abs. 1 und 2 KO).

Über ein Erbteil kann kein Konkursverfahren stattfinden, weil dies begrifflich mit der Rechtsnatur der Erbengemeinschaft als einer Gemeinschaft zur gesamten Hand und der gesamtschuldnerischen Haftung der Miterben nicht zu vereinbaren wäre (§ 235 KO).

Nur wenn beide Ehegatten zusammen einen Zwangsvergleich vorschlagen, ist der Antrag beachtlich. Der Zwangsvergleich begrenzt, soweit er nichts anderes festsetzt, zugleich den Umfang der persönlichen Haftung der Ehegatten (§ 236 b KO).

§ 237 KO gestattet den Zugriff auf inländisches Vermögen, wenn über das Vermögen des Schuldners ein Konkursverfahren im Ausland eröffnet worden ist.

Abschließend sei eine die Konkursordnung ergänzende Vorschrift erwähnt: Art. 3 des Gesetzes vom 26. 4. 1961 zum zweiten Abkommen vom 16. 8. 1960 zwischen der Bundesrepublik Deutschland und den Vereinigten Staaten von Amerika über Angelegenheiten, die sich aus der Bereinigung deutscher Dollar-Bonds ergeben[63].

---

63 BGBl. II 1961 S. 461.

F.
Pflegschaften des Familienrechts

1. Allgemeine Bestimmungen

Die allgemeinen Bestimmungen des Dritten Titels des Vierten Buches (Dritter Abschnitt) in bezug auf die Pflegschaft finden sich in den §§ 1915 bis 1921. Aus diesen Bestimmungen geht hervor, daß auf die nach § 1909 anzuordnende Pflegschaft die für die Vormundschaft geltenden Bestimmungen entsprechende Anwendung finden, soweit sich nicht aus dem Gesetz ein anderes ergibt. Nach § 1915 ist die Bestellung eines Gegenvormundes nicht erforderlich und nach § 1916 gelten die Vorschriften über die Berufung zur Vormundschaft nicht. § 1917 schreibt ausdrücklich vor, daß, wenn eine Pflegschaft nach § 1909 Abs. 1 Satz 2 erforderlich ist, derjenige als Pfleger zu berufen ist, der durch letztwillige Verfügung oder bei der Zuwendung benannt worden ist. Hinzuweisen ist außerdem auf § 1778. Will das Vormundschaftsgericht in Bezug auf die Benennung bestimmter Personen zum Vormund eingreifen, kann es das nur, wenn diese Initiative im Interesse des Pfleglings liegt und von den Anordnungen des Zuwendenden, so lange dieser lebt, nur mit dessen Zustimmung abgewichen wird. Das gilt selbstverständlich dann nicht, wenn der zur Zustimmung Berufene zur Abgabe einer Erklärung dauernd außerstande ist oder sein Aufenthalt unbekannt ist; nur in diesem Falle kann das Vormundschaftsgericht die Zustimmung ersetzen.

Die Pflegschaft für eine unter elterlicher Sorge oder unter Vormundschaft stehenden Person endigt mit der Beendigung der elterlichen Sorge oder der Vormundschaft, die Pflege für eine Leibesfrucht mit der Geburt des Kindes, die Pflegschaft zur Besorgung einer einzelnen Angelegenheit mit ihrer Erledigung (§ 1918). Der Vormundschaftsrichter muß eine Pflegschaft dann aufheben, wenn der Grund für die Anordnung der Pflegschaft weggefallen ist (§ 1919). Eine Gebrechlichkeitspflegschaft muß der Vormundschaftsrichter aufheben, wenn der Pflegebefohlene die Aufhebung beantragt (§ 1920). § 1921 behandelt die Aufhebung einer Abwesenheitspflegschaft. Diese endet, wenn der Abwesende an der Besorgung seiner Vermögensangelegenheiten nicht mehr verhindert ist und wenn der Abwesende stirbt, mit der Aufhebung durch das

Vormundschaftsgericht, und zwar sobald das Gericht vom Tode des Abwesenden erfährt. Wird der Abwesende für tot erklärt oder wird seine Todeszeit nach den Vorschriften des Verschollenheitsgesetzes festgestellt, so endet die Pflegschaft mit der Rechtskraft des Beschlusses über die Todeserklärung oder die Feststellung der Todeszeit.

Die Bestimmungen des Dritten Titels der §§ 1909 bis einschließlich 1921 beziehen sich auf Fälle, in denen für eine Vertretung deshalb gesorgt werden muß, weil es sich um Angelegenheiten handelt, an deren Besorgung die gesetzlichen Vertreter gehindert sind oder bei denen der betreffende Volljährige seine Angelegeheiten nicht zu besorgen vermag, und schließlich auf die Fälle des nasciturus und die Pflegschaft für unbekannte Beteiligte. Diese Pflegschaften sind in der Regel Personal- und nicht Realpflegschaften, und sie berühren grundsätzlich die Prozeßpflegschaft des Pflegebefohlenen überhaupt nicht. Eine Ausnahme in der Personalität der Pflegschaft macht allein die Pflegschaft für ein Sammelvermögen gemäß § 1914[1]. Eine gewisse Zwitterstellung nimmt die Pflegschaft für unbekannte Beteiligte ein, weil sie auch die Fürsorge für juristische Personen beinhalten kann. Schließlich ist noch das Zuständigkeitsergänzungsgesetz[2] zu berücksichtigen.

In § 1706 werden verschiedene Angelegenheiten aufgeführt, zu deren Wahrnehmung ein nichteheliches Kind, sofern es eines Vormundes nicht bedarf, einen Pfleger erhält.

Der Mutter wird jedoch das Recht eingeräumt, beim Vormundschaftsgericht zu beantragen, daß keine Pflegschaft eingeleitet wird, eine bestehende Pflegschaft aufgehoben oder der Wirkungskreis des Pflegers beschränkt wird, wenn das eine oder andere dem Wohle des Kindes nicht widerspricht. Der Vormundschaftsrichter kann seine Entscheidung ändern, wenn dies zum Wohle des Kindes erforderlich ist (§ 1707). Schon vor der Geburt des Kindes kann das Vormundschaftsgericht zur Wahrnehmung der in § 1706 genannten Angelegenheiten einen Pfleger bestellen. Diese Bestellung wird mit der Geburt des Kindes wirksam (§ 1708). § 1710 bestimmt, daß der bisherige Vormund Pfleger nach § 1706 wird, sofern die Voraussetzungen für die Pflegschaft vorliegen, wenn ein nichteheliches Kind unter Vormundschaft stand und die Vormundschaft kraft Gesetzes endet. Die Vorschriften der §§ 1712 bis 1718 sind durch

---

1 Seuff. Arch. 56 S. 179.

2 Gesetz zur Ergänzung von Zuständigkeiten auf den Gebieten des Bürgerlichen Rechts und des Strafrechts v. 7. 8. 1952 (Zuständigkeitsergänzungsgesetz), BGBl. I S. 407.

das Gesetz über die rechtliche Stellung der nichtehelichen Kinder vom 19. 8. 1969 (BGBl. I S. 1243) aufgehoben worden.

2. Die Formen der Pflegschaften

a) Ergänzungspflegschaft (§ 1909)

Wer unter elterlicher Sorge oder unter Vormundschaft steht, erhält für Angelegenheiten, an deren Besorgung die Eltern oder der Vormund gehindert sind, einen Pfleger. Er erhält insbesondere einen Pfleger zur Verwaltung des Vermögens, das er von Todes wegen erwirbt oder das ihm unter Lebenden unentgeltlich zugewendet wird, wenn der Erblasser durch letztwillige Verfügung, bzw. der Zuwendende bei der Zuwendung bestimmt hat, daß die Eltern oder der Vormund das Vermögen nicht verwalten sollen. Über die Notwendigkeit einer Pflegschaft haben Eltern und Vormund das Vormundschaftsgericht unverzüglich zu verständigen. Eine Pflegschaft ist auch dann anzuordnen, wenn die Voraussetzungen für die Anordnung einer Vormundschaft vorliegen, ein Vormund aber noch nicht bestellt ist. Dieser letztere Fall wird selten vorkommen, da die zuständigen Gerichte in der Regel gleich an die Einleitung der Anordnung einer Vormundschaft herangehen und der Vorspann einer Pflegschaft in den meisten Fällen untunlich ist.

Die Anordnung einer Ergänzungspflegschaft hat bei rechtlicher oder tatsächlicher Verhinderung des gesetzlichen Vertreters schon dann zu erfolgen, wenn ein rechtlich relevanter Zweifel eine solche Verhinderung anzunehmen erlaubt und wenn andere mit dieser Frage befaßte Stellen diese Verhinderung annehmen konnten, und schließlich dann, wenn der Elternteil mit der Pflegschaft einverstanden ist[3]. Bis zum Beschluß des Bundesgerichtshofes vom 18. 9. 1975[4] ist angenommen worden, daß zum Beispiel im Falle der Beteiligung des gesetzlichen Vertreters eines Komplementärs, der Beteiligung des Mündels des Gesellschafters an einer Familiengesellschaft die Möglichkeit einer Dauerpflegschaft zu befürworten sei, weil die Notwendigkeit einer Pflegschaft angenommen worden ist, steuerliche Vorteile zu erlangen oder zu erhalten.

Der BGH hat deutlich gemacht, daß das Verbot des Selbstkontrahierens den Gesellschafter einer Personengesellschaft grundsätzlich nicht daran hindert, bei Gesellschafterbeschlüssen über Maßnahmen der Geschäfts-

3 *KG*, 3. 5. 1935, JW 1935 S. 2154.
4 *BGH*, 18. 9. 1975, BGHZ 65 S. 93.

führung und im Rahmen des bestehenden Gesellschaftsvertrages als Vertreter eines anderen und zugleich im eigenen Namen aufzutreten. Allein die Tatsache, daß ein minderjähriger Kommanditist und sein gesetzlicher Vertreter an einer Personengesellschaft beteiligt sind, führt nicht dazu, eine Ergänzungspflegschaft zu beantragen oder anzuordnen. Diese für die steuerliche Wertung von Rechtsgeschäften in Personengesellschaften, bei denen gesetzliche Vertreter, Eltern und Vormund neben einem oder mehreren Mündeln beteiligt sind, einmal maßgebend gewesene Rechtsauffassung des Reichsfinanzhofes ist überholt.

Es wird auch keine Ergänzungspflegschaft angeordnet, wenn der andere Elternteil die elterliche Sorge ausüben kann oder ein Übertragungsgrund auf ihn vorliegt. Nehmen Vormund oder Elternteil von sich aus an, daß sie an der Mitwirkung an einem Rechtsgeschäft gehindert sein werden, so sollte man den Weg für eine Ergänzungspflegschaft nicht versperren. Die Tendenz in der Rechtsprechung geht jedoch dahin, daß Ergänzungspflegschaften, wenn möglich, zu vermeiden sind. Das war wohl auch der Grund, warum das Reichsgericht in einem Urteil vom 10. 9. 1935[5] die Bestellung eines Pflegers und dessen Einwilligung nicht für erforderlich hielt, wenn die Eltern dem minderjährigen Kind das Eigentum an beweglichen Sachen übertragen wollen und sich den Nießbrauch vorbehalten.

Selbstverständlich ist dieses Urteil des Reichsgerichts[6] nicht unumstritten. Das Oberlandesgericht München hat sich 1942 anders geäußert. Es war der Meinung, wenn ein Vater seinem über sieben Jahre alten minderjährigen Kind in Erfüllung eines Schenkungsversprechens ein Grundstück auflasse, an dem er sich den Nießbrauch vorbehält, hierzu die Zustimmung eines zu bestellenden Pflegers nachgewiesen werden müsse, weil andernfalls eine Eintragung im Grundbuch nicht möglich sei.

Auf die Ausführungen von Palandt/Diederichsen[7] sei in diesem Zusammenhang verwiesen.

Zu § 1909 trägt ein Beschluß des BGH vom 27. 11. 1974[8] einen Gesichtspunkt bei, der nicht unerwähnt bleiben soll. Der Bundesgerichtshof hält nämlich die Bestellung eines Pflegers zum Zwecke der Anfechtung der Ehelichkeit eines Kindes auch dann nicht für erforderlich, wenn es sich um eine Abstammungsklage handelt, bei der die Kindes-

5 *RG*, 10. 9. 1935, RGZ 148 S. 321.
6 *RG*, 10. 9. 1935, HRR 42 S. 444.
7 *Palandt/Diederichsen*, BGB, Anmerkungen zu § 1909.

mutter festgestellt haben will, daß der Minderjährige nicht von seinem Vater abstammt, sondern von einem Dritten, mit dem die Frau während der in Betracht kommenden Zeit außerehelichen Verkehr hatte. Richtig ist, daß in einem solchen Fall der Vater das Kind im Ehelichkeitsanfechtungsprozeß nicht vertreten kann, denn niemand kann einen Prozeß mit sich selbst führen. Dennoch ist der Vater alleinberechtigter Inhaber der elterlichen Sorge und nur er hat zu entscheiden, ob die Ehelichkeit eines während der Ehe geborenen Kindes angefochten worden soll oder nicht. Den Interessen des Kindes kann die Anfechtung der Ehelichkeit im Einzelfall weniger entsprechen als die Aufrechterhaltung familienrechtlicher Beziehungen. Nach heutiger Auffassung ist die Frage der Zulässigkeit einer Anfechtungsklage allein vom Kindeswohl her zu beantworten. Dem stimmt der BGH in seinem Beschluß vom 27. 11. 1974[8] ausdrücklich zu. Der Bundesgerichtshof lehnt zu Recht eine Überbewertung des Blutsbandes in seiner Bedeutung für die Bildung und Abwicklung einer Familiengemeinschaft ab, besonders dann, wenn das Interesse des Kindes durch sein Verbleiben in der Familiengemeinschaft mit dem als sein Vater geltenden Mann gewahrt ist.

b) Gebrechlichkeitspflegschaft

Die Bestimmung des § 1910, wonach ein Volljähriger einen Pfleger für seine Person und sein Vermögen erhalten soll, wenn er infolge körperlicher Gebrechen, insbesondere weil er taub, blind oder stumm ist, seine Angelegenheiten nicht zu besorgen vermag, einen Pfleger erhält, enthält in Absatz 3 eine Vorschrift, die nur mit äußerster Zurückhaltung und mit Kenntnissen moderner Methoden von Medizin und Psychologie anzuwenden ist. Selbst wenn über sein Vermögen Konkurs eröffnet wird, bleibt der Gemeinschuldner eine zwar schutzbedürftige, aber eine geschäftsfähige Persönlichkeit unseres täglichen Lebens. Nur ganz behutsam darf der Vormundschaftsrichter an die Anwendung des § 1910 herangehen. Wenn der Betroffene seine Angelegenheiten durch Bevollmächtigte erledigen kann, soll er nicht daran gehindert werden und es muß sorgsam geprüft werden, ob auch dann noch die Anordnung einer Gebrechlichkeitspflegschaft notwendig ist. In jedem Fall muß ein wirtschaftliches Fürsorgebedürfnis vorliegen, und alles, was geschieht, muß dem Interesse des Pflegebefohlenen entsprechen. Wenn der Vormundschaftsrichter Veranlassung sehen sollte, sollte er an die Entmündigung des Pfleglings denken und mit vorläufiger Vormundschaft und End-

8 *BGH*, 27. 11. 1974, NJW 1975 S. 345.

mündigungsverfahren zu helfen versuchen. Keineswegs sollte die Pflegschaftsanordnung dazu führen, daß, wenn z. B. jemand an einer bestimmten Medikamentenabhängigkeit leidet, sofort und in jedem Fall ein Pflegschaftsbedürfnis bejaht wird. Am wenigsten sollte der Vormundschaftsrichter unterstellen — wenn ihm das auch von drei Seiten vorgetragen wird — daß infolge mangelnder Verständigungsmöglichkeit mit dem Gebrechlichen eine Zwangspflegschaft anzuordnen ist. Selbstverständlich entscheidet der Vormundschaftsrichter insoweit nach freiem Ermessen und seine Entscheidung ist nicht durch das Prozeßgericht nachzuprüfen, sondern im ordentlichen Beschwerdeverfahren gegen einen vormundschaftsrichterlichen Beschluß. Aus der Praxis werden Fälle bekannt, in denen Gebrechlichkeitspflegschaft angeregt oder sogar angeordnet wird, wenn es sich in Wirklichkeit darum handelt, jemanden in seinen Vermögensverhältnissen zu beeinträchtigen oder ihn gar um das Vermögen zu bringen. Kaum eine Vorschrift des Vormundschafts- und Pflegschaftsrechts wird so mißbraucht wie § 1910. Man mache sich deshalb klar, daß für eine Pflegschaftsanordnung weder Medikamentensucht noch Schwierigkeiten bei der Verständigung genügen. In erster Linie sollte der Vormundschaftsrichter den Betroffenen hören und sich selbst ein Bild davon machen, ob eine Verständigung mit ihm nicht möglich ist. Die bloße Vorlage einer ärztlichen Bescheinigung kann nicht genügen[9]. Auf die in den Großkommentaren und bei Palandt/Diederichsen zitierten Entscheidungen kann verwiesen werden.

Ein geistig Gebrechlicher kann einen Pfleger für bestimmte oder einen Kreis von Angelegenheiten, insbesondere von Vermögensangelegenheiten erhalten, nicht aber für alle Angelegenheiten. Nur eine sorgfältige Untersuchung kann dem Arzt Gewißheit darüber verschaffen, ob der Betroffene allgemein seine Vermögensangelegenheiten nicht zu besorgen vermag oder nur einen Teil davon. So kommt es nicht selten vor, daß der Betroffene innerhalb einer Familiengesellschaft oder Handelsgesellschaft oder auch innerhalb eines bestimmten Berufskreises anders reagiert oder anders handelt, als es die Allgemeinheit von ihm erwartet bzw. für richtig hält. Gerade diese Tatsachen sind es, die die Personen, die es auf das Vermögen des Betroffenen abgesehen haben, in den Vordergrund rücken, um mit Hilfe von Ärzten, Sachverständigen, Gutachtern aller Art den Gebrechlichen unter Zwangspflegschaft zu stellen. Wo es nach Ansicht von Gericht und Gegnern schwer ist, den Betroffenen unter Vormundschaft zu stellen, soll die Gebrechlichkeitspfleg-

9 *LG Mannheim*, 24. 8. 1976, MDR 1977 S. 229.

schaft aushelfen. Der Gegner gelangt aber mit § 1910 nicht zu dem gewünschten Ziel. Der Beschluß des LG Mannheim vom 12. 7. 1976[10] ist insofern richtungsweisend und ein wahrhaft notwendiger Anstoß zur Unterlassung mancher gefährlicher Beschlüsse durch den Vormundschaftsrichter. Die Einwilligung, von der § 1910 Absatz 3 spricht, kann nur im natürlichen Sinne verstanden werden, sie ist nicht rechtsgeschäftlicher Natur. Die in der erwähnten Entscheidung herausgestellte Entmündigung darf keineswegs als Mittel der Pression oder der Verfahrensvereinfachung verstanden werden. Das Vormundschaftsgericht muß sich nach sorgfältiger Prüfung und Anhörung des Betroffenen und Sachverständiger sowie anhand der modernen Erkenntnisse von Psychiatrie und Psychologie entscheiden; dabei muß der Vormundschaftsrichter immer beachten, wie schwerwiegend und wie folgenreich eine Entmündigung ist.

Die Anordnung der Pflegschaft nach § 1910 berührt die Geschäftsfähigkeit des Pfleglings nicht. Der Pfleger hat nur die Stellung eines staatlich bestellten Bevollmächtigten. Der Pflegling bleibt verhandlungsfähig, sein Wille gilt vorrangig. Wer einen Gebrechlichkeitspfleger hat, kann auch selbst noch entscheiden. Hier ist wieder einmal eine bedeutende Grenze gesetzt: Ein Pfleger darf keinen Pflegling gegen dessen Willen unter Entzug der Freiheit unterbringen[11].

Abschließend sei noch hervorgehoben, daß Gebrechlichkeitspflegschaft nicht wirksam angeordnet ist, wenn der Beschluß des Amtsgerichts nicht begründet ist[9]. Der Gebrechliche kann Beschwerde einlegen, sogar dann, wenn er selbst geschäftsunfähig ist und er hat auch ein Beschwerderecht gegen die Ablehnung der von ihm beantragten Aufhebung der Pflegschaft[12].

Die Gebrechlichkeitspflegschaft endet mit Tod und Todeserklärung des Volljährigen durch Aufhebung seitens des Vormundschaftsgerichts oder auch auf Antrag des Pflegebefohlenen und immer dann, wenn der Pflegebefohlene inzwischen gesund geworden ist und somit kein Anlaß zur Fortsetzung der Gebrechlichkeitspflegschaft mehr besteht[13].

---

10 *LG Mannheim*, 12. 7. 1976, NJW 1976 S. 2018.

11 *BGH*, 28. 4. 1967, BGHZ 48 S. 157; andere Ansicht *BayObLG*, 14. 11. 1961, BayObLGZ 61 S. 332.

12 *BGH*, 22. 3. 1961, BGHZ 35 S. 1 = LM Nr. 2 zu § 1910; *KG*, 21. 3. 1966, FamRZ 1966 S. 321.

13 *KG*, 23. 1. 1969, FamRZ 1969 S. 440.

c) Abwesenheitspflegschaft

Die Bestimmung des § 1911 über die Abwesenheitspflegschaft setzt voraus, daß ein abwesender Volljähriger unbekannten Aufenthaltes ist oder der Aufenthalt des Abwesenden zwar bekannt ist, dieser aber an der Rückkehr und Besorgung seiner Vermögensangelegenheiten verhindert ist.

Zwar fördern die politischen Verwicklungen in der Welt die Abwesenheitsfälle, allerdings machen es die modernen Kommunikationsmittel viel leichter als in früheren Jahrzehnten, miteinander in Verbindung zu treten oder Bevollmächtigte zu bestellen. § 1911 hat deshalb im Ganzen seine Anwendungsmöglichkeiten verringert. Nur der Vollständigkeit halber sei in diesem Zusammenhang auf einen Beschluß des Reichsgerichts[14] verwiesen, in dem das Gericht sich Gedanken darüber machte, ob jemand als abwesend in Anwendung des § 1911 angesehen werden kann, der seinen Wohnsitz in Poughkeepsie/USA hat, von diesem Ort zwar nicht abwesend ist, aber infolge der Kriegsverhältnisse keine Möglichkeit hat, seine inländischen deutschen Vermögensangelegenheiten selbst zu klären und nach Deutschland zurückzukehren. Der damals ergangene Vorlegungsbeschluß führte dazu, die Abwesenheitspflegschaft aus § 1911 zu erlassen, da sie sogar dann angeordnet werden kann, wenn der Vermögensinhaber zwar nicht von seinem augenblicklichen Wohnort abwesend ist, seine Vermögensangelegenheiten jedoch der Fürsorge bedürfen.

In den Jahren nach Beendigung des 2. Weltkrieges schien es so, als komme man ohne die Restriktionsvorschrift des § 1911 nicht aus. Es erging deshalb das Zuständigkeitsergänzungsgesetz vom 7. 8. 1952[15], das vom Saarland im Ausgleichsgesetz vom 22. 12. 1956[16, 17] übernommen wurde.

Der BGH hat in einer Entscheidung[18] darauf hingewiesen, daß die Erschwerung, die in dem Gesetz erwähnt wird, auch dann vorliegen kann, wenn der im Machtbereich der DDR Berechtigte oder Verpflichtete durch eine Mitteilung einer schweren Gefahr ausgesetzt werden würde.

---

14 *RG*, 18. 3. 1920, RGZ 98 S. 263.
15 Zuständigkeitsergänzungsgesetz vom 7. 8. 1952, BGBl. I S. 407.
16 Ausgleichsgesetz vom 22. 12. 1956, ABl. S. 1667.
17 *Palandt*, BGB, Anmerkungen zu § 1703.
18 *BGH*, 17. 12. 1963, NJW 1964 S. 650.

d) Pflegschaft für eine Leibesfrucht

Mit einem Hinweis auf § 1912 in seiner jetzigen Fassung[19] soll es hier sein Bewenden haben.

e) Pflegschaft für unbekannte Beteiligte

§ 1913 erlaubt, soweit eine Fürsorge erforderlich ist, einem Beteiligten einen Pfleger zu bestellen, für Angelegenheiten, wenn unbekannt oder ungewiß ist, wer bei diesen Angelegenheiten der Beteiligte ist. Insbesondere kann einem Nacherben, der noch nicht erzeugt ist oder dessen Persönlichkeit erst durch ein künftiges Ereignis bestimmt wird, für die Zeit bis zum Eintritt der Nacherbfolge ein Pfleger bestellt werden.

§ 1913 hat eine dualistische Bedeutung, weil es nicht immer eine Personalpflegschaft zu sein braucht, sondern weil nach ihm auch eine Pflegschaft für juristische Personen angeordnet werden kann. Es ist sicher nicht unrichtig, insoweit auf die geschichtliche Entwicklung von Handelsgesellschaften und juristischen Personen hinzuweisen. Dieser Bereich ist nur in bescheidenem Rahmen in Wissenschaft und Praxis zur Sprache gekommen[20]. Dabei wird richtigerweise hervorgehoben, daß die Bedürfnisfrage nicht selten von der Rechtswissenschaft und Rechtsprechung überschätzt wird. Wenn der BGH auch eine Pflegschaft für juristische Personen vorsah, so war der Gesetzgeber später nur in seltenen Fällen bereit, auf die Pflegschaft zu verweisen und allenthalben zog man die Einrichtung eines Notvorstands gemäß § 29 vor. Das Kammergericht hat zwischen den Kriegen die Bestellung von Pflegern als unvertretbar abgelehnt und auf die Einrichtung nach § 29 verwiesen[21].

Wegen Zuständigkeitsbedenken sollte man erst in letzter Konsequenz auf § 1913 zurückgreifen und zunächst in jedem Fall untersuchen, ob nicht aus Gründen der Objektivität das Organ eines Notvorstandes vorzuziehen ist.

f) Pflegschaft für ein Sammelvermögen (§ 1914)

Verfügungsberechtigt sind zunächst die Veranstalter der Sammlung[22]. Bei richtiger Beurteilung muß man diese Pflegschaft als eine echte Gü-

19 Gesetz über die rechtliche Stellung der nichtehelichen Kinder v. 19. 8. 1969, BGBl. I S. 1243.

20 *Beitzke*, Festschrift für Kurt Ballerstedt; Beiträge zum Zivil- und Gesellschaftsrecht Festschrift f. H. Jansen.

21 *KG*, 19. 3. 1920, JW 1920 S. 497 = OLGZ 41 S. 79.

22 *BGH*, 25. 9. 1972, MDR 1973 S. 742.

terpflegschaft betrachten[23]. Sie endet durch Aufhebung seitens des Vormundschaftsgerichts, wenn der Grund für die Pflegerbestellung weggefallen ist, also auch bei Verlust des Sammelvermögens zum Beispiel durch Geldentwertung oder durch unwirtschaftliches Verhalten des Pflegers bzw. durch Auskehrung des Vermögens an die Bedachten.

g) Beistandschaft

Zu den Pflegschaften, die in den vorhergehenden Ausführungen abgehandelt worden sind, gehört auch die Beistandschaft (§ 1685 ff.). Nach § 1690 Abs. 2 hat ein Beistand die Rechte und Pflichten eines Pflegers, soweit das Vormundschaftsgericht eine Übertragung nach § 1690 Abs. 1 in Bezug auf die Vermögenssorge vorgenommen hat, also auf Wunsch des Vaters oder der Mutter die Vermögenssorge ganz oder teilweise einem Beistand übertragen hat.

Bei den Vorschriften der §§ 1685 bis 1692 handelt es sich um typische Absichtserklärungen des Gesetzgebers ohne große praktische Bedeutung, zumal kein Elternteil einen derartigen Antrag auf Beistandschaft stellen wird, weil niemand sich gerne in die Verwaltung des Kindesvermögens hineinreden läßt und jeder Elternteil die Möglichkeit hat, die verschiedenen Angehörigen der wirtschaftsberatenden Berufe, Finanzierungsgesellschaften oder Banken zu fragen und der bessere Rat in der Regel von Praktikern und nicht von einem Vormundschaftsgericht erteilt wird.

Das Sorgerechtsgesetz hat eine Art Flurbereinigung vorgenommen, indem es aus dem alten Beistandsrecht die §§ 1682, 1684, 1687 und 1688 aufgehoben hat. Von den belassenen Bestimmungen ist § 1685 zu erwähnen, wonach ein Beistand demjenigen Elternteil beigeordnet werden kann, dem die elterliche Sorge, die Personensorge oder die Vermögenssorge allein zusteht, wenn der betreffende Elternteil dies beantragt.

Der Beistand hat innerhalb seines Wirkungskreises den Vater oder die Mutter bei der Ausübung der elterlichen Sorge zu unterstützen. Auch hier wird wieder die Aufnahme eines Vermögensverzeichnisses erwähnt und die Zustimmung des Beistandes bei der Anfertigung des Verzeichnisses bestimmt (§ 1689). Der Beistand ist nach § 1691 vom Vormundschaftsgericht wie ein Gegenvormund zu behandeln. Er haftet selbst und hat einen Anspruch auf die gleiche Vergütung wie der Gegenvormund.

23 Seuff. Arch. 56 S. 179.

Sein Amt endet, wenn die elterliche Sorge des Elternteils, dem der Beistand bestellt ist, ruht. Das Vormundschaftsgericht soll die Beistandschaft nur aufheben, wenn derjenige Elternteil zustimmt, der den Antrag auf eine Beistandschaft gestellt hat. Das Gesetz bemüht sich also, Beginn und Ende einer solchen Beistandschaft zu umschreiben, und die Aufhebung ist nur dann rechtens, wenn der antragstellende Elternteil ausdrücklich zustimmt.

G.
Grundsätzliches zum Recht der Testamentsvollstreckung

Die Unterschiede zwischen Vormundschaften, Pflegschaften, Nachlaßverwaltung (Nachlaßpflegschaft) und Pflegschaften verschiedener Art bis zur Beistandschaft einerseits und der Testamentsvollstreckung andererseits sind groß. Die Testamentsvollstreckung hat seit der Zeit des Römischen und des gemeinen Rechts auch heute noch eine gewisse schillernde Rechtsstellung.

Zunächst ist darauf hinzuweisen, daß durch die Anordnung einer Testamentsvollstreckung, ähnlich wie bei einer Nachlaßverwaltung, Nachlaß und Eigenvermögen des Erben voneinander getrennt werden, was zunächst die Beendigung der Verfügungsgewalt des Erblassers über den Nachlaß bedeutet, auf der anderen Seite aber den Nachlaß als Rechts- und Wirtschaftskomplex vor Eingriffen durch die eigenen Gläubiger des Erben schützt und die Nachlaßmasse als solche zusammenhält. Nach § 2214 haben die Gläubiger des Erben, die nicht zu den Nachlaßgläubigern gehören, nicht das Recht, sich an Nachlaßgegenstände zu halten, die ausschließlich der Verwaltung des Testamentsvollstreckers unterliegen.

Die Testamentsvollstreckung hindert also zunächst eine Verschleuderung von Nachlaßmitteln und bedeutet für den Erben und für den Nachlaß eine wertvolle Unterstützung. Der unabhängige, neutrale Testamentsvollstrecker garantiert eine ordnungsgemäße Verwaltung. Er ist auch die Persönlichkeit, die das Nachlaßgericht anrufen kann, wenn einzelne Bestimmungen des Erblassers durch Zeit- und Tatumstände unhaltbar geworden sind; er kann den Antrag aus § 2216 Abs. 2 stellen. Schließlich hat der Testamentsvollstrecker die Möglichkeit, zu intervenieren, wenn Eigengläubiger des Erben sich aus dem Nachlaß befriedigen oder den Nachlaß verpflichten wollen; er kann aus § 2214 Interventionsklage erheben.

Die Beweggründe für den Erblasser, eine Testamentsvollstreckung anzuordnen, lassen sich in aller Kürze aufzeigen. Er will den Nachlaß möglichst erhalten und diesen für Verpflichtungen und Nachlaßschulden zur

Verfügung stellen. Diesen Motiven entsprechend sollte aber der Testamentsvollstrecker dann auch dafür sorgen, daß vom Erblasser in Unternehmen oder Gesellschaften investiertes Vermögen nicht zweckentfremdet wird. Schließlich gibt es Fälle, wo der Erblasser ein gewisses Mißtrauen gegenüber den Erben hat oder mit großer Wahrscheinlichkeit damit rechnet, daß die zum Erben eingesetzte Person nicht über genügende wirtschaftliche Fachkenntnisse, nicht genügend Entscheidungsbereitschaft oder nicht über das Durchsetzungsvermögen verfügt, die gerade in einem Nachlaßfall oft notwendig sind, um das Vermögen für die Berechtigten zu halten oder zu retten. Der Erblasser wird, wenn Fachkenntnisse gebraucht werden, nur einen sachkundigen Testamentsvollstrecker wählen, gleichgültig, ob es sich nun darum handelt, für industrielle, kaufmännische und gewerbliche Unternehmungen oder für die Auswertung von Urheberrechten Entscheidungen treffen zu müssen. Dies gilt grundsätzlich für alle Nachlässe, zu deren Verwaltung Spezialkenntnisse erforderlich sind.

Der Testamentsvollstrecker bürgerlichen Rechts ist mit einer umfassenden treuhänderischen Ermächtigung zur Nachlaßverwaltung ausgestattet. Die ihm gesetzten Grenzen ergeben sich aus dem Inhalt der Treuhandschaft und aus der Tatsache seiner gesetzlich verankerten Uneigennützigkeit.

I. Die Willenserklärung des Erblassers

1. Formen der Ernennung und Voraussetzungen für das Amt und die Amtsführung

Die Testamentsvollstreckung wird durch letztwillige Verfügung des Erblassers angeordnet (§ 2197). Sie kann selbstverständlich auch in einem Erbvertrag angeordnet werden, zumal in diesem auch einseitige letztwillige Verfügungen getroffen werden können, mit der Folge, daß ein Erbvertrag bestehen bleibt, auch wenn die Testamentsvollstreckung als solche wegfällt, etwa weil der Testamentsvollstrecker sein Amt nicht annehmen will oder kann und eine Ersatztestamentsvollstreckung nicht in Betracht kommt.

Dem Wesen der letztwilligen Verfügung kommt insoweit am nächsten das schweizerische Wort „Willensvollstreckung“, denn in Bezug auf die Testamentsform und die Erklärung ist minutiös der Wortlaut der nachgelassenen Verfügungen zu prüfen und auszuführen. Hierzu gehört selbstverständlich auch die Überprüfung der Wirksamkeit jeder einzelnen Verfügung bzw. der Gesamtverfügung.

Eine letztwillige Verfügung, in welcher der Erblasser die Erben nicht bestimmt genug bezeichnet, sondern ihre Bestimmung dem Testamentsvollstrecker überläßt, ist beispielsweise nichtig (§ 2065 Abs. 2); jedoch hat die Nichtigkeit der mißglückten Erbeinsetzung nicht notwendigerweise auch die Nichtigkeit der Anordnung der Testamentsvollstreckung zur Folge, es sei denn, daß anzunehmen ist, daß die Nichtigkeit der Erbeinsetzung unweigerlich dazu führen muß, auch die Anordnung der Testamentsvollstreckung für nichtig zu halten[1].

Schlagen die Testamentserben die Erbschaft aus oder sind sie zur Zeit des Todes des Erblassers bereits verstorben, so wird die Einrichtung der Testamentsvollstreckung und Einsetzung des Testamentsvollstreckers nicht hinfällig, denn eine letztwillige Verfügung ist auch dann gültig, wenn sie nichts anderes als die Einsetzung eines Testamentsvollstreckers enthält. In diesen Fällen ist zu prüfen, ob Erbeinsetzung und Ernennung des Testamentsvollstreckers in einem so engen Zusammenhang stehen, daß mit der Unwirksamkeit der einen Verfügung auch die andere wegfällt. Im Zweifel wird man gemäß § 2085 und unter Hinzuziehung von § 2161 — sofern nicht Anhaltspunkte für das Gegenteil vorliegen — annehmen müssen, daß die Testamentsvollstreckung dennoch Bestand hat. Fallen einige von mehreren Miterben wegen Ungültigkeit ihrer Erbeinsetzung weg, so bleibt die Testamentsvollstreckung auch für diejenigen Erbteile bestehen, für die andere als die nach dem Testament eingesetzten Erben zum Zuge kommen[2].

Das Gesetz läßt es grundsätzlich nicht zu, daß etwa ein anderer als der Erblasser darüber entscheidet, ob überhaupt eine Testamentsvollstreckung eingerichtet werden soll oder nicht. Hinsichtlich der Bestimmung der Person des Testamentsvollstreckers können jedoch auch Dritte nach dem Willen des Erblassers eingeschaltet werden (§ 2198ff.).

Der Erblasser kann einen oder mehrere Testamentsvollstrecker ernennen (§ 2197 Abs. 1), er kann für den Fall, daß der ernannte Testamentsvollstrecker vor oder nach der Annahme des Amtes wegfällt, einen anderen Testamentsvollstrecker ernennen (§ 2197 Abs. 2), er kann die Bestimmung der Person des Testamentsvollstreckers einem Dritten über-

1 *KG*, 6. 9. 1953, JR 1953 S. 422; *OLG Neustadt a.d.W.*, 4.4. 1951, DNotZ 1951 S. 339.

2 Anderer Ansicht Greiser, DFG 1936 S. 245 (248).

lassen (§ 2198), er kann den Testamentsvollstrecker ermächtigen, einen oder mehrere Mittestamentsvollstrecker zu ernennen (§ 2199 Abs. 1), er kann den Testamentsvollstrecker ermächtigen, einen Nachfolger zu bestimmen (§ 2199 Abs. 2), und schließlich kann er in dem Testament das Nachlaßgericht ersuchen, einen Testamentsvollstrecker zu bestimmen (§ 2200)[3].

Die Ernennung eines Testamentsvollstreckers durch einen Dritten oder durch das Nachlaßgericht setzt in jedem Falle eine auf den Willen des Erblassers zurückgehende, hierauf gerichtete Ermächtigung voraus. Es muß also sowohl wirksam eine Testamentsvollstreckung angeordnet wie auch ersichtlich sein, auf welchem Wege der Erblasser die Bestimmung des Testamentsvollstreckers vorgesehen hat. Bei Fehlen einer entsprechenden Anordnung im Testament kann die „ergänzende Auslegung" nicht etwa so weit gehen, daß das Nachlaßgericht gewissermaßen als Ersatztestator befugt wäre, einen Testamentsvollstrecker zu bestimmen. Das Oberlandesgericht Düsseldorf[3a] geht wohl zu weit, wenn es die Ernennung eines Testamentsvollstreckers durch das Nachlaßgericht für zulässig erklärt, sofern sich nach den allgemeinen für die Testamentsauslegung entwickelten Grundsätzen im Wege der ergänzenden Auslegung ergibt, daß ein Ersuchen im Sinne des § 2200 dem Willen des Erblassers entsprechen würde, wenn er bei Testamentserrichtung vorausschauend die inzwischen eingetretene Entwicklung bedacht hätte; hier wird ein Wille des Erblassers unterstellt, der nicht mehr im Wege sachgerechter Auslegung zu ermitteln ist.

Wenn das Nachlaßgericht von sich aus einen Testamentsvollstrecker ernennt, ohne daß ein hierauf gerichtetes Ersuchen des Erblassers aus dessen letztwilliger Verfügung herzuleiten ist, dann ist diese Ernennung gleichwohl als rechtsgestaltende Verfügung des Gerichts der freiwilligen Gerichtsbarkeit vom Zeitpunkt der Bekanntmachung an den Ernannten (§ 16 FGG) wirksam und nur mit der sofortigen Beschwerde anfechtbar (§ 81 FGG). Ist der Ernennungsbeschluß wegen Ablaufs der Beschwerdefrist unanfechtbar geworden, so ist in dem Fehlen eines hierauf gerichteten Willens des Erblassers immerhin ein wichtiger Grund für die Entlassung dieses Testamentsvollstreckers nach § 2227 zu sehen. Der wichtige Grund liegt hier also nicht in der Amtsführung des Testaments-

3 Das deutsche Nachlaßgericht ist zur Nennung nicht befugt, wenn es sich um einen im Inland belegenen ausländischen Nachlaß handelt, der fremdem Erbstatut unterliegt; *OLG Neustadt a.d. W.*, 25. 5. 1951, RPfleger 1951 Sp. 565 = JZ 1951 S. 644.

3a *OLG Düsseldorf*, 26. 3. 1957, MDR 1957 S. 421.

vollstreckers, sondern in dem Fehlen seiner Legitimation durch den Erblasser[4]. Solange einer von zwei bestellten Testamentsvollstreckern vermißt ist und solange sein Tod noch nicht feststeht, kann der andere Testamentsvollstrecker das Amt vorerst allein führen[5]. Hier ist die Testamentsvollstreckung gültig für den Fall, daß der Vermißte beim Tode des Längstlebenden bereits zurückgekehrt ist[6].

Zur Wirksamkeit der Ernennung eines Testamentsvollstreckers gehört jedoch nicht nur eine gültige letztwillige Verfügung und die Benennung einer bestimmten Person, sondern auch eine umfassende Aufgabe für den Testamentsvollstrecker. In der Mehrzahl der Fälle enthält die letztwillige Verfügung nur die Anordnung der Testamentsvollstreckung und die Benennung der Person des Testamentsvollstreckers durch den Erblasser. Damit hat ein Testamentsvollstrecker, wenn er das Amt annimmt, die Befugnis und die Pflicht, die letztwillige Verfügung auszuführen (§ 2203) und, um diese Aufgabe zu erfüllen, das Recht zur Verwaltung (§ 2205) sowie — wenn mehrere Erben vorhanden sind — die Aufgabe, die Auseinandersetzung unter ihnen zu bewirken (§ 2204). Dieser im Gesetz geregelte Tätigkeitsbereich des Testamentsvollstreckers kann durch den Erblasser erweitert oder eingeschränkt werden. Ist aber in einem Testament die Handlungsbefugnis des Testamentsvollstreckers derart eingeengt, daß er überhaupt nicht in der Lage ist, selbständig ohne den Erben zu entscheiden, hat er also nur eine Scheinstellung, so ist die Testamentsvollstreckung als nicht angeordnet anzusehen, da dann keine eigentliche Verwaltungsaufgabe für den Testamentsvollstrecker vorhanden ist[7].

2. Persönliche Voraussetzungen für das Amt des Testamentsvollstreckers

Die Ernennung des Testamentsvollstreckers ist unwirksam, wenn der Ernannte zu der Zeit, zu der er das Amt anzutreten hat, geschäftsunfähig oder in der Geschäfsfähigkeit beschränkt ist oder nach § 1910 zur Besorgung seiner Vermögensangelegenheiten einen Pfleger hat (§ 2201).

Testamentsvollstrecker kann auch eine juristische Person, eine Aktiengesellschaft oder Gesellschaft mit beschränkter Haftung sein. Die Or-

---

4 *KG*, 29. 8. 1955, DNotZ 1955 S. 649.
5 *OGH*, 10. 11. 1949, NJW 1950 S. 64, in weitgehender Auslegung des § 2224 Abs. 1 Satz 2.
6 *OLG Oldenburg i. O.*, 24. 9. 1947, NdsRpfl. 1948 S. 10.
7 *BayObLG*, 1. 6. 1956, BayObLGZ 1956 S. 186.

gane solcher Gesellschaften führen dann das Amt im Namen und unter Verantwortlichkeit der juristischen Person[8]. Die Bestellung eines Alleinerben zum Testamentsvollstrecker ist nichtig[9], ebenso auch die Ernennung eines alleinigen Vorerben zum Testamentsvollstrecker, wenn er nur zur Erfüllung der allgemeinen Testamentsvollstreckeraufgaben bestellt ist. Unbedenklich jedoch ist die Bestellung eines Miterben zum Testamentsvollstrecker, weil dem Testamentsvollstrecker ein Tätigkeitsfeld zugewiesen ist, das ihm in der Eigenschaft als bloßer Miterbe, als Glied einer zur Verfügung über den Nachlaß und seine Bestandteile berufenen Personengemeinschaft nicht zusteht[10]. Niemand ist verpflichtet, das ihm zugedachte Amt anzunehmen, und es ist sogar zulässig, wenn Erblasser und Testamentsvollstrecker vereinbaren, daß der eine zum Vollstrecker für den Nachlaß des anderen wird, der designierte Testamentsvollstrecker dann aber doch das Amt ablehnt, weil eine aufgezwungene Testamentsvollstreckung nicht nur nicht empfehlenswert ist, sondern den Testamentsvollstrecker für die Amtsführung untauglich macht.

3. Beschränkungen und Erweiterungen für den Testamentsvollstrecker

Die Beschränkung des Wirkungskreises eines Testamentsvollstreckers kann darin bestehen, daß sich die Testamentsvollstreckung nur auf die Verwaltung einzelner Gegenstände beziehen soll (§ 2208 Abs. 1 Satz 2). Der Erblasser kann in der Entziehung der Verwaltungsbefugnis nicht so weit gehen, daß er den Testamentsvollstrecker zu einem Scheindasein zwingt. Die Testamentsvollstreckung kann auf die Vorerbschaft, auf die Wahrnehmung der Rechte des Nacherben, auf ein Handelsgeschäft oder auf zum Nachlaß gehörige Grundstücke beschränkt werden; der Erblasser kann dem Testamentsvollstrecker die Eingehung von Verbindlichkeiten verbieten und anordnen, daß er bei der Auseinandersetzung unter den Miterben nicht mitzuwirken hat. Er kann ihm sogar untersagen, vom Erben zu fordern, daß dieser die Verfügungen des Erblassers ausführt (§ 2208 Abs. 2). Die umfassende Anordnungsbefugnis des Erblassers kann dazu führen, daß Verfügungen, die der Erbe auf Wunsch des Erblassers ausführt, nur der Zustimmung des Testamentsvollstreckers

8 *von Godin/Wilhelmi*, 2. Aufl., § 48 AktG Anm. 2; *Kipp/Coing*, Erbrecht, § 67 I 8, S. 284.

9 *RG*, 26. 10. 1911, RGZ 77 S. 177; *KG* 11. 10. 1906, KGJ 33 A S. 159; *KG*, 19. 4. 1909, KGJ 38 A S. 129; *KG*, 4. 4. 1928, HRR 1928 Nr. 1884.

10 *KG*, 28. 9. 1933, JFG 11 S. 126; *KG*, 12. 6. 1952, JR 1952, S. 323f.

bedürfen. Einen bemerkenswerten Fall der Beschränkung der Befugnisse eines Testamentsvollstreckers behandelte das Oberlandesgericht Hamm[11]. Hier wurde für zulässig erachtet, daß der Testamentsvollstrecker ernannt worden war, um lediglich für einen zum Nachlaß gehörenden Anteil an einer GmbH unter Ausschluß der Erben das Stimmrecht auszuüben. Eine Beschränkung der Rechte des Testamentsvollstreckers ist aber als Ausnahme von der gesetzlichen Regelung anzusehen.

Der Erblasser kann den Wirkungskreis des Testamentsvollstreckers im Gegensatz dazu auch wesentlich erweitern. Er kann anordnen, daß der Testamentsvollstrecker in der Eingehung von Verbindlichkeiten für den Nachlaß nicht beschränkt sein soll (§ 2207 Satz 1), jedoch nicht in Bezug auf unentgeltliche Verfügungen (§ 2207 Satz 2). Nach § 2209 kann der Erblasser bestimmen, daß der Testamentsvollstrecker die Verwaltung nach der Erledigung der ihm sonst zugeteilten Aufgaben fortzuführen hat. In diesem Falle wird angenommen, daß er in der Eingehung von Verbindlichkeiten für den Nachlaß nicht beschränkt ist (§ 2209 Satz 2). Die nach § 2209 bestimmte Dauertestamentsvollstreckung wird durch § 2210 in der Regel auf höchstens 30 Jahre begrenzt. Die zeitliche Begrenzung der Testamentsvollstreckung greift dann nicht ein, wenn dem Testamentsvollstrecker die für die Erfüllung der Auflage notwendige Verwaltung obliegt (§ 2210 Satz 2). Das Recht des Erblassers, die Befugnisse des Testamentsvollstreckers im Falle der Auseinandersetzung zu erweitern, steht im Einklang mit § 2048. Nach dieser Vorschrift kann der Erblasser durch letztwillige Verfügung anordnen, daß die Auseinandersetzung nach dem billigen Ermessen eines Dritten, also auch des Testamentsvollstreckers erfolgen soll. Nicht aber kann der Erblasser dem Testamentsvollstrecker Rechte oder Aufgaben zuweisen, die nach dem Gesetz ausschließlich ihm selbst vorbehalten sind. Hierzu gehört vor allem die Befugnis, Erben und Vermächtnisnehmer und die diesen gemachten Zuwendungen zu bestimmen (§ 2065). Aber auch die Bestimmung des Zeitpunktes, in dem eine Nacherbfolge eintreten soll, darf kein Dritter und auch nicht der Testamentsvollstrecker vornehmen[12], dahingegen jedoch die „exheredatio bona mente“, die Pflichtteilsbeschränkung in wohlmeinender Absicht (§ 2338), bei der der Erblasser die Verwaltung des Erbes für die Lebenszeit eines zur Verschwendungssucht neigenden Abkömmlings einem Testamentsvollstrecker überträgt.

---

11 OLG Hamm, 24. 4. 1956, BB 1956 S. 511.

12 *BGH*, 18. 11. 1954, BGHZ 15 S. 199 = NJW 1955 S. 100 = BB 1954 S. 1080f.

Ein Vorerbe kann nicht Testamentsvollstrecker sein, wenn diesem ausschließlich oder doch zugleich die Wahrnehmung der Rechte des Nacherben nach § 2222 übertragen worden ist. Wäre dies zulässig, würden die Beschränkungen, die dem Vorerben zu Gunsten des Nacherben gesetzt sind, in ihrer Wirkung hinfällig werden[13]. Sind aber mehrere Testamentsvollstrecker ernannt, so kann der Vorerbe als Mittestamentsvollstrecker zur Wahrnehmung der Rechte der Nacherben bestellt werden, wenn die Testamentsvollstrecker nur zur gemeinschaftlichen Amtsführung berechtigt sind. Das Kammergericht[14] begründet dies zutreffend damit, daß der Erblasser rechtlich in der Lage sein müsse, den Vorerben von den meisten ihm grundsätzlich gegenüber den Nacherben obliegenden Pflichten zu befreien (§ 2136)[15].

II. Die rechtliche Stellung des Testamentsvollstreckers

1. Der Testamentsvollstrecker als Willensvollstrecker

Wenn im Testament nichts anderes gesagt ist oder nur bestimmt ist, eine bestimmte Person solle Testamentsvollstrecker sein, so hat dieser die

---

13 *KG*, 28. 9. 1933, JFG 11 S. 126.

14 „Ist der Erblasser hierzu in der Lage, so kann es dem Gesetzeswillen nicht widersprechen, wenn diejenigen Rechte, die dem Nacherben ohnehin durch Befreiung des Vorerben genommen werden können, dadurch beschränkt werden, daß der Erblasser diese Rechte durch den Vorerben als Mitvollstrecker ausüben läßt. Im vorliegenden Falle ist die Vorerbschaft eine befreite. Bei der Prüfung, ob die Bestellung des befreiten Vorerben zum Mittestamentsvollstrecker mit den Aufgaben des § 2222 BGB dem Gesetzesgedanken zuwiderläuft, ist insbesondere auch die Rechtslage des Nacherben, wie sie ohne diese Anordnung wäre, mit derjenigen zu vergleichen, die durch die Eigenschaft des Vorerben als Mitvollstrecker geschaffen wird. Dabei zeigt es sich, daß die Rechte der Nacherben im letzteren Falle keine wesentliche Einbuße erleiden oder gefährdet werden. Die Erfüllung der Pflichten, die dem Vorerben gemäß §§ 2116ff. BGB gegenüber dem Nacherben obliegen, wird — soweit der Vorerbe nicht befreit ist — dadurch gewährleistet, daß ein Mitvollstrecker vorhanden und berechtigt ist, bei pflichtwidriger Weigerung des Vorerben an der Mitwirkung zu einer rechtlichen Maßnahme nicht nur gemäß § 2224 Abs. 1 Satz 1 das Nachlaßgericht anzurufen, sondern auch gegen ihn im Wege der Klage vorzugehen oder auf Grund des § 2227 seine Entlassung zu beantragen. Abgesehen hiervon ist der Mitvollstrecker bei Interessenwiderstreit in der Person des Vorerben hinsichtlich seiner Rechte als solcher und den Pflichten als Testamentsvollstrecker rechtlich in der Lage, die Testamentsvollstreckergeschäfte allein wahrzunehmen.“ (RGR-Kommentar, 12. Aufl., § 2224 Nr. 14.)

15 „Jeder Testamentsvollstrecker kann allein Rechtsmittel einlegen, ohne daß der andere Testamentsvollstrecker zustimmt, wenn das im Nachlaßinteresse liegt.“ (*RG*, 23. 2. 1920, RGZ 98 S. 173; *OLG Saarbrücken*, DNotZ 1967 S. 769; a.a.O., *Palandt/Seidel*, Anm. 1.)

letztwilligen Verfügungen des Erblassers auszuführen, bei einer etwa notwendigen Auseinandersetzung unter den Miterben mitzuwirken und zu diesem Zweck das Recht, den Nachlaß in Besitz zu nehmen und zu verwalten (§§ 2203, 2204, 2205)[15a]. Ebenso wie ein Testamentsvollstrecker möglicherweise zu dem Zweck ernannt sein kann, bis zum Eintritt einer angeordneten Nacherbfolge die Rechte des Nacherben auszuüben und dessen Pflichten zu erfüllen (§ 2222), so kann auch eine allgemeine Testamentsvollstreckung bei der befreiten Vorerbschaft angeordnet werden. Die früher umstrittene Frage ist vom Kammergericht[16] bejaht worden und das Reichsgericht hat dies ebenfalls für zulässig erachtet[17]; dem hat sich auch das Bayerische Oberste Landgericht in zwei grundsätzlichen Entscheidungen aus neuerer Zeit angeschlossen[18].

2. Mehrere Testamentsvollstrecker zugleich Nacherben-Testamentsvollstrecker

Die Rechtsprechung ist durch den Beschluß des Bayerischen Obersten Landgerichts vom 29. 3. 1976[19] weiterentwickelt worden, als das Gericht in einem Fall ein Unternehmertestament vorliegen hatte, in dem der Erblasser ein Testamentsvollstreckerkollegium für die Dauer von 30 Jahren ernannt hatte und gleichzeitig bestimmte, daß die Anordnung vorher beendet werden könnte, wenn die Erhaltung des Nachlaßvermögens auch ohne die Dauervollstreckung gesichert sei.

Der Testamentsvollstrecker, dem vom Erblasser auch die Ausübung der Stimmrechte übertragen wurde, kann die Umwandlung einer GmbH in eine AG herbeiführen, wenn dadurch weitergehende Verpflichtungen, als sie für die Erben vorher bestanden haben, nicht begründet werden. Wenn zwei Vorerben eingesetzt sind, wie das in dem vom BayObLG zu beurteilenden Fall geschah, so kann ein jeder von ihnen jedenfalls dann zum Testamentsvollstrecker und zugleich zum Nacherben-Testamentsvollstrecker berufen worden sein, wenn die Testamentsvollstreckung durch ein Kollegium ausgeübt wird. Dieser ungewöhnliche Sachverhalt beruhte darauf, daß der Erblasser als Inhaber eines großen Unterneh-

---

15a Vgl. neuerdings hierzu auch *Kapp*, Die rechtliche Stellung des Testamentsvollstreckers zu Erben, BB 1981 S. 113.

16 *KG*, 2. 2. 1928, DJZ 1928 Sp. 931.

17 *RG*, 16. 3. 1938, JW 1938 S. 1454.

18 *BayObLG*, 28. 10. 1958, BayObLGZ 1958 S. 229 (304); *BayObLG*, 10. 4. 1959, BayObLGZ 1959 S. 128ff. = NJW 1959 S. 1920f.

19 *BayObLG*, 29. 3. 1976, DB 1976 S. 1052.

mens (F & S-GmbH) in seinem 1954 errichteten Testament seine beiden Söhne als Vorerben und deren Kinder als Nacherben eingesetzt hatte. Die Testamenstvollstreckung war damit durchaus mehrgleisig; sie war einerseits eine Dauervollstreckung, andererseits eine Abwicklungsvollstreckung und schließlich eine Testamentsvollstreckung, die sich auf die Rechte der Nacherben und Vermächtnisnehmer beziehen sollte. Die GmbH wurde von den Testamentsvollstreckern in eine AG umgewandelt, die beiden Vorerben wurden Mitglieder des Aufsichtsrates. Nun gingen die Testamentsvollstrecker dazu über, die Testamentsvollstreckung hinsichtlich der beiden Vorerben zu beenden. Sie erklärten, die Verwaltung sei nur noch zur Wahnehmung der Rechte der Nacherben und der Vermächtnisnehmer erforderlich. Demgemäß genehmigten sie einen Teilungsplan und damit die Nachlaßauseinandersetzung und beschlossen einen Veräußerungsvertrag mit einer Unternehmensgruppe, die von der F & S-GmbH 74,9 Prozent des Kapitals übernehmen sollte. Die Nacherben stellten den Antrag, die Testamentsvollstrecker zu entlassen und durch andere Personen zu ersetzen. Das Amtsgericht entsprach dem Antrag. Auf die sofortige Beschwerde der beiden Vorerben und der Testamentsvollstrecker hob jedoch das Landgericht den Beschluß des Amtsgerichts auf und die weitere Beschwerde der Nacherben blieb erfolglos. Durch die Doppelbestellung zweier Testamentsvollstrecker konnte die Vollstreckung in Bezug auf die Nacherben bestehen bleiben und der Weg für den Verkauf der Aktien freigemacht werden. An keiner Stelle hatte der Erblasser zum Ausdruck gebracht, daß seine F & S-Aktien nicht ganz oder teilweise verkauft werden dürften. Die Rechte von Vorerben und Nacherben wurden durch das Verkaufsgeschäft nicht verletzt.

Der Beschluß ist deshalb besonders interessant, weil er die verschiedenen Arten der Testamentsvollstreckung richtig erläutert und würdigt, d.h. „die Abwicklungsvollstreckung, die Dauervollstreckung und die Testamentsvollstreckung in Bezug auf die Rechte der Nacherben sowie der Vermächtnisnehmer für richtig interpretiert hält." Der Beschluß des Bayerischen Obersten Landesgerichts knüpft an die bisherige Rechtsprechung an und kann auch künftig als eine grundlegende Entscheidung angesehen werden. Wenn die Geschäftsanteile einer GmbH zum Nachlaß gehören, so bringt die Verwaltung des Amtes als Testamentsvollstrecker nicht nur die Ausübung des Stimmrechts, sondern auch andere Geschäftshandlungen mit sich, die aus der Gesellschaftereigenschaft des Erben herrühren. Die Umwandlung der Rechtsform mindert das Gesellschaftervermögen nicht, vielmehr bleibt die Gesellschaft in ihrer neuen

Ausgestaltung weiter bestehen. Es ist deshalb folgerichtig, die Vorerben zu Vorstandsmitgliedern der AG zu bestellen.

3. Der Testamentsvollstecker als treuhänderischer Vermögensverwalter des Nachlasses (Nachlaß als Sondervermögen)

a) Mit dem Erbfall erlangt der designierte Testamentsvollstrecker die Stellung eines Treuhänders. Er ist Inhaber eines Amtes, das auf den Willen des Erblassers zurückgeht, auch wenn er von anderer Stelle zum Testamentsvollstrecker ernannt sein sollte[20].

b) Im Handlungsbereich des Testamentsvollstreckers werden die Erben berechtigt und verpflichtet. Sie haften für sein Verschulden mit Ausnahme der Haftung für unerlaubte Handlungen, für die der Testamentsvollstrecker allein einzustehen hat[21].

c) Der Nachlaß als Sondervermögen ist in der alleinigen Verfügungsgewalt der Testamentsvollstreckung. Er ist vom übrigen Erbenvermögen völlig getrennnt zu behandeln, wie auch der Testamentsvollstrecker nicht in der Lage ist, die Erben in Bezug auf das Vermögen zu verpflichten, das nicht zum Nachlaß gehört.

d) Die Unterscheidung von Vertretung und Amtsverwaltung muß notwendigerweise dazu führen, daß ein Testamentsvollstrecker nicht als Vertreter des Erblassers oder der Erben angesehen werden kann, sondern daß er in Wirklichkeit ein Amt ausübt, das das BGB mit besonderen Machtmitteln und Befugnissen ausgestattet hat und das immer darauf ausgerichtet ist, eine Konfusion zwischen Forderungen und Rechten in Bezug auf den Nachlaß und die Erben während der Dauer der Vollstreckung auszuschließen.

4. Die Stellung des Testamentsvollstreckers im Prozeß

Der Testamentsvollstrecker ist allein befugt, ein seiner Verwaltung unterliegendes Recht gerichtlich geltend zu machen. Gegen den Testamentsvollstrecker sind Passivprozesse zu richten, soweit sie den Nachlaß betreffen. Sie können aber sowohl gegen den Erben als auch gegen den Testamentsvollstrecker geltend gemacht werden. In dem Falle, in welchem dem Testamentsvollstrecker die Nachlaßverwaltung selbst nicht zusteht, ist die Geltendmachung von Ansprüchen gegenüber dem Nach-

---

20 *BGH*, 29. 4. 1954, BGHZ 13 S. 203; 25 S. 279 = WM 1957 S. 1489.
21 *Johannsen* in WM 1969 S. 1402.

laß und gegenüber den Erben zulässig. Pflichtteilsansprüche richten sich immer nur gegen den Erben und werden von der Testamentsvollstreckung nicht betroffen.

5. Testamentsvollstreckung und Bevollmächtigung

Ungeachtet der durch das Gesetz für den Wirkungskreis des Testamentsvollstreckers gezogenen Grenzen (§§ 2207, 2209) besteht die Möglichkeit, daß außerhalb und unabhängig von den Aufgaben und Maßnahmen der Testamentsvollstreckung die Vertretungsmacht des als Testamentsvollstrecker bestellten Vermögensverwalters dadurch noch erweitert wird, daß der Erblasser dem Testamentsvollstrecker eine über den Tod hinaus wirkende allgemeine oder spezielle Vollmacht erteilt. In einem solchen Falle unterliegt der Bevollmächtigte ohne Rücksicht darauf, ob er auch Testamentsvollstrecker ist oder nicht, in seiner Eigenschaft als Bevollmächtigter nicht den Beschränkungen[21a], die für einen Testamentsvollstrecker gelten. Die Praxis erkennt solche Vollmachten an. Nur in Grenzfällen muß entschieden werden, ob der Erblasser eine Testamentsvollstreckung gewünscht hat oder eine Vollmacht erteilen wollte[21b]. Im Rahmen einer solchen Vollmacht kann der Testamentsvollstrecker — nicht als solcher, sondern als Bevollmächtigter — auch ermächtigt sein, unentgeltliche Verfügungen vorzunehmen. In besonderem Maße hat diese Tatsache Bedeutung für eine über den Tod hinaus wirkende Generalvollmacht, für deren Wirkung nach der Entscheidung des Bundesgerichtshofes[21c] die einzige Schranke in dem Verbot für den Generalbevollmächtigten liegt, die Vollmacht zu mißbrauchen. Die in dieser Entscheidung zum Ausdruck kommende Auffassung erscheint nicht unbedenklich, weil sich hier ein Gedankengang abzeichnet, der bei konsequenter Fortführung zur Folge haben kann, die zwingenden gesetzlichen Vorschriften über die Beschränkung des Wirkungskreises von Testamentsvollstreckern zu umgehen und praktisch außer Kraft zu setzen. Wenn dem Testamentsvollstrecker durch das Gesetz Beschränkungen auferlegt sind, die auch unter Beachtung der erbrechtlichen Formvorschriften für die Errichtung von Testamenten durch den Erblasser nicht erweitert werden dürfen, dann sollten die gleichen Schranken auch für eine über den Tod hinaus wirkende Vollmacht gelten, die als solche nicht einmal den Formvorschriften der §§ 2247ff. oder 2232ff. unter-

---

21a Vgl. *Palandt/Keidel*, BGH, Anm. Ziff. 8 zu § 2197.

21b Oldenburgischer Rechtspfleger Sp. 133 S. 2084.

21c *BGH*, 18. 6. 1962, RPfleger 1962 S. 438f. mit Anmerkung von *Haegele* = MDR 1962 S. 885f. = DNotZ 1963 S. 305.

liegt. Nicht selten gibt es Überschneidungen, und das Weiterbestehen einer Erblasservollmacht neben den Befugnissen des Testamentsvollstreckers kann zu rechtlichen Schwierigkeiten und unter Umständen sogar zur Regreßlage führen. Es besteht die Möglichkeit, daß der Bevollmächtigte dem Testamentsvollstrecker bei Rechtshandlungen zuvorkommt, kann doch der Bevollmächtigte Anmeldungen zum Handelsregister vornehmen, ohne einen Erbschein vorlegen zu müssen. Der Bevollmächtigte kann ohne die Einwilligung oder Zustimmung des Erben handeln. Das Handeln des Bevollmächtigten kann eine unerlaubte Rechtsausübung darstellen und es kann gegen die guten Sitten verstoßen[21d]. Der Testamentsvollstrecker, der zugleich Generalbevollmächtigter des Erblassers über den Tod hinaus ist, ist nicht den Beschränkungen einer Testamentsvollstreckung unterworfen. Er mißbraucht die ihm erteilte Vollmacht nicht, wenn er mit Zustimmung der Erben Wechselverbindlichkeiten eingeht, die dazu dienen sollen, seine eigenen Schulden zu tilgen. Der Bundesgerichtshof hat von den Erben verlangt, daß sie beweisen müssen, daß der Erblasser eine solche, Gefahren mit sich bringende Vollmacht erteilt hat[21e]. Die Praktikabilität dieser Entscheidung erscheint problematisch. Ein besonderes Risiko bringt eine solche Erblasservollmacht mit sich, wenn unter den Erben minderjährige Personen sind und hier gehandelt werden kann, ohne daß das Vormundschaftsgericht eine Genehmigung erteilen muß ohne etwas von der betreffenden Rechtshandlung zu erfahren[21f]. Besonders gefahrvoll wird es, wenn der Testamentsvollstrecker ein Einzelhandelsgeschäft fortführt, bei dem der Bevollmächtigte mitbestimmen will oder wenn sich eine Personalgesellschaft im Nachlaß befindet, in welcher der Bevollmächtigte für den Erben auftritt. Dieses Nebeneinander von Testamentsvollstrecker und Bevollmächtigter kann statt zu einer klaren Geschäftsführung zu einem Verwirrspiel führen[21g].

Zu den zum Widerruf der Vollmacht Berechtigten gehören die Erben selbst und bei einer Erbengemeinschaft jedes Mitglied. Wenn von mehreren Erben nur einer oder einige die Vollmacht widerrufen, so bleibt sie in Bezug auf die anderen Erben bestehen[22]. Mit Rücksicht auf die Haltung der Rechtsprechung erscheint der Widerruf solcher Vollmachten durch den Testamentsvollstrecker empfehlenswert.

21d BayObLGZ 19 A 174; *BGH*, 18. 4. 1969, NJW 1969 S. 1245.
21e *BGH*, 18. 6. 1962, NJW 1962 S. 1718.
21f *RG*, 10. 1. 1923, RGZ 106 S. 186.
21g BWNotZ 1968 S. 67, 90.
22 *RG*, 9. 3. 1938. JW 1938 S. 1892.

III. Beginn der Testamentsvollstreckung

1. Annahme und Ablehnung des Amtes

Das Amt des Testamentsvollstreckers beginnt mit dem Zeitpunkt, in dem der Ernannte das Amt annimmt (§ 2202). Die Annahmeerklärung gegenüber dem Nachlaßgericht kann erst nach dem Eintritt des Erbfalles erfolgen. Sie ist unwirksam, wenn sie unter einer Bedingung oder Zeitbestimmung abgegeben wird. Selbstverständlich kann ein ernannter Testamentsvollstrecker die Annahme des Amtes — ebenfalls durch Erklärung gegenüber dem Nachlaßgericht — ablehnen. In dem Ausnahmefall, in dem das Nachlaßgericht selbst auf Wunsch des Erblassers den Testamentsvollstrecker ernennt (§ 2200), sollen die Beteiligten vor der Ernennung gehört werden, wenn dies ohne erhebliche Verzögerung und ohne unverhältnismäßige Kosten geschehen kann.

Das Nachlaßgericht kann dem Ernannten auf Antrag eines der Beteiligten eine Frist zur Erklärung über die Annahme bestimmen. Mit dem Ablauf der Frist gilt das Amt als abgelehnt, wenn nicht die Annahme vorher erklärt worden ist (§ 2202 Abs. 3).

2. Das Testamentsvollstreckerzeugnis

Das Nachlaßgericht hat einem Testamentsvollstrecker auf Antrag ein Zeugnis über die Ernennung zu erteilen. Das Nachlaßgericht ist auch dann dafür zuständig, wenn ein landwirtschaftliches Gut zum Nachlaß gehört[23]. Ist der Testamentsvollstrecker in derVerwaltung des Nachlasses beschränkt oder hat der Erblasser angeordnet, daß der Testamentsvollstrecker in der Eingehung von Verbindlichkeiten für den Nachlaß nicht beschränkt sein soll, so ist dies in dem Zeugnis anzugeben (§ 2368). Das Nachlaßgericht hat vor Erteilung des Testamentsvollstreckerzeugnisses auch zu prüfen, ob die Aufgaben des Testamentsvollstreckers nicht etwa gegenstandslos sind[24]. Jeder von mehreren Testamentsvollstreckern kann die Erteilung eines gemeinschaftlichen Testamentsvollstreckerzeugnisses verlangen (§ 2368 Abs. 3 in Verbindung mit § 2357).

Auf das Testamentsvollstreckerzeugnis sind die Vorschriften über den Erbschein entsprechend anzuwenden (§ 2368 Abs 3). Inhalt des Zeug-

23 *OLG Oldenburg i.O.*, 11. 6. 1953, RdL 1953 S. 281; anderer Ansicht *OLG Hamm*, 13. 4. 1953, JMBl. 1953 S. 137.

24 *BayObLG*, 1. 6. 1956, BayObLGZ 1956 S. 186.

nisses ist nicht nur die Verlautbarung der Tatsachen, wer Erblasser ist, und der Zeitpunkt seines Todes, sondern auch die genaue Bezeichnung des Testamentsvollstreckers nach Namen, Beruf und Wohnort sowie schließlich die Erwähnung aller angeordneten Beschränkungen und Erweiterungen der Verwaltungsbefugnis. Ist für den Vor- und Nacherbfall Testamentsvollstreckung angeordnet, so ist ein einheitliches Testamentsvollstreckerzeugnis zu erteilen[25].

Die Legitimation eines Testamentsvollstreckers kann nicht nur durch ein Testamentsvollstreckerzeugnis nachgewiesen werden[26], aber durch die Vorlage eines Testamentsvollstreckerzeugnisses ist der Testamentsvollstrecker in der Lage, etwa bestehende Zweifel über seine Berechtigung auszuräumen. Dies ist insbesondere dann von Bedeutung, wenn Zweifel an seiner Testamentsvollstreckereigenschaft aufgrund der besonderen Verhältnisse des einzelnen Falles bestehen[27].

Mit der Vorlage des Zeugnisses kann auch das Weiterbestehen der Testamentsvollstreckung nachgewiesen werden.

Im rechtsgeschäftlichen Verkehr kann immer die Vorlegung des Zeugnisses verlangt werden. In einem Falle, in dem ein Bankinstitut die Vorlage des Testamentsvollstreckerzeugnisses verlangt hatte, bevor es die Aufträge des Testamentsvollstreckers ausführte, wurde die Schadenersatzklage gegen die Bank abgewiesen. In dem der Entscheidung zugrundeliegenden Sachverhalt war der Erbe in die DDR verzogen und dort war zunächst ein Testamentsvollstrecker ernannt worden, der dann wieder entlassen wurde, weil er in den Westen geflohen war[28].

3. Die Eintragung der Testamentsvollstreckung in öffentliche Register

Es wurde bereits erwähnt, daß der Testamentsvollstrecker im Handelsregister dann erscheint, wenn er ein zum Nachlaß gehörendes Handelsgeschäft im eigenen Namen weiterführt. Im übrigen hat das Registergericht zu beachten, daß die Eintragung des Testamentsvollstreckers in bestimmten Fällen zu erfolgen hat, wobei klarzustellen ist, daß die Erben vor dem Registergericht auch durch den Testamentsvollstrecker vertreten werden.

---

25 *BayObLG*, 10. 4. 1959, BayObLGZ 1959 S. 128f. = NJW 1959 S. 1920.
26 *RG*, 4. 7. 1910, JW 1910 S. 802; *RG*, 27. 11. 1920, Das Recht 1921 Nr. 155; *BGH*, 27. 2. 1961, WM 1961 S. 479 (481).
27 *BGH*, 27. 2. 1961, WM 1961 S. 479 (481).
28 *BGH*, 27. 2. 1961, a.a.O., Fußnote 27.

Den Erben ist eine Verfügung über den Nachlaß untersagt und der Testamentsvollstrecker hat sich dem Registergericht gegenüber durch Vorlegung einer Ausfertigung des Testaments nebst dem Eröffnungsprotokoll auszuweisen. Wenn das Testament nicht in einer öffentlichen Urkunde enthalten ist, so muß der Testamentsvollstrecker das vom Nachlaßgericht gemäß § 2368 erteilte Zeugnis vorlegen.

Auch im Grundbuch ist die Tatsache einer Testamentsvollstreckung zu vermerken. Die Eintragung der Testamentsvollstreckung ist zugleich mit der Eintragung der Erben vorzunehmen. Sie ist unzulässig, wenn nicht zugleich die Erben eingetragen werden, es sei denn, die Eintragung der Erben ist gemäß § 40 GBO nicht erforderlich[29]. Die Eintragung erfolgt, soweit es sich um Grundstücke, Teilgrundstücke, Grundstücksrechte, Teilgrundstücksrechte, um die Vormerkung von Widersprüchen oder Verfügungsbeschränkungen handelt.

Bezieht sich die Testamentsvollstreckung auf eine Nacherbenschaft, so ist dieser Umstand anzugeben[30]. Das Recht des Testamentsvollstreckers, Gegenstände aus dem Nachlaß zu entlassen, bleibt hiervon unberührt, und nur wenn der Testamentsvollstrecker sein Verwaltungsrecht irrtümlich freigegeben hat, ist die Wiederherstellung einzutragen. Gegen jegliche Eintragung ist die Erinnerung (Beschwerde) mit dem Antrag auf Löschung zulässig, und wenn die Eintragung unterblieben ist, besteht die Möglichkeit für einen Widerspruch.

4. Insichgeschäfte des Testamentsvollstreckers

Der Testamentsvollstrecker leitet seine Handlungsbefugnis vom Willen des Erblasser ab. Herr des Nachlasses ist aber der Erbe und der Testamentsvollstrecker nur sein Verwalter. Der Testamentsvollstrecker handelt aufgrund des ihm zugewiesenen Amtes aus eigenem Recht nach Maßgabe der Willensäußerung des Erblassers. § 181 ist auf Maßnahmen des Testamentsvollstreckers anzuwenden, Insichgeschäfte können ihm jedoch in weiterem Umfang ausdrücklich oder stillschweigend gestattet sein[31]. Handelt der Testamentsvollstrecker in eigener Sache oder in Richtung auf sein Vermögen, muß geprüft werden, ob seine Verhaltungsweise mit dem Willen des Erblassers in Einklang zu bringen ist, was im Zweifel durch Auslegung des Testaments ermittelt werden kann. Ist er selbst Erbe oder Vermächtnisnehmer, kann man davon ausgehen,

---

29 LG Bamberg, 25. 11. 1964, BWNotZ 1965 S. 187.

30 *KG*, 24. 2. 1938, KGJ 40 S. 98 = NJW 1938 S. 1411.

31 *Palandt/Keidel*, BGB, Anm. 2 zu § 2205; RGZ 61 S. 139; *KG*, JFG 12 S. 202.

daß der Erblasser angenommen hat, der Testamentsvollstrecker verlasse die ihm erteilte Erlaubnisgewährung nicht. Verstößt er aber gegen das Testament oder auch nur gegen den Sinn des Testaments, so ist das Rechtsgeschäft ungültig und ein Eigenerwerb des Testamentsvollstreckers nicht möglich[32]. Es ist Sache der Erben das, was der Testamentsvollstrecker tut oder getan hat, zu genehmigen[33]. Der Wille des Erblassers als Maßstab für das Handeln des Testamentsvollstreckers gilt natürlich auch für den Fall, daß der Testamentsvollstrecker das Geschäft mit einer Person führt, die als Verfügungsberechtigte auftritt. Es ist stets zu prüfen, aus welcher Lage das Geschäft entstanden ist. Häufig wird diese Frage akut, wenn zum Nachlaß eine GmbH gehört und der Testamentsvollstrecker sich selbst zum Geschäftsführer ernennt. Das ist nur dann unbedenklich, wenn sich aus dem Testament und den Umständen ergibt, daß der Testamentsvollstrecker (auch) in Gestalt des Einzelgeschäftsführers der GmbH tätig sein soll. Der Testamentsvollstrecker als Inhaber eines solchen Amtes braucht weder die Zustimmung der Nacherben noch die des Vormundschaftsgerichts.

IV. Arten der Vollstreckung

Jede Testamentsvollstreckung ist in erster Linie eine Abwicklungsvollstreckung und erst danach eine Verwaltungsvollstreckung, eine Dauervollstreckung oder eine spezielle Vollstreckung in Bezug auf einen Erbteil, einzelne Geschäfte oder einzelne Erblasseranordnungen (Pflichtteile, Vermächtnisse oder Auflagen).

1. Abwicklungsvollstreckung

Bei der Abwicklungsvollstreckung händigt der Testamentsvollstrecker den Nachlaß an die Erben aus oder vermittelt bei der Auseinandersetzung. Vermitteln bedeutet, daß der Testamentsvollstrecker nach §§ 2049 bis 2056 handelt. Er hat also zunächst alle Nachlaßverbindlichkeiten zu ermitteln und den Nachlaß zu konstituieren. Die Hauptschwierigkeit besteht meist darin, daß Nachlaßverbindlichkeiten in ihrer Höhe oder in ihrer Fälligkeit nicht endgültig zu beziffern sind, und in diesen

32 Vgl. *Palandt/Keidel*, BGB, Anm. 2 zu § 2205 mit einer Fülle von klärenden Erläuterungen und Zitaten, so u.a. BGHZ 30 S. 67; NJW 1959 S. 1429; DRiZ 1969 S. 280; JZ 1960 S. 151.

33 *BGH*, 29. 4. 1959, BGHZ 30 S. 67.

Fällen hat der Testamentsvollstrecker Rückstellungen zu machen, und zwar nicht nur buchmäßig, sondern auch sachlich, damit er in der Lage ist, später anerkannte Forderungen zu bezahlen[34]. Es ist für den Testamentsvollstrecker schwierig, die Hinterlassenschaft daraufhin zu prüfen, was im Rahmen des Gesamten erkennbar Schulden beziehungsweise was Forderungen sind. Er darf nicht mit einer frühzeitigen Anerkennung von Forderungen dem Erben Möglichkeiten vermauern. Nur eindeutige Verpflichtungen im Testamentsvollstreckungsbereich unterliegen seiner Anerkennung oder seinem Bestreiten. Wenn er sich also in den Pflichtteilsanspruch einmischt und diesen unnötigerweise anerkennt, so bedeutet das keine Unterbrechung der Verjährung.

In den nicht zum Nachlaß gehörigen Bereichen darf der Testamentsvollstrecker nichts tun; er muß sich von jeder Aufrechnung fernhalten und hat ständig zu beachten, daß der Nachlaß ein selbständiges, getrennt zu behandelndes Vermögen ist. Das gilt auch für etwaige Zurückbehaltungsrechte. Der Testamentsvollstrecker hat es infolge seiner freien Verfügungsbefugnis leichter, die Auseinandersetzung herbeizuführen, als der einzelne Miterbe, der notwendigerweise in eine Interessenkollision gerät. Der Testamentsvollstrecker ist in der Veräußerungsbefugnis frei, er bedarf keiner vormundschaftsgerichtlichen Genehmigung. Er gleicht einem selbständigen Verteilungsorgan, das an den favor testamenti, also an den erklärten Willen des Erblassers gebunden ist.

2. Anordnung eines Auseinandersetzungsverbotes

Ein Erblasser kann die Auseinandersetzung des Nachlasses erschweren oder von der Einhaltung einer Kündigungsfrist abhängig machen. Er kann die Erbauseinandersetzung sogar ausschließen (§ 2044 Abs. 1). Jeder Miterbe kann verlangen, daß die Auseinandersetzung bis zur Beendigung des nach § 1970 zugelassenen Aufgebotsverfahrens oder bis zum Ablauf der im § 2061 bestimmten Anmeldungsfrist aufgeschoben wird.

Der Erblasser kann durch letztwillige Verfügung Anordnungen über die Auseinandersetzung treffen. Er kann insbesondere anordnen, daß die Auseinandersetzung nach dem billigen Ermessen eines Dritten erfolgen soll. Die von dem Dritten aufgrund der Anordnung getroffene Bestimmung ist für die Erben nicht verbindlich, wenn sie offenbar unbillig ist; die Bestimmung erfolgt in diesem Fall durch Urteil (§§ 2045, 2046, 2047, 2048). Der Erblasser kann den Ausschluß der Auseinandersetzung

---

34 *BGH*, 2./3. 12. 1968, BGHZ 51 S. 125.

auch in der Weise bestimmen, daß die Auseinandersetzung trotz entgegenstehenden Willens aller Miterben ausgeschlossen ist. Hat er das bestimmt, kann die Vollziehung dieser Auflage gemäß § 2194 im Klagewege durchgesetzt werden. In aller Regel stellt sich heraus, daß sich der Erblasser mit seiner Ausschlußanordnung nicht mehr durchsetzt, wenn der Testamentsvollstrecker mit Zustimmung der Erben (Vor- und Nacherben) sie nicht mehr zu beachten braucht, weil die Ausschlußanordnung eben kein gesetzliches, richterliches oder behördliches Verbot darstellt, sondern nur die rechtsgeschäftliche Äußerung des Erblassers. Die contra volumtatem des Erblassers vorgenommene Erbauseinandersetzung hat nur im Bereich des Schuldrechts Wirkung. Sie hat zwar Rechtsfolgen, aber die dennoch erfolgte Auseinandersetzung wird dadurch nicht wirkungslos. Durch das BGH-Urteil[35] vom 25. 9. 1963, durch Beschluß vom 18. 6. 1971[36] bestätigt, ist der Praxis ein Weg gewiesen, der nicht selten durch Nichtbeachtung der vom Erblasser bestimmten Ausschlußanordnung zu einer Auseinandersetzung führt[37].

3. Schenkungen des Testamentsvollstreckers

Die rechtliche Zulässigkeit von Schenkungen, die der Testamentsvollstrecker mit Zustimmung der Erben und der Vermächtnisnehmer aus dem Nachlaß macht und machen darf, sind in ihrem Umfang ebenfalls durch die neuere Rechtsprechung des Bundesgerichtshofes erweitert worden. Über den Rahmen des § 2205 Satz 2 hinaus ist die Rechtsprechung insoweit geändert worden, als das Gericht bereit ist, von der gesetzlichen Schranke des § 2205 Satz 2 abzugehen und dem Testamentsvollstrecker zu gestatten, mit Zustimmung der Erben (Vor- und Nacherben) und ohne die Schranke des § 2217 Abs. 1 Satz 1 eine Durchbrechung des Schenkungsverbotes vorzunehmen und über den Rahmen von Pflicht- und Anstandsschenkungen hinaus unentgeltlich über Nachlaßgegenstände zu verfügen. In seiner Entscheidung vom 24. 9. 1971[38] nimmt der Bundesgerichtshof auch zur Frage der Entgeltlichkeit oder Unentgeltlichkeit solcher Verfügungen des Testamentsvollstreckers Stellung und spricht davon, daß die Umgehung des § 2205 Satz 3 voraussetzt, daß aus dem Nachlaß ein Wert weggegeben wird, ohne daß die dadurch eintretende Verringerung des Nachlasses durch Zuführung eines entsprechenden Vermögensvorteils ausgeglichen wird. „Allein das Feh-

35 *BGH*, 25. 9. 1963, BGHZ 40 S. 115.
36 *BGH*, 18. 6. 1971, DB 1971 S. 1661.
37 Vgl. *Kapp/Ebeling*, Handbuch der Erbengemeinschaft, S. 459f.
38 *BGH*, 24. 9. 1971, BGHZ 57 S. 84f.

len einer objektiv gleichwertigen Gegenleistung reicht nicht aus, um den Begriff der Unentgeltlichkeit ausfüllen. Es muß ein subjektives Merkmal hinzukommen. Unentgeltlich verfügt der Testamentsvollstrecker nämlich nur dann, wenn er entweder weiß, daß dem Opfer keine gleichwertige Leistung gegenübersteht, oder doch bei ordnungsmäßiger Verwaltung der Masse unter Berücksichtigung seiner künftigen Pflicht, die Erbschaft an den Erben (Nacherben) herauszugeben, das Fehlen oder die Unzulänglichkeit der Gegenleistung hätte erkennen müssen.“[39]

Der Bundesgerichtshof betont, daß § 2205 Satz 3 nicht den Schutz der Interessen der Nachlaßgläubiger bezweckt. Er befaßt sich mit der Frage, ob außer der Zustimmung der Erben, wozu auch die Nacherben gehören, Vermächtnisnehmer nicht über den Rahmen von Pflicht- und Anstandsschenkungen hinausgehenden unentgeltlichen Verfügungen zustimmen müssen[40].

4. Verwaltungsvollstreckung

Ist ein Testamentsvollstrecker bestimmt, den Nachlaß zu verwalten und ist der Nachlaß auf verschiedene Art und Weise zusammengesetzt, so daß zu ihm nicht nur Grundstücke, Gegenstände, Forderungen und Rechte, sondern auch Unternehmen gehören oder Beteiligungen an Personalgesellschaften oder Genossenschaften, so bedeutet allein schon die Aufführung der Nachlaßgegenstände und der Beteiligungen eine spezialisierte Betrachtungsweise für die Verwaltungstestamentsvollstreckung.

---

39 *BGH*, 24. 9. 1971, BGHZ 57 S. 89.

40 *BGH*, 24. 9. 1971, BGHZ 57 S. 94: „Anders verhält es sich jedoch mit einem Vermächtnisnehmer. Seine Stellung in Bezug auf den Testamentsvollstrecker ist stärker als die der sonstigen Nachlaßgläubiger. Das folgt daraus, daß der Testamentsvollstrecker ihm — wie auch dem Erben — gegenüber gemäß § 2216 Abs. 1 BGB zur ordnungsgemäßen Verwaltung des Nachlasses verpflichtet ist und der Vermächtnisnehmer ferner (wie auch der Erbe) den Testamentsvollstrecker bei Verschulden kraft der besonderen Vorschrift des § 2219 Abs. 1 BGB auf Schadensersatz in Anspruch nehmen kann. Diese starke Stellung hat neben dem Erben nur der Vermächtnisnehmer, nicht aber zum Beispiel ein Auflagenbegünstigter. Daraus ergibt sich, daß dem Vermächtnisnehmer, dem gleichermaßen durch den Erblasser etwas zugewendet worden ist und der, was die Berücksichtigung seiner Interessen anbetrifft, in Beziehung zum Testamentsvollstrecker dem Erben gleichgestellt ist, ebenso der Schutz durch § 2205 Satz 3 BGB zukommen muß. Es ist nicht gerechtfertigt, ihn bei unentgeltlichen Verfügungen anders als den Erben der Willkür des Testamentsvollstreckers (und des Erben bei deren Zusammenwirken) auszusetzen, wenn man davon ausgeht, § 2205 Satz 3 BGB solle sicherstellen, daß die vom Erblasser Bedachten im engeren Sinne etwas vom Nachlaß erhalten.“

a) Testamentsvollstreckung in bezug auf ein Einzelhandelsgeschäft

Hat der Erblasser bestimmt, daß der Testamentsvollstrecker ein Einzelhandelsgeschäft weiterführen soll, so eröffnen sich zwei Möglichkeiten: Er kann für die Erben das Geschäft unter persönlicher Haftung als deren Treuhänder betreiben, er kann aber auch das Geschäft als Bevollmächtigter der Erben in deren Namen und in deren persönlicher Haftung führen, sofern eine derartige Ermächtigung der letztwilligen Anordnung zu entnehmen ist.

Der Bundesgerichtshof hat sich in einem Urteil vom 18. 1. 1954[41] mit einem derartigen Fall befaßt und beide Wege für möglich erklärt. Das Gericht hat anerkannt, daß ein Testamentsvollstrecker, der die Befugnis hat, über § 2206 hinaus persönliche Verpflichtungen für den Erben einzugehen, ein gewisses Risiko für den Erben darstellt, und wenn der Erbe dieses Risiko nicht zu tragen bereit ist, soll er die Erbschaft ausschlagen. Der Testamentsvollstrecker haftet gemäß § 2019 den Erben für jegliches Verschulden. Der Erblasser hat keine andere Möglichkeit, wenn zu seinen Erben Minderjährige gehören und er diese durch die Einrichtung der Testamentsvollstreckung zu schützen beabsichtigt. In diesem Zusammenhang ist es von Bedeutung, ob und in welchem Umfang der Vorgang im Handelsregister zu verlautbaren ist. Der Testamentsvollstrecker, der das Geschäft im eigenen Namen für Rechnung der Erbengemeinschaft führt, ist zur Anmeldung ins Handelsregister verpflichtet, und die Erben haben die Verpflichtung zur Anmeldung, wenn sie selbst das Einzelhandelsgeschäft weiterführen, die Verwaltung aber treuhänderisch dem Testamentsvollstrecker überlassen[42]. Die Eintragung der Erben bedeutet nicht, daß der Testamentsvollstrecker das Handelsgeschäft aus dem Nachlaß freigegeben hat.

---

41 *BGH*, 18. 1. 1954, BGHZ 12 S. 100f.

42 ,,Führt ein Testamentsvollstrecker das Geschäft im eigenen Namen für Rechnung der Erben fort, so ist er anmeldepflichtig, andernfalls sind die Erben anmeldepflichtig'', siehe hierzu *Palandt/Keidel*, BGB, Anm. 1 b bb zu § 2205; *Erman/Hense*, BGB Rz.9 – 13 zu § 2205 mit weiteren Hinweisen; *Haegele*, Der Testamentsvollstrecker, 5. Aufl., Rz. 170 – 191; Der Rechtspfleger 1973 S. 113 mit Darlegung der verschiedenen Gestaltungsmöglichkeiten; *Schlegelberger/Hildebrandt*, HGB Rz. 6 zu § 31 und Rdz 8 zu § 22; *Rieper*, Testamentsvollstreckung über Einzelunternehmung und bei Personalgesellschaften, Diss. Kiel 1968; *Heinen*, a.a.O., S. 142ff.; *Johannsen*, Führung von Handelsgeschäften und Verwaltung von Gesellschaftsanteilen einer Handelsgesellschaft durch den Testamentsvollstrecker, WM 1970 S. 570; *BGH* 18. 1. 1954, BGHZ 12 S. 100 = NJW 1954 S. 636; *Würdinger*, HGB Anm. 26 zu § 27, Anm. 4 zu § 31; *Keidel/Schmatz/Stöber*, Registerrecht, Anm. 32.

b) Testamentsvollstreckung in bezug auf Anteile an einer OHG, KG oder anderen Personengesellschaften oder Genossenschaften

Hinterläßt ein Erblasser eine Beteiligung an einer Personengesellschaft, also an einer offenen Handelsgesellschaft oder einer Kommanditgesellschaft, so steht § 139 im Mittelpunkt der rechtlichen Beurteilung. Enthält der Gesellschaftsvertrag eine Fortsetzungsklausel, so ist zum Schutz der Erben bestimmt, daß ein jeder von ihnen sein Verbleiben in der Gesellschaft davon abhängig machen kann, daß ihm unter Ablösung des bisherigen Gewinnanteils die Stellung eines Kommanditisten eingeräumt wird und der auf ihn entfallende Teil des Nachlasses als seine Kommanditeinlage anerkannt wird. Sind die übrigen Gesellschafter damit nicht einverstanden, so bleibt ihm nur die Möglichkeit der Kündigung. Diese Rechte sind an eine Frist von drei Monaten nach dem Zeitpunkt gebunden, in welchem der Erbe von dem Anfall der Erbschaft Kenntnis erhalten hat.

Das Verwaltungsrecht des Testamentsvollstreckers geht unter, wenn eine Aktiengesellschaft in eine Kommanditgesellschaft umgewandelt wird und die Aktionäre, also die Erben, nunmehr Kommanditisten werden. Der BGH[43] hat erklärt, daß in diesem Fall der Erbe dem Testamentsvollstrecker treuhänderisch den Teil seiner Kommanditanteile zu übertragen hat, also den Anteil, der den Aktien entspricht, die zunächst der Testamentsvollstreckung unterlagen. Dieses Urteil zeigt, daß der Bundesgerichtshof versucht, Rechtsformen aufrecht zu erhalten, ohne die Verfügungsbefugnis und den Herrschaftsbereich des Testamentsvollstreckers zu schmälern.

Spätere wesentliche Entscheidungen sind in der Literatur ausführlich gewürdigt worden[44]. So befindet ein Urteil des BGH vom 22. 11. 1956[45], daß von drei Miterben jeder von ihnen mit 1/3 Anteil am Geschäftsanteil des Erblassers an der nachgelassenen OHG beteiligt ist. Ist jedoch nur einem bestimmten Miterben der Eintritt in die OHG gestattet, so wird er mit Gesellschafter, während die beiden übrigen Miterben einen Abfindungsanspruch nach Maßgabe der Gesellschaftsvertrages gegen die Gesellschaft in Höhe von 2/3 Anteilen am Geschäftsanteil des Erblassers erhalten.

---

43 *BGH*, 11. 4. 1957, WM 1957 S. 705.

44 NJW 1955 S. 809; *Ulmer* in Großkommentar zum HGB, 3. Aufl., Anm. 49f. zu § 139; *Emmerich*, ZHR 132 S. 297ff.; *Wiedemann*, Die Übertragung und Vererbung von Mitgliedschaftsrechten bei Handelsgesellschaften, München 1965 S. 157f.

45 *BGH*, 22. 11. 1956, BGHZ 22 S. 187.

Lange danach und nachdem die in Fußnote 52 erwähnten Veröffentlichungen erschienen waren und sich die einzelnen Großkommentare mit der Rechtsfrage beschäftigt hatten, äußerten sich andere BGH-Urteile zu diesem Thema grundsätzlich[46]: Die rein gesellschaftsvertraglichen Nachfolgeklauseln führen dazu, daß der im Testament benannte Erbe von den Gesellschaftern die Übertragung des Anteils des Verstorbenen verlangen kann, während die erbrechtlichen Nachfolgeklauseln zur Folge haben, daß die OHG nach dem Tod des Gesellschafters mit dessen Erben oder auch nur mit einem seiner Erben fortgesetzt wird. Es wird ausgeführt, daß der Nachfolger durch eine Sondererbfolge zugleich Gesellschafter unmittelbar nach dem Anteil des Erblassers, und zwar im Rahmen seiner Erbquote, wird.

Ein Scheinproblem entsteht dann, wenn nicht alle Miterben als Nachfolger benannt sind. So handelt es sich, wenn der Gesellschaftsvertrag nichts vorsieht, eindeutig um eine Eintrittsklausel, mit welcher der vererblich gestellte Anteil dem erklärten Erben oder Miterben zur Verfügung steht. Die in der Rechtsprechung immer wiederkehrende Begriffsbestimmung „Eintrittsklausel" ist unrichtig gewählt, denn in Wahrheit handelt es sich in allen Fällen um Nachfolgeklauseln. Wenn eine erbrechtliche Nachfolgeklausel deshalb nicht zum Zuge kommen kann, weil der als Nachfolger in Aussicht genommene Gesellschafter vor dem Erbfall verstorben ist, so soll nach dem Wunsch des Bundesgerichtshofes eine ergänzende Auslegung erfolgen. In dem entschiedenen Fall war die zur Nachfolgerin berufene Ehefrau als Alleinerbin vorgesehen und vor dem Tode des Erblassers verstorben. Die gemeinschaftliche Sohn sollte, nachdem er das 40. Lebensjahr vollendet hatte, Nachfolger im Gesellschaftsvertrag werden. Der Bundesgerichtshof ersetzte die entstandene Lücke dadurch, daß der Sohn schon nach dem Tode seines Vaters das Recht haben soll, in die Gesellschaft einzutreten, sofern der Inhalt des Testaments nicht entgegensteht.

Die rechtliche Lage wird hier deshalb ausführlich erörtert, weil sich ein Testamentsvollstrecker im gegebenen Fall mit dieser Frage befassen muß, zumal er verpflichtet und berechtigt ist, den Anteil des Erblassers an einer Personengesellschaft zu verwalten[47]. Der Bundesgerichtshof hat ausdrücklich bestätigt, daß sich der Machtbereich eines Testaments-

46 *BGH*, 10. 2. 1977, BGHZ 68 S. 225 = WM 1977 S. 1823; *BGH*, 25. 5. 1977, BGHZ 69 S. 47 = WM 1977 S. 864 mit Anmerkung von *Johannsen*, dazu LM BGB zu § 2113 Nr. 16; *BGH*, 10. 2. 1977, BB 1977 S. 805; *BGH*, 29. 9. 1977, WM 1977 S. 1323.

47 *BGH*, zitiert bei Johannsen, WM 1969 S. 1402, 1406 und WM 1970 S. 570.

vollstreckers auf den Anteil eines persönlich haftenden Gesellschafters an einer Personengesellschaft erstreckt, aber hervorgehoben, daß ein Testamentsvollstrecker doch den Vermögenswert des hinterlassenen Anteils zum Nachlaß rechnen muß und wenn das Gesellschafterverhältnis von ihm gekündigt worden ist, das Auseinandersetzungsguthaben der Verfügungsbefugnis des Testamentsvollstreckers unterliegt. Der Testamentsvollstrecker, der mit solchen Personengesellschaften zu tun hat, sollte also daran denken, daß der Vermögenswert des hinterlassenen Anteils einen Wert darstellt, der geeignet ist, zur Befriedigung von Nachlaßgläubigern zu dienen. Er sollte aber an die Versilberung erst herangehen, wenn der Mangel an sonstigen Nachlaßgegenständen ihn notwendig zur Verwertung des Auseinandersetzungsguthabens veranlaßt.

Die neuere Rechtsprechung zeigt, wie weit der Handlungsrahmen des Testamentsvollstreckers reicht und sie führt vor Augen, daß die persönlichen Rechte des Erblassers, die Rechte auf Abstimmung innerhalb der Gesellschafterversammlung, auch die Mitbestimmung mit den Gesellschaftern ausschließlich beim Erben bleiben und aus dem Verwaltungsbereich des Testamentsvollstreckers ein für alle Mal auszusparen sind. Alle mitgliedschaftlichen Rechte und Pflichten des Gesellschaftererben ohne Unterschied, ob sie an sich übertragbar oder nicht übertragbar sind, fallen für die Dauer der gesellschaftlichen Bindung nicht unter den Machtbereich des Testamentsvollstreckers[48]. Ferner soll noch hervorgehoben werden, daß nicht allein das Auseinandersetzungsguthaben, sondern auch Gewinnanteile der Verwaltung des Testamentsvollstreckers unterliegen, die bis zum Erbfall verdient worden sind, während das, was sich für die Zeit nachher als Gewinn ergibt, ausschließlich dem Erben gebührt[49]. In einem Urteil vom 24. 11. 1980[50] hat der Bundesgerichts-

---

48 *RG*, 4. 3. 1943, RGZ 170 S. 392.

49 *Ulmer*, Gesellschafternachfolge und Erbrecht, ZGR 1972 S. 195f.; *Ulmer*, Gesellschafternachfolge im Todesfall, WM 1977 S. 680; BB 1977 S. 805; *Johannsen*, WM 1977 S. 270f., WM 1979 S. 637f.; *Liebisch*, ZHR 116 S. 134f.; *Tiedau*, Gesellschaftsrechtliche Nachfolge im Verhältnis zum Erbrecht und zum neuen ehelichen Güterrecht, MDR 1957 S. 641; *Tiedau*, Gesellschaftsrecht und Erbrecht, MDR 1978 S. 353; *Siebert*, BB 1957 S. 18f.; *Hueck*, JZ 1957 S. 222f.; *Flume*, in Festschrift für Schilling, 1973 S. 25; *Westermann*, Auswahl des Nachfolgegesellschafters in Festschrift für Philipp Möhring zum 65. Geburtstag, München 1965 S. 183; *Baumbach/Duden*, HGB, 23. Aufl. 1978, Anm. 140 zu § 139; *Fischer* in HGB-Großkommentar Anm. 67, 71 zu § 139; *Schlegelberger*, HGB, 4. Aufl., Anm. 15 zu § 139; zu § 139 HGB Nr. 1; *Kruse* in Festschrift für Laufke, S. 179, 184; *Heckel*, Abfindungsklauseln in Gesellschaftsverträgen, München 1973 S. 265f.; *Kobler*, Erbrecht und Gesellschaftsrecht, S. 99, 125f.; *Westermann*, Handbuch der Personengesellschaften, Loseblattausgabe, Köln

hof sich mit der Frage befaßt, welche Rechte der von einem Gesellschafter eingesetzte Testamentsvollstrecker bei der Auseinandersetzung über das Vermögen einer Gesellschaft bürgerlichen Rechts hat. Er hat, ohne endgültig zu entscheiden, die Sache an das Berufungsgericht zurückverwiesen, jedoch ausdrücklich gestattet, daß Erben eine treuhänderische Übertragung des Anteils an einer BGB-Gesellschaft vorgenommen haben und, daß dies stillschweigend geschehen konnte, so daß die Testamentsvollstrecker berechtigt sind, an der Auseinandersetzung teilzuhaben.

c) Verwaltung von GmbH-Anteilen

Anteile an einer GmbH sind vererblich. Sie gehören also zum Nachlaß und unterliegen der Verwaltungsbefugnis durch den Testamentsvollstrecker; dieser hat §§ 16/17 des GmbH-Gesetzes anzuwenden. Er hat alle Kontrollrechte eines Gesellschafters. Es erhebt sich die Frage, was zu tun ist, wenn sich im Nachlaß alle Geschäftsanteile der Gesellschaft befinden, so daß der Testamentsvollstrecker durchaus in der Lage ist, sich selbst zum Geschäftsführer zu wählen, also eine Doppelfunktion hätte.

In diesem Fall und stets, wenn Erben minderjährig sind oder unter Vormundschaft stehen, ist zu prüfen, ob das Vormundschaftsgericht nicht gehalten ist, einen Sonderpfleger für die Kontrolle des GmbH-geschäftsführenden Testamentsvollstreckers einzusetzen. Nur wenn er Geschäftsführer ist, kann der Testamentsvollstrecker auch Geschäftsführungsbefugnis haben. Sonst ist er nichts anderes als das Überwachungsorgan für den Nachlaß, und es steht ihm kein Recht zur Entscheidung in laufenden Geschäftsangelegenheiten zu[51].

Für den Testamentsvollstrecker ergibt sich immer wieder die Zwiespältigkeit, die darin besteht, daß er nicht befugt ist, den Erben persönlich zu verpflichten, und wenn der Bundesgerichtshof[52] davon ausgeht, daß der Testamentsvollstrecker einen Gesellschaftsvertrag für eine GmbH abschließen kann, so ist auch dort wieder die Grenze gesetzt, daß damit nicht die Stipulierung von Pflichten des Erben verbunden sein darf. Aus diesem Grund ist auch auszuschließen, daß ein Testamentsvollstrecker

---

1979, Nr. 453, I und 471ff., 513ff.; *Säcker*, Gesellschaftsverträge in Festschrift für Schilling, S. 80 (vermag aber nicht zu überzeugen).

50 *BGH*, 24. 11. 1980.

51 *BGH*, 10. 6. 1959, LM § 2205 Nr. 3/4.

52 *BGH*, 23. 4. 1958, WM 1958 S. 1199.

als Gründer einer Aktiengesellschaft auftreten kann, weil damit Gründerhaftung des Erben berührt wird, was nicht durch eine Handlung des Testamentsvollstreckers bindend zu Lasten des Erben geschehen darf.

5. Dauertestamentsvollstreckung

Der Erblasser kann einem Testamentsvollstrecker die Verwaltung des Nachlasses übertragen, ohne ihm darüberhinausgehende Aufgaben zuzuweisen. Er kann auch anordnen, daß der Testamentsvollstrecker die Verwaltung nach Erledigung der ihm zugewiesenen Aufgaben fortführt (§ 2209). Im Zweifel ist anzunehmen, daß einem solchen Testamentsvollstrecker die erweiterte Verfügungsbefugnis zugestanden ist, so daß er in der Eingehung von Verbindlichkeiten für den Nachlaß keiner Beschränkung unterliegt.

Wenn das Testament nichts darüber enthält, daß der Erbe einen Anspruch auf Auszahlung vom jährlichen Reinertrag hat, so bleibt dem Erben nur der Anspruch auf die Jahresrechnungslegung. Weil die Dauertestamentsvollstreckung dann aber für einen Erben sehr drückend sein kann, weil er jahrelang nichts erhält, muß man wohl dem Testamentsvollstrecker gestatten, Auszahlungen vorzunehmen, wenn er dies für zweckmäßig und geboten hält.

§ 2210 setzt der Testamentsvollstreckung eine zeitliche Begrenzung von 30 Jahren nach dem Erbfall. Diese Vorschrift verweist auf § 2163 Abs. 2, der entsprechend Anwendung finden soll und besagt damit, daß im Vermächtnisfalle, wenn der Beschwerte oder Bedachte, in dessen Person ein bestimmtes Ereignis eintreten soll, juristische Person ist, es auch bei der dreißigjährigen Frist bewendet.

6. Nacherben-Testamentsvollstreckung

Die Nacherben-Testamentsvollstreckung kann auch ausschließlich in Bezug auf die Nacherbschaft angeordnet werden. Sie dauert dann ebenfalls höchstens so lange, wie §§ 2210, 2163 dies vorsehen. Die Nacherben-Testamentsvollstreckung ist aufgrund einer Entscheidung des Bayerischen Obersten Landesgerichts[53] dann von besonderer Bedeutung für die Nacherben-Testamentsvollstreckerschaft, wenn der Testamentsvollstrecker so weit wie möglich handlungsfähig gemacht werden soll.

---

53 *BayObLG*, 29. 3. 1976, S. 1052.

7. Vermächtnis-Testamentsvollstreckung

Hat der Erblasser Vermächtnisse angeordnet, so ist es die Aufgabe des Testamentsvollstreckers, diese Vermächtnisse zu erfüllen. Die Stellung der Vermächtnisnehmer ist gegenüber dem Testamentsvollstrecker weitaus stärker als die eines sonstigen Nachlaßgläubigers. In einem Vorlagebeschluß an den BGH v. 24. 9. 1971[54] heißt es, daß sich diese Tatsache daraus ergibt, daß der Testamentsvollstrecker sich gegenüber den Vermächtnisnehmern und den Erben gemäß § 2216 zur ordnungsmäßigen Verwaltung des Nachlasses verpflichtet und der Vermächtnisnehmer bei fehlerhafter Entscheidung des Testamentsvollstreckers diesen kraft des § 2219 Abs. 1 auf Schadensersatz in Anspruch nehmen kann. Das ist von besonderer Bedeutung, weil eine solche Inanspruchnahme durch den Gläubiger ebensowenig erfolgen kann wie durch einen Auflagebegünstigten. Der Vermächtnisnehmer ist insoweit dem Erben gleichgestellt. Es gibt also auch eine Testamentsvollstreckung, die sich eben nur auf Vermächtnisse und deren Behandlung und Erfüllung bezieht.

8. Vielgestaltigkeit einer speziellen Testamentsvollstreckung

Der Erblasser kann eine Dauertestamentsvollstreckung anordnen und den Testamentsvollstrecker zugleich für den Erben und den Vermächtnisnehmer bestellen[55]. Das führt dazu, daß die Witwe eines Vermächtnisnehmers zwar nicht die Einräumung des unmittelbaren Besitzes an den Nachlaßgegenständen verlangen kann, jedoch die Einräumung des Nießbrauches an einzelnen Nachlaßgegenständen zu fordern berechtigt ist und dieser Anspruch kann durch die Besitzeinräumung an einzelnen Nachlaßgegenständen erfolgen[56].

9. Sonstige Aufgaben des Testamentsvollstreckers

Der Testamentsvollstrecker hat nicht nur alle Nachlaßbedingungen zu erfüllen; er muß darüber hinaus das Ziel haben, den Erben möglichst so viel auszuhändigen, wie für den Erben verfügbar gemacht werden kann. Während die Erfüllung der Pflichtteilsansprüche Sache des Erben ist, sind alle Legate, soweit sie gültig sind, vom Testamentsvollstrecker zu erfüllen und er kann die Erfüllung nur verweigern, wenn der Erbe das aus vertretbaren Gründen verlangt und wenn die Erfüllung eines solchen

54 *BGH*, 24. 9. 1971, NJW 1971 S. 2264; *Mattern*, BWNotZ 1961 S. 149, 152.
55 *Johannsen*, WM 1969 S. 1411.
56 BGHZ BGH, 29. 4. 1954, 13 S. 203 = LM BGB § 2203 Nr. 1.

Vermächtnisses ohne die Erbenzustimmung eine nicht zu rechtfertigende Verwaltungshandlung wäre. Wenn sich Differenzen zwischen Erben und Testamentsvollstrecker ergeben, kann jeder von ihnen das Nachlaßgericht anrufen. Wenn eine Übereinstimmung zwischen Erben und Testamentsvollstrecker nicht erzielbar ist, muß das Nachlaßgericht darüber befinden, ob ein Fall des § 2227 vorliegt[57].

10. Freigabeerklärung durch den Testamentsvollstrecker

Zur Entscheidungsbefugnis des Testamentsvollstreckers gehört, daß er Teile des Nachlasses aus der Testamentsvollstreckung entlassen darf, daß er jedoch, wenn er diese Nachlaßteile irrtümlich bereits freigegeben hat, sie vom Erben zurückverlangen kann (§ 818), gleichgültig, ob er diese freigegebenen Teile oder sein Surrogat fordert.

11. Die Auseinandersetzung unter den Miterben

Bei der Abwicklung der Testamentsvollstreckung, nach Zeitablauf auch bei der Verwaltungsvollstreckung darf nie übersehen werden, daß zu den wichtigen Aufgaben des Testamentsvollstreckers die Durchführung der Auseinandersetzung unter den Miterben gehört. Grundsätzlich ist der Testamentsvollstrecker — soweit es sich nicht um eine streitige Pflichtteilsforderung handelt — in der Lage, Forderungen zu bestreiten oder anzuerkennen, um so die Grundlage für die Auseinandersetzung zu schaffen. Er hat keine Forderungen zu erfüllen, die der Erbe ohne seine Zustimmung veranlaßt oder anerkannt hat. Hauptziel ist, daß der Testamentsvollstrecker die Auseinandersetzung leichter vornehmen kann. Er kann den Weg für die Erfüllung der Auseinandersetzung ebnen, indem er Forderungen und Rechte des Nachlasses zu Geld macht und Schulden, insbesondere Steuerverbindlichkeiten, befriedigt. Dann erst soll der Testamentsvollstrecker an die Auseinandersetzung herangehen und das darf er sogar dann, wenn der Erblasser sie verboten hat oder wünscht, daß sie hinausgezogen wird. Die Auseinandersetzung darf nämlich, worauf in anderem Zusammenhang bereits hingewiesen wurde, trotzdem erfolgen, wenn der Testamentsvollstrecker und die Erben (Vor- und Nacherben) sie wünschen. Er kann sich also über das Auseinandersetzungsverbot hinwegsetzen und nicht einmal die Ersatzerben müssen zustimmen[58].

---

57 *BGH*, 2. 10. 1957, WM 1957 S. 1489.

58 *BGH*, 25. 9. 1963, BGHZ 40 S. 115 = WM 1963 S. 211; *BVerfG*, 18. 6. 1957, BVerfGE 7 S. 53.

12. Handlungsziel des Testamentsvollstreckers

Der Testamentsvollstrecker ist grundsätzlich an den erklärten Erblasserwillen gebunden. Eine Befreiung im einzelnen durch die Erben ist nicht möglich. Immer muß vom Testamentsvollstrecker eine objektive Entscheidung verlangt werden. Er kann und darf nichts tun, was die Rechte der Erben kürzt oder schmälert; sein Ziel muß es bleiben, den Nachlaß unversehrt und intakt zu erhalten. Er hat die Möglichkeit der Interventionsklage aus § 771 ZPO. Mit der Widerspruchsklage kann der Testamentsvollstrecker einen Eingriff in den Nachlaß wegen Nichtnachlaßverbindlichkeiten abwehren. Der vom Testamentsvollstrecker verwaltete Nachlaß kommt bei Konkurseröffnung über das Vermögen des Erben unter Aufrechterhaltung der Verfügungsbeschränkung (§ 2211) und des Vollstreckungsverbotes (§ 2214) zur Konkursmasse. Es wird aber von der Masse erst völlig ergriffen, wenn die Testamentsvollstreckung zu Ende ist (§§ 1981, 2211)[59].

Immer muß der Testamentsvollstrecker bestrebt sein, zu besten Ergebnissen zu kommen[60]. So ist er zum Beispiel verpflichtet, Bezugsrechte für das im Nachlaß enthaltene Wertpapiervermögen auszuüben, und wenn er nicht genügend Barmittel hat, sogar berechtigt, Teilstücke von Wertpapieren zu verkaufen, um die Bezugsrechte zu bezahlen.

Im Spannungsverhältnis zwischen den Beteiligten bleiben die Testamentsvollstrecker für alle ihre Verwaltungshandlungen, Erklärungen und Unterlassungen bei Verstößen den Erben zum Schadensersatz verpflichtet. Der Testamentsvollstrecker muß wandlungsfähig sein, so muß er Umgruppierungen der Anlagen vornehmen oder in die Firmenstruktur eingreifen, wenn es nötig ist, um Vorteile zu erlangen. Festzuhalten ist, daß alle Ersatzansprüche gegen den oder die Testamentsvollstrecker immer Ansprüche des Nachlasses selbst sind.

V. Ende des Testamentsvollstreckeramtes

1. Faktisches Erlöschen

Jede Testamentsvollstreckung endet, wenn der Testamentsvollstrecker stirbt oder wenn ein Fall eintritt, in welchem die Ernennung nach § 2201

59 *LG Aachen*, 22. 9. 1959, NJW 1960 S. 46.
60 OGHZ 3 S. 347.

unwirksam sein würde, d. h. wenn der Testamentsvollstrecker geschäftsunfähig oder in der Geschäftsfähigkeit beschränkt ist oder nach § 1910 zur Besorgung der eigenen Vermögensangelegenheiten einen Pfleger erhalten hat. Die Beendigung des Amtes bewirkt, daß der Vollstrecker den Nachlaß an den Erben herauszugeben hat, der nun voll verfügungsfähig wird. Der Testamentsvollstrecker hat Rechenschaft abzulegen und unter Umständen den Offenbarungseid zu leisten. Sein Testamentsvollstreckerzeugnis wird bei Beendigung seiner Aufgaben von selbst kraftlos. Der Nachlaßrichter soll es einziehen und wenn der Testamentsvollstrecker es zurückgibt, auf dem Zeugnis vermerken, daß es erloschen ist. Das alles geschieht automatisch. Vollmachten, die der Testamentsvollstrecker erteilt hat, sind erloschen und wenn der Testamentsvollstrecker die Vollmacht nicht zurückerhält und sie noch in den Händen des von ihm Bevollmächtigten läßt, so haftet er auch dann auf Schadensersatz[61]. Der Streit über die Beendigung des Testamentsvollstreckeramtes gehört vor das Prozeßgericht. Selbstverständlich erlischt auch das Amt, wenn der Testamentsvollstrecker stirbt. Fällt von mehreren Testamentsvollstreckern einer weg, so endet die Testamentsvollstreckung grundsätzlich nicht, sondern die anderen Testamentsvollstrecker sind befugt, zu handeln[62].

In einem Urteil aus dem Jahre 1962[63] hat der BGH Stellung dazu genommen, ob ein Testamentsvollstreckeramt erloschen ist oder nicht und dabei den Grundsatz aufgestellt, daß mit der Erfüllung aller ihr zugewiesenen Aufgaben eine Testamentsvollstreckung ihr Ende findet. Dazu bedarf es nicht einmal eines formellen Aufhebungsbeschlusses. Das Nachlaßgericht kann jedoch nach erfüllter Aufgabe der Testamentsvollstreckung das Ende feststellen.

2. Kündigung durch den Testamentsvollstrecker

Der Testamentsvollstrecker kann nach § 2226 sein Amt jederzeit kündigen. Die Kündigung hat gegenüber dem Nachlaßgericht zu erfolgen. Ist eine Kündigung zur Unzeit erfolgt, so ist der Testamentsvollstrecker schadensersatzpflichtig. Nur wenn ein wichtiger Grund vorliegt, darf der Testamentsvollstrecker außer der Zeit kündigen, sogar dann, wenn er früher auf das Kündigungsrecht verzichtet hat (§ 671 Abs. 2 u. 3). Er kann auch für einen Teil seines Amtes in der Weise kündigen, daß er

61 RG, DRZ 1933 Nr. 295.
62 *KG*, 11. 10. 1954, JR 1955 S. 65.
63 *BGH*, 14. 2. 1962, LM zu § 2226 Nr. 1.

sich die Führung des Amtes für einen bestimmten anderen Wirkungskreis vorbehält. Wenn er dazu ermächtigt ist, so kann er einen Nachfolger bestimmen für denjenigen Geschäftskreis, für den er selbst das Amt niedergelegt hat. Das alles muß aber vom Erblasser gestattet sein[64].

3. Entlassung des Testamentsvollstreckers

Der Testamentsvollstrecker ist auf Antrag eines Beteiligten zu entlassen, wenn ein wichtiger Grund vorliegt und ein solcher liegt immer dann vor, wenn der Testamentsvollstrecker sich einer groben Pflichtverletzung schuldig gemacht hat oder zur ordnungsmäßigen Geschäftsführung unfähig ist. Immer soll der Testamentsvollstrecker vor der Entlassung gehört werden. Auch ein objektiv gerechtfertigtes Mißtrauen des Erben gegen die Person des Testamentsvollstreckers kann ein wichtiger Grund zu seiner Entlassung sein. Das Oberlandesgericht Hamm hat das Mißtrauen von Erben für objektiv gerechtfertigt anerkannt, wenn der Testamentsvollstrecker zuvor als vermögenssorgeberechtigter Vormund des Erben versagt hat und deshalb vom Vormundschaftsgericht entlassen worden ist[65].

Auf jeden Fall ist der Erbe, auch wenn er seinen Nachlaßanteil nach § 2033 übertragen oder verpfändet hat oder wenn ein Dritter die Pfändung vorgenommen hat, als Beteiligter zur Kündigung berechtigt; beteiligt ist der Nacherbe, der Vermächtnisnehmer, der Pflichtteilsberechtigte, wer aus einer Auflage berechtigt ist und der Mitvollstrecker. Ob ein Nachlaßgläubiger zu den Beteiligten gehört, ist streitig. Das Bayerische Oberste Landesgericht verneint dies[66]. Auch der Verfasser ist mit dem Kammergericht[67] der Auffassung, daß ein Gläubiger im Sinne von § 2227 nicht Beteiligter ist[68]. Das Bayerische Oberste Landesgericht hat jedoch in einem Beschluß einer an und für sich nur pflichtteilsberechtigten Beschwerdeführerin deshalb die Rolle einer Beteiligten zuerkannt, weil sie Gläubigerin des Nachlasses sei. Das OLG Hamm vertrat eine andere Auffassung und in dem daraufhin erfolgten Vorlagebeschluß hat der BGH geäußert, daß Gläubiger nicht Beteiligte sind.

---

64 *KG*, KGJ 43 S. 88 Nr. 23.

65 *OLG Hamm*, 11. 9. 1967, NJW 1968 S. 800f.

66 *BayObLG*, BayObLGZ 16. S. 128; 17 S. 156; 21 S. 206.

67 *KG*, JFG 5 S. 154.

68 *BGH* 13. 7. 1961, BGHZ 35 S. 296 = WM 1961 S. 981 = LM § 2227 Nr. 3 mit Anmerkung von *Piepenbrock*, NJW 1961 S. 1717; *Baur*, JZ 1962 S. 123.

Der BGB-Kommentar von Mitgliedern des Bundesgerichtshofes[69] äußert sich in einer besonders klaren Weise über die Auftragsberechtigung und das Vorliegen eines wichtigen Grundes i. S. d. § 2227 — auf diese Ausführungen wird ausdrücklich verwiesen.

Ob ein Testamentsvollstrecker sein Amt niederlegt oder nicht, ist der Vereinbarungsmöglichkeit zwischen Testamentsvollstrecker und Erben entzogen; dies gilt auch bezüglich der Abstimmung des Zeitpunkts für die Niederlegung zwischen Erbe und Testamentsvollstrecker[70]. Ein in der Praxis häufig vorkommender Fall ist der, daß die Erben die Entlassung eines Testamentsvollstreckers wünschen, weil er ihnen zu teuer ist. Das kann ein Entlassungsgrund sein, wenn die vom Testamentsvollstrecker in Anspruch genommene Vergütung sich nicht mehr innerhalb der Grenzen der Angemessenheit hält[71]. Eine ausführliche Entscheidung zur Frage des wichtigen Grundes ist durch einen Beschluß des Bayerischen Obersten Landesgerichts erfolgt[72]. Ist eine Testamentsvollstreckung für den ganzen Nachlaß angeordnet, jedoch gegenüber einzelnen Miterben ungültig, so kann sie als Teiltestamentsvollstreckung weiterbestehen und das Amt des Vollstreckers erlischt nicht von selbst, wenn die Erben mit ihm die Beendigung seines Amtes vereinbaren, nicht einmal dann, wenn der Testamentsvollstrecker sich längere Zeit nicht mehr um den Nachlaß gekümmert hat. Ob dadurch die Verpflichtung entstehen kann, das Amt von selbst niederzulegen, mag dahingestellt bleiben[73].

---

69 BGB-Kommentar von Mitgliedern des BGH, Bd. V, 2. Teil, § 2227 Anm. 1 u. 2.
70 *RG*, 28. 10. 1937, RGZ 156 S. 74f.
71 Vgl. Fußnote 67.
72 *BayObLG*, 25. 10. 1957, BayObLGZ 1957 S. 317f.
73 *BGH*, 14. 2. 1962, NJW 1962 S. 912.

H.
Vergütung des Vermögensverwalters

I. Aufwendungsersatz und Vergütung

Der Vergütungsanspruch für den Vormund, Gegenvormund, Pfleger und Beistand entsteht erst durch einen formellen Beschluß des Vormundschaftsgerichts, der Vergütungsanspruch für den Nachlaßverwalter ergibt sich aus § 1987 und der für den Testamentsvollstrecker aus § 2221.

Das BGB behandelt aus gutem Grund die Frage des Ersatzes von Aufwendungen für den Vormund in § 1835 vor § 1836. Letztere Bestimmung bezieht sich auf die Vergütung des Vormundes und ist rechtssystematisch umstritten. Das liegt daran, daß § 1836 verlangt, daß die Vormundschaft grundsätzlich unentgeltlich geführt wird, und daß erst ein Vergütungsanspruch für Vormund, Pfleger, Gegenvormund und Beistand entsteht, wenn der Richter einen Vergütungsbeschluß erläßt.

Die §§ 669 und 670, auf die § 1835 verweist, gewähren außer der Ersatzpflicht sogar einen Vorschuß für die notwendigen Aufwendungen dergestalt, daß derjenige, der die entsprechenden Gelder und Leistungen vorstreckt, ein Recht auf Vorschuß hat. § 1835 ist auch gemäß § 1915 auf die Pflegschaft anzuwenden und selbstverständlich auch auf den Gegenvormund. Eine auf den ersten Blick unscheinbare Variante bedeutet die Anwendung dieser Vorschriften auf die Beistandschaft und den Gegenvormund. Die Bestimmung des § 1691 über die Rechtsstellung des Beistandes erwähnt die Anwendung der Vorschriften wie beim Gegenvormund, und die Bestimmung über den Gegenvormund besagt, daß auf Berufung und Bestellung die für die Begründung der Vormundschaft geltenden Vorschriften anzuwenden sind (§ 1792 Abs. 4). Es entsteht eine scheinbare Lücke in bezug darauf, was Gegenvormund und Beistand an Aufwendungsersatz beanspruchen dürfen, und selbst der Kommentar von Palandt (Diederichsen) spricht dem Vormund und damit auch dem Beistand das Recht auf Aufwendungsersatz nach § 1835 zu. Diese Auslegung ist zumindest analog gerechtfertigt. Den Anspruch auf

Ersatz von Vorschüssen und Aufwendungen gibt es jetzt bei Mittellosigkeit eines Mündels als Anspruch gegen die Staatskasse. Die Fassung des § 1835 Abs. 3 Satz 2 gibt Anlaß zu der Feststellung, daß zum einen der Vormund einen Anspruch auf Vorschuß und Auslagenersatz aus der Staatskasse hat und zum anderen weder das Jugendamt noch die Vereinsvormundschaft oder die Vereinsgegenvormundschaft einen solchen Ersatzanspruch geltend zu machen berechtigt sind, es sei denn — was sicher nur selten der Fall ist —, daß das Vermögen des Mündels ausreicht, solche Ansprüche zu befriedigen.

Es ist notwendig, sich mit den einzelnen Arten von Aufwendungen zu befassen, und dabei stehen zunächst Auslagen im Vordergrund, die der Vormund im eigenen Namen gemacht hat oder Verbindlichkeiten, die er im eigenen Namen einging oder Schäden, die dem Vormund entstanden sind, jedoch nur, wenn eine risikoreiche Handlung notwendig gewesen ist.

Der Handwerker, der innerhalb seines Gewerbes für den Mündel tätig ist, hat einen Aufwendungsersatzanspruch in Höhe des ortsüblichen Entgelts, beispielsweise ein Bauhandwerker auf den gegenwärtigen Mindeststundensatz; der Architekt, der für ein Mündel tätig war, hat Anspruch auf Architektenhonorar, der Arzt auf sein Arzthonorar und der Rechtsanwalt und Notar auf ihm nach den Gebührenordnungen zustehende Gebühren. Die Rechtsprechung hat sich immer wieder mit der Frage befaßt, ob der Vormund einen solchen Anspruch auch dann hat, wenn zum Beispiel ein zugelassener Rechtsanwalt oder ein Rechtsbeistand, ein Wirtschaftsprüfer oder Vermögensberater nicht nötig ist, weil die Sache so einfach ist, daß sie jedermann auszuführen vermag. Abzulehnen ist die Auffassung des Landgerichts München[1], die dem Rechtsanwalt-Vormund einen Anspruch nach der BRAGO § 44 aberkennt, weil der zum Vormund bestellte Rechtsanwalt nicht mehr geleistet hat und nicht mehr leisten sollte als ein zum Vormund bestellter Nichtanwalt. Diese Entscheidung ist deshalb unrichtig, weil ein Anwalt, der innerhalb seiner beruflichen Pflichten tätig ist, einen Anspruch auf die ihm zustehende Gebühr hat; es kommt bei der Frage der Vergütung nicht darauf an, welche Anforderungen an die Tätigkeit gestellt werden. Die Entscheidung des Landgerichts ist nicht ungefährlich, denn gerade im Entmündigungsverfahren werden nicht nur advokatorische Kenntnisse verlangt, darüber hinaus sind für die Vertretung des mit dem Entmündigungsantrag Angegriffenen unzählige Fragen der Psychologie,

1 *LG München*, 20. 1. 1972 RPfl. 1972 S. 309.

der Psychiatrie, der Beurteilung von Verhaltensformen verbunden, denen der ausgebildete Rechtsanwalt eher gewachsen ist als ein „normaler" Vormund. Im Gegensatz zur Auffassung des LG München steht eine Entscheidung des OLG München[2], in welcher einem zum Pfleger bestellten Anwalt eine Verkehrsgebühr nach § 7, § 1 Abs. 2 BRAGO, § 91 Abs. 2 Satz 4 a.F. ZPO §§ 1915, 1833, 1835 zugestanden wird. Die Entscheidung ist deshalb von besonderer Bedeutung, weil in den Gründen unterstellt wird, daß die Erstattung einer Verkehrsgebühr bei einem Rechtsanwalt, der zum Pfleger bestellt wird, erwachsen kann. Auf die dort zitierte sehr umfangreiche Literatur sei besonders hingewiesen. Schon in früheren Jahren haben die Gerichte die Anwendung des § 1835 hinsichtlich der BRAGO großzügig ausgelegt und zu den Aufwendungen auch diejenigen des Vormundes oder Pflegers gerechnet, die zu seinem Beruf gehören. Danach hat der Vermögensverwalter, der zugleich Rechtsanwalt ist, zwar nicht das Recht, für jede Tätigkeit, die ein gewisses Rechtswissen voraussetzt, Vergütung zu fordern, indessen Anwaltsgebühren zu beanspruchen, wenn die gemachten Aufwendungen über das Maß dessen, was auch ein sonstiger Pfleger leisten könnte, hinausgehen, also Anwaltstätigkeiten und sonstige kenntnisbedingende Tätigkeiten, bei denen sich ein Vormund oder Pfleger sonst eines Anwaltes bedient und dessen bedurft hätten; solche Kosten sind zur zweckentsprechenden Verwaltung notwendig[3].

Führt der Vormund oder Pfleger einen Prozeß in seiner Eigenschaft als Rechtsanwalt für den Mündel, so hat er einen Anspruch auf Vergütung der Anwaltsgebühren, und bei Mittellosigkeit des Mündels erfahren die gegen die Staatskasse geltend zu machenden Wahlanwaltsgebühren keine Ermäßigung gem. §§ 121 ff. BRAGO. In einem Prozeß oder einem ähnlichen förmlichen Verfahren sind verdiente, aus der Staatskasse gezahlte Gebühren auf den Anspruch gegen den Mündel anzurechnen[4]. Bei Grundstücksgeschäften und sonstigen wirtschaftlichen Entscheidungen gibt es eine Fülle von Fällen, in denen ein Laienvormund rechtlichen Rat einholen muß und gehalten ist, einen Rechtsanwalt zu fragen. Dies gilt nicht nur für Fragen des Zivilrechts oder für den schon erwähnten Fall der Entmündigung, sondern das gilt auch für wichtige Steuersachen und für Fragen aus dem weitverzweigten Baurecht.

---

2 *OLG München*, 14. 10. 1958, NJW 1959 S. 539.
3 *KG*, 17. 12. 1935, JW 1935 S. 1251.
4 *LG Hamburg*, 4. 3. 1971; AnwBl. 1971 s. 360.

Schumann/Geißinger[5] erwähnen einen Fall, bei dem ein Mündel an einem Unternehmen beteiligt war, dessen Verkaufswert 30 Mio betrug, und sie stellten fest, daß hier Anwaltsgebühren aus § 119 Abs. 1 Ziff. 1 und 2 BRAGO entstanden sind, und diese Tätigkeit, die bei einem Anwalt, der hier nicht als Vormund tätig ist, ohne weiteres gebührenpflichtig ist, bei einem Anwaltsvormund also erstattungspflichtig. Dabei sei für alle Fälle darauf hingewiesen, daß nach § 19 Ziff. 7 BRAGO eine Festsetzung von Rahmengebühren durch den Urkundsbeamten nicht zu erfolgen hat. Die Entscheidung, ob hier erstattungsfähige Aufwendungen entstanden sind oder nicht, soll im Vorfeld der Vormundschaftsrichter treffen, und wenn er dies verneint, der Vormund oder Pfleger dem Prozeßgericht überlassen[6]. Wir haben hier den seltenen Fall, daß der Vormundschaftsrichter doch gehalten ist, zu prüfen, ob ein solcher Gebührenerstattungsanspruch als Aufwendung anzusehen ist oder ob hiervon abgesehen werden kann und bei der Gesamtvergütung des Vormundes, wenn er sie nach § 1836 festsetzen darf, nicht auch dieser Fall berücksichtigt werden soll. Es muß geprüft werden, was in das Sachgebiet Aufwendungen gehört und was durch die vom Gericht zu gewährende Vergütung abgegolten werden kann. Hier nähern sich zwei verschiedene Gebiete so, daß der Vormundschaftsrichter zunächst zu prüfen hat, ob für solche Arbeit und Tätigkeit dem Anwaltsvormund Aufwendungsersatz zusteht oder nicht. Ein Ausweichen in ein Pauschalverfahren ist unzulässig und falsch. Wird die Entscheidung dem Sachgebiet Aufwendungsersatz zugeteilt, so bewegt sich seine Bewilligung im Rahmen der Freiwilligen Gerichtsbarkeit. Vielfach kann der Vormundschaftsrichter sich dann an die Gebührenordnungen für Anwälte und Notare halten. Verläßt er aber dieses Gebiet und versucht er, im Wege der Pauschalierung den Vormund mit einer bestimmten Vergütung zu belohnen, so sollte er immer daran denken, daß er den Anwalt nicht anders behandeln kann als den zum Aufwendungsersatz berechtigten Freiberufler, ob es sich nun um einen Wirtschaftsprüfer, einen Arzt, einen Zahnarzt, Orthopäden, Steuerberater oder um einen Handwerker handelt.

Die bisherige Rechtsprechung sollte nicht mehr aufrechterhalten werden, so ist zum Beispiel die Entscheidung des Landgerichts München vom 15. 9. 1975[7] überholt. Die hier und in der Literatur geäußerte

---

5 *Schumann/Geißinger*, BRAGebO, 2. Aufl., 1974, Anhang zu § 1.

6 Anwaltsblatt 1968 S. 366; ebenso *Gerold/Schmidt*, BRAGebO zur Erläuterung 44 zu § 19; *OLG Hamm*, 3. 8. 1972 Rechtspfleger 1972 S. 460 = MDR 1973 S. 60 = NJW 1972, S. 2318; a.A. *OLG Stuttgart*, 16. 11. 1970, Düsseldorfer Anwaltsblatt 1968 S. 366 = Stuttgarter Justiz 1971 S. 26 = NJW 1971 S. 59.

Furcht vor der Praxis verschiedener Vormundschaftsgerichte, dem gleichen Anwalt mehrere oder gar viele Vormundschaften zu übertragen, ist auf keinen Fall gerechtfertigt, und gerade die Häufigkeit von Vormundschaften, Pflegschaften usw. macht den Vormund oder Pfleger schlagkräftiger und gewandter und ist für den Mündel immer von Vorteil. Die in § 1835 erwähnte Bestimmung über das Verfahren bei der Entschädigung von Zeugen hinsichtlich ihrer Barauslagen ist sinnvoll. Nach dem Gesetz zur Änderung des Gesetzes über die Entschädigung von Zeugen und Sachverständigen vom 22. 11. 1976[8] kann ein auf die Hilfskräfte entfallender Teil der Gemeinkosten des Sachverständigen durch einen Zuschlag bis zu 15 vom Hundert auf den Betrag abgegolten werden, der als notwendige Aufwendung für die Hilfskräfte zu ersetzen ist (Art. 1, § 8 Abs. 2). Damit ist klargestellt, daß eine solche Berücksichtigung der Gemeinkosten den Annex des Aufwendungsersatzes nicht verläßt und hier nicht nach § 1836, sondern nach § 1835 vom Vormundschaftsrichter zu behandeln ist. In diesem Zusammenhang muß nochmals auf die Entscheidung des Landgerichts München eingegangen werden[9]. Das Gericht ist offensichtlich in der Anwendung des Gesetzes einem Irrtum unterlegen. Gerade das Gesetz über die Entschädigung von Zeugen und Sachverständigen wollte klarstellen, daß im Rahmen des § 1835 Abs. 2 und 3 auch ein Aufwendungsersatz für kleinere Unkosten anerkannt werden muß. Diese Entscheidung läßt deutlich das Unbehagen des Gerichts an der Institution des „Berufsvormundes" zutage treten. Die wenig von Sacherfahrung getragenen Gründe kann der erfahrene Vormund nicht für richtig halten. Selbstverständlich soll der Vormundschaftsrichter mit der Übertragung von Vormundschaften und Pflegschaften haushalten. Er soll aber nicht erfahrene Vormünder und Pfleger außer acht lassen, deren Tätigkeit den Mündeln nur nutzt und nicht schadet und quasi einen numerus clausus für Vormünder einführen. Der Ersatz von Aufwendungen wird zunehmen, je komplizierter unser Rechtssystem und unsere wirtschaftlichen Entscheidungen ausfallen, wie überhaupt der Zuwachs von Organisationsformen und Leistungen unvermeidbar ist.

Ist nach Auffassung des Vormundschaftsgerichts der Pfleger oder Vormund zu aufwendungsfreudig, so hat der Richter nicht etwa die Möglichkeit, bestimmte Aufwendungen zu untersagen oder zu beschränken, denn der nicht übereinstimmende Vormundschaftsrichter bereitet sonst

---

7 *LG München*, 15. 9. 1975, RPfl. 1975 S. 396, 397.

8 BGBl. I 1976 S. 3221.

9 Vgl. Fußnote 7.

nur die Trennung vom Vormund vor[10]. Wenn der Vormundschaftsrichter nicht zum Äußersten schreiten will, kann er ihm die Vermögensverwaltung entziehen. Im Rahmen des Erlaubten und Angemessenen haben Vormund und Pfleger das Recht und die Freiheit, für ihre Aufwendungen erforderliche Barmittel im voraus und im nachhinein zu entnehmen[11].

Zu beachten ist, daß jeder Aufwendungsersatzanspruch unter die Verjährungsfrist des § 196 Ziff. 7 (2 Jahre) fällt[12].

Der Vormundschaftsrichter darf im Rahmen der Freiwilligen Gerichtsbarkeit nicht über Grund und Höhe streitiger materieller Ansprüche von Vormund (Pfleger) und Mündel entscheiden. Hier sind nur die ordentlichen Gerichte nach § 13 GVG zuständig[13]. Der Vormundschaftsrichter darf rechnungsmäßig die dem Mündel in Rechnung gestellten Aufwendungsersatzansprüche prüfen und sachlich erörtern. Wenn dem Richter die Antworten des Vormundes nicht genügen, so kann er unter Androhung von Ordnungsstrafen Aufklärung und Unterlagen verlangen (§ 1837)[14]. Vormund und Pfleger sollen wissen, daß sie entnahmeberechtigt sind und das Entstehen einer Verzinsungspflicht aus § 256 meiden[15]. Die Aufwendungsersatzansprüche aber unterliegen der kurzen zweijährigen Verjährungsfrist des § 196 Ziff. 7 bis 12, 14 bis 17[16].

Sofern der Vormund/Pfleger Auslagenersatz aus der Staatskasse verlangt, muß er seinen formlos zu stellenden Antrag (§ 15 ZuSEG) beim Vormundschaftsgericht und nicht etwa bei dem Gericht, bei dem er für den Mündel tätig wurde, einreichen[17]. Funktionell zuständig für den Ersatz der Auslagen ist der Rechtspfleger gemäß § 3 Nr. 2a RpflG, zumal diese Tätigkeit nicht zu den nach § 14 RpflG ausdrücklich dem Richter vorbehaltenen Vormundschaftssachen gehört[18]. Somit ist für die Aufwendungen, die aus der Staatskasse ersetzt werden sollen, im Gegensatz zu den übrigen, unmittelbar gegen den Mündel zu richtenden Aufwendungsersatzansprüchen das Vormundschaftsgericht und nicht das Pro-

---

10 *KG*, OLGZ 30 S. 151, 152.

11 *KG*, OLGZ 18 S. 298, 299, 300; *OLG Colmar*, 23. 6. 1915, OLGZ 31 S. 416.

12 *OLG Celle*, FamRZ 1961 S. 385, 386.

13 Vgl. *Genius*, Die Risikohaftung des Geschäftsherrn, AcP 173 S. 481 bis 526; *Palandt/Thomas*, BGB Anm. 3 a cc) zu § 670.

14 *KG*, 9. 1. 1914, OLGZ 30. 151, 152.

15 *KG*, 25. 4. 1908, OLGZ 18 S. 298, 299/300.

16 *OLG Celle*, 29. 6. 1960, FamRZ 1961 S. 385, 386.

17 *LG Berlin*, 6. 11. 1972, RPfl 1973 S. 93.

18 *LG Berlin*, 13. 3. 1973, RPfl 1973 S. 169.

zeßgericht sachlich zuständig. Im eigenen Interesse und zur klaren Abgrenzung zum Honoraranspruch gemäß § 1836 sollten Vormund und Pfleger ihre Anträge auf Vergütung klar bezeichnen, damit der Rechtspfleger eindeutig erkennen kann, welcher Anspruch geltend gemacht werden soll. Allerdings muß das Vormundschaftsgericht einerseits dem Vormund Gelegenheit geben, Mängel seines Antrags zu beseitigen und sachdienliche Anträge zu stellen[19]. Der Anspruch auf Auslagenersatz gegen die Staatskasse muß aufgrund der sinngemäßen Anwendung des § 15 Abs. 2 ZuSEG innerhalb von drei Monaten geltend gemacht werden. Die Ausschlußfrist des § 15 Abs. 2 ZuSEG, die weder verlängert werden kann, noch gegen deren Versäumung Wiedereinsetzung in den vorigen Stand möglich ist[20], beginnt mit der Beendigung der Vormundschaft (Pflegschaft) zu laufen, denn die „Zuziehung" im Sinne von § 15 Abs. 2 ZuSEG des Vormundes endet erst dann, wenn das Amt selbst beendigt wurde[21]. § 15 Abs. 2 ZuSEG erklärt die zweijährige Verjährungsfrist des § 196 Abs. 1 Nr. 17 für unberührt. Bei einer langjährigen Vormundschaft ist daher der Vormund gehalten, nicht erst die Beendigung seines Amtes abzuwarten und dann den Anspruch unmittelbar gegen die Staatskasse geltend zu machen, da die zweijährige Verjährungsfrist mit dem Schluß des Jahres, in dem der Anspruch entstanden ist (§§ 198, 201), zu laufen beginnt. Die Verjährung ist auch nicht nach § 204 gehemmt, weil der Anspruch des Vormundes sich gegen die Staatskasse und nicht gegen den Mündel (Pflegling) richtet.

1. Entstehung und Höhe eines Vergütungsanspruchs

Voranzustellen ist, daß Vormund und Pfleger keinen Anspruch auf Vergütung von Gesetzes wegen haben. § 1836, der im Mittelpunkt der folgenden Ausführungen steht, beginnt damit, daß die Vormundschaft unentgeltlich geführt wird. Niemand wird mehr glauben, daß die Tatsache, daß Herr X. Vormund geworden ist, für ihn eine besondere Ehre darstellt oder sein Ansehen in der Gesellschaft hebt. Ein Vormund ist nichts anderes als jeder gesetzliche oder gewählte Vertreter, er ist jemand, der aufgrund unserer demokratischen Grundlagen und Verpflichtungen im staatlichen Gemeinwesen nichts anderes tut, als Vermögen des Mündels zu mehren und Angriffe darauf abzuwehren. Es ist deshalb fraglich, ob es überhaupt noch zeitgemäß und richtig ist, in das heutige Sozialgefüge

---

19 *OLG Frankfurt/M.*, 26. 3. 1974, RPfl. 1974 S. 312, 313.
20 *LG München*, 26. 2. 1973, JurBüro 1973 S. 462.
21 *LG Berlin*, 6. 11. 1972, RPfl 1973 S. 93, 94; *LG München*, Fußnote 20.

paßt, daß Vormund und Pfleger unentgeltlich arbeiten. Die Gerichte haben dies in der Praxis längst erkannt und haben sich in großem Umfang entschieden, Vergütungen festzusetzen. Damit ist allerdings nicht gesagt, daß derjenige, der Vormund oder Pfleger wird, einen Anspruch auf Vergütung hat; dieser entsteht erst, wenn der Richter eine Vergütung festsetzt. Was jetzt Ausnahme ist, sollte in aller Zukunft Regel sein, denn niemand kann verlangen, daß jemand für einen anderen tätig ist, ohne wenigstens billigerweise entlohnt zu werden.

Diese Forderung ließe sich unter Hinweis auf Art. 14 GG begründen, was aber nicht unbedingt richtig sein muß, weil die Tätigkeit des Vormundes nicht unter den Art. 14 GG fällt[22]. Die Zukunft wird lehren, ob diese Anwendung des Grundgesetzes insoweit noch zeitgemäß ist. Ein OLG-Urteil aus dem Jahre 1967[23] zeigt, daß — wenn ein Vormund durch die ihm übertragene Tätigkeit besonders stark in Anspruch genommen ist — der Vergütungsfestsetzung die Ausbildung, Verantwortung und Tätigkeit zugrunde zu legen sind und der Vergütungsanspruch unter Umständen aus einem enteignungsgleichen Eingriff gemäß Art. 14 Abs. 3 Satz 3 GG hergeleitet werden kann. Auch das Bundesverwaltungsgericht[24] räumt ein, daß bei sorgfältiger Tätigkeit des Vermögensverwalters das tatsächliche Vorenthalten einer Vergütung im Einzelfall unbillig erscheinen kann. Die Rechtsprechung bietet deshalb zahlreiche Beispiele für die Notwendigkeit der Zubilligung einer Vergütung durch den Rechtspfleger, insbesondere dann, wenn der Vormund oder der Pfleger deshalb ausgewählt wurden, weil sie aufgrund ihres Berufes besonders geeignet erscheinen. Bestellte Rechtsanwälte haben eine Vergütung zu erhalten, eine Praxis, die sich seit Jahrzehnten bewährt hat[25]. Immer näher rückt die Frage der Notwendigkeit einer Vergütung, wenn man den Beschluß des Bundesverfassungsgerichts vom 26. 6. 1957[26] betrachtet und dort erfährt, daß der zum Vormund bestellte Rechtsanwalt sogar einen Anspruch auf Gebührenvorschuß hat, was letztlich ein Anhaltspunkt dafür ist, daß die Festsetzung einer Vergütung häufig die Regel und nicht die Ausnahme ist. Das Schwierige an der Sache ist jedoch nur, daß es keinen gesetzlichen Anspruch auf eine Vergütung gibt, was schon die Motive zum BGB angedeutet haben[27]. Das Kammergericht

---

22 *BGH*, 27. 2. 1975, NJW 1975 S. 1017, 1018.
23 *OLG Köln*, 31. 7. 1967, NJW 1967 S. 2408, 2409.
24 *OLG Köln*, a.a.O.; *BVerwG*, 14. 12. 1964, BVerwGE 20 S. 113, 115 – 170.
25 *KG*, 22. 1. 1937, JW 1937 S. 74.
26 *BVerfG*, 26. 6. 1957, BVerfGE 7 S. 53, 54.
27 Motive zum BGB 4 S. 182; *KG*, 10. 1. 1908, OLGZ 18 S. 293, 294.

hat recht, wenn es in seinem Beschluß vom 18. 8. 1896[28] meint, das Versagen einer Vergütung würde die Abneigung gegen die Übernahme von Vormundschaften und Pflegschaften fördern[29]. Alles, was mit einem Vergütungsanspruch in Zusammenhang steht, wird der Entscheidung des Gerichts überlassen, d.h. der Richter ist berufen, darüber zu entscheiden, ob Vormund oder Pfleger eine Vergütung zu beanspruchen haben oder nicht und wie hoch diese sein muß[30].

Die Bewilligung der Vergütung ist die Begründung eines Anspruchs gegen den Mündel.

Der Entscheidungsfreiraum, in dem sich der Richter bewegt, basiert auf den Regeln der Freiwilligen Gerichtsbarkeit. Nur eine einschränkende Bemerkung macht der Gesetzgeber in § 1836, wenn er sagt, daß die Bewilligung nur erfolgen soll, wenn das Vermögen des Mündels und Umfang und Bedeutung der vormundschaftlichen Rechtsgeschäfte es rechtfertigen. Was das Gericht an Vergütungen festsetzt, kann es jederzeit ändern; es kann sogar die Vergütung nachträglich entziehen. Immer, wenn eine Vergütung bewilligt, versagt oder bestätigt wird, soll der Vormund gehört werden, und wenn eine Gegenvormundschaft besteht, auch der Gegenvormund. Das bedeutet also, daß es keine Richtsteige gibt, keine Gebührenordnung oder Vergütungsrichtlinien.

Der Beschluß des BayObLG vom 30. 9. 1965[31] ist nicht gesetzesgemäß, denn ein Anspruch auf eine Vergütung besteht nicht, und es gibt für den Vergütungsbetrag auch keine festen Prozentsätze in bezug auf das Vermögen, sondern nur den Grundsatz der Billigkeit. Wenn das OLG Frankfurt/Main in seinem Beschluß vom 10. 2. 1961[32] meint, daß bereits bei der Schaffung des BGB ein Satz von 2 Prozent des Mündelvermögens als Regelfall für die Vergütung vorgesehen war, so ist dies jedenfalls nie Gesetz geworden. Dazu treffend ist auch der Hinweis von Schumann/Geißinger[32a]. Diese Hinweise sind nicht heranziehbar; es bleibt maßgebend nur die Entscheidung des Vormundschaftsrichters nach Recht und Billigkeit.

---

28 *KG*, 18. 8. 1896, KGJ 45, A 61, A 62.

29 *KG*, 7. 12. 1922, OLGZ 43 S. 385.

30 *KG*, 24. 6. 1932, JFG 10 S. 43, 44.

31 *BayObLG*, 30. 9. 1965, BayObLGZ 15 S. 348, 352, JurBüro 1965 S. 1021.

32 *OLG Frankfurt*, 10. 2. 1961, MDR 1961 S. 691 f.

32a *Schumann/Geißinger*, BRAGebO, 2. Aufl. 1974, Anhang zu § 1 Abs. 2 Anm. 76 unter Hinweis auf Randnr. 4, S. 51.

In diesem Zusammenhang ist eine kürzlich ergangene Entscheidung des Bundesverfassungsgerichts von Bedeutung[32b], in der ausgesprochen wird, was eigentlich nie streitig war: Die Vergütungen für Vormundschaften und Pflegschaften seien vollständig zu trennen von dem Anspruch auf Ersatz von Auslagen, und eine Vergütung kann nicht verlangt werden, da die Bestimmungen der §§ 1835 und 1836 vom Verfassungstandpunkt aus zwar zu durchleuchten, aber nicht erfolgreich anzugreifen sind. Das Urteil befaßt sich mit anwaltschaftlicher Tätigkeit, die sich auf zahlreiche (mehrere hundert) Vormundschaften und Pflegschaften bezieht und spricht vom Anwalt als sogenanntem „Berufsvormund"; das Gericht führt in seiner Entscheidung aus, daß Anwaltskanzleien wie die der Anwaltsozietät dieses Verfahrens mit 250 Mündeln und Pfleglingen und ähnlich spezialisierte Kanzleien nach einer vom Bayerischen Staatsministerium der Justiz im Jahre 1976 durchgeführten Umfrage außer in München auch in Frankfurt und Kiel bestehen.

Der Rechtsanwalt, der eine beträchtliche Anzahl von Vormundschafts- bzw. Pflegschaftssachen übernommen hat und sie erfüllt, kann wohl kaum als „anwaltschaftlicher Berufsvormund" bezeichnet werden. Die zu erfüllenden Aufgaben sind allzu vielfältig, so hat der Vormund eines Patentanwaltes andere Aufgaben als ein im Handelsrecht oder Familienrecht tätiger Anwalt. Am Schluß seines Urteils subsummiert das Bundesverfassungsgericht, daß ein Anwalt, der viele Vormundschaften und Pflegschaften hat, auf den Weg zur Kostenerstattung auch gelangt, wenn er sich auf § 1835 II beruft und ihm ein entsprechender Aufwendungsersatz nach dieser Vorschrift zugesprochen wird. Das Gericht verkennt, daß die anwaltschaftlichen Dienstleistungen schwer zu beurteilen und die zu erstattenden Aufwendungen nicht einfach zu berechnen sind. Hat der Rechtsanwalt eine ordentliche Buchhaltung und sind daraus Buchungen ersichtlich, die sich auf Vormundschaften und Pflegschaften beziehen, so läßt sich die Kostenrechnung vielleicht buchhalterisch erledigen. Der Entscheidung vom 1. Juli 1980 ist mit einem hohen Maß an Skepsis zu begegnen; der Gesetzgeber ist aufgerufen, eine Ergänzung der §§ 1836, 1837 BGB, wenn nicht sogar eine Neufassung dieser Vorschriften vorzunehmen. Ohne etwa den Begriff der Billigkeit gegen den der benevolentia auszutauschen, darf man folgende Axiome aufstellen:

- Bedeutung der Vormundschafts- oder Pflegschaftssache,
- Bedeutung der vom Vormund oder Pfleger geführten Geschäfte (z.B. Vermögensumschichtung, Betriebspersonalführung, Organisation, Datenverarbeitung usw.),

---

32b *BVerG*, 1. 7. 1980, BB 1980 S. 1774.

- Wert und Struktur des zu verwaltenden Vermögens,
- Erfolg des Vormundes in personeller, zeitlicher und sachlicher Hinsicht,
- Dauer der Tätigkeit von Vormund und Pfleger,
- Umfang der Haftungsrisiken und der mit der Verwaltung etwa verbundenen sonstigen Gefahren.

Anhand dieser verschiedenen Kriterien sollte der Vormundschaftsrichter sich sein Urteil bilden, seinen Beschluß verkünden und damit einen Vergütungsanspruch zur Entstehung bringen oder versagen.

2. Bewilligungsgrundsätze gem. § 1836 Abs. 1 Satz 3

Die Bewilligung einer Vergütung setzt das Bestehen eines Vermögens voraus, mag dieses nun in Geld, Wertpapierdepots, in Grundbesitz oder in einem Unternehmen bestehen, in Patenten oder Schutzrechten jeder Art, in Lizenzen, Provisionen usw. Das Vermögen kann in Ansprüchen wie in Vergünstigungen bestehen oder in echten Anwartschaftsrechten, selbst wenn es verschuldet oder überschuldet sein sollte[33].

Mit Recht hat das Reichsgericht[33a] betont, daß eine Vermögensverwaltung unter Umständen ein hohes Maß an Verantwortung und Arbeit erfordert, wenn das Mündelvermögen stark verschuldet ist, wenn es verzweigt ist oder wenn die Auseinandersetzung im wesentlichen aus einer Schuldenverwaltung besteht. Das Kammergericht knüpft an das an, was die Motive zum BGB bereits erklärt hatten, daß es nämlich bei der Vergütungsfrage nicht nur nach dem Umfang der Vermögensverwaltung geht, sondern auch auf den Umfang der sonstigen, die Person des Mündels betreffenden vormundschaftlichen Geschäfte ankommt[34]. Irrtümlich wird hier und da angenommen, daß die Bewilligung einer Vergütung voraussetze, daß Vormund und Pfleger auch Mündelvermögen verwaltet haben; dem ist nicht so. Es gibt zahlreiche Fälle, die eine Vergütung aus Billigkeitsgründen zulassen, etwa in den weiten Bereichen der Personenfürsorge, des Verkehrsrechts, der Vorschriften für die Unterbringung, Ausbildung und Ausstattung des Mündels, etwaiger Erbrechte, der Entscheidung über den Unterhalt (zum Beispiel in Form von besonders teurer Umgebung). Es gibt Fälle, in denen Unterhalt und Rentenansprüche außerordentlich hoch sind oder bei denen Minderjährige bedeutende Einkünfte haben, zum Beispiel als Mitglied einer Mu-

33 *KG*, 19. 9. 1913, KGJ 45, A 44, A 46/A 47 = OLGZ 30 S. 153f.
33a *RG*, 14. 11. 1935, RGZ 149 S. 172, 176.
34 Motive 4 S. 1182; *RG*, 2. 5. 1935, RGZ 147, S. 317, 319.

sikband, aus Filmrollen, aus Autorenrechten an Büchern, Musik- und Theaterstücken etc. Die Hervorhebung von kleineren Bezugsquellen eines Mündels, die kein Vormundschaftsrichter dem Vergütungsanspruch zugunsten von Vormund oder Pfleger belasten wird, schließt nicht die Vergütung aus, unter anderem auch dann nicht, wenn der Mündel über erhebliches Vermögen verfügt. Hier sei besonders auf einen Beschluß des Bayer. Obersten Landesgerichts[35] hingewiesen. Die Rechtsprechung ist in all diesen Fällen wenig elastisch, und selbst der Zufluß von Unterhaltsgeldern kann eine Vergütung aus Billigkeitsgründen rechtfertigen, nicht jedoch eine Nacherbschaft, nicht eine Erbanwartschaft aufgrund eines Erbvertrages, dagegen aber gehört zum Beispiel zum Vermögen das Recht eines Mündels am gesamthänderisch gebundenen Anteil bei einer fortgesetzten Gütergemeinschaft gem. § 1483 f. Bezüglich der Vergütung sei auf eine Auswahl von Entscheidungen[36] hingewiesen.

In der modernen Wirtschaft kommt es immer häufiger vor, daß Vormund und Pfleger ein Vermögen verwalten, zu dem ein Geschäft gehört, sei es eine Personalgesellschaft, eine Genossenschaft, eine Aktiengesellschaft, eine Gesellschaft mit beschränkter Haftung, eine Kommanditgesellschaft auf Aktien, ein Verein oder eine bürgerl.-rechtliche Gesellschaft. In allen Fällen kann der Umfang der Tätigkeit für den Vormund und Pfleger umfassend sein, und dem soll der Vormundschaftsrichter in seiner Billigkeitsentscheidung Rechnung tragen. Eine nicht rechtskräftig gewordene Entscheidung des Landgerichts Hamburg[37] befaßt sich mit der Verwaltung einer arbeitenden Firma mit der Folge, daß der Verwalter auch eine unternehmerische Tätigkeit ausübte. In diesem Fall wurde eine Vergütung von 10 Prozent des Reingewinns des verwalteten Unternehmens für gerechtfertigt erklärt.

3. Vertragliche Abreden zwischen Vormund, Pfleger und Mündel über die Vergütung

Mündel, Pfleger und Vormund können über die Vergütung vertragliche Vereinbarungen treffen, die die Kompetenz des Vormundschaftsrichters nicht berühren, d.h. der Vormundschaftsrichter muß die Vereinbarung

35 *BayObLG*, 15.9. 1959, NJW 1960 S. 101 f.

36 *RG*, 2. 5. 1935, RGZ 147 S. 317, 320; *KG*, 25. 3. 1927, JR 1927 S. 712, 713; *LG Braunschweig*, 27. 8. 1963, MDR 1964 S. 57, 58; *KG*, 19. 11. 1915, OLGZ 33 S. 372, 373; *BayObLG*, 28. 1. 1952, BayObLGZ 1952 S. 289 f. = JZ 53 S. 242 f.; *KG*, 29. 10. 1937, JW 1937 S. 3159.

37 *LG Hamburg*, 27. 3. 1958, MDR 1959 S. 761.

nicht unbedingt beachten. Er kann sie als Markierung ansehen; die Vergütung stellt vielmehr eine Billigkeitsleistung für im Interesse des Mündels aufgewandte Mühewaltung und Zeitversäumnis dar. Der Vormundschaftsrichter wird immer das Schutzbedürfnis des Mündels im Auge haben müssen, und sein Beschluß bringt nichts anderes als eine rechtsgestaltende Vorentscheidung und ist auch nicht vollstreckbar. Beschreitet der Vermögensinhaber den Prozeßweg, so ist der Prozeßrichter im Streitfall zunächst an den Beschluß des Vormundschaftsrichters gebunden, und dem Prozeßrichter bleibt es überlassen, alle diejenigen Umstände zu berücksichtigen, welche nach sachlichem Recht maßgebend sind und gegebenenfalls den Vermögensinhaber zur Verweigerung der Vergütungsleistung berechtigen. Darüber hat das Kammergericht[38] am 20. 5. 1957 in Anlehnung an verschiedene Nachweise[39] befunden. Wenn damit klargestellt ist, was der Vormundschaftsrichter tun darf und wie weit er gehen kann, so wird zugleich deutlich, daß aus der bloßen Nichtaufnahme der Vergütung in die Schlußrechnung nicht auf die Absicht eines Verzichts auf die Vergütung geschlossen werden kann[40].

Theoretisch könnte der Vormundschaftsrichter dann auch einen Vergütungsbeschluß erlassen, obwohl der Vormund bereits verzichtet hat oder erklärt hat, keine Vergütung haben zu wollen[41].

4. Vergütungsanspruch von Vormund und Pfleger bei fehlerhafter Bestellung

Pfleger und Vormund können auch eine Vergütung verlangen, wenn die Anordnung einer Vormundschaft oder Pflegschaft fehlerhaft war, denn die Bestellung ist eine rechtsbegründende Handlung der staatlichen Gewalt. Die Bestellung zum Vormund oder Pfleger bedeutet ein Vertrauensverhältnis zwischen dem Vormundschaftsrichter und dem von ihm bestellten Vertreter. Dritte dürfen sich auf die Gültigkeit der Anordnung verlassen, und nur, wenn der Bestallungsakt unter einem besonders schwerwiegenden Fehler leidet, ist die Bestellung zum Vormund nichtig und ohne Rechtswirkung[42].

---

38 *KG*, 20. 5. 1957, NJW 1957 S. 1441.

39 U. a. *Möhring*, Vermögensverwaltung in Vormundschafts- und Nachlaßsachen, 4. Aufl., S. 265.

40 *BayObLG*, 13. 2. 1914, BayObLGZ 15 S. 107, 110.

41 *BayObLG*, 3. 4. 1951, BayObLGZ 1948 bis 1951 s. 346, 350f.; *KG*, 23. 4. 1913, KGJ A 45, A 52 bis A 54.

42 *RG*, 26. 1. 1914, RGZ 84 S. 92, 95.

5. Die Vergütung des Gegenvormundes

In bezug auf den Auslagenersatz gibt es zwischen Vormund und Gegenvormund keinen Unterschied, bei der Vergütung gibt es jedoch eine erhebliche Größendifferenz.

Dem Gegenvormund steht nach § 1792 kein Anspruch auf eine Vergütung zu. Das Gericht ist aber berechtigt und in der Lage, den Gegenvormund nach Arbeitsumfang, Verantwortung und Schwierigkeit, soweit er Erfolg hat, für die Erfüllung seiner Kontrollaufgaben mit einer Vergütung zu belohnen (§ 1836 Abs. 1 Satz 2). Wenn das Gericht zugunsten des Gegenvormunds eine Vergütung festsetzen will, so muß es dazu eine besondere Veranlassung haben und diese Entscheidung besonders begründen. Denn wenn man schon für den Vormund eine überdurchschnittliche, verantwortungsvolle und schwierige Tätigkeit als Voraussetzung für eine Vergütung fordert, so können nur außergewöhnliche Umstände die Festsetzung einer Vergütung für den Gegenvormund veranlassen[42a]. Die Bestellung von Rechtsanwälten zum Gegenvormund aufgrund von § 1792 gehört zu den Seltenheiten.

In einem Beschluß vom 11. 3. 1975[42b] hat das Bayerische Oberste Landesgericht mit Recht darauf hingewiesen, daß bei der Festsetzung der Vergütung für einen Gegenvormund strengere Maßstäbe anzusetzen sind und modifiziert eintreten müssen gegenüber der Vergütung eines Vormundes. Die umfangreiche in der Entscheidung zitierte Literatur wird der Praxis nicht gerecht. Schon früher hat das OLG Hamm[42c] darauf hingewiesen, daß für den Gegenvormund und auch für den Gegenpfleger eine Vergütung festgesetzt werden kann, für die aber allein der Schwierigkeitsgrad der pflegerischen Tätigkeit, das Maß der Verantwortung des Pflegers, der von ihm erzielte Erfolg sowie die Größe des Vermögens maßgebend sind. All diese Grundsätze sind in der Rechtsprechung wiederholt anerkannt worden, aber sie verkennen folgendes:

Entschließt sich ein Gericht, einen Gegenvormund zu bestellen, oder sieht es im Fall des § 1915 die Bestellung eines Gegenpflegers für erforderlich an, so hat das einen ganz bestimmten Grund. Es kann sich dabei nur um verwickelte Vermögensverhältnisse und große Vermögen handeln oder um Abwicklungen, die besonders schwierig sind. Dem Gegenvormund grundsätzlich jede Vergütung abzusprechen, ist sicher falsch.

42a *KG*, 18. 6. 1937, DFG 1937 S. 145.
42b *BayObLG*, 11. 3. 1975, Rpfleger 1975 S. 222.
42c *OLG Hamm*, 22. 3. 1971, Rpfleger 1971 S. 218.

In der früheren Auflage dieses Buches wurde vorgeschlagen, die vom Gericht festgesetzte Vergütung für Vormund und Pfleger auf die Höhe von 1/3 der Vergütung des Gegenvormunds zu beschränken. Das ist in der Literatur angegriffen worden und auch sicherlich zu Recht. Der Richter selbst muß prüfen und entscheiden, und da er entsprechende Vormundschaftssachen kennt, weiß er auch, welche Kontrollpflichten der Gegenvormund hat, ob es richtig und erfolgreich war, ihn zu bestellen, und gemäß diesen Erwägungen kann er dann die Vergütung bestimmen. Hierzu sei noch erwähnt, daß für die Vergütung des Gegenvormunds Aufsichtsratsbezüge von Industrie- und Handelsfirmen nicht maßgebend sein können. Die Aufgaben der Aufsichtsräte sind völlig anders und verlangen ein außerordentliches Wissen allgemeinwirtschaftlicher Art und sind bezogen auf den Industrie- oder Handelszweig, bei dem der Betreffende Aufsichtsratsmitglied ist. Wenn z.B. der durchschnittliche Aufsichtsratsbezug bei der Deutschen Bank pro Kopf im Jahr 1978 nach der Tabelle der Frankfurter Allgemeinen Zeitung[108] 6270,— DM betragen hat, so ist das ein Vielfaches der Summe, die dem Entgelt für einen Gegenvormund zugrunde gelegt werden darf. Der zur Vergütung gestellte Erfahrungsstand des betreffenden Aufsichtsratsmitgliedes und seine Tätigkeit sind umfassender, verantwortungsvoller.

6. Die Vergütung des Beistandes

Der Beistand hat gemäß § 1685 festumrissene Aufgaben. Handelt es sich um ein gestörtes und umfangreiches Vermögen, so ist schon seine Tätigkeit zur Aufnahme des Vermögensverzeichnisses eine nicht geringe Leistung. Wenn ein Beistand gerade mit Rücksicht darauf, daß nach neuerem Recht seine Aufgaben wiederbelebt und angereichert worden sind, tätig ist und auch Erfolg hat, ist nicht einzusehen, weshalb ihm das Vormundschaftsgericht keine Vergütung zusprechen sollte.

Schon in einer älteren Entscheidung aus dem Jahre 1907[42d] erkennt das Kammergericht dem auf Antrag der Mutter vom Vormundschaftsgericht bestellten Beistand, dem die Vermögensverwaltung ganz oder teilweise übertragen worden war, eine Vergütung zu. Deutlicher drückt sich das OLG Celle[43] aus, indem es den Vergütungsanspruch des Beistandes als gegen den Mündel gerichtet bezeichnet. Etwas Verwirrung bringt

---

42d *KG*, 27. 3. 1907, KGJ 34, A 39; vgl. dazu auch *Planck*, BGB-Kommentar, Anm. 2 a zu § 1693.

43 *OLG Celle*, 29. 6. 1960, NJW 1961 S. 77.

dieser Beschluß, weil er auf § 1835 verweist, wo die Vergütung über den Ersatz von Auslagen erwähnt wird. Das kann aber im Resultat nicht schaden, denn hier hatte der Beistand eine Bilanz zu prüfen, die von den Erträgnissen des Mündelvermögens handelte und die bei der Höhe der in Rede stehenden Bilanzwerte nur gewährleistet sein konnten, wenn die Bilanz richtig und verantwortungsvoll aufgestellt war.

7. Verfahrensrechtliche Fragen der Vergütungs- und Auslagenansprüche

Wie bereits erwähnt, sind Vormund und Pfleger gehalten, die ihnen zustehenden Ansprüche vor verschiedenen Gerichten mit unterschiedlichen Verfahrensordnungen geltend zu machen. Sofern der Vormundschaftsrichter eine Vergütung gemäß § 1836 bewilligt hat, ist diese Entscheidung über die Vergütung aufgrund der tatsächlichen Wirkung von hoheitlichen Akten auch für den Prozeßrichter in einem sich eventuell anschließenden Zivilprozeß bindend[44]. Der nicht mehr angreifbare Beschluß des Vormundschaftsgerichts über eine Vergütung beendet das Verfahren über die Vergütung und hat wiederum Auswirkungen für einen sich anschließenden Rechtsstreit vor dem Zivilgericht[45]. In einigen Fällen wird es richtig sein, daß das Prozeßgericht die Beendigung des Verfahrens der Freiwilligen Gerichtsbarkeit abwartet und den anhängigen Rechtsstreit zunächst gemäß § 148 ZPO aussetzt. Wie auch immer im Zivilprozeß entschieden wird, stets kann das Vormundschaftsgericht seine eigene Entscheidung noch abändern und damit dem Prozeßgericht und dessen Urteil den Boden entziehen. Es bleibt die Möglichkeit der Klage aus § 767 ZPO[46]. Da aber für den Aufwendungsersatzanspruch nur der Rechtsweg zu den Zivilgerichten gegeben ist und das Vormundschaftsgericht über den Aufwendungsersatzanspruch gemäß § 1835 Abs. 1 und 2 nicht zu entscheiden hat, kann daher verwiesen werden.

Bei Geltendmachung des Anspruchs aus § 1835 Abs. 3 auf Entschädigung gegen die Staatskasse ist dagegen keine Verweisung möglich, da das Vormundschaftsgericht auch über die Vorfrage der Mittellosigkeit des Mündels entscheidet.

8. Beschwerdeverfahren gegen den Vergütungsbeschluß

Da der Rechtspfleger gemäß § 3 Nr. 2a RPflG für den Erlaß des Vergütungsbeschlusses allein zuständig ist, ist gegen diesen Beschluß der

---

44 *RG*, 17. 1. 1930, RGZ 127 S. 103 (106, 107).
45 *BGH*, 9. 5. 1963, FamRZ 1963 S. 356, 357.
46 *OLG Hamburg*, 3. 7. 1916, JW 1916 S. 1550.

Rechtsbehelf der Erinnerung gemäß § 11 RPflG gegeben. Sofern der Rechtspfleger der Erinnerung nicht abhilft, muß der Vormundschaftsrichter jedoch über die Erinnerung entscheiden. Für den Fall, daß der Vormundschaftsrichter die Erinnerung als nicht zulässig oder nicht begründet erachtet, legt er sie dem zuständigen Rechtsmittelgericht vor, wobei die Erinnerung in diesem Fall als Beschwerde zu betrachten ist (vgl. § 11 Abs. 2 Satz 5 RPflG). Die Entscheidung des Vormundschaftsgerichts ist keine Entscheidung über den Kostenpunkt im Sinne der Beschwerdewertgrenze gemäß § 20a Abs. 2 FGG[47].

Gegen den Vergütungsbeschluß steht nicht nur dem Vormund, sondern auch dem Mündel der Beschwerdeweg offen gemäß § 59 Abs. 1 FGG[48]. Ausgeschlossen ist jedoch die Beschwerdemöglichkeit für den Mündel, wenn es sich um eine Entscheidung handelt, die ausschließlich die Vermögensverwaltung betrifft[49].

II. Nachlaßpflegschaft

1. Kosten der Nachlaßpflegschaft

Die Nachlaßpflegschaft, die für unbekannte Beteiligte angeordnet wird, hat keinen bekannten Vermögensträger. Deshalb ist es nicht möglich, schon denjenigen zu benennen, der für die Vergütung und die Aufwendungen aufkommt. Die Vergütung entsteht auch für den Nachlaßpfleger erst dann, wenn das Nachlaßgericht sie festgesetzt hat oder wenn die Erben inzwischen bekannt geworden sind und sich mit dem Nachlaßpfleger auf eine Vergütung geeinigt haben und die Vergütungshöhe nicht etwa durch Dritte mit Hilfe des Nachlaßgerichts unterlaufen wird.

2. Aufwendungsersatzanspruch des Nachlaßpflegers

Der Nachlaßpfleger hat Anspruch auf Aufwendungsersatz nach den für den Auftrag geltenden Vorschriften der §§ 669, 670. Dieser Anspruch hat mit einer Vergütung nichts zu tun und ist notfalls im Prozeßwege gegen den Mündel, den Erben oder den Fiskus zu verfolgen. Diese Auf-

---

47 *BGH*, 26. 5. 1954, Rpfleger 1954 S. 508, 512 mit zustimmender Anmerkung von *Keidel*; vgl. auch *Bumiller/Winkler*, FG, 3. Aufl. 1979 Anm. 7 b zu § 57.

48 *KG*, 19. 3. 1937, DFG 1937 S. 85f.

49 *Keidel/Winkler*, FG, 11. Aufl. 1978; vgl. jedoch auch *BayObLG*, 16. 7. 1930, BayObLGZ 30 S. 273.

wendungen erscheinen jedoch bei der Rechnungsabnahme gemäß § 1892 Abs. 2[50].

Selbstverständlich kann der Nachlaßpfleger, wenn er Rechtsanwalt ist, seine Gebühren fordern und als Teil der Prozeßkosten festsetzen lassen[51].

In Nachlässen, ob sie unter Pflegschaft stehen oder unter Nachlaßverwaltung von einem Testamentsvollstrecker verwaltet werden sowie bei Vermögensverwaltungen sind nicht selten Einfamilien- oder Mehrfamilienhäuser enthalten. Es gibt Miethäuser, Villen und sogar Schlösser unter den Vermögenswerten. Wenn es sich um eine Nachlaßpflegschaft handelt, hat der Nachlaßpfleger oft Gebäude, Grundstücke und landwirtschaftlichen Besitz zu verwalten. Insoweit übt ein Nachlaßpfleger eine globale Tätigkeit aus, und man darf seine Arbeit nicht in Hausverwaltungen und anderweitige Verwaltungsmaßnahmen trennen. Häufiger kommt es vor, daß die Verwalter Anwälte oder Geschäftsführer sind, die gleichzeitig eine Hausverwalterentlohnung verlangen, wenn zum Nachlaß beispielsweise ein Mietgrundstück gehört. Eine solche Forderung, mithin die Trennung der Verwaltungsmaßnahmen, ist unrichtig. Der Nachlaßpfleger, der Grundstücke und Gebäude verwaltet, ist kein gewerblicher Hausverwalter. Er hat den gesamten Nachlaß zu verwalten und ist gehalten, u.a. den steuerlichen Pflichten nachzukommen.

Geht die Hausverwaltertätigkeit über einen angemessenen Rahmen hinaus, und kann der Nachlaßpfleger sie nicht alleine durchführen, so ist er berechtigt, Aufträge an Hausverwaltungen zu vergeben. Durch diese Tätigkeiten ändert sich nicht etwa die Konstituierungsgebühr, die zum Beispiel einem Testamentsvollstrecker zusteht, oder die Vergütung, die das Nachlaßgericht für den Pfleger in Aussicht genommen hat. Es ändert sich allerdings die Höhe der reinen Verwaltungsgebühren für Testamentsvollstrecker, Nachlaßpfleger, Nachlaßverwalter usw. deshalb, weil eine solche Weitergabe der Pflichten zwar nicht die Verantwortung des Pflegers mindert, aber zu Auslagen führt, die der Pfleger nach § 1835 Abs. 2 ersetzt verlangen darf. In diesem Zusammenhang darf auf zwei Entscheidungen des Kammergerichts verwiesen werden[52].

Folgende Beispiele sollen das Gesagte verdeutlichen:

---

50 *KG*, 4. 1. 1905, OLGZ 16 S. 28f.

51 *KG*, 19. 6. 1937, JW 1937 S. 2244f.

52 *KG*, 1. 2. 1960, MDR 1960 S. 673f.; *KG*, 16.5.1960, MDR 1960 S. 843f.

1. Ein Nachlaßpfleger, der ein geringes Mietaufkommen aus Mieten einnimmt, darf deshalb nicht neben seiner Vergütung noch Aufwendungsersatz fordern.

2. Verlangt ein Nachlaßpfleger für die Verwaltung von Hausgrundstücken einen besonderen Aufwendungsersatz, so wird ihn der Nachlaßrichter regelmäßig auf den Vergütungsanspruch verweisen, der in seiner Berechnung und Entstehung auch eine hausverwaltende Tätigkeit des Nachlaßpflegers berücksichtigt.

3. In dem seltenen Fall, daß eine Nachlaßpflegschaft für einen Erblasser angeordnet wird, der als Bauunternehmer, Makler oder in Ausübung ähnlicher Berufe bebauten oder unbebauten Grundbesitz hinterläßt, wird man, wenn es zur Nachlaßpflegschaft kommt, nie damit rechnen müssen, daß anstelle eines allgemeinen Vergütungsanspruchs ein aufgeteilter Anspruch für Hausverwaltungen und Grundbesitzverwaltungen entsteht. Bei der Erörterung des Vergütungsanspruchs des Testamentsvollstreckers wird darauf nochmals zurückzukommen sein.

Das Kammergericht sieht keinen Grund, die Hausverwaltertätigkeit von Rechtsanwälten in diesem Zusammenhang zu fordern. Wenn sich bei der Verwaltung von bewohnten oder unbewohnten Gebäuden oder von Grundstücken Rechtsfragen ergeben, soll sich zunächst der Nachlaßpfleger damit befassen und nur, wenn sie schwierig sind, einen Rechtsanwalt hinzuziehen, der er ggfs. auch selbst sein kann. Dann besteht die Möglichkeit, nach den Sätzen der Bundesrechtsanwaltsgebührenordnung Aufwendungsersatz zu verlangen. Dies ergibt sich schon daraus, daß die allgemeine Hausverwaltung in der Regel billiger ist als die Tätigkeit von Rechtsanwälten. Die Nachlaßpflegschaft soll auch insoweit keine Pfründe sein.

Auch dem Nachlaßpfleger steht ein Entschädigungsanspruch gegen die Staatskasse gemäß § 1835 Abs. 3 zu. Der Nachlaßpfleger kann diesen Betrag dem Nachlaß entnehmen, soweit dieser ausreicht, sonst hat er sich an den Erben oder an den anstelle des Erben getretenen Fiskus zu halten, jedoch immer nur dann, wenn der Nachlaß mittellos ist[53, 54].

---

53 *Palandt/Keidel*, BGB, Anm. 5 C d zu § 1960.

54 *LG Berlin*, 30. 9. 1975, Rpfleger 1975 S. 435: „Die Eigenart der Nachlaßpflegschaft besteht nun allerdings darin, daß sie einen **Nachlaß** betrifft und der Pflegling regelmäßig unbekannt ist. Von einem unbekannten Pflegling läßt sich jedoch nicht feststellen, ob er mittellos ist. Die sinngemäße Anwendung der Vormundschaftsvorschriften muß daher nach Auffassung der Kammer dazu führen, daß bei der Frage, ob die Voraussetzungen des § 1835 Abs. 3 Satz 1 BGB erfüllt sind, die Vermögenslage des Nachlasses

Niemals muß sich der Nachlaßpfleger auf den Vergütungsanspruch seinen Aufwendungsersatzanspruch anrechnen lassen[55]. Nur nebenbei sei erwähnt, daß zu dem Aufwendungsersatzanspruch für den Nachlaßpfleger auch seine eigenen belegbaren Bürounkosten gehören und daß ihm wohl eine Unkostenpauschale nach Artikel 1 des Gesetzes über die Entschädigung von Zeugen und Sachverständigen vom 22. 11. 1976[56], § 8 Abs. 2 zu zahlen ist.

3. Festsetzung einer Vergütung für den Nachlaßpfleger

Das Nachlaßgericht darf und soll dem Nachlaßpfleger eine Vergütung festsetzen, wenn dies der Billigkeit entspricht. Maßgebend ist § 1836. Die Entscheidung des Kammergerichts vom 2. 3. 1908[57] ergibt, daß die Festsetzung einer Vergütung dann unterbleiben kann, wenn Erbe und Nachlaßpfleger sich über die Höhe und Fälligkeit der Vergütung geeinigt haben; dann entsteht ein vertragsmäßiger Anspruch des Nachlaßpflegers.

Zu ergänzen ist nur, daß ebenso wie bei vorvertraglichen Abreden zwischen Vormund und Mündel das Nachlaßgericht durch eine solche Abrede nicht gebunden ist, also eine abweichende Entscheidung treffen kann. Aus der Praxis ist jedoch bekannt, daß es alle Parteien begrüßen, wenn es zu einer solchen Vereinbarung kommt. Die Vergütung soll immer dann festgesetzt werden, wenn Vermögen im Nachlaß enthalten ist. Ihre Höhe soll das Schutzbedürfnis der Erben und die Verantwortung des Nachlaßpflegers berücksichtigen. Dabei kann das Nachlaßgericht nicht nur darauf abstellen, was der Nachlaßpfleger an Arbeit beigetra-

---

zugrunde zu legen ist. Es gelten hier dieselben Erwägungen, die bei der Bewilligung des Armenrechts von einem Nachlaßpfleger zu führenden Rechtsstreit zu berücksichtigen sind. Hier wird allgemein die Auffassung vertreten, daß bei der Prüfung der Armut ausnahmsweise nicht auf die Vermögenslage der unbekannten Erben, die noch nicht feststehen, sondern auf die Nachlaßmasse abzustellen ist [es folgen Nachweise]. Andernfalls würde der Nachlaßpfleger, der kein Aktivvermögen verwaltet, regelmäßig wegen seiner persönlichen Aufwendungen leer ausgehen, weil die festzustellenden Erben, letztlich der Fiskus (§ 1936 BGB), die Haftung für die Nachlaßverbindlichkeiten, zu denen die Pflegschaftsunkosten gehören, beschränken können. Außerdem würde häufig die Einhaltung der 3-Monats-Ausschlußfrist des § 15 Abs. 2 ZuSEG in Verbindung mit § 1835 Abs. 3 Satz 2 BGB (vgl. hierzu LG Berlin, RPfleger 1973, 92) auf erhebliche Schwierigkeiten stoßen."

55 *LG München*, 10. 6. 1958, JurBüro 1959 S. 25, 27; *KG*, JW 1938 S. 3116.

56 BGBl. I 1976 S. 3221.

57 *KG*, 2. 3. 1908, OLGZ 18 S. 294f.

gen hat, sondern es hat auch zu berücksichtigen, daß der Nachlaßpfleger gegebenenfalls ein Büro hat, wo er die Nachlaßpflegschaft führt und daß er dieses Büro zur Verfügung stellt, um wirkungsvoller tätig sein zu können. Daß die Vergütung auch den aktiven Nachlaß berücksichtigt und nicht nur das Netto-Nachlaßvermögen, ist selbstverständlich. Die Hinzuziehung von Gebührenordnungen (auch zu Vergleichszwecken) soll möglichst unterbleiben. Der Nachlaßpfleger ist weder Konkursverwalter noch Vermögensverwalter noch Testamentsvollstrecker. Was sich bei letzteren Ämtern an Vergütungssätzen und Regelwerten herausgebildet hat, ist nicht ohne weiteres übertragbar. Vergütungsvorschriften sind nicht gegeben, und gerade bei der Nachlaßpflegschaft hat das Gericht seinen eigenen Spielraum im freien Ermessen, wie es auch in der Regel nicht fordern soll, daß ein Nachlaßpfleger unentgeltlich tätig ist[58,59]. Auf die Ausführungen zum Vergütungsanspruch von Vormund und Pfleger sei ausdrücklich verwiesen[60].

Wenn eine Vergütung vom Gericht festgesetzt wird, so setzt diese nur eine wirksame Bestellung voraus, d.h. die Voraussetzungen für die Anordnung der Pflegschaft nach § 1909ff. müssen vorgelegen haben.

Der gegen die Bewilligung einer Vergütung erhobene Einwand mangelhafter Geschäftsführung ist grundsätzlich unbeachtlich. Er ist nur bedeutsam, wenn der Pfleger dem Nachlaß vorsätzlich geschadet hat durch untreues Verhalten oder durch besondere Torheit. Ansprüche aus solchen Fehlhandlungen des Nachlaßpflegers sind im Wege ordentlicher Prozesse zu verfolgen.

Befindet sich ein Teil des vom Nachlaßpfleger betreuten Nachlasses im Ausland, so kann, wenn die Zuständigkeit eines deutschen Nachlaßgerichts bejaht wird, eine den Teilnachlaß umfassende Vergütung festgesetzt werden[61]. Das deutsche Nachlaßgericht darf aber nicht eine Nachlaßpflegschaft für ein in der Schweiz belegenes Vermögen eines deutschen Erblassers anordnen. Die Vergütung kann in einer Art Annexkompetenz durch das deutsche Nachlaßgericht berechnet und festgestellt werden[62].

---

58 *LG Darmstadt*, 14. 11. 1967, Rpfleger 1968 S. 119f.
59 *KG*, 16. 4. 1908, OLGZ 18 S. 297f.
60 Vgl. S. 243ff.
61 *KG*, 8. 12. 1921, KGJ 53 S. 77.
62 *KG*, 8. 12. 1921, vorherige Fußnote.

4. Verfahren in bezug auf Auslagen- und Vergütungsansprüche des Nachlaßpflegers

Die Festsetzung der Vergütung erfolgt nach freiem Ermessen und in freier Entscheidungsbefugnis des Nachlaßrichters. Das Verfahren richtet sich nach den Vorschriften der freiwilligen Gerichtsbarkeit. Dies gilt jedoch nicht für Aufwendungsersatzansprüche, die der Nachlaßpfleger geltend macht. Diese sind im streitigen Verfahren vor ordentlichen Gerichten einzuklagen[63]. Der Nachlaßpfleger kann für seine notwendigen Aufwendungen einen Vorschuß aus dem Nachlaßvermögen entnehmen oder — wenn er dies nicht getan hat — sich nachträglich aus diesem Vermögen befriedigen[64].

Mit seinem Vergütungsanspruch verläßt der Nachlaßpfleger nicht den Raum der Freiwilligen Gerichtsbarkeit. Die Vergütung ist vom Nachlaßgericht festzusetzen[65,66]. Wie weit ein Prozeßgericht an die Feststellung des Nachlaßgerichts gebunden ist, zeigt in nicht völliger Klarheit das Urteil des Reichsgerichts vom 17. 1. 1930[67].

Wenn für einen in Deutschland belegenen Nachlaß eines Ausländers zum Zwecke der vorläufigen Sicherung eine Nachlaßpflegschaft angeordnet wird, so beinhaltet die Sicherungsbefugnis zugleich auch die Kompetenz des Nachlaßgerichts für die Festsetzung einer Vergütung für einen in der Bundesrepublik Deutschland tätigen Nachlaßpfleger. Es entsteht eine Nachlaßkostenschuld[68,69]. Eine solche Nachlaßpflegschaft ist für einen im Inland befindlichen Nachlaß eines nach ausländischem Recht beerbten Erblassers zulässig und das Nachlaßgericht darf einen Pfleger bestellen[70]. Das Nachlaßgericht darf eine bereits festgesetzte Vergütung jederzeit ändern, solange über die Vorschußanordnung im Rechtsmittelverfahren nicht entschieden worden ist[71].

Ein Vergütungsbeschluß zugunsten des Nachlaßpflegers ist mit der Beschwerde anfechtbar. Das Beschwerderecht haben nicht nur der Nach-

---

63 *OLG Köln*, 13. 7. 1967, NJW 1967 S. 2408f.
64 *KG*, 20. 5. 1957, NJW 1957 S. 1441.
65 *RG*, 13. 5. 1909, RGZ 71 S. 162, 169.
66 *OLG München*, 28. 1. 1965, NJW 1965 S. 1026 mit zu Recht ablehnender Anmerkung von *Haenecke*, NJW 1965 S. 1814f.
67 *RG*, 17. 1. 1930, RGZ 127 S. 103 bis 110 = Recht 1930 Nr. 579.
68 *Brox*, Erbrecht, 5. Aufl., Randnummer 627.
69 *OLG Hamburg*, 14. 12. 1959, NJW 1960 S. 1207.
70 *Palandt/Keidel*, BGB, Anm. 5 A zu § 1960; *Palandt/Heldrich*, BGB, Anm. 3 zu Art. 25 EGBGB.
71 *BayObLG*, 7. 6. 1974, BayObLGZ 1974 S. 260 bis 263 = RPfleger 1974 S. 313.

laßpfleger und der Erbe, sondern auch der Erbschaftskäufer und schließlich sogar die Nachlaßgläubiger, diese jedoch aus § 20 Abs. 1 FGG[72]. Unbeantwortet ist noch die Frage, ob — wenn der Nachlaßpfleger selber Beschwerde eingelegt hat — das Beschwerdegericht die Vergütung zu seinem Nachteil herabsetzen oder ganz versagen darf.

Dem Erbschaftskäufer steht derjenige gleich, der aufgrund einer vertraglichen Abrede mit dem Nachlaßpfleger sämtliche Kosten der Nachlaßpflegschaft übernommen hat[73]. Es macht keinen Unterschied, ob die Haftung für die Kosten der Nachlaßpflegschaft einschließlich der Nachlaßvergütung auf Gesetz oder auf Vertrag beruht. Der Vergütungsbeschluß des Nachlaßgerichts berührt nicht lediglich wirtschaftliche Interessen des Vertragspartners — eine solche Beeinträchtigung würde kein Beschwerderecht gemäß § 20 FGG geben[74] — vielmehr konkretisiert der Beschluß des Nachlaßgerichts die Leistungspflicht, so daß unmittelbar auf eine bestehende Rechtsposition eingewirkt wird. Als weiteres Rechtsmittel neben der einfachen Beschwerde gemäß §§ 19, 20 FGG steht als weiteres Rechtsmittel die weitere Beschwerde gem. § 27 FGG offen. Da im Verfahren der weiteren Beschwerde nur die Rechtmäßigkeit der getroffenen Entscheidung, nicht aber mehr die tatsächlichen Grundlagen, auf denen die angegriffene Entscheidung beruht, überprüft wird, ist die in das freie richterliche Ermessen gestellte Frage der Höhe der Vergütung im Verfahren der weiteren Beschwerde nur beschränkt überprüfbar[75].

Das Gesetz über die Angelegenheiten der Freiwilligen Gerichtsbarkeit enthält kein Verbot der reformatio in peius[76]. Der Bundesgerichtshof differenziert, ob das betreffende FGG-Verfahren im öffentlichen Interesse durchgeführt wurde oder ob es mehr privaten Interessen gedient hat[77,78]. Selbstverständlich ist dem Nachlaßpfleger auch entsprechend dem Plenarbeschluß des Preußischen Geheimen Ober-Tribunals ein

---

72 *OLG Hamburg*, 27. 9. 1909, OLGZ 21 S. 297; *BayObLG*, 3. 4. 1951, BayObLGZ 1948 bis 1951 S. 346, 348; *KG*, 10. 6. 1920, KGJ 52, A. 60, A 61; *OLG Hamburg*, 30. 7. 1906, OLGZ 14 S. 264; *OLG Hamburg*, 16. 11. 1906, OLGZ 14 S. 265; *BayObLG*, 11. 3. 1958, BayObLGZ 1958 S. 74, 75 = RPfleger 1958 S. 185.

73 *KG*, 25. 5. 1939, JFG 20 S. 89, 91 für den Nachlaßverwalter.

74 *Jansen*, FGG, 2. Aufl. 1969, Randnummer 4 zu § 20.

75 *BayObLG*, 22. 9. 1913, BayObLGZ 14 S. 445, 447.

76 *Keidel/Kuntze/Winkler*, FGG 11. Aufl., Randnummer 90 zu § 19.

77 *BGH*, 27. 1. 1953, Rpfleger 1953 S. 237.

78 *Zimmermann*, Verbot der reformatio in peius in der Freiwilligen Gerichtsbarkeit, RPfleger 1959 S. 251; *OLG München*, 20. 7. 1936, DFG 1936 S. 234.

rechtliches Gehör zuzuerkennen, und zwar gerade dann, wenn die Beschwerde von ihm selbst ausgeht[79,80].

III. Nachlaßverwalter

1. Der Vergütungsanspruch des Nachlaßverwalters

Der Nachlaßverwalter ist zwar auch nur ein Nachlaßpfleger, auf den die Vorschriften über die Nachlaßpflegschaft Anwendung finden, er hat aber als einziger unter den Pflegern das Primat, einen echten Vergütungsanspruch zu besitzen. Das hat seinen Grund darin, daß seine Tätigkeit öffentlichen Interessen dient, d.h. der Gläubigerbefriedigung und der Nachlaßbereinigung. Dies ergibt sich allein aus § 1981 Abs. 3, der ihm keine Übernahmeverpflichtungen (§ 1785) aufbürdet und ihn damit in die Nähe des Testamentsvollstreckers rückt. § 1987 statuiert den Grundsatz der Vergütungspflicht, schränkt ihn aber zugleich dem Umfang nach ein („angemessene Vergütung“).

Der Nachlaßverwalter ist häufig in einer risikoreichen Situation. Schon nach § 1980 hat der Erbe, sowie er von der Überschuldung des Nachlasses Kenntnis erlangt hat, unverzüglich die Eröffnung des Konkursverfahrens oder, sofern nach § 113 VglO dies zulässig ist, die Eröffnung des gerichtlichen Vergleichsverfahrens über den Nachlaß zu beantragen. Diese Verpflichtung hat aber auch der Nachlaßverwalter. Er muß daher im Rahmen seiner Tätigkeit und in dem Augenblick, in dem er erfährt, daß der Nachlaß überschuldet ist, den Konkurs- oder Vergleichsrichter anrufen. Es gibt viele Nachlaßverwaltungen, die deshalb vorzeitig enden. Ein vorzeitiges Ende ist aber auch für die Bemessung des Vergütungsanspruchs des Nachlaßverwalters von Bedeutung. Er muß bei der Abwägung der Frage, ob er Konkurs- oder Vergleichsverfahren zu beantragen hat oder noch mit den Gläubigern über einen außergerichtlichen Vergleich spricht, mit besonderer Vorsicht handeln. Diese Risikohäufung wirkt sich selbstverständlich auch auf die Höhe seiner Vergütung aus, und zwar nicht nur wegen der schnelleren Beendigung der Verwaltung, sondern auch in bezug auf den Erfolg.

Für die Höhe der Vergütung ist der Aktivnachlaß von Bedeutung, der Umfang der Nachlaßforderungen und die Zahl der Nachlaßgläubiger.

---

79 Plenarbeschluß des Preußischen Geheimen Ober-Tribunals, 3. 4. 1938, *Zimmermann*, a.a.O., S. 253.

80 *BayObLG*, 7. 2. 1908, BayObLGZ 9 S. 88, 91.

Jeder Nachlaßverwalter hat mit Schwierigkeiten zu rechnen, wenn die Nachlaßschulden höher sind als der Aktivnachlaß und er Verwertungshandlungen vornehmen muß. Deshalb wäre es falsch, nur das der Bewertung zugrunde zu legen, was den Erben ausgehändigt wird, wenn Nachlaßschulden und angemessene Vergütung bezahlt sind. Der Bruttonachlaß darf nie unberücksichtigt bleiben[81]. Der Nachlaßverwalter muß wissen, daß ihm die Aufgabe obliegt, für die Befriedigung der Nachlaßgläubiger zu sorgen. Der Erbe, der den Vorteil hat, daß seine eigene Haftung durch die Nachlaßverwaltung beschränkt wird, muß ein Interesse daran haben, daß der Aktivnachlaß nicht geschmälert wird, und so findet gewissermaßen ein Abwägen zwischen den Gläubigerinteressen, den Erbenwünschen und der Vergütungshöhe statt. Je erfolgreicher der als Nachlaßverwalter bestellte Rechtsanwalt handelt, um so mehr fällt dies bei der Bemessung der Vergütung ins Gewicht[82]. Wenn der Nachlaßverwalter vorher Nachlaßpfleger war, so ist die eine Vergütung von der anderen getrennt festzusetzen, und es gibt keine Verrechnung[83]. Die Entscheidung des Kammergerichts vom 11. 1. 1906[84] bringt eine Reihe guter Gedanken und praktischer Vorschläge für den Nachlaßverwalter und bemerkt die Tatsache, daß die Überschuldung eines Nachlasses in ganz anderer Weise für den Nachlaßpfleger zu berücksichtigen ist als bei einer Nachlaßverwaltung. Hat der Erbe Ansprüche gegen den Nachlaßverwalter wegen Verletzung seiner Amtspflicht, so hat über diese nicht der Nachlaßrichter zu entscheiden, sondern der Prozeßrichter[85]. Die Ausführungen bei Brand/Kleeff und bei Firsching überzeugen nicht[86]; man kann nicht sagen, daß der Nachlaßverwalter mehr bekommen muß als der Nachlaßpfleger, zumal die Bezugsgröße der Nachlaßpflegervergütung völlig ungewiß ist. Die Grundsätze, die für die Berechnung der Nachlaßverwaltervergütung maßgebend sind, sind nicht anders als bei der Vormundschaft, Pflegschaft oder Nachlaßpflegschaft. § 85 der Bayerischen Nachlaßordnung[87] vom 20. 3. 1903 enthält u. a. die Bestim-

---

81 *BayObLG*, 10. 2. 1953, BayObLGZ 1953 S. 50, 53.

82 *BayObLG*, 23. 3. 1917, BayObLGZ 18 S. 46, 48 = OLGZ 36 S. 228 = Recht 1917 Nr. 1090.

83 *KG*, 11. 1. 1906, Recht 1906 Nr. 1895.

84 *KG*. 11. 1. 1906, vorherige Fußnote.

85 *BayObLG*, 3. 4. 1951, BayObLGZ 1948 bis 1951 S. 346, 351/357.

86 *Brand/Kleef*, Die Nachlaßsachen in der gerichtlichen Praxis, 1961, S. 520; *Firsching*, Nachlaßrecht, 5. Aufl. 1980, S. 312 (Handbuch der Rechtspraxis Band VI).

87 *Firsching*, Nachlaßwesen in Bayern, 5. Aufl. mit einem auf Möhring hinweisenden Zitat S. 142; *Haberstumpf/Barthelmeß/Schäler*, Nachlaßwesen in Bayern, 4. Aufl., S. 147.

mung, daß bei der Bemessung der Vergütung des Nachlaßverwalters für die Führung des Amtes (§ 1987 BGB) einerseits der Umfang und die Schwierigkeit der Geschäftsführung, andererseits der Wert der Nachlaßmasse billigerweise zu berücksichtigen seien.

Beide in Fußnote 87 zitierten Werke weisen mit Recht darauf hin, daß die Vergütung des Nachlaßverwalters allein auf Billigkeitserwägungen des Nachlaßgerichts beruht. Es ist falsch, bei einem überschuldeten Nachlaß in bezug auf die Vergütung des Verwalters auf die Verordnung über die Vergütung des Konkursverwalters oder des Vergleichsverwalters, der Mitglieder des Gläubigerausschusses oder der Mitglieder des Gläubigerbeirates vom 25. 5. 1960[88] zu verweisen. Der Auffassung des Kammergerichts[89] ist zu folgen, daß aus dem ganzen Bereich Vormundschaft, Pflegschaft, Nachlaßverwaltung die gesetzlichen Gebührenordnungen in bezug auf die Errechnung eines Entschädigungsanspruchs oder eines Vergütungsanspruchs herauszuhalten sind.

Hat das Gericht es für richtig gehalten, zum Nachlaßkonkursverwalter die gleiche Person zu bestimmen, die bislang Nachlaßverwalter war, so sind die Vergütungsansprüche aber völlig getrennt zu behandeln. Die Vergütung des ersteren richtet sich nach Billigkeitsgrundsätzen, die des Konkursverwalters nach der Verordnung über die Vergütung des Konkursverwalters vom 25. 5. 1960 in der Fassung vom 19. 7. 1972[88].

Der Nachlaßverwalter soll sich möglichst nicht verwaltungsfremden Aufgaben widmen. Er soll die Erbschaftsteuer entrichten. Wenn er darüber hinaus mehr getan hat, bleibt ihm nur der Vergütungsanspruch aus berechtigter Geschäftsführung ohne Auftrag (§§ 670, 683 Satz 1)[90].

Das Nachlaßgericht ist nicht an Verabredungen des Erben mit dem Nachlaßverwalter gebunden und eine Vergütung kann auch dann festgesetzt werden, wenn der Nachlaßverwalter früher einen Verzicht erklärt hat[91].

2. Beschwerdeverfahren gegen die Festsetzung der Vergütung

Gemäß § 3 Nr. 2c 16 Abs. 1 Nr. 1 RPflG steht dem Nachlaßverwalter die Erinnerung zu, und wenn Rechtspfleger und Nachlaßrichter dem

---

88 BGBl. I 1960 S. 329; BGBl. 1972 I S. 1260; vgl. auch *BayObLG*, 10. 2. 1953, BayObLGZ 1953 S. 50, 53; *OLG Hamm*, 12. 7. 1965, RPfleger 1966 S. 180f., mit Hinweis auf verschiedene andere Auffassungen, insbesondere von *Kraetzer*, Die Vergütung des Nachlaßverwalters, JW 1916 S. 1576f.

89 *KG*, 17. 3. 1938, JFG 17 S. 206f.

90 *BayObLG*, 28. 2. 1934, BayObLGZ 34 S. 87, 89.

91 *KG*, 17. 2. 1938, JFG 17 S. 148, 152f., = JW 1938 S. 1265 = HRR 1938 Nr. 2279.

nicht abhelfen, die Beschwerde aus § 19 FGG. Auch hier steht wieder neben Nachlaßverwalter und Erben die Beschwerde demjenigen zu, der die Verpflichtung übernommen hat, die Vergütung zu bezahlen (§ 20 FGG), ebenso den Nachlaßgläubigern[92].

Weil Nachlaßverwaltungen häufig umfangreich und langwierig sind, kann der Nachlaßrichter eine Teilvergütung oder mehrere Teilvergütungen festsetzen. Er kann sogar Vergütungen nach Zeitabschnitten bewilligen[93]. Der seltene Fall, daß ein Nachlaßverwalter seinen Anspruch auf Vergütung verwirkt hat, ist vom Reichsgericht[94] behandelt worden. Die Entscheidung hält nicht jeder Nachprüfung stand. Auf andere Entscheidungen darf verwiesen werden[95]. Die Gerichte sollten in diesem Zusammenhang aber, wie das Kammergericht hervorgehoben hat, nicht etwa in Verfahren der Honorarfestsetzung über Pflichtwidrigkeiten oder ein etwaiges Verschulden des Nachlaßverwalters verhandeln und entscheiden[96].

IV. Testamentsvollstrecker

1. Die Vergütung des Testamentsvollstreckers

Der Testamentsvollstrecker kann für die Führung seines Amtes eine angemessene Vergütung verlangen, sofern nicht der Erblasser ein anderes bestimmt hat (§ 2221). Er hat Anspruch auf eine Konstituierungsgebühr und eine Vollstreckungsgebühr, im Einzelfall unter Umständen eine Verwaltungsgebühr, wenn eine solche Verwaltung von Vermögen oder Vermögensteilen erforderlich wird. Maßgebend ist der Bruttonachlaß[97]; selbstverständlich hat der Testamentsvollstrecker daneben auch einen Anspruch auf Erstattung seiner Auslagen und Aufwendungen.

Vergütungsfragen werden in diesem Buch bei vielen Arten von Vermögensverwaltern erörtert, beim Vormund, Gegenvormund, Beistand, Pfleger, Nachlaßpfleger und Nachlaßverwalter, gleichgültig, ob der eine oder andere einen Anspruch auf eine Vergütung hat oder ob er erst da-

92 *KG*, 25. 5. 1939, JFG 20 S. 89, 90/91 = DFG 1939 S. 147f., OLGZ 21 S. 297.
93 *BayObLG*, 11. 12. 1926, BayObLGZ 26 S. 454, 457 = JFG 4 S. 151, 154; vgl. hierzu jedoch *BayObLG*, 23. 1. 1920, BayObLGZ 20 S. 19, 21.
94 *RG*, 24. 2. 1937, RGZ 154 S. 110, 117.
95 *OLG Hamburg*, 10. 6. 1909, Recht 1909 Nr. 2437; *KG*, 23. 11. 1903, OLGZ 8 S. 270, 271.
96 *KG*, 23. 11. 1903, OLGZ 8, 270, 271.
97 Siehe auch unten Seite 272ff.

durch entsteht, daß das Gericht die Vergütung festsetzt. Nun hat sich die Praxis aber häufig mit der Vergütungshöhe für den Testamentsvollstrecker befaßt, und nicht selten haben sich Praxis und Wissenschaft um Sätze bemüht, die dann wieder in bestimmte Vergütungstabellen projiziert worden sind.

2. Höhe der Vergütung des Testamentsvollstreckers

Immer wieder wird in den Kommentaren auf die Tabelle des Vereins für das Notariat in Rhein-Preußen Bezug genommen. Auch viele Aufsätze beziehen sich darauf. Diese Tabelle ist aber zahlenmäßig und strukturell überholt, weil die Tätigkeit des Testamentsvollstreckers 1925 auf ein Arbeitsvolumen bezogen ist, das mit dem heutigen Umfang und der Vielfältigkeit der Leistungen nicht mehr vergleichbar ist. Man denke nur an die zahlreichen formellen Vorschriften, die der Testamentsvollstrecker heute ebenso zu beachten hat wie Vorschriften bezügl. wirtschaftlicher Genehmigungen, Vorschriften im städtischen und landwirtschaftlichen Grundstücksverkehr, im Wettbewerbsrecht, im Devisenrecht, wobei hinzukommt, daß alle Rechtsfragen zu beachten sind, die auf Entscheidungen höchster Gerichte basieren, ferner die Vorschriften von Enteignungen und enteignungsgleichen Verwaltungsmaßnahmen. Erwähnt sei auch der Wandel in den unterschiedlichen Gestaltungsformen in Handel und Wirtschaft in bezug auf Gesellschaftsverträge, das Kartellrecht, die Verteilung zwischen in- und ausländischem Recht und das häufig vorkommende ausländische Recht selbst.

Man sollte nicht mehr zu der Tabelle 1925 des Vereins für das Notariat in Rhein-Preußen zurückkehren. Der Verfasser sieht sich veranlaßt, seine eigene, die sogenannte Möhring'sche Tabelle[98] anzuwenden. Die auch in dieser Auflage veröffentlichte Tabelle entspricht nur den Mindestsätzen, die der Testamentsvollstrecker verlangen darf. Dies hat der Bundesgerichtshof in mehreren Urteilen bestätigt[99,100,101]. Bei schwierig zu behandelnden Nachlässen und bei Nachlässen, die besondere Kenntnisse auf dem Gebiet des ausländischen Rechts, des Urheberrechts und des Patenrechts usw. erfordern, müssen diese Sätze angehoben werden, ebenso auf dem Gebiet des Grundstücksverkehrs, wenn besondere

98 *Möhring'sche* Tabelle, 5. Aufl. dieses Buches, S. 366.

99 *BGH*, 28. 11. 1962, LM Nr. 2 zu § 2221 = DNotZ 1964 S. 168.

100 *BGH*, 26. 6. 1967, LM Nr. 4 zu § 2221 = NJW 1967 S. 2400 = MDR 1967 S. 824 = BB 1967 S. 1063.

101 *BGH*, 22. 12. 1966, NJW 1967 S. 876.

Genehmigungen vorgesehen sind oder wenn eine enteignungsgleiche Grundstücksverwertung droht.

In neuerer Zeit hatte das Bundeskartellamt gegen die Tabelle des Verfassers Einwendungen erhoben und ein Verfahren eingeleitet, das aber eingestellt worden ist, da das Bundeskartellamt zu einer Beanstandung keine Veranlassung mehr sieht[102]. Erst die zahlreichen Veröffentlichungen in den Großkommentaren und in Aufsätzen verschiedener Art haben gezeigt, daß die Vergütung für einen Testamentsvollstrecker so am richtigsten berechnet werden kann. Wenn der Verfasser auch der Auffassung ist, daß keine Veranlassung besteht, die Sätze der Möhringschen Tabelle grundsätzlich anzuheben, wie dies in der Literatur manchmal angeregt wird, so bedeuten doch die veröffentlichten Sätze, daß die Tätigkeit der Testamentsvollstrecker in angemessener Weise und den höheren Aufgaben und Bedürfnissen entsprechend honoriert werden soll. Es hat sich in der Praxis gezeigt, daß alle diese Sätze schon von den Gerichten gebilligt werden, weil sie einer objektiven Wertung entsprechen und es sich nicht um Beträge handelt, die aus Empfehlungen entstanden sind, sondern aus der Erfahrung mit den Gerichten und aus der Praxis der Verwalter. Die in dieser Tabelle genannten Beträge haben die Zustimmung aller größeren Kommentare und auch der Autoren verschiedener Aufsätze gefunden. Sie entsprechen der Meinung der Kommentare zu den verschiedenen Gebührenordnungen und Gebührenarten. Insbesondere Keidel in Palandts's Kommentar zum BGB und Reimann in Staudinger's Fünftem Buch über das Erbrecht erwähnen diese Richtlinien und betonen dabei besonders, daß sie Anerkennung gefunden haben[103]. Schumann/Geißinger haben sich noch an die Sätze des Vereins für das Notariat in Rhein-Preußen gehalten und zu ihnen eine Erhöhung empfohlen[103a]. In diesem Zusammenhang weise ich besonders auf die Gebührentabelle von Walter Göttlich in der 15. Auflage mit dem Stand vom 1. 1. 1981 hin[103b].

Die von dem Verfasser genannten Beträge beruhen auf langjähriger Erfahrung, sind also empirische Werte, die sachlich aus der Praxis belegt

---

102 Bundeskartellamt, Aktenzeichen B 4 766100-0-146/77.

103 *Palandt/Keidel*, BGB 39. Aufl. Anm. zu § 2221, S. 1933; *Staudinger/Reimann*, Fünftes Buch über das Erbrecht, 12. Aufl., 3. Abschnitt.

103a *Schumann/Geißinger*, BRAGebO, Großkommentar, 2. Aufl. 1974, Bd. 1 S. 52; *Plaßmann*, JW 1935 S. 1830; DNotZ 1935 S. 623; *Gerold/Schmidt*, BRAGebO 4. Aufl. Rz. 19 zu § 1; *Haegele*, BB 1962, S. 161; MDR 1963, S. 293; NJW 1963 S. 487 L.; RPfleger 1963 S. 77; *Tschischgale*, JurBüro 1965 S. 61 Fn. 22; *Glaser*, NJW 1962 S. 1958; BB 1979 S. 887.

103b *Göttlich*, Bundesgebührentabelle für Rechtsanwälte, 15. Auflage Stand 1. 1. 1981.

werden können. Sie wurden in einer Fülle von kleinen und mittleren Testamentsvollstreckungen angewandt und gebilligt. Die Beträge einer jeden Vergütung sind in einem Rahmen berechnet, den die Kenner dieses Rechtsgebietes gebilligt haben.

Die Einrichtung der Testamentsvollstreckung hat sich im Laufe der Jahrzehnte bewährt. Dabei hat es sich erwiesen, daß ein geschickter Testamentsvollstrecker, der das Vertrauen der Erben und Beteiligten hat, Erfolge erzielen kann, die der Erbe niemals erreichen würde. Die Neutralisierung durch den Testamentsvollstrecker und seine Amtsführung hat die erfolgreiche Verwaltung von Nachlässen positiv beeinflußt, weil moralische und emotionelle Wertungen dadurch entfallen.

Die Praxis lehrt, daß Institutionen wie Nachlaßverwaltung, Testamentsvollstreckung und sogar Vormundschaft und Pflegschaft in bezug auf den Ansatz und die Höhe der Vergütung schwierig zu beurteilen sind. Was auch immer sei, die Vergütung, die der Testamentsvollstrecker auf sein Risiko selbst dem Nachlaß entnehmen kann, kann nur die Projektion und eine angemessene Belohnung des von ihm geleisteten Arbeitsaufwandes, seiner Leistung, seines Erfolges sein und dem Umtrieb entsprechen, der notwendig war, um die jeweilige Testamentsvollstreckung zu führen.

3. Tabelle der Richtsätze für die Vergütung von Testamentsvollstreckern

Aktivmasse des verwalteten Vermögens DM	Vergütung DM	Aktivmasse des verwalteten Vermögens DM	Vergütung DM
10 000	750	22 000	1 608
11 000	825	24 000	1 716
12 000	900	26 000	1 824
13 000	975	28 000	1 932
14 000	1 050	30 000	2 040
15 000	1 125	32 000	2 148
16 000	1 200	34 000	2 256
17 000	1 275	36 000	2 364
18 000	1 350	38 000	2 472
19 000	1 425	40 000	2 580
20 000	1 500	42 000	2 688

(Fortsetzung)

Aktivmasse des verwalteten Vermögens DM	Vergütung DM	Aktivmasse des verwalteten Vermögens DM	Vergütung DM
44 000	2 796	310 000	13 380
46 000	2 904	320 000	13 740
48 000	3 012	330 000	14 100
50 000	3 120	340 000	14 460
55 000	3 390	350 000	14 820
60 000	3 660	360 000	15 180
65 000	3 930	370 000	15 540
70 000	4 200	380 000	15 900
75 000	4 470	390 000	16 260
80 000	4 740	400 000	16 620
85 000	5 010	410 000	16 980
90 000	5 280	420 000	17 340
95 000	5 550	430 000	17 700
100 000	5 820	440 000	18 060
110 000	6 180	450 000	18 420
120 000	6 540	460 000	18 780
130 000	6 900	470 000	19 140
140 000	7 260	480 000	19 500
150 000	7 620	490 000	19 860
160 000	7 980	500 000	20 220
170 000	8 340	510 000	20 580
180 000	8 700	520 000	20 940
190 000	9 060	530 000	21 300
200 000	9 420	540 000	21 660
210 000	9 780	550 000	22 020
220 000	10 140	560 000	22 380
230 000	10 500	570 000	22 680
240 000	10 860	580 000	23 100
250 000	11 220	590 000	23 460
260 000	11 580	600 000	23 820
270 000	11 940	610 000	24 180
280 000	12 300	620 000	24 510
290 000	12 660	630 000	24 900
300 000	13 020	640 000	25 260

(Fortsetzung)

Aktivmasse des verwalteten Vermögens DM	Vergütung DM	Aktivmasse des verwalteten Vermögens DM	Vergütung DM
650 000	25 620	990 000	37 860
660 000	25 980	1 000 000	38 220
670 000	26 340	1 010 000	38 400
680 000	26 700	1 020 000	38 580
690 000	27 060	1 030 000	38 760
700 000	27 420	1 040 000	38 940
710 000	27 780	1 050 000	39 120
720 000	28 140	1 060 000	39 300
730 000	28 500	1 070 000	39 480
740 000	28 860	1 080 000	39 660
750 000	29 220	1 090 000	39 840
760 000	29 580	1 100 000	40 020
770 000	29 940	1 110 000	40 200
780 000	30 300	1 120 000	40 380
790 000	30 660	1 130 000	40 560
800 000	31 020	1 140 000	40 740
810 000	31 380	1 150 000	40 920
820 000	31 740	1 160 000	41 100
830 000	32 100	1 170 000	41 280
840 000	32 460	1 180 000	41 460
850 000	32 820	1 190 000	41 640
860 000	33 180	1 200 000	41 820
870 000	33 540	1 210 000	42 000
880 000	33 900	1 220 000	42 180
890 000	34 260	1 230 000	42 360
900 000	34 620	1 240 000	42 540
910 000	34 980	1 250 000	42 720
920 000	35 340	1 260 000	42 900
930 000	35 700	1 270 000	43 080
940 000	36 060	1 280 000	43 260
950 000	36 420	1 290 000	43 440
960 000	36 780	1 300 000	43 620
970 000	37 140	1 310 000	43 800
980 000	37 500	1 320 000	43 980